마을공동체와 교회공동체

총회한국교회연구원 「마을교회와 마을목회」 개인 저작 시리즈 ❶

마을공동체와 교회공동체 <개정증보판>

2017년 9월 8일 초판 1쇄 발행
2018년 6월 8일 개정증보판 1쇄 발행

기   획 | 총회한국교회연구원
지은이 | 조용훈
펴낸이 | 김영호
편   집 | 박연숙 디자인 | 황경실   관 리 | 이영주
펴낸곳 | 도서출판 동연
등   록 | 제1-1383호(1992년 6월 12일)
주   소 | 서울시 마포구 월드컵로 163-3
전   화 | (02) 335-2630
팩   스 | (02) 335-2640
이메일 | yh4321@gmail.com

Copyright ⓒ 조용훈, 2018

이 책은 저작권법에 따라 보호받는 저작물이므로, 무단 전재와 복제를 금합니다.
잘못된 책은 바꾸어 드립니다.
책값은 뒤표지에 있습니다.

ISBN 978-89-6447-409-9 93200

총회한국교회연구원 「마을교회와 마을목회」 개인 저작 시리즈 ❶

〈개정증보판〉

마을공동체와 교회공동체

총회한국교회연구원 기획 | 조용훈 지음

동연

추 천 의 글

「마을교회와 마을목회」
개인 저작 시리즈에 부쳐

최기학

대한예수교장로회 총회 부총회장

　　본 교단은 2천 년대에 들어 교단의 장기 계획을 세우고, 교단의 목회적 방향과 총회와 노회의 사업 방향을 설정한 바 있다. 먼저 총회는 지난 2002년부터 2012년까지 "생명살리기운동 10년(2002-2012)" 계획을 수립하여 수행한 바 있었다. 그러나 총회는 이러한 '생명살리기운동'이 지역의 목회 현장에까지 구체적으로 영향을 미치는 것에 부족하였음을 인식하며, 보다 구체적이며 실천적인 10년의 기획을 세운 바 있다. 본 교단은 지난 2012년부터 2022년까지의 이후 10년의 계획을 수립하면서, "치유와화해의생명공동체 운동 10년(2012-2022)" 곧 "치/화/생 10년, 2012-2022"로 불리는 운동을 펼쳤던 것이다.

　　이 두 번째의 운동을 하며 총회는 특히 지역 교회의 중심성을 제기하였다. '지역 교회'들이 지구 생명공동체를 향한 하나님의 치유와 화해의 사역에 참여하여 선한 이웃들과 더불어 영적·사회적·생태적으로 훼파된 생명망을 복원하는 '생명의 그물망 짜기' 사역을 강화할 것을 말하였으며, 총회와 노회의 각 위원회와 사업부서의 사업을 생명공동체 운동의 관점에서 재구성하여 지역 교회의 치유와 화해의 복음사역 전개에 필요한 정책을 개발하고, 공동 사업을 전개함을 언급하였던 것이다. 이와 같이 '생명공동체'운동은 생명을 살리는 중심으로서의 지역 교회의 위치를 강조하며, 교회가 속해 있는 지역을 하나의 지도상의 구분된 영역으로 보기보다는, 서로 연대하여 생명의 그물망을 짜나가는 '마을공동체'로서 볼 것을 언급하였던 것이다.

이에 있어 본 교단이 제102회 총회를 통해 하려는 '마을목회운동'은 크게 생명공동체 운동으로 보아도 무방할 것이다. 본 교단은 제102회 총회를 맞으며 "치/화/생 10년, 2012-2022"의 중간 지점에 서서, "거룩한 교회, 다시 세상 속으로"라는 주제를 정했다. 교회는 '생명의 담지체'로서 세상과 구별된 거룩한 정체성을 지니며, 죽음의 세상에 뛰어들어 지역사회를 생명과 꿈과 행복과 건강함이 있는 마을로 바꿀 선교적 책임을 갖는 바, 지역 교회들이 이러한 생명을 살리는 마을목회를 잘 감당할 수 있도록 총회는 최선의 지원을 다해야 할 것이다.

그동안 우리 한국교회의 교회 중심적 목회는 교회를 세상으로부터 점점 멀어지게 한 것 같다. 교회는 본질적으로 세상을 향해 파송된 선교적 정체성을 갖는다. 교회는 교회 자체를 위해서 존재하는 것이 아니며, 세상을 구원하고 회복시키는 하나님 나라를 위해 존재한다. 교회는 세상과 마을을 향해 열린 공동체로서, 마을이 선교의 공간이 되며 마을 주민이 모두 잠재적 교인이라는 의식을 갖고 마을목회를 전개해나갈 필요가 있다. 교회는 마을 주민과 소통하고 그들을 섬기는 기관으로서, 마을 주민과 더불어 살며 마을을 향해 열린 모습을 지녀야 한다. 지역 교회는 마을 주민을 대상화하기보다는 그들이 주체적으로 교회의 사역에 참여케 해야 하는 것이다.

요 3:16은 "하나님이 세상을 이처럼 사랑하사 독생자를 주셨으니 이는 그를 믿는 자마다 멸망치 않고 영생을 얻게 하려 하심이라"라고 말한다. 이 본문은 하나님께서 먼저 세상에 관심을 갖고 사랑하셨다고 언급한다. 이에 우리도 우리의 관심을 우리 밖의 마을로 전개할 필요가 있다. 교회는 지역 마을의 다양한 특성을 연구하고 그들의 필요를 파악하여 주민들과 끈끈한 접촉점을 갖도록 노력해야 하는 것이다.

오늘날 우리 한국교회는 위기와 함께 새로운 기회의 순간에 서있다. 급격히 침체하며 무기력해지는 한국교회를 다시 살리는 길은 지역 교회들을 작지만 강한 교회로 만드는 마을목회일 것이다. 우리 한국교회가 새롭게 출발할 수 있는 10년 정도의 시간이 우리에게 주어져 있다는 말들을 한다. 우리 교회들은 마을목회에 초점을 두고 주어진 이 시간을 잘 살려, 마을에 하나님 나라의 생명을 부여하기 위해 지역적으로 연대하는 교회들이 되어야 할 것이다.

이에 본 총회는 이런 생각들을 모아 금번 총회한국교회연구원을 중심으로 「마을교회와 마을목회」 개인 저작 시리즈를 내놓게 되었다. 시리즈의 처음 책으로 조용훈 교수의 『마을공동체와 교회공동체』라는 책을 출간하게 되었는데, 이 책을 통해 독자들의 마을목회의 필요성과 가능성에 대한 더 깊은 이해가 있기를 기대한다.

책을 펴내며

거룩한 교회, 다시 세상 속으로

채영남

총회한국교회연구원 이사장

　본 교단은 제102회 총회를 맞으며 "거룩한 교회, 다시 세상 속으로"라는 주제를 정했다. 이 주제는 "다시 거룩한 교회로!"라는 제101회 총회의 주제와 연속성을 갖는 것으로, 사회와 구별되는 개별화된 교회의 거룩성을 말함과 동시에 사회 밖에 있는 교회가 사회 속으로 참여하는 모습을 강조한다.

　"거룩한 교회, 다시 세상 속으로"라는 본 교단 제102회 총회의 주제는 거룩한 교회가 세속적 세상에 참여하는 방법이 무엇일까라는 질문을 낳는다. 교회 공동체가 내부적인 친교만으로 만족할 때 교회는 세상 속으로 뛰어들지 못한다. 또한 사회와 구별된 거룩함이 없이 교회가 세상을 향해 뛰어든다면 그런 참여를 통해서는 세상을 전혀 변화시키지 못할 것이다. 어느 정도 세상과 거리를 두면서도, 세상을 향해 뛰어드는 참여적 교회가 되는 것이 바람직한 사회 참여의 모습일 것이다.

이에 있어 교회와 가장 많은 접촉점을 갖는 영역은 아마도 교회가 속해 있는 지역사회일 것이라 생각한다. 교회가 속해 있는 마을은 원하던 원치 않던 교회와 많은 관계를 가질 수밖에 없다. 막연한 국가와 세상이라는 대상보다 우리에게는 우리가 속한 마을이 더 피부에 와 닿는다. 우리가 눈에 보이는 이웃을 사랑하지 못하면서 국가를 인류를 하나님을 사랑한다고 말하기 어려울 것이다.

그러므로 마을공동체는 우리가 적극 참여하여야 할 가장 구체적인 장이라 할 수 있다. 이에 교회는 마을의 문제와 아픔들을 마음 속 깊이 살피면서 그들을 향해 다가감이 필요하다. 그리스도께서 이 세상에 성육신하신 것처럼, 우리의 삶도 마을공동체 속에 구체적으로 뿌리내리는 것이 필요하다. 제102회 총회는 교단이 집중하여야 할 목회적 과제를 '마을목회'라는 개념으로 파악하며 이를 실천하고자 하는 결정을 내린 바 있다.

이런 마을목회가 구체적으로 무엇인가 정의하기 위해 우리는 몇 가지 사항들을 고려할 필요가 있다. 먼저 교회가 하는 모든 사회봉사가 다 마을목회는 아니라는 것이다. 마을목회는 인간의 삶의 공동체성을 전제하는 목회다. 다른 사람을 도울 때에도 그 사람에 대한 개인적 연민을 가지고 돕기보다는, 그와 내가 한 몸을 이루는 지체라는 생각을 갖고 돕는 것이 마을공동체의 목회다. 이와 같이 마을목회는 성령으로 하나 된 우리의 공동체성을 전제한다. 내가 그를 돕는다는 생각으로 돕는 것이 아니라, 내가 그와 함께 하고 있다는 전제에서 그를 돕는 것이다.

이에 마을목회는 공동체적 참여를 강조한다. 내가 다른 사람들과 분리되어 살 수 있는 존재가 아님을 마을목회는 다시 확인한다. 이에 마을

목회는 공생적 협력의 관계를 강조하는 것이다. 다른 사람의 기쁨과 고통에 내가 참여하여 있으며, 다른 사람의 영광이 나의 영광이고 남의 치욕이 나의 치욕도 됨을 마을목회는 강조한다. 이런 전제 하에서 마을목회는 지역 내 교회 간의 공동적 연대를 중시한다. 지역 내의 각각의 교회들이 경쟁적 관계에 있는 것이 아니라, 그리스도의 몸을 이루는 보편적 교회 안에서 하나임을 확인하는 것이다. 이에 마을목회는 지역 내의 교회들의 에큐메니컬적인 협력의 관계를 중시한다.

다음으로 공동체적 마을목회는 교회가 지역 내의 관과 민과 협력하여 복음의 정신 하에서 아름다운 마을을 이루는 일을 위해 진력한다. 후암동교동협의회의 예에서 보듯, 동사무소와 구청 및 지역의 교회들이 서로 하나 되어 지역민을 위한 행정과 목회가 될 수 있도록 협력하는 방안들을 찾는 것이다.

또한 마을목회는 복음 속에서 불신자를 신자와 구분하여 경원시 하지 않는다. 비신자들도 그리스도만 믿으면 구원 받을 수 있는 잠재적 구원을 가지고 있는 존재들로서, 불신자라는 부정적인 말을 가지고 그들을 지칭하기보다는 구도자나 예비 기독교인이란 용어로서 그들을 정의하려 한다. 이에 우리는 교회 내의 신자만을 목회의 대상으로 삼지 말아야 하며, 교회 밖의 사람들도 하나님의 사랑받는 존재들임을 인정하는 것이 요청된다. 우리의 목회 영역이 교회 내로 움츠려 들어서는 안 되며, 온 세상을 향해 열려진 목회여야 한다는 것이다.

이런 취지의 마을목회를 조용훈 교수는 공동체성과 지역성이라는 개념을 가지고 다시 조명하고 있다. 특히 이 책은 「마을교회와 마을목회」라는 시리즈 중의 처음 권으로 이론과 실천이 잘 조화된 책이다. 조 교수는 마을목회를 신학적인 사변 속에 가두지 않고 있으며, 그러한 개념들이 오늘의 목회 가운데에서 어떻게 발전해왔는가를 이 책에서 성실히 추적하였다. 교회 성장의 정체기를 맞이하여 교회는 보다 비기독교 세계와의 접촉을 늘려야 할 필요가 있으며, 이를 통해 한 사람이라도 더 주님의 백성으로 인도된다면 그 이상의 큰 보람이 없을 것이라 생각한다.

축 하 의 글

마을목회에 대한 신학적 고찰

노영상
총회한국교회연구원 원장

요즈음 들어 마을목회가 우리 교계의 화두가 되었다. 예전에 만들어 놓은 마을목회에 대한 책들을 최근 들어 찾는 사람들이 많아졌다고 말하는 출판사 사장의 이야기를 들은 적이 있다. 총회에 오면 많은 부서들에서 마을목회에 대한 자료들을 모으느라고 분주한 시간들을 보내는 것을 볼 수도 있다. 왜 갑자기 이렇게 마을목회가 부각이 된 것일까? 그것은 어느 정도 한국교회의 정체기를 맞아 새로운 돌파구를 찾으려는 교회 속의 변화라고도 볼 수 있다.

벌써 여러 해 전부터 목회 일선에서 마을목회의 여러 실례들이 나타나기 시작했다. 언제나 신학자들은 목회자들이 새롭게 만든 길들을 더욱 편리하게 닦고 개선하는 일을 한다. 이에 마을목회의 전방에 선 목회자들의 생각들을 받아 그러한 목회의 적절성과 가능성을 탐색해보는 일을 소수의 신학자들이 진단해오고 있는 중이기도 하다.

마을만들기, 사랑 마을 운동, 예수 마을, 지역사회 개발, 지역사회 형성, 지역사회 보건 전도, 건강 도시 운동 등 비슷한 많은 용어들을 통해 마을목회가 설명되기도 한다. 그러나 정작 마을만들기 목회에 대한 분명한 정의를 내리는 것은 쉬운 일은 아닌 것 같다. 그러나 조용훈 교수는 이 책을 통해 마을만들기에 대한 분명한 정의를 내리고 있는바, 그것이 이 책의 큰 공헌 중 하나라고 생각한다. 물론 마을만들기 목회는 아직도 그 개념이 형성 가운데 있는 용어로서, 어느 한 편의 정의로 마을만들기의 내용들을 다 담아내기는 어려울 것이라고 생각하지만, 그럼에도 이에 대한 정의를 내리기 위한 노력들이 계속될 필요가 있다고 생각한다.

일단 조 교수는 마을만들기를 다음과 같이 정의하고 있다. "마을만들기 운동이란 물리적 공간으로서 마을을 하나의 공동체로 만들어가는 지역주민의 자발적인 생활운동으로서, 지역사회 형성, 동네 재생 혹은 지역사회 개발 등의 다양한 이름으로 불리기도 한다. 대부분의 도시계획이나 재개발사업이 관 주도의 위로부터의 강제적 운동이라면 마을만들기는 지역민이 중심이 된 아래로부터의 자발적 운동이다." 이상의 사회학적 정의에서 우리는 마을만들기를 위해 주민의 민주적 참여가 중요함을 알 수 있다. 관 주도적인 마을 개발이 아니라, 마을 주민의 의견이 충분히 반영되어 마을의 모든 일이 결정되는 구조가 마을만들기를 위한 요건이라는 것이다. 이와 같이 마을만들기는 자발적 주민 참여와 합의를 강조한다. 신학적으로 마을목회란 교회를 세우고 성장시키는 일에 국한되지 않고 지역사회에 하나님의 나라를 건설하는 일을 목표로 한다. 마을목회란 교인들만을 위한 목회가 아니며 지역민까지 포함하는 지역목회로서 그러한 일을 하는 목사란 교회에 갇힌 목사가 아니라 지역과 마을을 섬기는 목사이어야 한다는 것이다.

마을목회는 이와 같은 마을만들기의 정의를 그대로 이어받는다. 먼저 마을만들기의 목회가 되기 위해서는 교회 내 교인들과 지역주민 사이의 자유로운 의사소통이 필요하다. '민주적으로 생각나누기'가 없는 마을목회란 가능하지 않은 것이다. 그러므로 마을만들기란 지역주민 스스로 자신들의 운명을 결정하는 풀뿌리 민주주의의 실현 과정이라 할 수 있다.

본 연구소는 진정된 마을공동체를 만들기 위한 마을목회의 실천을 위해 세 가지의 연구 과제를 상정하였다. 먼저는 마을목회에 대한 신학적 이론적 측면을 고찰하는 일이며, 다음은 이런 마을목회의 일을 실제로 감당하여온 여러 교회들의 예들을 모아 종합적으로 분석하는 일이고, 마지막으로는 그러한 사례들의 검토를 통해 바람직한 마을목회 실천 매뉴얼을 만드는 일이다. 물론 이 매뉴얼엔 평가와 피드백의 과정도 포함되어 있는 것으로, 매뉴얼에 기반하여 실천한 교회들이 그 자신의 한 일이 잘 되었는지 못 되었는지를 자체적으로 평가할 수 있는 방법을 제기하려 하고 있다. 이제 본 교단은 최기학 총회장께서 선봉에 선 제102회 총회를 맞이하여 마을목회의 가능성을 엄밀하게 타진해보게 되었다. 부디 이러한 범 교단적인 실험과 노력이 주님의 은혜 가운데 크게 결실하기를 기대해보는 것이다.

머 리 말

공동체성과 지역성
그리고 대안적 마을공동체로서의 교회

'마을이 살아야 교회도 산다.' 이 단순하고 평범한 진리를 깨닫는데 너무 많은 시간이 걸렸다. 제 아무리 유능하고 영성 깊은 목회자라 하더라도 텅 빈 마을에서 교회를 성장시킬 수는 없다. 과거에 인구가 폭발하고, 인구 유입이 계속되었을 때에는 교회가 큰 어려움 없이 성장할 수 있었다. 하지만 오늘날 주민들이 더 살기 좋은 마을을 찾아 떠나고, 남아 있는 사람조차 점차 고령화되면서 교회의 활력이 떨어지고 있다. 장차 주민 없는 텅 빈 마을이 되면 교회도 문을 닫게 될 것이다. 지역 교회란 어쩔 수 없이 지역(마을)과 운명을 함께하기 때문이다.

공동체의 해체

마을이 해체되면서 모두가 외롭게 되었다. 우리나라는 1인당 국민소득 3만 달러, 세계 10위권 경제대국이라지만 국민들은 외롭고, 불행하며, 불안하다. 2016년 우리나라 국회 입법조사처가 'OECD 사회통합지표 분석 및 시사점'이란 보고서를 발표했다. '곤경에 처했을 때 기댈 가족이나 친구나 이웃이 있는 지'를 물었을 때 '있다'라고 답한 사람의 비율은 70%였다. 이는 스위스나 덴마크의 95%에 비하면 턱없이 낮은 수치다. 젊은이들이 헬조선을 외치고, 자살자 숫자가 줄어들지 않고, 무연고사가 느는 이유도 공동체의 해체와 관련되어 있다.

'이웃사촌'이란 말이 있을 정도로 끈끈하게 공동체적 삶을 살았던 우리 사회가 이렇게 된 데는 여러 가지 이유가 있다.

첫째, 근대사회에 등장한 개인주의 가치관의 확산 때문이다. 현대인에게 개인의 자아실현이나 행복은 가족이나 친족이나 이웃보다 더 중요한 가치가 되었다. 중세 봉건적 사회에서 경험한 집단주의 폐해를 생각할 때 개인의 자유와 권리의 추구는 정당한 일이다. 하지만 이웃의 자유와 권리를 침해하면서까지 개인의 행복을 추구할 때 공동체는 위태로워진다.

둘째, 압축적 근대화 과정에서 산업화와 도시화가 전통적 촌락공동체를 급격히 해체시켰기 때문이다. 근대화와 더불어 우리 사회의 오랜 전통이었던 두레나 계 같은 공동체 문화도 사라지고 말았다. 도시는 익명성과 유동성에서 오는 여러 가지 장점을 지니지만 동시에 여러 가지 사회문제를 불러온다. 거대 도시에서는 인간관계보다 생산과 소비를 축으로 하는 물질관계가 더 중요하다. 도시의 대표적인 주거 형태인 아파트 생활에서 볼 수 있듯이 공간적으로는 가까울지 몰라도 정서적으로 친밀한 관계를 맺기는 어렵다. 주민들의 높은 이주율이나 불평등한 개발 과정은 지역공동체 형성을 어렵게 만들었다.

셋째, 최근 신자유주의 시장경제 체제 속에서 각자도생(各自圖生)을 추구하는 경쟁적 삶의 방식 때문이다. 경쟁은 정당한 방식으로 이루어질 때 효율과 생산성을 가져온다. 하지만 경쟁은 불완전하여 불평등을 심화시킨다. 더 큰 문제는 이웃을 경쟁의 대상으로만 보게 된다면 더불어 사는 공동체의 형성이 불가능해진다는 점이다. 자연과 인간 그리고 사회의 근본 원리를 경쟁보다는 협력과 협동이라고 보아야 한다.

사회만 아니라 한국교회의 신앙문화 역시 반공동체적이다. 우리는 야웨가 성부, 성자, 성령의 삼위 일체적 교제와 관계로 존재하는 신이라고 고백한다. 하지만 한국교회 안에 개인주의 신앙과 성장주의 교회 문화가 형성되면서 신앙공동체 안에서조차 공동체적 삶이 어려워지고 있다. '우리'의 하나님이라기보다는 '나'의 하나님, '거룩한 공회'라기보다는 '우리 교회'일 때가 많다. 그러므로 교회 갱신 혹은 교회 회복이란 우선적으로 교회의 공동체성 회복에서 그 방향을 찾아야 한다.

지역성의 붕괴

한국 사회가 당면한 또 다른 문제는 지역성의 붕괴 혹은 탈지역화다. 우리나라에는 오래 전부터 중앙과 지방 사이에 정치 경제 문화적인 격차가 존재해왔다. 권력과 돈과 문화가 수도권에 집중되면서 지방은 계속해서 종속 혹은 해체되어가고 있다. 우리시대 화두가 된 지구화(세계화)도 탈지역화를 부추기고 있다. 전 세계가 정치·경제·문화적으로 하나의 지구촌(global village)이 되면서 지구적인 표준(글로벌 스탠다드)이 강조되는 반면에 지역적인 것은 부정되거나 무시된다. 서구적인 것은 따라야 할 모범이 되는 반면에 지역적인 것은 내버려야 할 폐단으로 폄하된다.

하지만 다행스럽게도 지구화의 추세가 강해질수록 지역성에 대한 필요성도 커가고 있다. 바야흐로 '가장 지역적인 것이야말로 가장 세계적인 것'으로 인정되는 '글로컬' 시대로 변해가고 있다. 글로컬 시대에는 지역적 특수성과 고유성에 기초한 지구화를 추구해야 한다. 그러려면 지구적으로 생각하고, 지역적으로 행동해야 한다.

우리나라에서도 1995년부터 지방자치제를 시행하면서 지역의 중요성을 강조하고 있다. 지자체만 아니라 지역의 시민단체들도 나서서 지역 살리기에 애를 쓰고 있다. 중앙정부도 각종 지역 살리기 사업에 재정 지원을 하고 있다. 지역의 경제나 문화가 발전하지 못하면 지역만 아니라 국가도 경쟁력을 지닐 수 없게 되었기 때문이다. 지역공동체는 중요한 '사회적 자본'이며, 지역민의 풀뿌리 민주주의를 실험할 수 있는 장이다. 그러다보니 마을공동체 혹은 지역공동체 살리기는 우리 시대의 중요한 사회이슈가 되었다.

그럼에도 불구하고 한국교회는 아직도 지역이나 마을의 중요성을 충분하게 인식하지 못하고 있는 듯하다. 대부분의 교회가 여전히 지역사회에 무관심 한 채 교회 중심의 목회에만 관심하고 있다. 대형 교회들은 지역의 경계를 넘어 모여드는 교인들로 말미암아 탈지역화 되고, 작은 교회들은 교회를 유지하는 데 인적 자원과 물적 자원을 집중하다 보니 정작 지역의 복지나 발전에 관심하지 않는다. 그 결과 한국교회는 양적으로 크게 성장했지만 지역에서는 외딴섬과 같이 고립되어 가고 있다. 같은 지역에서 교회들 간에 지나친 경쟁으로 말미암아 목사나 교인만 아니라 지역주민도 피곤해졌고, 교회에 대한 이미지는 끝없이 추락하고 있다.

대안적 마을공동체로서의 교회

한국교회에 닥친 위기를 극복할 수 있는 목회 방향 가운데 하나는 교회의 공동체성과 지역성의 회복에 있는 것은 아닐까. 본래 교회란 공동체를 의미했으며, 그 공동체는 우주적이며 동시에 지역적이었다. 예수께서는 산상설교에서 제자공동체를 가리켜 자신들이 살아가는 지역을 위한 소금이요, 빛이라고 하셨다. 동시에 제자공동체는 '산 위의 마을'(폴리스)로서 세상이 갈망하는 모범적이고 이상적인 마을이 되어야 한다(마 5:13-16). 폴리스란 고대 사회에서 도시이며 곧 국가로서 정치·사회적 단위를 가리켰다. 말하자면 산 위의 마을로서의 교회는 지역 속에 존재하면서 지역사회가 쳐다보는 대안적 공동체여야 한다.

이런 가르침을 따라 사도행전에 나타난 예루살렘 공동체는 영적으로 교제할 뿐만 아니라 물적으로 서로 나누고, 연대하고, 협동하면서 지역사회에서 소금과 빛 그리고 산 위의 동네가 되었다. 그리스도를 알지 못하는 사람들로부터도 호감을 샀고, 마침내 구원 받는 사람의 숫자가 늘게 되었다(사도행전 2:43-47).

한국교회 역사 속에 마을목회나 마을공동체 형성에 관심하는 교회나 목회자가 전혀 없었던 것은 아니다. 일제 강점기부터 협동조합 운동을 비롯한 다양한 형태의 기독교 마을공동체 운동이 있었다. 하지만 1970년대부터 지역사회와 무관하게 교회의 성장에만 관심하는 교회가 늘면서 교회의 공동체성이나 지역성의 중요성이 약화되고 말았다.

다행스럽게 최근 들어 교회의 울타리를 넘어 마을 전체를 목회지로 삼고, 교회가 위치해 있는 마을을 보다 더 살기 좋은 마을로 만들려고 애쓰는 마을 목사나 마을교회가 늘고 있다. 교단적으로 예장통합 목회자들 가운데 2016년에 '예장마을만들기네트워크'를 결성하기도 하고, 초교파적으로 마을목회를 위한 세미나나 포럼도 활발히 진행하고 있다. 이 책에서 소개하고 있는 마을공동체 운동들에 대한 사례는 한국교회 현장에서 실제 진행되고 있는 수많은 마을공동체 운동들 가운데 극히 일부에 불과하다.

관찰자의 입장에서 볼 때 지금의 마을공동체 운동들에 문제점이 없는 것은 아니다. 모든 교회가 궁극적으로 지향하는 하나님의 나라나 초기 예루살렘 공동체의 모습에 비추어 볼 때 부족한 점이 많다. 그럼에도 불구하고 마을공동체 운동에 헌신하고 있는 목회자들의 노력은 한국교회의 새로운 돌파구요, 하나님의 나라가 이 땅에 가까이 오고 있음을 알리는 분명한 신호다. 이 선구자적이고 창조적인 목회사역에 땀 흘리는 모든 목사와 교인들에게 경의를 표한다.

필자는 지난 수년 동안 그분들과 동일한 관심을 갖고 글을 썼다. 그간 썼던 여러 편의 글 가운데서 이와 관련된 글들을 골라 중복되는 내용은 삭제하고, 부족한 내용은 보완해서 단행본으로 출판하게 되었다. 필자의 수고가 그분들의 사역에 조금이라도 격려가 된다면 더 바랄 것이 없겠다. 그리고 마을공동체 운동에 이미 나섰거나 그럴 계획을 가진 교회가 현장에서 만나게 될 시행착오를 줄이는데 약간이라도 도움이 된다면 큰 기쁨이겠다.

이 책을 「마을교회와 마을목회」 개인 저작 시리즈로 채택하여 주신 총회한국교회연구원의 채영남 이사장님과 노영상 원장님, 아울러 책의 서두에 시리즈 발간의 의의에 대해 설명하여 주신 최기학 총회장님께 심심한 감사의 말을 전한다. 그리고 어려운 출판 환경임에도 불구하고 원고를 보시자마자 곧바로 출판을 허락하신 도서출판 동연의 김영호 사장님과 그 어느 여름보다 더한 무더위 속에서 땀 흘리면서 원고를 다듬어 주신 편집부 직원 모든 분들에게 진심으로 감사의 마음을 전한다.

2017년 8월
한밭 오정골에서
조용훈

개정증보판에 부쳐

　　2000년대 초만 해도 시민운동가 사이에서만 논의되던 마을(지역)공동체운동에 대한 관심이 이제는 목회자와 신학자 사이에도 빠르게 확산되고 있다. 최근 기독교계에 부쩍 활발해진 '마을공동체' 혹은 '지역공동체'라는 제목을 붙인 학술포럼이나 강연 그리고 신학연구서나 실천목회 서적들의 출판은 매우 고무적인 현상이다. 필자가 작년 9월 본서 출판 후 출판사로부터 2쇄를 낸다는 소식을 듣고 아예 이 기회에 개정증보판을 내자고 제안했다. 물론 길지 않은 기간 동안에 책 전체를 고칠만한 새로운 틀이나 굉장한 내용 변화가 있었던 것은 아니다. 다만 마을공동체에 관련해서 학술지에 기고한 두 편의 연구논문이 있었는데 이 책의 틀을 완성하고 내용을 보완하는데 필요하다고 생각하였다.

　　여기에 새롭게 추가한 내용은 두 가지다. 하나는 맨 앞장에 나오는 '대안사회 운동으로서 마을공동체'라는 제목을 붙인 글로서 마을공동체운동을 사회학적 혹은 사회윤리학적 관점에서 볼 필요성을 강조했다. 교회가 마을공동체 운동을 활성화시키려면 신학적이고 목회적인 관점만으로는 부족하다는 판단이다. 교회의 마을공동체 운동은 단순히 교회 성장을 위한 전략이 아니라 지역사회 전체를 포함하여 하나님의 나라를 이 땅에 구현해 나가는 신앙운동이며 동시에 사회운동이어야 한다. 그리고 교회가 마을공동체 운동에 성공하려면 신앙적 열정이나 지식만 아니라 공동체 운동 과정에서 생겨나는 수많은 현실적 문제들을 이해하고 그것들을 해결할 역량도 갖추어야 한다. 그러려면 교회가 지역사회와 공유할 수 있는 공동체성이나 지역성 그리고 지속가능성

같은 가치들을 발전시키고, 더불어 성장할 수 있는 새로운 사회를 건설하는 대안사회운동으로 마을공동체운동을 발전시켜야 한다.

다른 하나는 책의 뒷부분에 나오는 '마을기업'에 대한 글이다. 마을공동체운동은 하나의 모델이 있을 수 없고 교회와 지역의 형편에 따라 다양한 형태로 발전해야 한다. 하지만 어떤 형태를 띠든 토대가 되어야 할 것은 경제적 자립 혹은 경제적 지속가능성이다. 지역 인구가 줄어들고 마을이 해체되는 제일 원인은 경제적 요인이다. 먹고 살 것이 없는 지역에서 사람들은 흩어질 수밖에 없다. 농촌교회의 현실을 보면 더욱 분명하다. 농촌경제가 어려워지고 농촌사회가 붕괴되면서 농촌교회는 목회자의 영적 능력이나 노력과 상관없이 생존위기에 내몰리고 있다. 그런 점에서 마을기업 활동은 농촌교회가 경제적 어려움을 조금이나마 해소하고 지역사회의 회복에 기여할 수 있는 좋은 목회사역이 될 수 있다. 마을기업이란 지역사회가 지니고 있는 각종 특화 자원인 향토, 문화, 역사, 자연자원 등을 활용하여 수익성과 공익성(사회성)을 동시에 추구하는 사회적 경제활동 가운데 하나이기 때문이다.

모쪼록 필자의 학문적 수고가 어려운 목회 현장에서 마을공동체의 회복과 발전을 통해 하나님의 나라를 건설하고자 땀 흘리는 모든 목회자들, 또 급격히 변화하고 있는 한국 사회와 교회의 현실에서 새로운 목회 비전을 가진 모든 신학생들 그리고 교회와 지역사회라는 두 개의 삶의 현장을 마을공동체 운동을 통해 이어보려는 모든 지역 교회의 평신도 지도자들에게 자그마한 도움이라도 된다면 큰 영광이고 기쁨이겠다.

2018년 5월

오정못가에서 저자 **조용훈**

차 례

추천의 글 _ 최기학   / 4
책을 펴내며 _ 채영남   / 7
축하의 글 _ 노영상   / 11
머리말 _ 조용훈   / 14
개정증보판에 부쳐 _ 조용훈 / 20

1장 | 대안 사회 운동으로서 마을공동체   29
I. 서론   29
II. 마을공동체 운동의 개념과 역사 그리고 실천전략   33
    1. 마을공동체 운동의 개념과 역사 / 33
    2. 마을공동체 운동의 실천전략 / 36
III. 대안적 사회운동으로서 마을공동체 운동의 중요성   39
    1. '사회적 자본'으로서 마을공동체 / 39
    2. 대안적 정치활동으로서 마을공동체 운동 / 41
    3. 대안적 경제활동으로서 마을공동체 운동 / 43
IV. 마을공동체 운동의 윤리적 핵심 가치   45
    1. 공동체성 / 46
    2. 지역성 / 48
    3. 지속가능성 / 51
V. 결론   53

2장 | 마을공동체 만들기와 교회의 역할   55
I. 서론   55
II. 마을만들기 운동이란 무엇인가?   59
III. 부천 새롬교회를 중심으로 본 한국교회의 마을만들기 운동   61
    1. 배경과 역사 / 61
    2. 공부방운동에서 지역아동센터로 / 62
    3. 작은도서관 운동에서 지역도서관 운동으로 / 63
    4. 약대동 마을만들기 운동 / 64
IV. 마을만들기 활성화를 위한 지역 교회의 과제   68
    1. 지역 중심의 목회 철학 / 68
    2. 마을공동체 신학 / 70

   3. 연대와 협력 그리고 네트워킹 / 71
   4. 마을만들기의 구체적 실천 전략들 / 72
 V. 결론   75

3장 | 교회의 문화사역 현실과 과제   77
 I. 서론   77
 II. 교회의 문화사역 유형과 사례   80
   1. 문화사역의 개념과 의의 / 80
   2. 교회 카페 / 82
   3. 문화센터(문화교실) / 85
   4. 교회 도서관 / 87
 III. 문화사역 활성화를 위한 신학적 토대   91
   1. 문화신학과 선교 / 91
   2. 문화복지 / 92
   3. 문화목회 / 93
 IV. 문화사역 활성화를 위한 실천 과제   95
   1. 전문사역자와 자원봉사자의 지도력 개발 / 95
   2. 문화콘텐츠의 지속적 개발 / 96
   3. 문화사역의 특성화(차별화) / 98
   4. 파트너십과 네트워킹 능력 / 99
   5. 운영상의 문제 해결 능력 / 101
 V. 결론   103

4장 | 농촌공동체 운동과 교회   105
 I. 서론   105
 II. 농촌 사회와 농촌 교회의 현실   108
 III. 기독교 농촌공동체 운동의 역사   111
   1. 일제강점기 기독교 농촌공동체 운동 / 111
   2. 해방 이후 기독교 농촌공동체 운동 / 114
   3. 산업화 시대의 기독교 농촌공동체 운동 / 117
 IV. 농촌 교회 마을공동체 운동의 유형과 사례   119
   1. 생태공동체 운동 / 119
   2. 복지공동체 운동 / 121
   3. 문화공동체 운동 / 123
   4. 경제공동체 운동 / 125
   5. 다문화공동체 운동 / 127
 V. 농촌공동체 운동 활성화를 위한 농촌 교회의 신학적·실천적 과제   129

1. 농촌 교회론과 농촌 목회론 / 129
    2. 생태신학과 생명목회 / 130
    3. 땅의 신학과 노동의 신학 / 132
    4. 사회복지 신학과 목회 / 135
    5. 다문화 신학과 목회 / 136
    6. 구체적 실천 전략들 / 138
  Ⅵ. 결론   141

5장 | 지역 문화(local culture) 운동과 교회   143
  Ⅰ. 서론   143
  Ⅱ. 지역 문화(local culture)란 무엇인가?   145
  Ⅲ. 지역 문화 위기의 원인들   147
  Ⅳ. 지방자치시대 지역 문화의 현실   150
    1. 지방자치와 지역 문화 / 150
    2. 지역 문화와 향토 축제 / 151
    3. 향토 축제의 문제점들 / 152
  Ⅴ. 지역 문화와 지역공동체 운동   155
  Ⅵ. 지역 문화 활성화를 위한 신학적 과제   157
    1. 지역 교회(local church)로서 교회론 / 157
    2. 문화의 신학 / 159
    3. 토착화신학 / 161
    4. 지역사회 봉사의 신학 / 162
    5. 문화선교 신학 / 164
    6. 에큐메니칼 신학 및 종교 간 협력 / 165
  Ⅶ. 지역 문화 발전을 위한 목회적 과제   166
  Ⅷ. 결론   168

6장 | 도시 생태공동체 운동과 교회   169
  Ⅰ. 서론   169
  Ⅱ. 생태적 도시공동체란 무엇인가?   172
    1. 생태적 도시공동체의 개념과 역사 / 172
    2. 생태적 도시공동체 운동의 유형 / 174
    3. 생태적 도시공동체 운동의 의의 / 176
  Ⅲ. 기독교 생태 도시공동체 운동의 사례들   177
    1. 각 교단의 생활협동조합 운동 / 177
    2. 대구 YMCA의 주거공동체 운동: 삼덕동 마을만들기 / 180

3. 초교파 기독교 지역 환경운동: '기독교환경운동연대' / 182
　　Ⅳ. 생태적 도시공동체 형성을 위한 도시 교회의 과제　　　　　　185
　　　1. 도시에 대한 신학적 이해 / 185
　　　2. 지역사회와 지역 교회의 관계에 대한 신학적 이해 / 188
　　　3. 녹색교회와 녹색목회 / 189
　　　4. 생태적 도시공동체 운동의 실제적 문제들과 해결 과제 / 190
　　Ⅴ. 결론　　　　　　　　　　　　　　　　　　　　　　　　　　193

7장 | 한국 기독교 생태공동체 운동의 역사와 미래　　　　　　　　195
　　Ⅰ. 서론　　　　　　　　　　　　　　　　　　　　　　　　　　195
　　Ⅱ. 생태공동체 운동의 개념과 특성　　　　　　　　　　　　　　197
　　　1. 생태공동체 운동이란 무엇인가? / 197
　　　2. 생태공동체 운동의 특성 / 198
　　　3. 생태공동체 운동의 의의 / 199
　　Ⅲ. 한국 기독교 생태공동체 운동의 역사와 현황　　　　　　　　201
　　　1. 기독교 생태공동체 운동의 역사 / 201
　　　2. 지리산 두레마을 / 202
　　　3. 한마음공동체 / 204
　　Ⅳ. 기독교 생태공동체 운동의 활성화를 위한 신학적 토대　　　205
　　　1. 생태신학 / 205
　　　2. 공동체 신학 / 207
　　　3. 생태학적 영성과 노동 신학 / 209
　　Ⅴ. 기독교 생태공동체의 발전을 위한 실천 과제　　　　　　　　211
　　　1. 생태공동체 운동의 평가 지표 / 211
　　　2. 공동체의 이념 / 212
　　　3. 지속가능한 삶 / 214
　　　4. 경제적 자립 / 214
　　　5. 인간관계의 갈등 해결과 지도력 / 216
　　　6. 개방적 네트워킹 / 217
　　Ⅵ. 결론　　　　　　　　　　　　　　　　　　　　　　　　　　219

8장 | 도시 빈민공동체 운동과 교회　　　　　　　　　　　　　　　221
　　Ⅰ. 서론　　　　　　　　　　　　　　　　　　　　　　　　　　221
　　Ⅱ. 기독교 도시 빈민공동체 운동의 개념과 역사　　　　　　　　225
　　　1. 도시 빈민공동체 운동의 개념과 의의 / 225
　　　2. 우리나라 도시빈민의 형성 배경 / 226
　　　3. 우리나라 기독교 도시 빈민공동체 운동의 역사 / 228

        III. 기독교 도시 빈민공동체의 유형들   231
            1. 행려자 밥상공동체: 다일공동체 / 232
            2. 노숙인 쉼터: (원주)밥상공동체 / 234
            3. 이주노동자 생활공동체: 안산이주민센터 / 237
            4. 빈곤아동 보육공동체: 공부방 혹은 지역아동센터 / 239
            5. 노숙인 학습공동체: 성프란시스대학 / 241
        IV. 기독교 도시 빈민공동체 운동의 활성화를 위한 신학적 과제   244
            1. 사회선교로서 빈민선교 / 244
            2. 가난의 신학과 영성 / 246
            3. 공동체 신학 / 248
        V. 기독교 도시 빈민공동체 운동 활성화를 위한 실천 과제   250
            1. 통전적 긍휼(구제) 사역 / 250
            2. 에큐메니칼 정신과 네트워킹 능력 / 252
            3. 참여의 리더십 / 253
        VI. 결론   254

9장 | 다문화공동체와 교회   257
    I. 서론   257
    II. 다문화사회의 사회윤리 이슈들   260
        1. 차별 / 260
        2. 빈곤 / 264
        3. 소외 / 266
    III. 다문화공동체의 가치들과 기독교의 과제   268
        1. 다양성 / 268
        2. 관용 / 271
        3. 배려와 돌봄 / 272
        4. 환대(손 대접) / 274
    IV. 다문화공동체 형성을 위한 지역 교회 사역   277
        1. 다문화 사역과 지역 교회 / 277
        2. 다문화 교육과 지역 교회 / 279
    V. 결론   282

10장 | 협동조합 운동과 교회   285
    I. 서론   285
    II. 협동조합의 발전과 유형   288
        1. 협동조합 개념과 발전사 / 288

2. 협동조합의 유형 / 292
　Ⅲ. 우리나라 기독교 협동조합 운동의 역사　　　　　　　　　　294
　　1. 일제강점기 기독교 협동조합 운동 / 294
　　2. 해방 후 기독교 협동조합 운동 / 296
　　3. 1960년대 이후 기독교 협동조합 운동 / 297
　Ⅳ. 협동조합 운동과 기독교적 가치　　　　　　　　　　　　　　300
　　1. 협동조합의 원칙에 나타난 핵심 가치들 / 300
　　2. 협동조합 운동의 목표: 생명과 사람 중심의 공동체 형성 / 302
　　3. 협동조합 운동의 조직 원리: 협동과 연대 / 304
　　4. 협동조합의 운영 원리: 평등과 자율에 기초한 민주주의 / 307
　Ⅴ. 결론　　　　　　　　　　　　　　　　　　　　　　　　　　309

11장 | 기독교 사회적기업과 교회　　　　　　　　　　　　　　　313
　Ⅰ. 서론　　　　　　　　　　　　　　　　　　　　　　　　　　313
　Ⅱ. 사회적기업이란 무엇인가?　　　　　　　　　　　　　　　　317
　　1. 사회적기업의 역사 / 317
　　2. 사회적기업의 개념과 특징 그리고 유형 / 318
　　3. 사회적기업의 의의 / 320
　Ⅲ. 기독교 관련 사회적기업 사례　　　　　　　　　　　　　　　322
　　1. 열매나눔재단 / 322
　　2. 나섬공동체 / 325
　Ⅳ. 사회적기업 운영상 현실적 난제들　　　　　　　　　　　　　327
　　1. 기업의 지속가능성 / 327
　　2. 사회적기업에 대한 인식 부족과 반기업 정서 극복 / 329
　Ⅴ. 기독교 사회적기업의 활성화를 위한 실천 과제　　　　　　　330
　　1. 교회와 지역사회 관계에 대한 목회적 이해 / 330
　　2. 교회의 새로운 사회봉사 전략으로서 자활 돕기 / 331
　　3. 비즈니스를 통한 빈민선교 / 333
　　4. 기독교 기업관과 직업관 / 334
　　5. 네트워킹 능력 / 337
　Ⅵ. 결론　　　　　　　　　　　　　　　　　　　　　　　　　　338

12장 | 마을기업과 농촌공동체 운동　　　　　　　　　　　　　　341
　Ⅰ. 서론　　　　　　　　　　　　　　　　　　　　　　　　　　341
　Ⅱ. 마을기업의 개념과 유형 그리고 의의　　　　　　　　　　　344
　　1. 마을기업이란 무엇인가? / 344

　　　　2. 마을기업의 유형 / 347
　　　　3. 마을기업의 의의와 가치 / 348
　　Ⅲ. 기독교 마을기업의 사례들　350
　　　　1. '솔향담은 장마을'과 거창 대산교회 / 350
　　　　2. '힐링알토스 협동조합'과 신실한교회 / 351
　　　　3. '꿈이 익는 영농조합'과 광시 송림교회 / 353
　　　　4. '장신영농조합' / 354
　　Ⅳ. 마을기업을 통한 농촌공동체 활성화를 위한 농촌 교회의 과제　356
　　　　1. 지역성과 공동체성에 기초한 선교적 교회 / 356
　　　　2. 마을공동체 목회 / 359
　　　　3. 생명목회와 생명농업 / 361
　　　　4. 교회의 기업 활동과 신앙 / 362
　　　　5. 농촌 교회와 도시 교회의 교류와 협력을 통한 상생목회 / 364
　　　　6. 마을기업의 성공적 운영을 위한 실천적 과제 / 366
　　Ⅴ. 결론　368

13장 | 윤리적 소비운동과 교회　371
　　Ⅰ. 서론　371
　　Ⅱ. 윤리적 소비의 개념과 역사　373
　　Ⅲ. 윤리적 소비의 유형　375
　　　　1. 녹색 소비 / 375
　　　　2. 지역 소비(local buying) / 377
　　Ⅳ. 윤리적 소비에 나타난 가치들　388
　　　　1. 합리성과 윤리성 / 388
　　　　2. 지속가능성 / 389
　　　　3. 공동체성 / 391
　　　　4. 공정성 / 393
　　Ⅴ. 그리스도인과 교회의 실천 과제　395
　　　　1. 교육적 과제 / 395
　　　　2. 실천적 과제 / 396
　　Ⅵ. 결론　397

참고문헌 / 399

1 장
대안 사회 운동으로서 마을공동체*

I. 서론

　최근 우리 사회에 마을공동체 운동(지역공동체운동)이 핫 이슈가 되었다. 정부는 말할 것도 없고 지방자치단체들, 시민단체들 그리고 지역 교회들까지 마을공동체 운동에 대해 관심을 보이고 있다. 기독교계 가운데 대한예수교장로회(통합) 총회는 제102회(2017/8년) 회기의 주제를 '거룩한 교회, 다시 세상 속으로'라고 정하고 구체적 실천전략으로 '마을목회'를 제시할 정도다.
　이처럼 우리 사회나 교계에서 마을공동체 운동이 부각된 된 배경은 여럿이다.
　첫째, 산업화와 도시화로 말미암은 전통적 촌락공동체의 붕괴가 가

---

* 이 글은 "사회윤리적 관점에서 본 지역 교회의 마을공동체 운동"이란 제목으로 「선교와신학」 44(2018)에 실린 글이다.

져온 공동체문화의 붕괴다. 이미 해체된 농촌은 말할 것도 없고 새롭게 형성된 도시들에서도 급격한 인구증가와 재개발, 높은 이주율로 말미암아 마을공동체 형성이 어렵다.[1] 압축적 근대화 과정에서 공동체문화의 붕괴는 물질적 생활수준의 향상에도 불구하고 행복감을 느끼지 못하게 만들었다. 사람들의 삶은 파편화되었고, 외로움은 극심해졌다.

둘째, 1990년대부터 시작된 세계화(지구화) 경제의 확산으로 말미암아 지역사회의 위기감이 커졌기 때문이다. 세계화 경제는 자본, 시장, 노동, 정보, 기술 등을 개별 국가의 국경을 넘어 지구적으로 조직하고 있다. 자본과 상품, 노동 시장이 자유롭게 국경을 넘나들게 되면서 경쟁력이 약한 국가나 지역사회의 존립을 위협하고 있다. 그런데 국가나 시장마저 이런 현실에 맞서 제 역할을 하지 못하면서 지역공동체의 역할이 점차 중요해지고 있다. '가장 지역적인 것이 가장 세계적이다'는 모토에서 볼 수 있듯이 지역적인 것은 국가나 지역경쟁력의 중요한 요소로 인정되고 있다. 『렉서스와 올리브나무』의 저자 토마스 프리드먼(T. Friedman)은 일본 도요타 자동차의 브랜드 가운데 하나인 렉서스를 첨단 기술과 거대 자본이 주도하는 세계화 경제를 상징하는 은유로 사용하고, 올리브나무를 지역의 뿌리 깊은 문화적 관계를 상징하는 은유로 사용했다. 그는 올리브나무에서 얻을 수 있는 땅, 가정, 공동체, 문화, 부족과의 연대감 같은 가치의 복원이야말로 렉서스로 상징되는 세계화에 맞설 수 있는 경쟁력이라고 강조했다.[2]

---

[1] 우리나라 국민의 한 해 이사율은 20% 내외로 주변 국가들의 이사율보다 2-3배 높은 수준이어서 주민들이 서로 얼굴을 익히고, 정서적 교류를 하는 것이 사실상 불가능하다. 참고: 이종수, "공동체와 마을만들기", 이종수 편, 『한국사회와 공동체』(서울: 다산출판사, 2008), 3.
[2] 토마스 프리드먼/신동욱 역, 『렉서스와 올리브나무』(서울: 창해, 2000), 795.

그럼에도 불구하고 대부분의 한국교회들은 여전히 마을공동체 운동에 무지할 뿐만 아니라 무관심하다. 마을이 해체되면 교회도 존립할 수 없다는 엄중한 사실을 무시한 채 지역사회와 관련 없고, 지역민의 생활에 무관심한 전통적인 목회관을 답습하고 있다. 그 결과 많은 지역교회들이 마치 섬처럼 지역사회에서 고립되고 소외된 채로 존재하고 있으며, 교회에 대한 지역사회의 이미지는 점점 나빠지고 있다. 지역 교회들이 이렇게 된 데에는 몇 가지 신학적 원인이 있다.

잘못된 성속 이분법에 기초한 탈세상적인 교회관 때문이다. 교회를 거룩한 곳으로 보는 반면에 세상을 속된 것으로 보고, 세상에 대한 교회의 관계를 대립적 관계로 정립하며, 세상에 대한 정죄와 심판만 강조하면서 교회를 '구원의 방주'로 표상한다. 그리고 교회중심적인 신앙관은 신자들의 신앙생활을 직장생활이나 사회생활과 상관없는 교회생활이나 종교생활로 환원시켰다.[3]

마을공동체 운동에 대한 지역 교회의 무관심은 비단 목회자만 아니라 신학자들에게도 나타난다. 마을공동체 운동에 대한 신학적 연구가 양적으로 많지 않은데다가 그마저도 대개는 교회 성장을 위한 새로운 선교전략이나 목회전략이라는 관점에서 수행된 연구들이다. 이 연구처럼 목회사회학이나 사회윤리학적 관점에서 수행된 마을공동체 운동에 대한 연구는 아주 적은 편이다.[4]

우리가 이 연구에서 마을공동체 운동을 신학적 관점에서만 아니라

---

[3] 한국일, "한국적 상황에서 본 선교적 교회: 지역 교회를 중심으로", 「선교와 신학」 30(2012), 93-96.
[4] 정재영·조성돈, 『더불어 사는 지역공동체 세우기』 (서울: 예영커뮤니케이션, 2010); 성석환, 『지역공동체를 세우는 문화선교』 (서울: 두란노아카데미, 2011); 조용훈, 『마을공동체와 교회공동체』 (서울: 동연, 2017) 등.

사회윤리학적 관점에서 다루고자 하는 이유는 여럿이다. 교회란 예배공동체이지만 동시에 사회적 요소나 특징들을 지닌 사회제도요 사회조직이기 때문이다. 지역의 교회는 대개 지역민들로 구성되어 있으며, 지역사회와 다양한 방식으로 관계를 맺고, 인적 자원과 물적 자원을 지니고 있는 영향력 있는 지역사회의 구성원이다. 게다가 예수님께서 산상설교에서 제자공동체를 가리켜 '산 위에 세운 마을'(마 5:14)이라 하셨을 때 마을이란 단어는 헬라어 '폴리스'(polis)로서 고대 아테네나 스파르타와 같은 도시국가 곧 정치 경제적 단위를 가리켰다. 이런 사실을 무시한 채 교회를 영적 공동체 혹은 예배공동체로만 인식하게 되면 어쩔 수 없이 지역 교회의 사회성이나 공공성 그리고 사회적 역할과 책임에 무관심하게 된다. 비록 교회가 공동체성을 강조하더라도 그 강조점이 기껏해야 교인끼리의 모임이나 친교만 생각하거나 하나님의 나라를 교회의 확장 정도로만 이해하는 잘못에 빠진다.

마을공동체 운동에 대한 연구에서 신학적 관점과 사회윤리적 관점은 상호 대립적이라기보다는 상호 보완적이다. 마을공동체 운동에 대한 신학적인 접근이 지역 교회가 왜 마을공동체 운동에 참여해야 하는지 동기와 의미를 부여한다면, 사회윤리적 접근은 마을공동체 운동의 실제적 문제들이 무엇이며 그것을 어떻게 해결할지에 대해 도움을 준다. 지금까지 지역 교회가 중심이 된 마을공동체 운동이 활성화되지 못한 데에는 신학적으로 동기부여가 덜 된 데에도 원인이 있겠지만 더 큰 원인은 실제 운영과정에서 발생하는 어려움들을 제대로 해결하지 못한 데서 찾아야 한다.

이런 문제인식에서 출발하여 우리는 아래에서 마을공동체 운동의 개념과 역사 그리고 구체적인 전략에 대해 사회학적 차원에서 정리해

보겠다. 그런 다음에 마을공동체 운동이 새로운 사회를 만들기 위한 대안사회운동으로서 갖는 의미와 가치가 무엇인지 탐색해 본다. 마지막으로 마을공동체 운동이 지니는 윤리적 핵심가치가 무엇이며 그것이 어떻게 기독교 신앙과 연관성이 있는지 살피겠다.

II. 마을공동체 운동의 개념과 역사 그리고 실천전략

1. 마을공동체 운동의 개념과 역사

일반적으로 마을공동체 운동이란 지역사회 개발 혹은 동네재생과 같은 다양한 이름으로 불린다. 마을공동체 운동의 목적은 물리적 공간으로서 마을을 정서적 친밀감과 연대의식을 지닌 살기 좋은 생활공동체로 만들어가는 데 있다. 신앙적으로 표현하자면 구성원들이 살아가는 지역을 하나님의 백성의 공동체로 만들어가는 선교활동이다. 마을공동체 운동의 주체는 지역주민들로서 자신들의 미래를 스스로의 힘으로 만들어가려는 자발적인 공동체운동이다. 농촌지역에서 마을공동체 운동이 압축적 근대화 과정에서 해체된 공동체를 다시 회복시키는 일이라면, 도시 지역에서 마을공동체 운동은 유동성이나 익명성과 같은 도시적 특성으로 인해 약화된 공동체의식을 창조하는 일이다.

마을공동체 운동에서 '마을'이란 "행정구역만이 아니라 지역구성원의 '마음'을 담고 있는 공동체이며, 지역구성원이 터 잡고 살아가는 가장 실질적인 삶의 현장이자 소통의 공간"이다.5 말하자면 마을이란 지

---

5 한국일, "교회, 마을의 마당이 되자(1) 이젠, '마을목회' 시대",「기독공보」(2016년 3월

리적으로 타 지역과 구분되는 경계를 가지면서도 지역 내 구성원들 사이에 사회적 상호작용과 정서적 공감대가 형성된 공동체를 가리킨다.

한편, 마을공동체 운동에서 '공동체'란 농촌 지역의 자연취락 마을처럼 자연발생적인 공간이 아니라 고유한 목적과 가치를 공유하는 구성원들이 모여 의도적이고 계획적으로 만들어가는 공동체다. 정재영과 조성돈은 공동체를 '상호 신뢰를 바탕으로 공동의 의식과 공동의 생활양식을 통해 결속감이 증대된 사회집단'으로 정의하면서 그 특징을 '서로에 대한 책임과 의무를 다하는 도덕공동체'로 본다.[6] 물론 공동체의 책임과 의무는 공동체 구성원들 안에서만 제한적이고 배타적으로 적용되어서는 곤란하다. 만일 어떤 공동체가 집단이기주의 형태를 띠고 다른 집단에 대해 배타적이라면 그런 공동체를 가리켜 참다운 의미의 공동체라 할 수 없다.

한국교회는 선교 초기부터 기독교 신앙과 이념에 기초한 마을공동체 운동에 관심을 기울였다. 일제강점기에 유재기와 배민수를 중심으로 한 '예수촌운동'이 있었고, 해방 후에는 김용기의 '가나안복민운동'도 주목할 만하다. 1960년대 부산에서 장기려를 중심으로 만들어진 의료보험조합운동인 '청십자의료조합'이 지역민의 건강 향상에 도움을 주었고, 1970년대에는 청계천의 활빈교회와 남양만으로 이주한 두레공동체운동이 주목을 끌었다. 1980년대 이후 비록 그 숫자가 적긴 했어도 도시에서 교회나 기독교인이 주축이 된 생태공동체운동이나 빈민공동체운동이 지속적으로 시도되었다.[7]

한편, 사회적으로 1990년대 들어 '도시연대'를 포함한 시민단체들

30일).
6 정재영·조성돈,『더불어 사는 지역공동체 세우기』, 25.
7 조용훈,『마을공동체 교회공동체』, 77-228.

이 다양한 형태의 마을공동체 운동을 추진했다. 여기에는 '안전한 통학로 만들기', 서울 인사동과 마포구 성미산 마을만들기, 경기도 부평 문화거리 만들기, 부산의 반송마을 만들기, 대구 삼덕동 담장허물기운동 등이 포함된다.8 일본의 마을공동체 운동인 '마치즈쿠리'가 우리 사회에 소개된 것도 이 즈음이었다. 그러다가 마을공동체 운동가였던 박원순이 2011년 서울시장에 당선되고 '마을공동체 종합지원센터' 만들어 제도화하면서 마을공동체 운동이 우리 사회에 크게 관심을 끌었다.

이처럼 여러 시민단체들이 추진한 마을공동체 운동이 사회의 주목을 받고, 지자체 가운데 서울시의 마을공동체 운동이 성과를 내자 이에 자극받은 중앙정부까지 나서면서 마침내 각종 마을공동체사업을 행정적·재정적으로 지원하기 시작했다. 행정안전부의 '살기 좋은 지역만들기', 국토해양부의 '살고 싶은 도시만들기' 등 다양한 이름을 가진 수많은 프로젝트가 동시다발적으로 추진되었다.

선교 초기부터 줄곧 마을공동체 운동에 대한 관심을 가졌던 한국교회가 압축적 근대화과정을 거치고, 1980년대 이후 종교가 시장 상황에 놓이게 되면서 교회 간 경쟁이 심화되었다. 교회들마다 개교회 중심의 교회 성장 정책을 추구하면서 지역사회에 대한 교회의 관심은 급격히 줄게 되었다. 한편, 대도시에서 생겨난 대형교회에서 추진하는 '지성전 체제'는 지역 교회의 탈지역화를 부추겼다.9 하지만 2000년대 들어 한국교회가 성장의 벽에 부딪치고, 그 원인 가운데 하나를 교회의 지역사회로부터의 소외와 고립에서 찾게 되면서 마을공동체 운동에 관심을 갖기 시작했다. 하지만 여전히 많은 교회가 마을공동체 운동에 무관심

---

8 김은희, "마을만들기는 운동이다", 김기호 외, 『우리, 마을만들기』 (고양: 나무도시, 2012), 20-21.
9 "특집: 한국교회 '지성전 체제' 무엇이 문제인가", 「기독교사상」 (2003/11), 22-106.

하거나 기껏해야 교회 성장의 수단 정도로만 생각하고 있다.

2. 마을공동체 운동의 실천전략

지역 교회가 참여하는 마을공동체 운동이 성공하려면 분명한 신학적 이념과 비전은 말할 것도 없고 마을공동체 운동 과정에서 생겨나는 각종 현실 문제들을 해결할 수 있는 역량을 갖추어야 한다. 우리는 마을공동체 운동의 실천전략으로 다음 네 가지 곧 비전 혹은 이념, 현장 인식, 리더십 그리고 네트워킹을 들 수 있다.

첫째, 비전과 이념이란 마을공동체 운동을 통해서 궁극적으로 실현하고자 하는 이상적인 마을의 모습과 그것을 추진해가는 기본 정신을 가리킨다. 마을공동체 운동의 비전은 구성원을 하나로 묶어주며, 구성원들로 하여금 마을의 미래상을 공유하고, 그것을 실현하기 위해 함께 행동할 수 있도록 강력한 동기를 제공한다. 마을공동체 운동의 이념은 운동의 방향과 가치로서 본질과 비 본질, 해야 할 일과 하지 말아야 할 일을 구분하도록 돕는다. 지역 교회가 주도하는 마을공동체 운동에서는 뚜렷한 기독교적 가치나 신앙적 이념을 가지고 있어야 하지만 그것을 표현하는 방식은 마을의 비 기독교인들도 이해하고 공감할 수 있는 보편적이고 비종교적인 언어로 표현해야 한다.[10] 종교를 뛰어넘어 다양한 마을주민들을 하나로 묶을 수 있는 적당한 상징체계를 만들어 낼 필요가 있고, 구성원들이 공동체의식을 느낄 수 있도록 다양한 문화행사들을 마련해야 한다.

둘째, 현장 인식이란 마을공동체 운동이 추상적인 관념이 아니라 철

---

10 정재영 · 조성돈, 『더불어 사는 지역공동체 세우기』, 39.

저한 현장 분석에서 출발해야 한다는 뜻이다. 지역 교회의 마을공동체 운동이 구성원의 관심과 지지를 받으려면 지역의 현안 곧 지역민의 현실적 욕구가 무엇인지 파악해야 한다. 마을의 현안에 따라서 생태, 문화, 복지, 다문화 등 다양한 형태의 마을공동체 운동을 모색할 수 있다. 한편, 현장 인식이란 지역사회나 지역주민이 보유하고 있는 특수하고 고유한 자원이 무엇인지 찾아내 활용하는 일이다. 여기에는 지역 내 자연자원이나 문화유산, 역사적 유산 같은 자원이 포함 될 것이다. 한편, 마을공동체 운동에 참여하는 지역 교회는 교회 내부의 인적 자원과 물적 자원의 특성에 대해서도 정확하게 파악해야 한다. 교회의 문화나 신앙적 특징, 구성원의 현실을 무시하고 유행을 따르게 되면 마을공동체 운동의 참여가 오히려 교회 구성원 간 갈등과 분열의 원인이 될 수도 있다. 마을공동체나 마을사업의 형태나 방향이란 결국 교회 내부적으로 교회의 인적 자원과 물적 자원에 의존하고, 교회 외부적으로 교회가 터한 지역사회의 특성에 좌우된다. 따라서 모든 지역에 보편적으로 적용 가능한 하나의 마을공동체 운동의 모델을 개발하려는 시도는 불필요하다.

셋째, 리더십이란 마을공동체 운동을 이끌고 갈등을 해결하여 목표에 도달할 수 있게 만드는 지도력이다. 마을공동체 운동에서 지도자의 비전과 역량은 아무리 강조해도 지나치지 않다. 리더는 마을공동체 운동 사업계획을 세우고, 참가하는 구성원들을 학습시키고, 사업의 결과를 평가하고, 대안과 해결책을 제시할 수 있어야 한다. 한편, 지도자를 지지해주고 따라가는 주민들의 참여와 협력도 중요하다. 말하자면 리더십이란 지도자의 비전과 능력만 아니라 참가하는 주민의 스튜어드십(stewardship)이나 팔로우십(followership) 그리고 주변 관계자들과의 파트너십(partnership)을 포괄한다.11 마을공동체 운동은 유토피아가 아닌 현실로서 무엇보다 인간관계의 갈등을 피할 수 없다. 역사적 경험을 볼 때 공동체운동은 외부적 요인만큼이나 내부적 요인에 의해서도 위협을 당한다. 마을공동체 운동이 주민 전체가 아니라 특정 계층이나 특정 집단의 이익을 대변한다든지, 성과물을 나누는 과정에서 불투명하거나 불공평하지 않도록 유의해야 한다. 지역 교회의 마을공동체 운동이 성공하려면 목사는 물론 교인들 가운데 많은 숫자가 공동체 운동의 지도자나 적극적 참가자로 활동해야 한다. 이를 위해 목회자는 교회 중심적인 전통적인 목회관 대신 마을 전체를 목회지로 삼는 마을공동체 목회와 신학을 정립해야 한다.

마지막으로 네트워킹이란 마을공동체 운동과 관련된 다양한 주체들 사이의 파트너십을 가리킨다. 성공적인 마을공동체 운동을 위해서는 지역 내 교회들과의 협력은 물론 각종 단체들 곧 주민자치회, 기업체, 각급 학교, 연구소, 군부대 그리고 지자체까지 포함하는 폭넓은 네트워킹을 구축해야 한다. 특히 전통적으로 존재하고 있는 마을의 청년회, 부녀회, 반상회, 노인회, 작목반, 상인회, 어촌계, 번영회 등과의 협력은 아주 중요하다. 그리고 지역의 각종 시민단체(환경단체, 문화예술단체, 장애인단체, 여성단체 등)는 지역사회 발전과 지역민의 삶의 질을 향상시키는데 관심이 높기 때문에 반드시 함께해야 할 파트너다. 에큐메니칼 신학은 교파와 교단을 넘은 협력과 연대를 통해 지역사회를 살기 좋은 하나님의 집(오이코스)으로 만들어 가도록 돕는다.

---

11 김경동, 『기독교 공동체 운동의 사회학』 (서울: 한들출판사, 2010), 244.

III. 대안적 사회운동으로서 마을공동체 운동의 중요성

마을공동체 운동은 신앙적 차원에서만 아니라 사회학적으로나 윤리적 차원에서도 매우 중요하다. 사회윤리적 관점에서 볼 때 마을공동체 운동은 한 사회의 삶의 질과 경쟁력 향상에 영향을 미치는 사회적 자본 가운데 하나다. 그리고 마을공동체 운동은 자본주의 사회에서 생겨나는 여러 문제들을 해결하려는 대안 사회운동으로서 정치적으로는 주민의 자치와 풀뿌리 민주주의를 실천하는 장이며, 경제적으로는 이윤추구만 아니라 사회적 목적도 함께 추구하는 대안적인 사회적 경제 활동이다.

1. '사회적 자본'으로서 마을공동체

사회학자들은 한 사회나 국가의 경제성장과 발전이 자본이나 기술 같은 경제적인 요소만 아니라 사회문화적 요소들 곧 '사회적 자본'(social capital)에 의해 영향을 받는다는 사실을 강조한다. 그 가운데 하나인 제임스 콜맨(J. Coleman)은 사회적 자본을 가리켜 '사람들이 공통의 목적을 위해 단체와 조직 내에서 함께 일할 수 있는 능력 혹은 결속할 수 있는 능력'이라고 정의한다.12 로버트 푸트남(R. Putnam)은 사회적 자본을 '구성원들이 상호협력 하도록 함으로써 공동의 목적을 보다 효과적으로 성취할 수 있도록 만드는 신뢰, 규범, 연결망과 같은 사회조직

---

12 프랜시스 후쿠야마, 구승회 역, 『트러스트: 사회도덕과 번영의 창조』 (서울: 한국경제신문사, 1996). 28-29.

의 특질을 총칭'한다고 한다.13 프랜시스 후쿠야마(F. Fukuyama)가 강조했던 신뢰(trust)나 알렉시스 토크빌(A. Tocqueville)이 1830년대 미국 방문에서 주목했던 교회나 자선단체, 사립학교와 같은 다양한 시민단체의 활동들은 사회적 자본을 구성하는 중요 요소들이다.14 사회적 자본의 구성 요소 가운데 신뢰는 협동의 토대가 되며, 감시와 통제의 비용을 줄여준다. 규범은 오랜 기간을 거쳐 한 사회에 수용된 구성원의 행동규칙으로서 공동의 목적 달성을 위해 개인의 이기주의 욕망을 통제한다. 그리고 네트워크는 개인과 개인, 개인과 집단, 집단과 집단의 상호작용 속에 연결된 사회적 연대로서 공동체를 결속시켜 구성원 간 협력의 분위기를 조성한다.

따라서 사회적 자본의 존재 유무에 따라 경제성장이나 국가의 정책효과가 지역마다 혹은 국가마다 서로 다르게 나타나게 된다. 사회적 자본이 많을수록 그리고 그 수준이 높을수록 지역사회의 회복과 발전 속도는 더 빨라진다. 20여 년 전 외환위기와 경제위기를 함께 경험했던 동아시아의 여러 나라들 가운데 우리나라가 비교적 빨리 위기를 극복했던 요인 가운데 하나는 '금모으기'와 같은 국민의 단합된 행동 곧 사회적 자본 때문이었다고 한다.

그런데 이같이 중요한 사회적 자본은 종교나 전통, 역사적 관습과 같은 문화적 기제를 통해 창조되고 전수된다.15 그렇게 볼 때 지역사회에 교회가 존재하고, 지역 교회가 정직과 협동, 이웃사랑과 같은 도덕성을 강조하면서 마을을 살기 좋은 공동체로 만드는데 참여할 때 그 사

---

13 곽현근, "현대 지역공동체의 의의와 형성전략", 이종수 편, 『한국사회와 공동체』, 132, 각주 3 재인용.
14 프랜시스 후쿠야마, 『트러스트』, 82-84.
15 위의 책, 50.

회의 사회적 자본은 더 커질 것이다. 실제로 지역 교회 가운데에는 다양한 형태의 마을공동체 운동을 통해서 정부나 지자체의 손이 미치지 못하는 사각 지대의 빈민문제, 환경문제, 복지문제, 문화적 욕구, 다문화 사회문제 등을 해결하는데 중요한 역할을 담당하고 있다.[16]

2. 대안적 정치활동으로서 마을공동체 운동

마을공동체 운동은 살기 좋은 마을 만들기라는 목표의 달성만 아니라 그것을 어떤 방식으로 이루어 갈 것인가 하는 방법과 과정이란 문제도 똑같이 중요하게 다룬다. 왜냐하면 마을공동체 운동은 지역주민을 '위해서만' 아니라 지역주민과 '함께' 그리고 그들을 '통해서' 이루어져야 하기 때문이다. 그런 이유에서 우리는 1970년대 시작되었던 새마을운동을 마을공동체 운동의 모범 사례로 생각하지 않는다. 왜냐하면 새마을운동은 마을공동체 운동의 형태는 지녔지만 그 목적이 경제적인 데 치우쳐 있었으며, 그 방식은 지역주민에 의한 자발적인 '아래로부터의 운동'이 아니라 관주도의 타율적인 '위로부터의 운동'이었기 때문이다. 마을공동체 운동에 관심하는 학자들은 박근혜 정부에서 추진했던 '제2의 새마을운동'조차 풀뿌리 민주주의라기보다는 차라리 '통치기술'이라고 비판한다.[17] 참다운 의미의 마을공동체 운동이란 자본의 '시장 만들기'는 물론 정부의 '국가 만들기'와도 차별되는 주민중심의 공동체 운동이어야 하기 때문이다.[18]

---

16 조용훈, 『마을공동체와 교회공동체』, 91-100.
17 김혜령, "마을공동체 운동과 마을교회", 『기독교사회윤리』 27(2013), 199-200.
18 박승현, "마을만들기: 신자유주의 세계화의 극복과 공동체적 세계화", 미래사회와종교 성연구원 편, 『모색과 쟁점: 한국사회운동, 새로움인가 심화인가』 (서울: 이채, 2005),

일반적으로 민주주의를 국가 형태나 정치제도로 보기도 하지만 그것만큼이나 중요한 것이 생활방식으로서 민주주의다. 전자가 권력분립의 원칙이나 의회주의, 공정한 선거제도에 기초한 법치국가를 강조한다면, 후자는 사회구성원의 민주주의적 에토스 곧 생활방식을 가리킨다. 생활방식으로서 민주주의란 구성원들이 공동의 목표 추구와 이해관계에서 생겨날 수 있는 갈등을 폭력이 아니라 대화와 타협을 통해 해결하려는 기본 태도다. 이러한 삶의 태도를 '생활정치'라고 부를 수 있는데 생활정치는 정치를 이념문제나 권력투쟁의 수단으로 삼는 대신에 일상생활의 터전에서 생겨나는 각종 현안들을 국가나 자본의 힘에 의존하지 않고 주민 스스로의 힘으로 해결하려고 애쓰는 정치적 태도를 가리킨다. 과거 '한국적 민주주의'라는 이름 아래 왜곡되었던 민주주의의 역사를 뒤돌아볼 때 국가 형태나 제도로서의 민주주의만 아니라 생활방식으로서의 민주주의, 이념으로서의 정치가 아니라 생활로서의 정치가 중요함을 깨닫게 된다.

마을공동체 운동은 이같은 전통적인 민주주의나 정치에 대한 대안적인 정치활동을 지역주민들에게 학습시키고 훈련시킨다. 마을공동체 운동은 지역주민이 주체가 되어 자신들의 미래를 스스로의 힘으로 기획하고, 자신의 삶에 영향을 미치는 각종 현안들을 스스로 결정하고, 갈등과 분쟁을 평화롭고 정의로운 방식으로 해결하려는 풀뿌리 민주주의의 실천이다. 마을공동체 운동이야말로 마을단위의 풀뿌리 민주주의의 교육과 실험의 장이다.

우리는 신약성서 사도행전에 나타나는 예루살렘 공동체의 삶의 방식에서 오늘날 마을공동체 운동과 유사한 형태의 민주주의적 운영원리

124.

를 발견할 수 있다. 예수님의 제자였던 가룟 유다의 후임을 뽑을 때 한 두 사람의 지도자가 아니라 120여 명의 구성원들이 함께 결정했다(행 1:14-26). 당시 교회에서 가난한 사람을 위한 양식 분배의 문제를 놓고 헬라인 기독교인과 유대인 기독교인 사이에 분쟁이 생겨났을 때 교회는 일곱 집사를 택해서 그들에게 양식 분배의 일을 맡기고, 사도들은 기도와 말씀 사역에 전념하는 역할 분담을 통해 문제를 평화롭게 해결했다(행 6:2-4).

오늘날 지역 교회가 마을공동체 운동을 통해 민주주의 전통을 잇고 더 발전시키기 위해서는 먼저 교회 행정과 교회 정치에서 민주주의적 에토스의 모범을 보여야 한다. 지역 교회의 현안을 민주적으로 해결하기 위해 당회나 노회와 같은 대의적 민주주의를 앞장 서 실천하고, 목회자중심의 교회에서 평신도중심의 신앙 문화를 만들어가야 한다.

3. 대안적 경제활동으로서 마을공동체 운동

신자유주의 시장경제 시스템이 기초하고 있는 무한경쟁의 원리는 오늘날 경제영역만 아니라 교육과 병원 같은 공공영역까지 확대되고 있다. 시장의 논리는 우리 사회의 모든 문제들을 한꺼번에 해결해 줄 것처럼 간주되고 있다. 신자유주의 시장경제 이론가 중의 하나였던 밀턴 프리드만(M. Friedman)은 기업경영의 사회적 책임을 '이윤추구에 대한 책임'으로 환원시킴으로써, 윤리학조차 시장의 시녀로 전락시켰다.[19] 하지만 세계적인 펀드 매니저 조지 소로스(G. Soros)도 인정했듯이, 자유 시장만으로는 인간과 사회의 욕구들, 예를 들면 도덕적 가치,

---

19 조용훈, 『지구화시대의 기독교』 (서울:대한기독교서회, 1999), 48.

가족관계, 예술활동, 인간관계 그리고 종교활동 같은 욕구들까지 충족시킨다는 것은 불가능하다.[20] 게다가 시장경제는 오늘날 인류를 위협하는 공동체의 해체나 지구적 환경 파괴와 같은 문제들을 해결하지도 못한다.

비록 마을공동체 운동이 소득 향상만을 목적으로 삼아서는 안 되겠지만 마을공동체가 지속하려면 자립적 경제 기반을 갖추어야 한다. 경제적 기반이 취약해지면 마을은 해체 위협 아래 놓이게 된다. 그런데 마을공동체 운동에서 추구하는 경제활동은 시장경제처럼 경제적 목적만 추구하는 것이 아니라 사회적이고 공익적인 목적도 함께 추구해야 한다. 말하자면 마을공동체 운동의 경제활동은 국가나 시장이 제대로 충족시켜주지 못하는 주민들의 일상의 욕구와 필요들까지 충족시킬 수 있어야 한다.[21]

지역주민과 지역사회의 필요나 욕구에 관련된 각종 재화와 서비스의 생산과 유통을 경제 주체들 간의 무한경쟁 관계가 아니라 상호협력과 연대를 바탕으로 수행하는 경제활동을 가리켜 '사회적 경제'(social economy)라 한다. 사회적 경제에는 협동조합, 사회적 기업, 마을기업 그리고 자활기업과 같은 다양한 형태의 경제조직이 포함된다. 사회적 경제는 자본 보다 사람 그리고 이윤추구만 아니라 사회적 목적도 함께 추구하기 때문에 경제활동에서 나눔이나 공유, 협동 같은 가치를 중요시하고, 재능기부, 무상 노동교환, 출자액과 상관없는 수익배분, 장애인이나 노인 같은 소외자의 고용 같은 행위들을 중시한다. 게다가 사회적 경제는 지역에 존재하는 자연자원이나 역사적이고 문화적 자원을

---

20 위의 책, 49.
21 김혜령, "마을공동체 운동과 마을교회", 215.

적극 활용한다는 점에서도 지역사회 발전에 기여한다. 이처럼 사회적 경제는 현대 자본주의가 불러온 비인간성과 반공동체성, 양극화나 환경 파괴와 같은 사회문제를 극복하려는 대안경제의 하나로서 '인간의 얼굴을 한 자본주의' 혹은 '창조적 자본주의'로 불린다.

자본주의 경제생활이 '경쟁 지향적' 삶의 방식을 만들어 내는 반면에 기독교적 경제생활의 방식은 상호 신뢰와 협동에 기초한 '협동적' 혹은 '공동체적' 방식을 추구한다. 고대 히브리 사상에서 볼 수 있는 토지공개념(신 7:13, 레 25:23, 사 5:8 등)이나 희년제도(레 25:8-13)에는 이러한 협동적이고 공동체적인 경제활동 방식이 나타나 있다. 신약성서의 예루살렘 공동체 구성원들은 자신의 소유를 팔아 가난한 이웃과 나누었고, 함께 떡을 떼면서 굶주린 사람들과의 연대감을 보여주었다(행 2:42-47). 바울은 '강한 자가 연약한 자의 약점을 담당'(롬 15:1)하고, '짐을 서로 지는'(갈 6:2) 협동과 연대적 삶의 방식을 강조했다. 사회적 경제활동이야말로 오늘날 가난이 사회 구조화되면서 사회적 약자를 돌보는 행위가 자선이나 구제와 같은 도덕적 시혜 차원에 머물지 않기 위해 필요한 사회 구조적 돌봄을 구현하는 효과적인 수단 가운데 하나로 인정되고 있다.

IV. 마을공동체 운동의 윤리적 핵심 가치

마을공동체 운동이 추구하는 가치들인 공동체성, 지역성 그리고 지속가능성은 기독교 신앙이나 이념과 공유하는 부분이 많다. 하나님은 삼위일체의 친교와 사귐 가운데 존재하시며, 예수께서 선포하신 하나님의 나라는 하나님의 백성의 공동체로서 지역사회와 함께 성장하며, 물질적 풍요를 넘어 정신적이고 영적으로도 풍성한 지속가능한 삶을 추구한다.

1. 공동체성

농경사회였던 우리 사회에는 촌락공동체를 중심으로 두레나 향약, 계 같은 공동체문화가 존재했었지만 일제강점기 식민정책과 압축적 근대화 과정에서 대부분 사라지거나 약화되었다. 현대 사회에서 개인주의 가치관이 확산되고, 자본주의 경제의 경쟁 지향적 삶의 방식이 강화되면서 공동체문화가 위협을 받고 있다. 무한경쟁을 근본 원리로 삼는 신자유주의 체제 아래 우리 사회는 생존하기 위해 각자도생(各自圖生)을 추구하는 '팔꿈치 사회'(Ellbogengesellschaft)로 바뀌고 있다.[22] 각자도생의 경쟁적인 사회에서는 모두가 외롭고 고독하게 되며, 삶은 파편화되고 행복감은 사라진다. 교육이나 안전, 복지와 관련된 사회문제들은 대부분 공동체와 관련되어 있다. 2016년 우리나라 국회 입법조사처가 'OECD 사회통합지표 분석 및 시사점'이란 보고서에서 우리 사회의 공동체 지수가 현저히 낮다는 사실을 공개했다. '곤경에 처했을 때 기댈 가족이나 친구나 이웃이 있는가'라는 물음에 '있다'고 답한 사람은 불과 70%에 머물렀다. 아일랜드나 스위스의 응답자 95%에 비하면 턱없이 낮은 수치이며, OECD 회원국 가운데 최하위다. 지금 우리 사회에서 자살자 숫자가 줄어들지 않고, 무연고사(고독사)가 느는 이유도 공동체의 해체와 관련되어 있다.[23]

---

22 강수돌, 『팔꿈치사회』 (서울: 갈라파고스, 2013), 37.

일반적으로 공동체란 구성원의 소속감 및 친밀감에 기초한 공동체의식과 비슷한 의미로 사용된다. 공동체의식은 구성원의 연대의식에 기초하여 개인의 문제를 넘어서는 공동의 문제를 인식하고, 문제의 해결을 위해 함께 참여하는 협동과 협력의 삶의 방식 속에 표출된다. 이러한 공동체의식을 형성하려면 정서적 친밀감, 정보의 소통과 공유, 공동의 목표를 위한 협동과 협력의 행동이 필요하다.

기독교 신앙은 공동체적 특징을 지니고 있다. 인간의 모상인 하나님은 삼위일체로서 성부와 성자, 성령의 코이노니아(친교와 사귐) 가운데 존재하신다. 하나님을 닮은 인간의 삶 역시 공동체적이어서 구성원 사이의 친교와 협력, 연대와 돌봄의 행동을 특징으로 삼는다. 초기 기독교 예루살렘 공동체에서는 이런 공동체적 삶의 방식이 실현되었다. 믿는 사람들이 함께 지내면서 물건을 공동으로 소유하고, 밭과 집 있는 사람들이 그것을 팔아 각 사람의 필요를 따라 나누어 주었고, 날마다 성전에 모일 뿐만 아니라 집집이 돌아가면서 빵을 나누고 기쁘게 음식을 먹었다(행 2:44-46, 4:32-37). 그 결과 예루살렘 공동체에는 '가난한 사람이 없게'(행 4:34)됨으로써 마침내 이스라엘 언약공동체가 품었던 오랜 꿈(신 15:5)이 실현되었다고 증언한다.

이러한 공동체적 전통을 잇고 발전시킬 사명을 지닌 지역 교회는 공동체의 회복과 재건을 위해 노력해야 한다. 지역 교회의 공동체성 회복은 두 가지 차원으로 나누어 볼 수 있는데 하나는 교회 안에서 교인들 사이에 공동체성을 회복하는 일이요, 다른 하나는 교회 밖으로 지역 교회가 터한 마을전체의 공동체성을 창조하는 일이다.

---

23 2012년 749명이던 무연고 사망자(고독사) 숫자가 2014년에 1천 8명, 2016년에는 1천 226명으로 지속적으로 늘고 있다. 일인 가구와 독거노인 숫자가 급속히 증가하면서 앞으로 무연고사(고독사)가 심각한 사회문제가 될 전망이다.

교회 안에서 공동체성을 회복해야 할 이유는 종교가 시장 상황이 되면서 교회마저 경쟁적으로 변했기 때문이다. 오늘날 교회들은 외형적이고 물량적인 개교회 성장을 추구하면서 공동체로서의 교회라기보다는 마치 하나의 기업처럼 변해가고 있다.[24] 교회가 양적으로 커지면서 교회 간 경쟁은 말할 것도 없고 교인들 간의 친밀성이나 소속감조차 약화되고, 목회자는 기업의 최고경영자로 생각되며, 목회는 마케팅이 되고 있다.

한편, 지역 교회가 교회 바깥으로 마을공동체 운동을 힘써야 할 이유는 교회가 마을과 운명을 함께하며, 스스로를 위해서가 아니라 마을(세상)을 섬기도록 부름받은 공동체이기 때문이다. 마을공동체 운동에 참여하는 목회자는 교인만 아니라 마을주민까지 관심하고, 영혼만 아니라 일상의 필요와 욕구들까지 돌보는 마을공동체 목회를 추구해야 한다.

2. 지역성

오늘날 교통수단과 통신, 인터넷의 급속한 발달 덕분에 지역성이 급속히 약화되고 있다. 특별히 세계화 경제는 전 세계 국가경제와 지역경제를 하나의 세계 체제 속으로 통합시키면서 지역경제를 위협하고 있다. 그런데 세계화(지구화) 과정은 역설적으로 지역의 중요성을 부각시키고 있다. 세계화가 진행될수록 '지역적인 것이야말로 세계적인 것'임을 깨달아 가고 있다. 이제 글로벌 사회는 점차 글로컬(glocal) 사회로

---

24 글렌 와그너·스티브 할러데이/차성구 역, 『하나님의 교회 VS 교회주식회사』 (서울: 좋은씨앗, 2000), 23-24.

변하고 있다. 글로컬 시대에 지역의 교육, 복지, 문화, 경제, 환경과 관련된 문제의 해결책은 결국 지역통합 혹은 지역 연계형의 관점에서 찾게 될 가능성이 높아지면서 마을공동체에 대한 정치경제적 관심도 커지고 있다.25 말하자면 지역성이란 지역 안에서 문제만 아니라 해답도 찾으려는 태도로서 마을공동체 운동의 출발점이며 목표점이 된다.

노르베리 호지(H. Norberg-Hodge)는 지역화를 가리켜 사람과 사람, 사람과 자연간의 상호의존적인 관계를 재구축함으로써 관계성에 대한 인간의 본질적 욕구를 충족시키고, 삶의 행복을 증대시키는 일로 이해한다.26 그녀는 '라다크 프로젝트'를 통해서 티베트 오지 마을 라다크 사람들이 공동체적이고 생태적인 삶의 방식을 통해 어떻게 세계화 경제의 도전에 맞서는가를 잘 보여주었다. 그녀는 세계화 경제에 맞서는 구체적 전략으로 지역화 곧 가족과 마을공동체의 결속력, 자연친화적인 삶, 마을단위의 지역경제 활성화 그리고 의식주에 필요한 필수품의 자급생활과 그것을 가능하게 하는 종교적 토대를 강조하였다.27

본래 교회란 보편적이고 세계적이면서 동시에 지역적이다. 신약성서에 나타나는 대부분의 교회들은 지역의 이름으로 불렸다. 교회는 특정한 지역에 위치해 있으며, 지역민들로 구성되고, 지역사회와 영향을 주고받는다. 특별히 농경사회였던 우리나라에서 교회는 대부분 촌락공동체의 중요한 일부로서 지역사회와 밀접한 관계를 맺고 있었다. 하지만 유동성과 익명성을 특징으로 하는 도시가 발전하고, 교회들도 대형

---

25 이원돈, 『마을이 꿈을 꾸면 도시가 춤을 춘다』 (서울: 동연 2011), 178.
26 헬레나 노르베리 호지/김영욱・홍승아 역, 『행복의 경제학』 (서울: 중앙북스, 2012), 49.
27 헬레나 노르베리 호지/양희승 역, 『오래된 미래: 라다크로부터 배우다』 (서울:중앙북스, 2007).

화되고 교회 서로 간에 경쟁관계가 되면서 지역사회와 함께하는 교회의 지역성이 약화되었다.

하지만 교회가 지역과 운명을 함께한다는 사실은 점점 더 분명해지고 있다. 교회가 터해 있는 지역이 문화적으로나 경제적으로 낙후하여 지역민이 떠나게 되면 어쩔 수 없이 교회도 어려움에 빠지게 된다. 반면에 지역이 발전하고 살기 좋게 되어 주민이 늘어나면 교회의 성장 가능성도 그만큼 커진다. 1970-80년대 우리나라 도시 교회 성장의 원인 가운데 하나는 인구 유입에 의한 자연현상이었다. 그런데 최근 한국고용정보원이 낸 보고서를 보면 우리나라도 일본처럼 '지방 소멸' 현상이 나타나고 있다. 전국에서 84개 시·군, 1,383개 읍·면·동이 과소화 마을이어서 30년 이내에 소멸할 것으로 예측된다.[28] 이런 과소화 마을에 위치한 교회의 운명은 목회자의 능력이나 노력과 상관없이 마을의 인구학적 특성에 의해 결정될 것이다.

이런 배경에서 볼 때 '지역과 함께 성장하는 교회'를 추구하는 마을공동체 운동이야말로 오늘 한국교회가 당면한 위기를 극복할 수 있는 효과적인 대안 가운데 하나로 보인다. 마을공동체 목회는 교회의 지역성을 재발견하는 일이요, 지역사회를 위한 교회의 섬김을 재확인하는 일이다. 마을공동체 목회는 교회중심 목회에서 마을중심 목회로, 목회자중심 리더십에서 평신도중심 리더십으로 그리고 영혼 돌봄의 사역에서 전인 돌봄의 사역으로 목회의 초점을 바꾸는 일이다. 물론 교회가 마을공동체 운동에 나선다 해도 금방 양적 성장을 이룰 수는 없을 것이다. 하지만 장기적인 안목에서 볼 때 지역 교회의 마을공동체 운동은

---

28 과소화 마을이란 마을의 가구수가 20가구 이내의 작은 마을을 가리킨다. 참고: "30년 이내 84개 시·군, 1,383개 읍·면·동 사라질 위기", 「경남일보」 (2017년 1월 12일)

교회에 대한 지역사회의 이미지를 개선하고, 교회의 지역 선교활동에 긍정적 영향을 미치리라는 사실은 분명하다.

3. 지속가능성

지속가능성이란 개념은 본래 '유엔 환경과 개발에 관한 세계위원회'(WCED)의 브룬트란트 보고서(Brundtland Report, 1987)에서 제시했던 가치다. 저개발국에서 환경보전과 경제성장이 선택의 문제일 수 없으며, 둘 사이의 모순을 해결하기 위한 대안으로 '지속가능한 개발(발전)' 전략을 강조했다. 여기서 지속가능성이란 '미래 세대의 요구를 충족시킬 수 있는 능력을 손상하지 않고 현재의 필요를 충족시킬 수 있는 삶의 방식'을 가리킨다.29 미래세대가 최소한 현 세대만큼 안전하고 풍요롭게 살 수 있도록 보장하는 범위 안에서만 현세대의 환경과 자연자원의 사용이 정당화될 수 있다는 의미다. 오늘날 우리가 경험하는 지구환경위기는 현세대가 단기적 시각에서 경제성장을 추구한 결과라면, 이에 대한 해결책으로 제시된 지속가능성은 자연의 한계를 고려하고 장기적 안목을 강조한다. 처음에 환경과 관련되어 이해되었던 지속가능성 개념이 점차 환경이나 경제만 아니라 사회와 문화 같은 광범위한 영역까지 포함하는 포괄적인 개념으로 발전하고 있다.

2012년 리우에서 열린 '유엔지속가능발전회의'(UNCSD)는 지속가능한 발전을 환경과 경제만 아니라 균형 잡힌 사회발전이라는 포괄적이고 총체적인 개념으로 정의했다. 과거 지속가능한 개발 개념이 환경보호와 경제성장의 조화에 초점을 두었다면 최근에는 인류의 보편적

---

29 세계환경발전위원회/조형준·홍성태 역, 『우리 공동의 미래』 (서울: 새물결, 1994), 36.

가치인 민주주의나 사회적 형평성을 비롯해서 빈곤퇴치, 양질의 교육, 건강한 위생과 주거, 양성평등 같은 '삶의 질'과 관련된 사회문화적 요소들까지 포괄한다. 그럼에도 불구하고 지속가능성에 대한 논의에서 근본 토대는 여전히 생태학적 건강성이다. 왜냐하면 어떤 경제나 사회문화의 발전도 자연의 한계를 외면하고서는 달성할 수 없는 목표이기 때문이다.

어느 마을공동체가 지속가능하려면 경제적 성장과 자급할 수 있는 역량을 키워야 할 뿐만 아니라 생태학적으로도 지속가능한 삶의 방식을 추구해야 한다. 생태학적으로 안전한 먹거리의 생산과 환경 친화적인 에너지 활용을 통한 주거생활과 경제활동 그리고 마을의 다양한 생물종의 보전이 요청된다.

지속가능한 마을공동체는 도시에 있든 농촌에 있든 단절된 도시와 농촌의 관계 회복을 기본 토대로 삼아야 한다. '도시가 꽃이라면 농촌은 뿌리다'는 말이 있듯이 도시와 농촌은 상생관계에 있다. 도시는 농촌의 건강한 농산물에 의존하고, 농촌은 도시의 현명한 소비자에 의존한다는 점에서 둘 다 외부 의존적이다. 그런데 산업화와 도시화가 진행되면서 둘 사이가 단절되면서 둘 다 삶의 질 면에서 심각한 위협을 받고 있다. 최근 '살충제 계란파동'에서 경험했듯이 도시인은 생산자와 직접적인 관계가 없는 '얼굴 없는 농산물'을 소비하게 되면서 식품안전을 위협당한다. 한편, 농민은 경제적 빈곤과 문화적 소외로 말미암아 생존이 어렵다. 이런 문제를 해결하려면 도시에서의 마을공동체 운동은 농촌과 협력하고, 농촌의 마을공동체 운동은 도시와 협력하는 것을 근본 토대로 삼아야 한다. 특별히 지역 교회의 마을공동체 운동은 도시 교회와 농촌 교회의 경제적 교류와 협력만 아니라 정신적이고 영적인 교류와 협력을 가능하게 만드는 농도상생공동체를 목표로 삼아야 한다.

성서는 물질적으로 풍요로울 뿐만 아니라 정신적, 문화적, 영적으로도 풍요로운 지속가능한 공동체의 모습을 예언자 이사야의 종말론적 비전에서 제시하고 있다(사 65:17-25). 하나님께서 통치하시는 새 하늘과 새 땅에서의 삶은 인간의 존엄성과 삶의 질이 보장되고, 평화와 안전이 실현되며, 자연생태계와 조화를 이룬다. 하나님께서 창조하시는 샬롬 공동체는 울음소리나 울부짖음이 없는 평화롭고 정의로운 사회요(19절), 위생과 높은 의료수준 덕분에 유아사망이나 단명하는 노인이 없는 건강한 사회요(20절), 안정된 주거환경과 정당한 노동의 대가가 보장되는 공평한 사회요(21-22절), 각종 재난으로부터 안전한 사회요(23절), 생태학적 조화와 안정이 보전되는 사회다(25절). 마을공동체 운동이 추구하는 지속가능성이란 이러한 모든 요소들이 충족되어 '풍성한 삶'이 실현되는 사회일 것이다(요 10:10).

V. 결론

오늘 우리 사회에서 마을공동체 운동은 사회적으로만 아니라 신학적, 목회적으로도 뜨거운 이슈다. 지역 교회의 마을공동체 운동에 대한 연구는 신학적이고 목회적인 관점은 물론 사회윤리적인 관점도 필요하다. 왜냐하면 지역 교회 마을공동체 운동에서 신학은 이념과 방향을 제시하는 반면에 사회윤리학은 실제적인 운영과정의 문제들과 해결책을 다루기 때문이다. 사회학적으로 볼 때 지역 교회의 마을공동체 운동은 사회적 자본 형성에 기여하며, 제도와 권력투쟁으로서의 기존 정치에 대한 대안적 정치활동 곧 풀뿌리 민주주의를 활성화하고, 환경문제와 공동체 해체를 불러오는 자본주의 경제에 대한 대안적 경제활동인 사회적 경제를 발전시킨다.

한편, 마을공동체 운동이 추구하는 핵심가치들은 기독교 신앙공동체가 추구하는 가치들과 공유하는 요소들이 많다. 지역 교회가 추구하는 마을공동체의 핵심 가치인 공동체성은 구성원의 소속감과 친밀감에 기초한 공동체의식으로 공동의 목표를 효과적으로 수행하게 돕는다. 지역성이란 가치는 지역에서 문제와 해답을 찾는 현장에 대한 관심으로 마을공동체 운동의 출발점이며 목표점이다. 그리고 지속가능성이란 경제적으로 높은 생활수준을 넘어서 생태적이고 사회문화적으로 풍성한 삶의 질을 추구하는 것이다.

지역 교회의 마을공동체 운동은 오늘 우리 사회에 절실하게 필요한 공동체성과 지역성 그리고 지속가능성이라는 가치 형성에 기여한다. 이를 위해 지역 교회는 신앙공동체로서만 아니라 지역공동체로서의 정체성을 확실히 할 필요가 있다. 이같은 정체성에 따라 전통적인 교회중심, 목회자중심 그리고 영혼중심의 목회관에서 벗어나 마을중심, 평신도중심 그리고 전인중심으로 바꾸어야 한다. 마을과 무관한 교회가 아니라 마을과 함께 성장하는 교회를 추구해야 한다.

2 장
마을공동체 만들기와 교회의 역할

I. 서론

과거 농경사회였던 우리나라에는 전통적 촌락공동체를 기반으로 두레와 향약 그리고 계와 같은 공동체적 문화가 오랫동안 존재했다. 하지만 일제강점기의 행정구역 개편 그리고 해방 후 남북분단과 이데올로기 갈등, 이어서 등장한 군사정부의 개발독재로 인해서 전통적 공동체 문화는 점차 해체되어 갔다.[1] 특히 압축적인 근대화 과정에서 산업화와 도시화가 빠른 속도로 진행되면서 촌락공동체가 빠르게 해체되면서 공동체 문화도 거의 사라지고 말았다. '아파트 공화국'이라 할 만큼 도시와 농촌을 가리지 않고 확산되고 있는 우리나라의 전형적인 주거

---

* 이 글은 "마을만들기를 통한 지역 교회 활성화 방안"이란 제목으로 「기독교사회윤리」 24(2012)에 실린 글을 수정하고 보완했다.
[1] 윤형근, "새로운 지역 문화 운동", 정문길 외, 『삶의 정치: 통치에서 자치로』(서울: 대화출판사, 1998), 223-225.

문화인 아파트를 보면 공간적인 밀접성에도 불구하고 삶의 방식은 반공동체적이다.2 잦은 이사로 생겨나는 도시인의 정주 불안정성도 공동체 형성을 어렵게 만든다.3

지역공동체의 해체는 지역사회만 아니라 그곳에 터 잡고 살아가는 개인들의 삶까지 위태롭게 하는데, 이는 인간이란 본래 공동체적 존재이기 때문이다. 목회적 차원에서 보더라도 지역 교회 구성원 대부분이 지역민들로 구성되어 있기에 지역공동체의 붕괴는 필연적으로 지역 교회의 위기를 불러온다. 지역민이 떠나지 않고 오히려 이주해 들어올 때라야 지역 교회도 성장하고 발전할 수 있다. 마을이 살기 좋은 마을로 변화되지 않고서는 목회나 선교도 한계에 부딪힐 수밖에 없다.

최근 들어 사회적으로 마을공동체 운동 혹은 지역공동체 운동에 대한 관심이 높아지는 데에는 여러 가지 이유가 있다.

첫째, 공동체의 붕괴로 말미암아 생겨난 소외나 소속감 상실과 같은 사회문제가 커가고 있기 때문이다. 둘째, 신자유주의 시장경제와 세계화에 대한 대응책으로서 지역 경제나 지역 문화에 대한 관심이 커지고 있기 때문이다. 세계화시대의 교육, 복지, 문화의 과제는 결국 지역 통합 혹은 지역 연계형으로 발전하게 될 것이다.4 셋째, 지역공동체는 '사회적 자본'(social capital)의 하나로서 지역사회나 국가의 발전에 중요

---

2 박철수, "공적 냉소와 사적 정열이 지배하는 아파트단지 공화국", 이종수 편, 『한국 사회와 공동체』 (서울: 다산출판사, 2008), 185-226. 박철수는 우리나라 주거문화를 '아파트 공화국'이라고 표현하면서, 소설 속에 나타난 우리나라 아파트 문화의 특징인 개인주의, 현세주의, 반공동체주의 문화를 잘 분석하고 있다.
3 우리나라 사람들의 한 해 이사율이 자그만치 20%에 달하는데, 이는 유럽의 2%, 일본의 5-7%, 대만 7%, 미국 12%에 비해 높은 수치다. 이종수, "공동체와 마을만들기", 이종수 편, 『한국 사회와 공동체』 (서울: 다산출판사, 2008), 3.
4 이원돈, 『마을이 꿈을 꾸면 도시가 춤을 춘다』 (서울: 동연, 2011), 178.

한 요소이기 때문이다. 로버트 푸트남(R. Putnam)은 사회적 자본을 '신뢰, 규범 및 네트워크와 같이 조정된 행위를 가능하게 함으로써 사회의 효율성을 증가시킬 수 있는 사회조직의 특징들'이라고 정의한다. 김경동은 사회적 자본의 존재양식으로 정보 공유, 신뢰, 사회질서, 사회적 연결망 그리고 관계성을 언급한다.5 사회적 자본은 이기적이고 자기중심적인 개인을 공동선을 지향하는 시민공동체의 구성원으로 탈바꿈시키는 데 기여한다. 따라서 사회적 자본이 높을수록 지역사회 발전은 빨라진다고 볼 수 있다. 마지막으로, 마을공동체 운동은 정치적으로 지역민의 풀뿌리 민주주의의 교육과 실험장으로서도 중요한 역할을 한다. 우리 시대에 필요한 정치란 '제도'로서의 정치라기보다는 '생활'로서의 정치인데 마을공동체 운동은 생활 정치를 펼치기 좋은 현장이다.

마을의 중요성을 일찍부터 알고 있었던 마하트마 간디는 산업화나 도시화에 맞서 인간다운 삶을 가능하게 하는 조건으로서 아힘사(비폭력) 정신에 기초한 자발적이면서 동시에 협력적 방식으로 이루어지는 작고 평화로운 마을공동체 운동을 펼쳤다. 간디는 이러한 '마을의 방식'으로 살아가는 생활운동이 농촌에서만 아니라 도시의 생활 방식이 되어야 한다고 역설했다.6

우리나라 중앙정부에서도 지역공동체 형성의 중요성을 인식하고 마을만들기 운동을 행정적·재정적으로 지원하고 있다. 예를 들면, 행정안전부의 '살기 좋은 지역만들기', 국토해양부의 '살고 싶은 도시만들기' 사업 등이 대표적이다. 지방자치단체들 역시 지역공동체 운동에 관심을 많이 기울이고 있다. 좋은 마을 만들기를 위한 주민 제안을 공모하

---

5 곽현근, "현대 지역공동체의 의의와 형성전략", 이종수 편, 『한국 사회와 공동체』, 132, 각주 3; 김경동, 『기독교 공동체 운동의 사회학』(서울: 한들출판사, 2010), 132-133.
6 마하트마 간디, 김태언 역, 『마을이 세계를 구한다』(서울: 녹색평론사, 2006), 57.

기도 하고, 마을공동체 활성화 사업에 각종 투자를 하고 있다.

　마을만들기라는 주제의 사회적 중요성과 관심의 증가에도 불구하고 교회의 관심과 참여는 여전히 적은 편이다. 목회 차원만 아니라 학문 차원에서 보더라도 이 주제에 대한 신학적 연구가 그리 많지 않았다.7 그렇게 된 이유는 지역사회에 무관심한 한국교회의 신학과 교회중심 목회관의 영향이 컸을 것이다. 그 결과 한국교회는 양적으로 크게 성장했는지는 몰라도 지역에서는 외딴섬과 같이 고립되고 영향력도 줄어들고 말았다. 지금의 한국교회가 사회적 불신과 고립으로부터 벗어나려면 지역공동체 형성에 더 많은 관심을 기울여야 할 필요가 있다. 다행스럽게도 최근 들어 지역사회 운동에 대한 한국교회의 관심이 커가고 있다. 한 예로서 예장통합에서는 '예장마을만들기 네트워크'를 만들어 마을만들기 운동과 관련된 각종 교육과 정보를 교환하고 있으며, 교단정책적 차원에서도 관심하고 있다.

　이 연구는 지역 교회가 어떻게 효과적으로 마을공동체 형성에 기여할 수 있을지 마을만들기 운동을 통해 살펴보는데 그 목적을 둔다. 먼저 마을만들기 운동이 무엇인지 개략적으로 살펴본 후, 마을만들기에 힘썼던 지역 교회 가운데 모범 사례로 알려진 부천의 새롬교회(담임 이원돈 목사)에 대한 사례 연구를 통해 마을만들기의 목회와 신학 그리고 구체적인 실천 과제를 탐색하도록 하겠다.

---

7 정재영·조성돈, 『더불어 사는 지역공동체 세우기』(서울: 예영커뮤니케이션, 2010); 성석환, 『지역공동체를 세우는 문화선교』(서울: 두란노아카데미, 2011).

II. 마을만들기 운동이란 무엇인가?

일반적으로 '마을' 혹은 '동네'란 지역공동체의 최소 공간적 단위로서 생태적 관점에서 보면 물리적·상징적 경계를 가진 지리적 장소이며, 사회적 관점에서 보면 지역민들이 상호작용하는 공간이라 할 수 있다.8 도시의 아파트 주거문화에서 보듯 물리적으로 가깝게 지내는 것만으로 마을공동체라 할 수는 없다. 마을은 거주자들이 물리적으로만 아니라 정서적으로나 심리적으로 그리고 사회문화적으로 가까워야 한다. 말하자면, 마을이란 공동의 의식과 생활양식을 통해 지역민의 결속감이 증대된 사회집단으로서 서로에게 책임과 의무를 다하는 도덕공동체를 가리킨다. 그런 의미에서 마을공동체란 마을구성원이 공동의 목적과 이념, 가치를 추구하는 의도적 공동체라 할 수 있다.9

마을만들기 운동이란 물리적 공간인 마을을 하나의 의도적 공동체로 만들어가는 지역주민의 자발적인 생활운동으로서, 지역사회 형성(community building), 동네 재생(neighborhood regeneration) 혹은 지역사회 개발(community development)과 같은 다양한 이름으로 불리기도 한다. 대부분의 도시계획이나 재개발사업이 관주도의 위로부터의 강제적 운동이라면 마을만들기는 지역민이 중심이 된 아래로부터의 자발적 운동이다.

최근 우리 사회에서 논의되고 있는 마을만들기에 영향을 준 요소 가운데 하나는 일본의 마을만들기(마치즈쿠리)다.10 마치즈쿠리는 1962년 나고야시 에이토 지구 도시재개발 시민운동에서 처음 태동되었다.

---
8 곽현근, "현대 지역공동체의 의의와 형성전략", 이종수 편, 『한국 사회와 공동체』, 136.
9 정재영·조성돈, 『더불어 사는 지역공동체 세우기』, 25, 31.
10 다무라 아키라, 장준호 역, 『마을만들기 실천』 (서울: 형설출판사, 2008).

이것은 개발이란 이름으로 진행되는 '마을부수기'에 맞서 지역주민의 다양한 욕구나 필요를 해결함으로써 삶의 질을 높이려는 자발적인 주민운동이었다. 이후 각 지역의 독특한 문화나 지역주민들이 지니고 있는 고유한 가치와 이야기를 살려나가는 지역자치운동으로 발전했다. 그 가운데서도 규슈 오이타현의 유후잉(湯布院)마을만들기 사례는 잘 알려져 있다. 유후잉 마을은 온천 이미지의 차별화, 자연자원의 활용, 문화의 자원화 그리고 특색 있는 건축물을 통해 이야기가 있는 일본의 대표적인 관광지로 탈바꿈했다.[11] 그 외에도 사이타마현 카와고에시의 '역사마을만들기', 후쿠오카현 호시노무라시의 '별과 문화의 마을만들기', 에이메현 마츠야마시의 소설에서 착안한 '21세기형 마을만들기', 사쿠노우에노쿠모의 '이야기가 있는 거리중심의 마을만들기' 등 다양한 형태의 마치즈쿠리가 성공적으로 진행되고 있다.

　우리나라에서는 1970년대 초부터 시작된 새마을운동을 마을만들기 운동의 하나로 보기도 한다. 하지만 새마을운동은 정부가 주도한 위로부터의 타율적인 운동인데다 경제적 가치만 강조했다는 점에서 요즘 논의되는 마을만들기와는 다르다고 하겠다. '마을 지붕만 바뀌었다'는 비난이 있을 정도로 새마을운동은 마을의 외형 변화에 머물렀으며, 정치적 목적으로 이용되었다는 점에서도 비판을 받는다.

　이 연구에서 관심하는 마을만들기 운동은 1990년대 민주화와 더불어 주민들에 의해 자발적으로 진행된 주거공동체, 환경공동체, 경제공동체, 문화공동체 그리고 자치공동체 등 다양한 형태의 지역공동체 운동이다. 다행스럽게도 최근 우리나라에도 성공적이라 평가되는 마을만

---

[11] 이명규, "일본에서의 마을만들기 운동과 대표사례", 이종수 편, 『한국 사회와 공동체』, 267-294.

들기 사례들이 등장하고 있다. 여기에는 강원도 화천의 토고미 마을, 충북 단양의 한드미 마을, 대구 삼덕동 담허물기, 부산 해운대구의 희망세상 반송동, 경북 군위의 한밤마을, 홍성군 문당리 마을, 경남 산청의 안솔기 마을, 서울 마포 성미산 마을 등 그 숫자가 점차 늘고 있다.[12]

III. 부천 새롬교회를 중심으로 본 한국교회의 마을만들기 운동[13]

1. 배경과 역사

새롬교회가 위치해 있는 경기도 부천시 약대동은 '부천의 갈릴리'라 불릴 정도로 열악한 서민 거주지였다. 지역에는 가내수공업 공장들이 많고, 주변에는 다세대주택이 늘어서 있다. 지역주민들 대부분은 공장 노동자나 일용공이었으며, 주거 형태는 단칸방 전월세가 다수였다.

새롬교회의 담임목사인 이원돈 목사는 1986년 이곳에 교회를 개척하면서 마을과 지역 그리고 교회야말로 가장 좋은 배움터라는 신념으로 처음부터 지역선교와 문화선교를 목회의 핵심으로 삼았다. 마을이 살아야 교회도 살 수 있다는 판단 아래 새롬교회는 가난하고 소외된 약대동을 살기 좋은 마을로 바꾸기 위해 공부방운동과 작은도서관운동으

---

12 윤태근,『성미산 마을 사람들: 우리가 꿈꾸는 마을, 내 아이를 키우고 싶은 마을』(파주: 북노마드, 2011); 김은희·김경민,『그들이 허문 것은 담장 뿐이었을까: 대구 삼덕동 마을만들기』(서울: 한울, 2010); 이휘영·한지윤,『공동체를 찾아서』(서울: 생각을 담는집, 2011); 박원순,『마을에서 희망을 만나다』(서울: 검둥소, 2009) 등.
13 이원돈,『마을이 꿈을 꾸면 도시가 춤을 춘다』(동연, 2011), 공식 홈페이지: www.isaerom.com 참고함.

로부터 시작해서 최근에는 마을 인문학교실에 이르기까지 다양한 마을 만들기 프로그램을 진행하고 있다.

새롬교회의 마을만들기 운동의 역사를 개략적으로 구분하면 다음과 같다.14

첫째 단계는 지역과 아동의 시대(1986-1997)로서 빈곤지역의 대표적 취약자인 어린이의 복지를 위해 공부방(지역아동센터)과 작은도서관 운동을 진행하던 시기다. 둘째 단계는 가정과 마을의 시대(1997-2000)로서 IMF 경제 위기로 말미암아 생겨난 가정해체 문제를 극복하기 위해 다양한 가정사역을 진행하던 시기다. 새롬가정지원센터를 통해 무료급식소 및 청소년 쉼터, 나중에는 지역 내 빈곤 노인들을 위해 '은빛 도시락배달 서비스'를 실시하기에 이르렀다. 셋째 단계는 생명과 지구촌의 시대(2000 이후)로서 환경위기와 다문화사회를 맞아 마을 단위를 넘어 지구촌으로 관심의 폭을 넓히고 있는 시기다. 생태의식화를 위해 주민자치센터에 야생화 정원인 '쌈지공원'을 만들고, '약대 푸른마을 생태요리축제'를 열기도 하며, 외국인 노동자를 위한 다문화학교인 '꿈빛날개'도 운영하고 있다.

2. 공부방운동에서 지역아동센터로

새롬교회는 개척 당시인 1986년부터 무주택자나 저소득 맞벌이 부부를 위해 취학 전 아동탁아소인 '새롬 어린이집'을 열었다. 맞벌이 부부 가정에서 방치된 어린 아이들을 위한 복지 프로그램이었다. 그런데 탁아소에서 성장한 아이들이 초등학교에 진학하게 되면서 방과 후 프

---

14 이원돈, 『마을이 꿈을 꾸면 도시가 춤을 춘다』, 174.

로그램이 필요하게 되었다. 그래서 1990년에 공부방인 '새롬 만남의집'을 열게 되었는데, 이 공부방은 나중에 지역아동센터로 발전하게 된다. '새롬 만남의집'은 부천 지역 최초로 설립된 지역아동센터였다는 점에서 그 의미가 크다.

새롬교회가 어린이들에게 관심했던 이유는 어린이야말로 경제 위기로 말미암는 가정파탄의 최대 피해자였기 때문이다. 지역아동센터에서는 방과 후 학생들을 보호하고, 급식을 제공하며, 모자란 기초학습을 돕고, 다양한 문화 프로그램(연극, 영화, 바이올린, 요리, 수영, 체험학습 등)을 제공한다. 이처럼 지역아동센터는 저소득가정, 빈곤가정 그리고 결손가정의 어린이를 위한 복지, 문화, 학습, 급식을 연결하는 '종합복지센터'로서의 역할을 추구하고 있다.[15]

현재 우리나라에 있는 약 3천여 개의 지역아동센터는 급식과 돌봄을 제공한 중요한 복지사역 가운데 하나로 자리매김하고 있다. 그리고 아동에게 가정교육과 학교교육의 보완 교육을 실시하고, 사회교육의 역할을 수행한다는 점에서 중요한 교육사역이라 하겠다.[16] 지역아동센터는 주중에 열린교육과 공동체교육을 수행하면서도 주일에 기독교교육을 위한 주일학교로 전환시킬 수 있다는 점에서 지역 교회 입장에서는 아주 매력적인 마을만들기 운동 프로그램이라 할 수 있다.

3. 작은도서관 운동에서 지역도서관 운동으로

새롬교회의 작은도서관 운동은 1989년 2월 윤석희, 정성회 씨가 지

---

[15] 위의 글, 120.
[16] 조용훈, "기독교 도시빈민공동체 운동의 현황과 미래적 과제에 대한 연구", 「신학사상」 157(2012/여름), 133-135.

역의 시민의식 개발과 기독교문화 확산을 위해 사재를 털어 '갑돌이글방'을 세움으로써 시작되었다. 같은 해 9월 갑돌이글방은 장소를 이전하면서 '약대글방'으로 이름을 바꾼다. 5천 여 권의 장서를 갖춘 '약대글방'은 2002년에 '약대 신나는 가족도서관'로 발전하게 된다.

가족도서관에서는 매년 한 차례씩 글나눔 잔치와 마을음악회를 엶으로써 점차 마을문화의 구심점으로 발전해 갔다. 도서관이 단순히 책을 대출해주거나 책을 읽는 곳에 머물지 않고, 지역주민의 평생교육이나 부모와 자녀들의 만남 그리고 학부모들에게는 자원봉사의 기회를 제공하는 문화공간으로 탈바꿈했다. 새롬교회 가족도서관은 혈연적 가정을 넘어선 사회적·지역적·공동체적 가정을 추구한다. 지역 전체를 하나의 이야기 공동체로 만드는 것을 도서관 운영의 궁극적 목표를 둔다.

약대글방이 세워질 당시만 해도 부천시 전체에 공공도서관이 겨우 두 개뿐이었으며 그나마 인력 부족으로 많은 어려움을 겪고 있었다. 하지만 약대글방이 성공적으로 운영되고, 그에 힘입어서 사립도서관운동을 위한 조례 제정 청원운동이 벌어져 1996년에 부천시에 사립도서관진흥위원회 조례가 만들어졌다. 2000년에는 부천시의 민관네트워크인 '푸른부천21 실천협의회'가 설립되면서 활동의 핵심의제 가운데 하나로 동네마다 하나씩 마을도서관 만들기를 채택하기에 이르렀다. 그 결과 2005년에 부천시는 인근 지역 네 개의 시립도서관과 열 한 개의 작은 도서관을 뭉쳐서 '책 읽는 도시'라는 명성을 얻게 되었다.

4. 약대동 마을만들기 운동

2001년 들어서자 새롬교회는 지역아동센터나 지역도서관 운동과 같은 그간의 지역사회 프로그램을 통합한 약대동 마을만들기에 역량을 집중하기 시작했다. 마을이 환경·교육·문화·복지 친화적인 마을로 바뀌지 않으면 지속가능한 마을이 될 수 없다는 것을 깨닫게 되었기 때문이다. 다행히 부천시 '푸른부천21 운동본부'에서 새롬교회가 제안한 '약대동 마을만들기' 사업을 지원하기로 결정하였다.

새롬교회 마을만들기의 기본 정신은 크게 세 가지다. 첫째, 자발적인 주민참여와 합의를 통한 마을공동체 형성. 둘째, 교육·환경·복지 친화적인 마을정신 확산. 셋째, 민·관·자생적 주민단체의 협력관계.17

이러한 기본 정신에 기초하여 새롬교회는 지역민이 살아가고 있는 마을에 대한 기본적 이해와 마을만들기 운동이 무엇인지 교육하는 일부터 시작했다. 첫 번째 사업으로 새롬공부방이 모태가 된 '어린이 마을학교'(2001년 5월)를 개강하여 지역의 아이들에게 마을의 중요성을 가르쳤다. 이 마을학교에서는 학교, 우체국, 약국, 놀이터, 파출소, 동사무소 등을 중심으로 마을의 주요 시설을 살피고, 동네 주변의 풀과 꽃 등 마을의 주요 생태계를 관찰하며, 마지막으로는 자기들이 살고 있는 약대지역 마을지도 그리기와 같은 커리큘럼을 진행했다.

어린이 마을학교가 종강하자 그 다음 단계로 새롬공부방과 새롬어린이집 자모회를 대상으로 '주부 마을학교'(2001년 6월)를 열었다. 이 모임에서는 마을만들기의 의미와 역사 그리고 사례소개와 더불어 '약대동 마을만들기'의 중요성을 학습하고 토론했다. 약대동 마을만들기의 구체적 의제로서 이듬해에 건립 예정이었던 주민자치센터를 어떤 공간과 프로그램으로 운영하면 좋을지 설문조사로 정했다. 그 결실로 지역 최초로 주민자치센터 내에 마을도서관을 만들게 되었고, 지역주민

---

17 이원돈, 『마을이 꿈을 꾸면 도시가 춤을 춘다』, 90.

센터와 함께 생태테마공원 조성 및 숲가꾸기 사업을 추진하게 되었다.

새롬교회 마을만들기 운동의 핵심에는 어린이 복지와 교육이 있다. 새롬교회가 이처럼 어린이에 관심하는 이유는 아이를 키우는 일이야말로 개인과 국가 모두가 관심을 기울여야 할 사안이며, 아이를 잘 기르려면 마을 전체가 배움터가 되는 건강한 마을공동체가 필요하다고 확신했기 때문이다. 그 같은 신념은 '아이들이 신나면 마을이 꿈을 꾸고, 마을이 꿈을 꾸면 도시가 춤을 춘다'는 구호에도 잘 나타난다.

특히, 새롬어린이집과 공부방을 주축으로 만들어진 새롬이의 힘으로 만들어가는 나라 '새힘나 프로젝트'는 어린이 중심의 마을만들기 운동이다. 새힘나 프로젝트의 내용은 다음과 같다.[18] 첫째, 어린이의 자치 경험을 위해 어린이 의회 구성. 둘째, 어린이들의 문화축제로서 어린이영화제, 어린이 율동, 어린이 스포츠 및 요리 프로그램 운영. 셋째, 어린이들의 마을 경험을 보다 큰 단위인 부천시 전체의 어린이나 시민단체와 나누기.

그 외에도 새롬교회의 마을만들기 운동 프로그램 가운데 하나인 '약대 신나는 가족도서관'에서는 주민 자치센터 앞 잔디마당에서 마을 주민들을 위한 작은음악회(도서관의 음악향기)를 개최하기도 했다. 그리고 마을의 외양을 새롭게 디자인하기 위해서 골목벽화를 그렸고, 약대동 마을지도를 만들며, 동네에 꽃밭과 꽃길을 조성 했다.

새롬교회는 2010년부터 마을을 평생학습공동체로 만들 목적으로 성인들을 대상으로 '수요 인문학카페'를 개설했다. 월1회 모임에서는 시민과 지역사회 인사들을 초청하여 토론회를 열고, 지역주민을 위한 다양한 인문교육을 제공한다.[19] 새롬교회 수요 인문학카페는 시간이

---

18 위의 글, 168-169.

지나면서 점차 다른 지역으로 확산되어 마침내 부천시 남동의 자활센터와 인근 삼산동, 만수동, 계산동의 '마을 인문학'을 여는 디딤돌이 되었다. 새롬교회가 관심하는 평생학습 교육의 궁극적 목표는 교양시민의 양성, 즉 마을공동체에 대한 배려와 사회윤리가 몸에 밴 시민의 양성에 있다. 말하자면, 공익과 공공선에 대한 헌신의 의지를 갖춘 사람으로서 지역사회의 갈등과 쟁점을 시민정신과 역사적 책임감으로 풀어낼 수 있는 능력을 갖춘 사람이다.[20]

최근 다문화사회 현실을 맞아 약대동 마을만들기 운동은 다문화마을만들기도 발전하고 있다.[21] 새롬교회는 부천시의 지원을 받아 2006년에 '지구촌 다문화축제'를 열었는데, 그 취지는 교회와 시민단체가 협력하여 어린이들에게 세계시민의식을 길러주는 것이었다. 축제 참가자들로 하여금 외국문화 체험을 통해 다양한 문화를 이해하고 존중할 수 있게 하며, 이주민과 더불어 사는 지구공동체 의식을 갖게 만들었다. '지구촌 다문화축제'에는 초등학생 100여명과 청소년 자원봉사자들이 참가하였으며, 중국, 필리핀, 미얀마 등을 대표하는 프로그램(중국 만두 '딤섬'만들기, 필리핀 전통춤 배우기, 미얀마 전래 공놀이 체험)이 마련되었다.

새롬교회의 마을만들기 운동은 새로운 도전에 직면하고 있다. 약대

---

[19] 주요 커리큘럼은 다음과 내용으로 구성된다. 인문학이란 무엇인가?(고립에서 사회적 협동으로). 괴물과 난쟁이의 나라에서 마당으로 나온 암탉. 아동기부터 노년기까지 생애의 발견. 지역사회 복지학(마을과 지역사회). 세상에 쓸모없는 사람은 없다. 길을 내는 자-세계화, 지방화, 정보화 시대에로의 여행(디지털 노마드 시대의 사회 네트워크). 다시 마을로 돌아온 소통과 돌봄의 이야기(다시 마을로! 마을이 희망이다). 위의 글, 203-204.

[20] 위의 글, 205.

[21] 위의 글, 207-215.

동에는 대단위 아파트 단지가 들어서면서, 새로 유입된 중산층 아파트 주민과 기존의 저소득층 원주민 사이의 화합이 마을공동체 형성을 위해 해결해야 할 과제로 대두되고 있다. 지금까지 약대동 마을만들기는 마을의 복지와 교육 공동체를 중심으로 상당히 성공하였지만, 앞으로는 계층간 화합을 위한 형태의 공동체 운동이 필요해 보인다.

IV. 마을만들기 활성화를 위한 지역 교회의 과제

1. 지역 중심의 목회 철학

오늘날 한국교회가 겪고 있는 어려움 가운데 하나는 지역사회로부터의 소외와 불신이다. 한국교회는 자기성장과 자기만족만 추구하는 이기적 집단이라는 이미지가 사회 안에 형성되어 있다. 이런 상황에서 지역 교회의 마을만들기 사역이야말로 틀림없이 사회적 고립을 극복하고, 사회적 신뢰를 얻을 수 있는 좋은 방안 가운데 하나가 될 수 있다. 지역 교회가 가지고 있는 인적·물적 자원을 효율적으로 투입한다면 비록 작은 교회라도 얼마든지 영향력 있는 교회가 될 수 있다.

지역 교회가 마을만들기 운동을 통해 지역과 함께 성장하는 교회가 되려면 무엇보다 먼저 마을과 교회 그리고 선교의 상관성에 대해 담임목사가 분명한 목회 철학을 지녀야 한다. 새롬교회의 경우 담임목사인 이원돈 목사는 한국교회가 닥친 위기의 원인을 개교회주의와 성장주의로 진단하면서, 교회가 참여하는 마을공동체 형성에서 해결책을 찾았다. 교회가 주축이 된 마을만들기란 신앙적 가치를 토대로 지역의 교육,

복지, 문화를 통합하는 생명공동체를 형성하는 일이다. 이럴 때 목회란 교회를 세우고 성장시키는 일에 국한되지 않고, 지역사회에 하나님의 나라를 건설하는 일이 된다. 목회란 교인들만을 위한 목회가 아니라 지역민까지 포함하는 지역목회이며, 목사란 교회에 갇힌 목사가 아니라 지역과 마을을 섬기는 목사다.[22]

둘째, 지역 교회의 마을만들기가 성공하려면 지역사회와 효과적으로 소통하는 방법을 찾아야 한다. 마을만들기 운동의 성패는 지역주민의 참여 여부에 달려 있으며, 이는 지역주민을 어떻게 마을공동체 운동에 참여하도록 동기 부여할 것인가에 좌우된다. 주민들을 동원하려면 지역주민의 현실적 필요와 지역사회의 현안도 목회의 관심사로 삼아야 한다. 새롬교회의 사례에서 보듯, 교회는 지역사회의 필요에 따라 끊임없이 사역의 방향과 내용을 바꾸었다. 초창기 새롬교회는 저소득빈곤계층 어린이를 위한 사역과 지역 문화의 발전을 위한 작은도서관 운동에 집중했다. 그러다가 1997년말 IMF 경제체제 아래 수많은 실업자가 생겨나면서 가정해체의 문제가 심각해지자 가정회복 사역으로 역량을 전환하게 된다. '약대 신나는 가족도서관'을 주축으로 건강한 가족 문화 형성, 독거노인들을 위한 '은빛도시락배달 서비스'(주 2회)나 한글교실인 '은빛교실'과 '체조교실'을 운영한 이유가 다 거기에 있었다. 한편, 다문화사회라는 새로운 현실을 맞아 이주노동자나 다문화가족에게 한글을 가르치는 다문화학교인 '꿈빛날개'를 열었다. 뿐만 아니라 지역의 환경문제를 해결하기 위해 환경운동으로 관심을 확대하고 있다.

셋째, 지역 교회의 마을만들기 사역의 태도는 예수님께서 보여주신 섬김과 봉사의 자세다. 지역 교회가 마을만들기에 관심하는 근본 이유

---

22 "이원돈의 '생명망 목회를 꿈꾼다'" 〈예장뉴스〉 www.pck-goodnews.com.

는 마을을 섬기는데 있지 지배하기 위한 것이 아니다. 지역사회에 대한 교회의 독선적이고 가르치려는 자세나 일방적인 시혜의 태도는 지역민의 반발만 불러온다. 지역 교회의 마을만들기는 교회 성장을 위한 수단이 아니라 지역주민과 지역사회를 섬김으로써 그들과 함께 성장하는데 그 목적을 두어야 한다.

2. 마을공동체 신학

근대화 과정에서 전통적 촌락공동체의 해체와 개인주의 가치관의 확산은 공동체 문화를 붕괴시켰다. 경쟁을 삶의 원리로 삼고, 개인의 이기심을 정당화하는 신자유주의 시장경제 체제 아래 공동체 문화의 형성은 점점 더 실현하기 어려운 목표가 되었다. 하지만 인간은 본래 공동체적 존재여서 공동체 문화를 회복하지 않고서는 행복한 삶이나 건강한 사회를 실현하기 어렵다.

본래 기독교 신앙과 교회의 존재방식도 공동체적 특징을 지니고 있다. 기독교의 하나님은 삼위일체로서 성부와 성자, 성령의 교제와 사귐 속에 존재하신다. 죄란 공동체 관계들을 파괴하는 일이며, 구원이란 공동체 관계를 회복하는 과정이다. 중풍병으로 고통당하는 친구를 위해 힘을 모으는 네 친구 이야기는 우리시대 화두가 된 '치유'(힐링)에 있어서 공동체가 얼마나 중요한 역할을 하는지 잘 보여주고 있다(마가복음 2:1-12; 마태복음 9:1-8; 누가복음 5:17-26).

인간이 하나님의 형상으로 창조되었다는 의미는 삼위일체 하나님을 따라 공동체적 삶을 살아가는 존재라는 뜻이다. 하나님께서 인간을 남자와 여자로 창조하셨다는 말의 뜻 역시 인간 삶의 공동체적 특징을 말한다. 장애인 공동체 '라르슈'의 설립자인 장 바니에(Jean Vanier)의 표현대로, 우리가 믿는 하나님은 "서로 서로 사랑하는 세분입니다. 우리 하나님은 친교하시는 분입니다. 그리고 이렇게 아름답고 사랑스러운 하나님이 이런 사랑의 삶을 살도록 우리 인류를 부르고 계십니다."[23]

한국교회는 유교의 가족주의 문화의 영향을 받아 '가정 같은 교회'라는 공동체성을 유달리 강조하고, 서로를 형제 자매라고 부르기도 하지만, 그 범위가 교회 안 구성원들만으로 제한되는 경우가 많다. 유교 문화의 혈연주의 공동체가 그러하듯, 공동체 안 사람들에게는 친절하지만 공동체 바깥사람들에게는 무관심하거나 배타적인 이중적 태도를 보인다. 그 결과 오늘날 한국교회는 지역사회로부터 고립되거나 단절되어 있다. 하지만 지역 교회가 지역사회를 섬기고 지역사회와 더불어 성장하고자 한다면 지역사회에 대해 좀 더 개방적이고 포용적이어야 한다. 새롬교회의 사례에서 보듯, 목회적 관심을 교인들만 아니라 교회 밖 지역주민, 그것도 지역의 소외계층의 섬김과 치유로 넓히면 교회에 대한 지역사회의 이미지도 개선된다.

3. 연대와 협력 그리고 네트워킹

어떤 지역 교회도 자신들만의 힘으로 마을만들기 운동에 성공할 수 없다. 마을만들기에 성공하려면 지역주민이 주체가 되고, 지역주민 다수가 참여해야만 한다. 성공한 마을만들기 운동들은 대부분 지자체나 지역의 각종 시민단체와 종교단체, 지역주민이 힘을 모은 결과다. 지역 교회는 지역사회를 구성하는 일부일 뿐이며 그 영향력도 제한적이다.

---

23 장 바니에, 성찬성 역, 『공동체와 성장』 (서울: 성바오로, 2005), 20

비록 교단을 초월한 지역 교회들 전체가 연합한다 해도 마을만들기의 성공을 보장받기 어렵다. 그런 이유에서 마을만들기에 관심하는 지역 교회는 반드시 지역사회 안의 다양한 구성원들과 연대하고 협력해야만 한다. 에큐메니칼 신학은 교파와 교단을 넘어서 온 세상을 살기 좋은 하나님의 집(오이코스)으로 만들어 가는 데 관심한다. 그 일을 위해 교파나 교단은 물론 지역사회 모든 구성에게 개방적이며 적극적으로 협력한다.

새롬교회의 협력과 연대 그리고 탁월한 네트워킹 능력은 주목할 만하다. 새롬교회는 지속가능한 마을만들기를 위해 우선, 운동을 이끌고 갈 수 있는 교회 내의 조직인 '새롬지역선교위원회'(1990)를 조직했다. 뒤 이어 마을공동체 운동에 관심하는 지역의 모든 구성원들, 예를 들면 지자체(주민자치센터), 시민단체('푸른부천21 실천운동'과 '부천시민연합'), 복지기관 그리고 지역 내 다양한 교파 교회들과 연합체를 이루는데 힘썼다. 그 결과 새롬교회에서 시작한 지역아동센터는 지역 내 60여개의 연합체로 발전했고, 작은도서관은 지역 내 15개의 마을도서관 연합체로 발전했다.

4. 마을만들기의 구체적 실천 전략들

지역 교회가 참여하는 마을만들기 운동이 성공하려면 교회의 확고한 신학적, 목회적 토대도 중요하지만 실제적인 문제들을 해결할 수 있는 실천 전략이 필요하다. 이종수는 마을만들기의 일곱 가지 전략으로 꿈 그리기, 보물찾기, 사람세우기, 공동일감 찾기, 관계 만들기, 민주적으로 생각나누기, 더불어 나누기를 제안하고 있다.[24] 마을만들기에 관심하는 지역 교회라면 반드시 고려해야 할 사항들로 보인다.

첫째, '꿈 그리기'란 마을만들기를 통해 실현하고자 하는 마을공동체의 목표나 비전을 가리킨다. 꿈 그리기는 마을만들기 운동의 출발점으로서 살기 좋은 마을, 즉 마을공동체의 회복, 아름다운 동네, 편리한 시설 등을 소재로 해서 그려진다. 마을만들기의 목표는 마을의 필요와 실정에 적합해야 하며, 구체적이어야 하고, 실현가능해야 한다. 물론, 지역 교회가 주축이 된 마을만들기에는 기독교적 가치와 이상이 반영되어야 한다.

둘째, '보물찾기'란 마을이 가지고 있는 특수하고 고유한 자원을 발견하여 활용하는 일이다. 여기에는 다른 마을과 차별화될 수 있는 마을의 역사나 자랑거리, 기후나 자연경관, 특산물, 수공예품, 음식 그리고 지역민의 생활이나 행사(축제) 등이 포함된다. 다무라 아키라는 마을의 보물을 세 가지로 구분하는데, 곧 기후나 자연경관과 같은 풍토적 가치, 역사적 유산이나 문화유산 같은 역사적 가치 그리고 주민들의 생활이나 축제와 같은 행위적 가치다.[25] 우리나라에 잘 알려진 마을의 보물들로는 전북 고창의 복분자, 전남 보성의 녹차, 전북 완주의 한지, 전북 임실의 치즈, 전남 강진의 청자예술, 강원도 영월의 도깨비놀이, 경남 밀양의 연극촌, 전남 곡성의 기차마을 등 수없이 많다. 중요한 것은 그 자원(자산)이 무엇이든지 이야기를 지녀야 하고, 이야기로 만들 수 있어야 한다는 점이다.

셋째, '사람세우기'란 마을만들기 운동 현장에서 일을 하는 일꾼이나 지도자를 세우는 일이다. 지도력이란 지도자의 비전과 능력만 아니

---

24 이종수, "공동체와 마을 만들기", 이종수 엮음, 『한국 사회와 공동체』, 23-30.
25 정재영 · 조성돈, 『더불어 사는 지역공동체 세우기』, 39-40.

라 동참자의 스튜어드십(stewardship)이나 팔로우십(followship), 그리고 주변 관계자들과의 파트너십(partnership)을 포괄한다.26 마을주민의 자치 역량을 확대하기 위한 교육과정도 필요한데, 여기에는 주민들의 자조정신과 공동체정신 그리고 리더십과 파트너십의 교육과 훈련 과정이 포함되어야 한다.27

넷째, '공동 일감 찾기'란 지역주민의 폭넓은 지지와 적극적인 참여를 유도해 낼 수 있는 의제나 일감을 찾는 일이다. 마을공동체 운동이 성공하려면 특정 계층의 이해관계에 의해서가 아니라 마을 전체를 대표하는 공공의 관점에서 마을의제나 일감을 선택하는 일이 중요하다. 왜냐하면, 이해관계가 중심이 되면 마을만들기가 특정 계층이나 특정 지역의 이기주의로 전락할 위험이 커지기 때문이다.

다섯째, '관계만들기'란 주민 사이에 관계의 질을 향상시키는 것, 즉, 마을 구성원 사이의 관계형성을 통해 공동체성을 회복하는 일이다. 여기에는 주민, 대표자, 주민자치회, 지자체, 전문가, 시민단체, 종교단체 등 지역사회의 다양한 구성원들 사이의 상호작용이 중요하다. 이를 위해 구성원 사이의 우호적이고 협력적인 태도가 요청된다.

여섯째, '민주적으로 생각나누기'란 마을만들기 운동 과정에 참여하는 지역주민 사이의 의사소통의 구조나 의사결정 과정을 민주화하는 일이다. 마을만들기란 지역주민 스스로 자신들의 운명을 결정하는 풀뿌리민주주의의 실현 과정이랄 수 있다. 전통적으로 지역사회에 존재하고 있는 청년회, 부녀회, 반상회, 노인회, 작목반, 상인회, 어촌계, 번영회 등과의 대화와 협력이 요청된다.

---

26 김경동, 『기독교 공동체 운동의 사회학』, 244.
27 최봉익, "지역공동체 회복", 이종수 편, 『한국 사회와 공동체』, 109.

마지막으로, '더불어 나누기'란 마을만들기 운동의 성과를 구성원 사이에 공평하게 나누는 일을 가리킨다. 간혹 마을만들기 과정에서보다는 마을만들기에 성공한 이후 마을공동체 운동이 위태로워지는데 이는 성과물을 나누는 과정에서 생긴 갈등과 분열 때문이다. 이런 위험을 예방하려면 마을공동체 운동 과정에서 재정운용의 투명성과 성과의 공정분배에 힘써야 한다.

V. 결론

현대 사회에서 마을공동체가 붕괴함으로 말미암아 개인적으로나 사회적으로 수많은 문제들이 생겨나고 있다. 교회 성장에만 관심하는 한국교회 역시 지역사회로부터 소외되거나 고립되면서 성장의 한계에 이르렀다. 이러한 문제들을 해결하는데 있어 마을만들기 운동이 한국교회의 새로운 목회와 선교 전략으로 부각되고 있다. 하지만 마을만들기를 성공적으로 수행하기란 결코 쉬운 일이 아니다. 어떤 마을이 좋은 마을인가에 대한 목표 설정에서부터 시작해서 일을 추진해가는 과정에서 수많은 갈등과 문제를 해결할 수 있어야 하기 때문이다. 심지어 마을만들기가 성공적으로 이루어진 후에도 그 결과물을 나누는 과정에서 또 다른 갈등을 극복해야만 한다.

마을만들기를 보다 효과적으로 추진하고 이를 통해 지역과 함께 성장하는 교회가 되기 위해 무엇보다 먼저 요청되는 것은 지역사회와 교회 관계에 대한 분명한 목회 철학과 공동체 신학 그리고 연대와 협력의 에큐메니칼 신학을 정립해야 한다. 마을만들기의 구체적 실천 전략도 고려해야 하는바, 여기에는 살기 좋은 마을에 대한 비전을 세우고, 지역 고유의 자원을 찾으며, 일꾼을 세우고, 공동의 일감을 찾으며, 상호 간에 밀접한 관계를 형성하고, 민주적으로 소통하며, 성과물을 공평하게 나누는 일이 포함된다. 이러한 노력을 통해 지역 교회는 지역사회로부터의 고립과 소외로부터 벗어나 지역과 함께 성장하는 교회로 발돋움할 수 있을 것이다.

3 장
교회의 문화사역 현실과 과제

I. 서론

여러해 전부터 교회의 문화사역(교회 카페, 교회 도서관, 문화센터 등)이 유행처럼 번지고 있다. 마치 문화사역이 성장의 정체를 극복할 확실한 대안이요, 문화목회가 21세기의 새로운 목회 패러다임이나 되는 것처럼 생각되는 분위기다. 물론 교회 문화사역은 다음과 같은 이유에서 신학적 당위성과 가능성을 가지고 있다고 볼 수 있다.

첫째, 21세기는 '문화의 시대'다. 사람들의 생활수준이 높아지면서 삶의 질, 특히 문화적 욕구가 증대하고 있다. 둘째, 신자유주의 시장경제의 부작용으로 말미암아 사회적 양극화와 더불어 문화적 소외계층이 생겨났다. 사회정의의 관점에서 이들 문화 소외계층에 대한 배려와 돌봄이 요청되고 있다. 셋째, 주5일근무제가 정착되면서 주일학교 학생만 아니라 학부모를 대상으로 하는 문화사역의 기회가 생겼다. 넷째,

종교에 냉소적인 젊은 세대나 비종교인과 접촉점을 찾는데 있어 문화사역은 효과적인 선교전략이 될 수 있다. 마지막으로, 지역 교회는 공간과 인적 자원, 기타 물적 자원을 가지고 있어서 쉽게 문화사역을 시작할 수 있다.

하지만 이 같은 당위성이 곧 성공 가능성을 보장하지는 않는다. 문화사역이 당면한 한국교회 위기의 돌파구가 되고, 변화하는 21세기에 대응하는 새로운 목회 패러다임이 될 수 있을지는 문화사역에 대한 바른 신학적 이해와 문제해결 역량에 달렸다. 문화사역을 교회 성장의 수단으로만 생각하고 목회 프로그램화하거나 운영 과정에서 생겨나는 수많은 실제적 문제들에 대한 예견과 해결 능력을 갖추지 못했을 때 자칫 문화사역은 교회의 정체성을 흔들 수도 있다.

오래전부터 경영(학)자들은 고객의 문화적 욕구 충족과 매출 증대를 목적으로 백화점 문화센터를 운영했으며, 지방자치 행정가들은 주민센터 안에 문화 프로그램을 통해 주민의 문화 복지를 향상시키는데 노력했다. 사회학자나 시민운동가들 역시 지역공동체 형성에 필요한 문화(활동)에 주목했다. 교회와 신학계에서 문화사역에 본격적으로 관심하기 시작한 것은 1990년대부터라고 볼 수 있다. 1994년 시작된 카페 '민들레영토'의 성공은 교회로 하여금 문화사역의 가능성과 중요성을 확인시키는 계기였다.[1]

최근 들어 교회 문화사역에 대한 학술적 토론이나 연구가 부쩍 늘고

---

* 이 글은 "지역 교회 문화사역 현실과 미래적 과제에 대한 연구"라는 제목으로 「장신논단」 45/2(2013)에 실린 글을 수정하고 보완했다.
1 지승룡, "민들레영토와 기독교 문화운동", 정원범 편, 『21세기 문화와 문화선교』 (서울: 한들출판사, 2008), 201-222; 김영한·지승룡, 『민들레영토 희망 스토리』 (서울: 랜덤하우스코리아, 2005).

있다. 하지만 아쉽게도 대부분의 자료는 포럼이나 세미나 발표문, 혹은 사례집 형태에 머물러 있다. 물론 교회 문화사역에 대한 이론과 실제를 비교적 잘 정리한 연구들도 있다.2 근년에는 교회 문화사역의 사례연구들이 늘면서 성공적인 교회 문화센터(문화교실), 교회 카페, 교회 도서관이 소개되고 있다.3 그런데 지역 교회 사례 연구들 대부분은 문화사역의 당위성과 긍정적 측면만을 지나치게 부각시키고 있다는 한계를 보이고 있다.

교회 문화사역에 대한 신학적, 목회적 비평이 필요한 시점인데, 이는 현 상태에서 교회 문화사역이 다음과 같은 문제점들을 보이고 있기 때문이다.

첫째, 문화사역을 전도와 교회 성장의 수단으로만 좁게 생각하고 있다. 둘째, 문화를 소비의 측면에서만 바라볼 뿐 생산과 창조라는 능동적 측면에 무관심하고, 역량도 부족하다. 셋째, 문화사역의 신학적 토대가 약해서 교회와 목회의 정체성 혼란을 일으키고 있다. 넷째, 준비 없이 문화사역에 뛰어들었다가 경쟁력을 갖추지 못해 운영에 어려움을 겪고 있는 교회들이 적지 않다.

이러한 문제 인식에서 출발하는 이 연구는 현 단계에서의 교회 문화사역의 현실을 비판적으로 분석하고 평가하는데 일차적 목적을 둔다.

---

2 문화선교연구원 편, 『문화선교의 이론과 실제』(서울: 예영커뮤니케이션, 2003); 성석환, 『지역공동체를 세우는 문화선교』(서울: 두란노아카데미, 2011) 등
3 김한원, "섬김의 예배를 통한 교회 이미지 변화에 관한 연구: 서부제일교회 어린이도서관을 중심으로", 장신대 목회전문대학원 박사학위논문(2012); 이영익, "토요 문화강좌를 통한 교회 성장 과정의 목회신학적 연구: 참빛교회를 중심으로", 장신대 목회전문대학원 박사학위논문(2008); 전세광, "지역 열린 문화센터를 통한 교회 활성화 방안: 조치원제일교회를 중심으로", 장로회신학대학교 목회전문대학원 박사학위논문(2009); 최영업, "문화사역을 통한 지역사회 봉사와 교회 활성화 방안: 일산신광교회 그릇시냇가 카페 사례를 중심으로", 장신대 목회전문대학원 박사학위논문(2009) 등.

그 다음에 미래적 관점에서 교회 문화사역의 활성화와 지속적 발전을 위해 필요한 신학적 토대와 운영상 주의점이 무엇인지 탐색할 것이다. 최종적으로 교회 문화사역을 통해 지역사회에서 교회의 이미지를 긍정적으로 바꾸고, 선교의 기회로 활용할 뿐만 아니라 지역사회에 대한 영향력을 높임으로써 이 땅에 하나님의 나라를 실현하는데 간접적으로 기여코자 한다.

II. 교회의 문화사역 유형과 사례

1. 문화사역의 개념과 의의

문화사역이란 말은 '문화목회'나 '문화선교'와 혼용되는 용어다. 굳이 구분하자면, 전자가 목회(목양)적 측면을 강조한다면, 후자는 선교적 측면을 강조한다고 볼 수 있다. 문화목회가 목회 활동에서 문화적 요소의 활용에 초점을 두는 반면에, 문화선교는 복음 전파나 교회 개척의 수단으로서 문화 활동을 염두에 둔다.[4]

한편, 문화사역을 교회의 지역사회 봉사의 관점에서 볼 수도 있다. 곧 지역 교회가 지역민의 삶의 질, 특히 지역민의 문화적 욕구를 충족시켜 줌으로써 지역사회공동체의 발전에 공헌하려는 교회의 섬김 사역이

---

[4] 문화선교연구원(원장 임성빈)의 구분에 따르면, 문화선교란 전략적 개념으로서 그 전술로 문화운동과 문화사역을 포함한다. 그리고 이 둘을 묶어 '문화선교사역'이라고 정의한다. 참고: 문화선교연구원편, 『문화선교의 이론과 실제』, 195-201. 이와 약간 다르게 우리는 문화선교를 문화사역에 대한 선교신학적 이해로 규정하고, 문화목회를 문화사역에 대한 목회학적 이해로 규정하고자 한다.

라 할 수 있다. 사람들은 신체적 필요만 아니라 심리적, 사회적, 영적 필요들을 가지고 있다. 생활수준이 높아짐에 따라 건전하고 유익한 여가선용에 관심하고, 자기 성장과 성숙의 기회를 필요로 한다. 교회 문화사역이란 이런 문화적 욕구와 필요를 채우기에 효과적인 목회사역이다.

지역 교회가 수행하는 문화사역은 사회적으로나 목회적으로 여러 가지 의의를 지닌다.

먼저, 교회 외적으로 문화사역은 지역민의 문화적 욕구를 충족시켜주며, 문화적 소외계층의 문화복지 향상에 기여함으로써 지역사회에 봉사하고 지역공동체 형성에 도움을 줄 수 있다. 오늘날처럼 교회에 대한 지역사회 이미지가 냉소적인 상황에서 문화사역은 지역 교회 이미지를 개선하는데 도움을 줄 수 있다.[5] 그리고 비종교인이나 종교에 대해 냉소적인 청년층과 접촉하고 소통할 기회를 제공하는 효과적인 선교 전략이 될 수 있다.[6]

한편, 교회 내적으로 문화사역은 교인들의 문화적 욕구를 충족시키고 문화 수준을 향상시킬 뿐만 아니라, 교회의 인적·물적 자원을 효과적으로 활용할 수 있다. 문화사역을 통해 교인들은 자신의 은사를 계발하고, 지성과 감성이 조화된 전인적 신앙 성장을 실현할 수 있다. 문화사역은 멀티미디어의 영향 아래에 있는 새로운 세대를 위한 예배나 교육에도 효과적이다. 교회의 문화사역은 건강한 기독교문화를 창조함으로써 문화명령(창세기 1:28)을 수행하고, 이 땅에 하나님의 나라를 세우

---

[5] 문화센터가 잘 운영되고 있는 일산 세광교회의 경우 1993년 아파트 내 유치원 지하에 교회를 개척했지만 지역민의 교회설립 반대로 어쩔 수 없이 '동천기독문화원'으로 시작해야 했다. 교회는 이곳에서 영어, 일본어, 한국화, 한글서예를 무료 강의하면서 지역민과 접촉할 수 있었고 자연스럽게 지역사회에 뿌리를 내릴 수 있었다.
[6] 일산의 거룩한빛광성교회 문화센터의 경우 수강생의 80%는 지역주민이고, 교인은 20%로 알려져 있다.

는 일에 기여하게 된다.

아래에서 우리는 현 단계에서 지역 교회가 수행하고 있는 문화사역을 세 가지 곧 교회 카페, 문화센터 혹은 문화교실 그리고 교회 도서관으로 유형화해서 살펴보고, 각각 잘 알려진 사례를 소개하고 분석해 보겠다.

2. 교회 카페

우리나라는 최근 들어 '커피공화국'이라 할 만큼 커피를 많이 마시고 있다.7 두 집 건너 한 집 꼴로 커피숍이라고 할 정도임에도 불구하고 커피숍은 여전히 창업 아이템 중에 인기가 가장 높다.8 오늘날 커피는 하나의 문화가 되었고, 카페는 교회와 사회, 가정을 연결하는 인터페이스요, 허브 역할을 하는 문화공간으로 자리매김하고 있다.9

카페가 지역 교회의 문화사역으로 활용될 수 있다는 생각은 일찍이 '민들레영토'(대표 지승룡 목사)에 의해 입증되었다. 이후 교회 안에 카페를 만들거나 최근에는 아예 카페 형태로 개척하는 교회들도 생겨나고 있다. 정확한 숫자는 알 수 없지만 현재 전국적으로 지역 교회와 직·간접적으로 관계된 카페 숫자는 천여 곳에 이를 것으로 추정되고 있다.10 이제 카페는 커피를 마시는 장소에 머물지 않고 지역주민과의 만

---

7 우리나라 관세청의 발표에 따르면 2011년 기준 커피 수입액은 2007년 2억 3,100만 달러에서 7억 1,700만 달러로 증가했다. 국민 1인당 커피 소비량은 207잔에서 338잔으로 증가했다.
8 대형 커피 브랜드 점포수가 2,500개이며, 중소형 브랜드까지 합치면 3,000개가 넘는 것으로 알려져 있다.
9 지승룡, "추천의 글: 새로운 개척의 모델", 박동준, 『(불신자들이 스스로 찾아오는) 카페교회 이야기』(서울: 비전북하우스, 2012), 5.
10 예장통합의 경우만 보더라도 총회문화법인이 2010년 교단 산하 450여 교회를 대상으

남의 장, 독서실, 휴식 공간, 동네사랑방으로 발전해가고 있다. 한편, 카페는 다양한 문화 활동을 통해 문화의 소비만 아니라 문화를 창조하는 공간으로도 발전할 가능성을 보이고 있다.

특별히 주목을 끄는 것은 교회 카페가 공정무역(fair trade) 커피 원두를 사용함으로써 신자유주의 시장경제의 모순에 맞서는 대안적 사회운동 가운데 하나가 될 수 있다는 점이다.11 공정무역 커피의 활용은 원두를 생산하는 커피벨트지역 원주민의 수익을 보장할 뿐만 아니라 그곳에서 사역하는 현지 선교사들을 경제적으로 도울 수 있는 효과적인 수단이 되기도 한다. 최근에는 교회 카페가 사회적 소외계층의 일자리를 창출하는 사회적기업으로의 발전 가능성까지 보여주고 있다.

다른 문화사역과 달리 교회 카페는 비교적 손쉬운 문화사역이어서 많은 지역 교회들이 교회 카페를 개설하고 있다. 그 가운데서도 몽골이주민 목회에 집중하고 있는 나섬교회(유해근 목사)의 카페 '커피福'은 주목할만하다.12 커피福은 커피 전문회사인 '가배두림'과 업무협약을 통해서 이주노동자들을 위한 바리스타 교육, 커피문화 보급, 교회 카페 컨설팅, 원두 유통사업 그리고 커피 비누 같은 커피와 관련된 상품들을 판매한다. 뿐만 아니라 카페 수익금으로 선교자금을 마련하고, 커피사업에서 훈련받은 이주민이나 유학생을 고향으로 파송하여 직접 선교가

로 조사한 결과, 카페를 운영하는 교회가 28%인 126곳, 준비 중인 교회가 8%로서 교회 세 곳 중의 한 곳이 카페를 운영하거나 운영할 계획을 갖고 있음을 알 수 있다.「국민일보」, 2012년 9월 15일.

11 공정무역은 국가간 거래에 있어 불평등을 해소하고, 생산과정에서 환경파괴나 인권침해가 발생하지 않도록 돕는 새로운 형태의 대안무역이다. 특히, 경제적으로 취약한 남반구의 가난한 생산자나 노동자들에 좋은 무역조건을 제공함으로써 이들의 삶의 질을 향상시키는데 도움을 준다.

12 조용훈, "사회적기업의 활성화를 위한 기독교의 과제에 대한 연구",「한국기독교신학논총」85(2013), 173-175.

불가능한 지역에도 카페를 통해 간접적으로 선교할 수 있는 길을 여는 등 다양한 가능성을 보여주고 있다.

최근에는 '교회 안 카페'라는 개념에서 더 나아가 아예 '카페 교회'라는 새로운 형태의 교회 개념으로 접근하는 경우도 있다. 평일에는 카페이지만 필요에 따라 성경공부나 독서모임을 하다가, 주일에는 예배를 드리는 교회로 바뀐다. 카페 교회는 교인들 간의 친교나 불신자인 지역민과의 자연스러운 접촉은 물론 재정 자립에도 어느 정도 기여함으로써 교회 개척의 전략으로도 가능성을 보여주고 있다. 부산 양정의 '참좋은교회'(박동준 목사)는 '북카페 어린왕자'라는 카페로 개척한 교회로서 불신자들과의 자연스러운 접촉만 아니라 다양한 문화사역(연주회, 독서모임, 상담, 커피교실, 미혼 크리스천 남녀의 대화모임[결남결녀]) 그리고 문화적으로 기획된 예배를 드리는 새로운 패러다임의 교회를 개척하여 발전시켜 가고 있다.[13]

그런데 교회 카페나 카페 교회를 시작하기는 쉬워도 성공적으로 운영하기란 쉽지 않다. 가장 큰 문제는 교회와 카페 사이의 정체성 갈등이다. 카페 교회 목사는 자신의 정체성이 목회자인지 아니면 바리스타나 사업가인지 혼란스러울 수 있다.

그 외에도 교회의 카페나 카페 교회를 운영하는 과정에는 해결해야 할 실제적인 문제들이 많다.

첫째, 지역 내에 유명 브랜드 커피전문점이 많이 생겨 경쟁력이 약화되고 있다.[14] 게다가 지역 교회들마저 경쟁적으로 교회 카페를 열면

---

13 박동준, 『(불신자들이 스스로 찾아오는) 카페교회 이야기』(비전북하우스, 2012).
14 대형 커피 브랜드 전문점이 전국에 2,500여 개나 되고, 중소형 브랜드 커피전문점까지 합하면 3,000여 개가 훨씬 넘는다. 게다가 예비창업자들이 가장 선호하는 창업 아이템이 커피전문점으로 알려져 있다.

서 카페 숫자가 포화상태에 이르렀다. 만약 교회 카페가 맛과 가격에서 경쟁력을 갖추지 못하면 문을 닫을 수밖에 없다. 둘째, 교회 카페에 대한 지역사회의 공공성에 대한 요구가 커지면서 교회와 카페 사이의 정체성의 갈등 문제가 생기고 있다. 대부분의 교회는 선교적 목적을 강조하지만, 지역주민들은 카페가 종교적 색채를 나타내지 않기를 원한다. 셋째, 행정적·제도적으로 해결해야 할 문제도 있다. 현행법에 종교부지 안에서 수익사업을 할 수 없다. 교회 카페가 영업을 하려 한다면 사업자등록이나 영업허가를 받아야 한다. 이런 사항들을 잘 알지 못해 뒤늦게 벌금을 내거나 세금 폭탄을 받는 경우가 생기고 있다. 다섯째, 카페가 단순히 커피를 마시는 공간으로 남지 않으려면 끊임없이 프로그램을 개발해야 한다. 마지막으로, 교회 카페의 등장으로 말미암아 카페를 생업으로 하는 지역주민들과 갈등이 생겨날 수도 있다.

3. 문화센터(문화교실)

지역 교회 가운데에는 교인들의 문화적 욕구를 채워주고 지역사회와 접촉할 목적으로 문화센터를 여는 교회가 많다. 지역 교회의 문화센터에서 개설하는 강좌는 대상이나 목적에 따라 다양하다. 어린이와 중고생을 대상으로 하는 강좌는 주로 교육과 관련된 강좌들이 많고, 성인반의 경우에는 취미와 교양에 관련된 강좌가 많다. 어린이나 학생들을 위한 강좌들로는 어학(영어, 한문, 중국어, 일본어 등), 예술(성악, 악기, 미술), 취미(바둑, 웅변, 동화구연, 만화, 체육, 발레)가 있다. 주말이나 방학 중에는 특별활동으로 역사기행, 생태기행, 전통문화체험, 산골체험 같은 강좌가 있다. 성인들을 대상으로 하는 강좌는 목적이나 관심사에 따라 이보다 훨씬 더 다양하다. 먼저 취미와 관련해서는 요리, 제빵, 미용, 퀼트, 노래, 수화, 사진, 자동차정비, 종이접기, 꽃꽂이, 부케만들기, 생활한복, 북아트, 풍선아트, 네일아트, 서예, 도자기 등이 있다. 건강과 관련해서 피부관리, 메이크업, 발건강, 수지침, 한약, 김치담그기, 장담그기 같은 강좌들을 개설할 수 있다. 기타 교양교육과 관련한 과목이나 프로그램 숫자도 점점 많아지고 있다.

경기도 일산 세광교회(황해국 목사)는 교회개척 당시 지역민의 반대 때문에 어쩔 수 없이 문화센터로부터 출발한 경우다. 세광교회는 교회의 인적·물적·공간적 자원을 활용하여 교회부설기관으로 '동천기독문화원'을 설립하여 어학강좌(영어, 일본어, 중국어)와 문화강좌(한국화, 한국서예)를 열었다. 시간이 지나면서 교회에 대한 지역민의 이미지가 긍정적으로 변하기 시작하고 교회도 점차 성장했다. 교회의 문화센터가 성공적으로 운영되면서 여러 교회에 문화센터 설립과 운영에 대한 컨설팅을 제공할 정도가 되었다.15

지역 교회 문화센터는 운영과정에서 생겨나는 여러 가지 어려움을 예상하고 해결할 수 있는 역량을 갖추어야 한다.

첫째, 백화점이나 지방자치단체, 대학 외에도 지역 교회마다 만드는 문화센터로 인해 경쟁이 심화되고 있다. 수준 높은 강사나 질 좋은 강의가 점차 중요해지고 있다. 둘째, 수강생의 다양한 욕구에 따라 강좌수가 늘면서 늘어난 만큼의 공간이 필요하기 때문에 재정적 압박을 받게 된다. 때로는 제한된 공간을 교회와 문화센터가 함께 사용하면서

---

15 황해국, "세광교회 문화사역 이야기: 총체적 목회원리에 따른 지역사회 봉사를 위한 다양한 문화사역 접근전략",「교회와 신학」53(2003), 156-165; 동저자, "문화선교를 위한 변화이론과 문화선교 사례", 정원범 편,『21세기 문화와 문화선교』(서울: 한들출판사), 223-262.

갈등이 생기기도 한다. 셋째, 지역사회와의 접촉과 소통을 목적으로 세워진 교회 문화센터가 자칫 지역사회와 갈등하는 원인이 되기도 한다. 이는 지역 교회 문화센터에서 개설하는 강좌들 가운데 상당수가 지역 내 상점이나 학원들과 경쟁관계에 있기 때문이다. 예를 들면, 어린이를 위한 강좌들은 지역 내 학원과 경쟁관계이며, 성인들을 위한 강좌들은 지역 내 이미용소, 꽃가게, 빵집과 갈등관계에 놓인다.

4. 교회 도서관

1990년대 들어 교회 도서관에 대한 지역 교회의 관심이 생겨났다. 대형 교회만 아니라 중·소형 교회들 가운데에도 교회 도서관을 여는 교회들이 등장했다. 당시만 하더라도 지역사회 안에 공공도서관이 있는 경우가 거의 없었다. 그러다 2002년 '책읽는사회만들기국민운동'이 어린이도서관을 제안하고, MBC방송 프로그램 가운데 하나인 '느낌표'가 전국민적 호응을 일으켰다. 이런 사회 분위기 덕분에 마침내 어린이를 위한 '기적의 도서관 프로젝트'가 작은도서관, 어린이도서관 혹은 마을 도서관 등의 형태로 발전했다.16

2012년에 '작은도서관 진흥법'이 제정된 이후 면적 33제곱미터, 장서 1천권 이상을 확보한 마을문고는 작은도서관으로 인정을 받게 되었다. 현재 우리나라에는 전국적으로 약 5200여 개의 크고 작은 도서관이 있고, 그 가운데 80%는 교회에서 문화사역을 위해 설립한 사립도서

---

16 정기용, 『기적의 도서관: 정기용의 어린이 도서관』 (서울: 현실문화연구, 2010). 건축가 정기용은 '책읽는사회만들기국민운동'이 제창한 어린이도서관 운동을 사회문화적 욕구를 반영한 건축을 통해 구체화했다. 그는 순천, 진해, 제주, 서귀포, 정읍, 김해의 어린이 도서관을 설계했다.

관이라고 한다.

주민이 언제든 쉽게 이용할 수 있는 마을도서관은 지역민의 문화 복지를 향상시키는 데 중요한 요소다. 특히 우리나라처럼 공공도서관의 숫자가 선진국에 비해 턱없이 부족하고, 질적인 면에서도 열악한 사회에선 마을도서관의 역할이 아주 크다. 도서관은 사람들에게 지식 정보를 제공하고, 평생교육에 실제적 도움을 주는 장소다. 도서관은 단순히 책을 빌려보는 곳이 아니라 주민들의 모임과 휴식 공간으로 그리고 각종 예술공연이나 문화행사가 열리는 문화 공간으로 점차 지역의 문화적 중심으로 기능하고 있다.

교회 도서관은 이런 사회문화적 의미 외에 목회적으로도 중요한 의미를 갖는다.[17] 첫째, 교회 사료관으로서 교회에서 보존할 필요가 있는 중요한 자료의 생산, 수집, 정리를 할 수 있다. 둘째, 교회 도서관을 주축으로 문서선교를 활성화할 수 있다. 셋째, 신앙교육과 상담 등 목회에 필요한 자료를 지원해 주고, 교인들에게는 지적 욕구를 채워줌으로써 신앙 성숙에 도움을 줄 수 있다.

서울 불광동 은광교회(이동준 목사)의 '김종대목사기념도서관'은 1989년 김종대 목사가 기증한 도서 1,500권으로 시작하였는데, 현재는 5만여 권으로 장서가 늘었다. 은광교회는 교육관으로 사용되던 지상 4층 건물을 아예 도서관으로 바꾸어 지역사회에 개방했다.[18] 도서관을 개관할 당시만 하더라도 지역 내 공공도서관이 하나도 없는 열악

---

17 이명희, "한국 교회 도서관의 운영현황과 활성화 방안에 관한 연구", 「한국비블리아학회지」 21/4(2010), 35-36.
18 "책벌레 이웃 다 내게로 오라", 「한겨레신문」 2006년 12월 14일; "사례발표1: 김종대목사기념도서관", 예장통합문화법인, 「도서관의 창조적 운영 컨퍼런스 자료집」 (2010), 26-33.

한 상황이었기에 은광교회 도서관이 지니는 사회 문화적 의미는 꽤 컸다.

2004년에 개설된 서울 문래동교회(배신봉 목사)의 '반딧불어린이도서관' 역시 주목할 만하다. 이 도서관은 영등포구 사립문고 제1호로 지정된 도서관으로서, 어린이를 위한 장서가 약 1만권, 등록회원은 620가정에 이른다. 반딧불어린이도서관에서는 어린이들에게 책을 빌려주는 일 외에도 역사탐구교실, 영어동요교실, 품앗이육아, 동화읽는어른 모임, 독서교실, 생활과학교실, 빛그림공연 등 다양한 문화 프로그램을 제공하고 있다.[19]

교회 안에 도서관을 두어 문화사역을 하는 대신에 아예 도서관 교회를 지향하는 교회도 있다. 서울 종로구 대학로의 예드림교회(김성수 목사)는 '호모 북커스'(homo bookers)라는 북카페를 만들어 주중에는 작은도서관으로 사용하고, 주일에는 예배처소로 사용한다. '적극적인 책 읽기'와 '더불어 책읽기'를 강조하는 김성수 목사는 이곳 북카페에 수천여 권의 신학 서적과 인문 서적을 구비하고 있다. 북카페를 찾는 사람들과 매월 선정도서를 정해 함께 책을 읽고 토론을 하면서 사회의식과 역사의식을 지닌 성찰하는 신앙생활을 돕고 있다. 그 외에도 각종 문화운동을 통해 기독교적 세계관을 확산시키고 있다.[20]

교회 도서관을 성공적으로 운영하려면 운영 과정에서 생겨나는 많은 난제들을 해결해야 한다. 기본적으로 도서관 시설이라는 하드웨어는 물론 도서관의 효율적인 운영을 위한 다양한 프로그램도 필요하다.

첫째, 교회 도서관은 공공도서관에 비하면 시설과 전문성이 떨어진

---

19 "사례발표2: 반딧불이어린이도서관", 예장통합문화법인, 「도서관의 창조적 운영 컨퍼런스 자료집」(2010), 34-39.
20 바른교회아카데미, "예드림교회 & 호모북커스 김성수 목사", 「바른교회회보」(2013년 11월 27일).

다. 한 연구에 따르면, 상당수의 교회 도서관의 역사가 5년 미만이며, 시설이 빈약하고, 전담사서의 배치도 미흡한데다 도서 구입을 위한 재정도 취약하다.[21] 이런 형편에서 지역 안에 공공도서관이나 사설도서관이 하나라도 생겨나게 되면 교회 도서관의 효용은 크게 떨어질 수밖에 없다.

둘째, 아무리 작은 도서관이라 하더라도 상당수의 인력과 예산을 필요로 한다. 도서관 사역이 전문적이기 때문에 전문 사서가 필요하며, 일주일 내내 도서관을 개방해야 하므로 상당수의 훈련된 자원봉사자들이 필요하다. 중요한 신간 서적을 계속해서 공급해야 하므로 재정적 압박도 강한 편이다. 이런 문제를 해결하는데 있어 지자체와의 협력이 도움이 될 수 있다. 교회 도서관도 마을문고법[22]에 따라 인증을 받으면 정부나 지자체의 예산지원만 아니라 다른 사회기관들을 통해서 컴퓨터나 운영프로그램 등을 지원받을 수 있기 때문이다.

---

[21] 도서구입비로 연 지출액이 5백만-1천만 원 미만이 31.9%, 1천만 원-3천만 원 미만이 27.6%로 알려져 있다. 이명희, "한국 교회 도서관의 운영현황과 활성화 방안에 관한 연구", 33-48.

[22] 마을문고(도서관)의 조건으로 도서 1천권 이상, 좌석 여섯 석 이상 그리고 시설이 10평 이상이면 신청서를 작성하여 시청이나 군청에 제출하면 된다. 서울시에만 마을도서관이 760여 개 정도 있는데 지역공동체 운동 차원에서 지자체들이 적극적으로 후원하려 하고 있다.

III. 문화사역 활성화를 위한 신학적 토대

1. 문화신학과 선교

문화사역에 관심하는 지역 교회 목회자는 문화사역을 시작하기에 앞서 문화에 대한 바른 신학적 이해를 가져야 한다. 확고한 신학적 토대가 없을 경우 지역 교회의 문화사역은 유행을 따르는 일이 되고 마침내 교회와 목회자의 정체성마저 흔들기 때문이다.

잘 알고 있듯이 문화와 종교는 밀접히 관련되어 있다. 틸리히(P. Tillich)에 의하면, 인간 삶의 '궁극적 관심'인 종교는 문화에 의미를 주는 실체이며, 문화는 종교의 형식이다. 달리 표현하면, 종교는 자신의 궁극적 관심을 문화라는 그릇을 통해 드러낸다. 그런 배경에서 볼 때, 오늘날 신학적 근본주의나 보수주의 교회에 나타나는 문화에 대한 적대적이고 배타적인 태도는 잘못이다. 문화를 '악마적'이라 생각하게 되면 그리스도인과 교회는 자신들도 모르게 문화 곧 일상의 삶으로부터 분리되어 이분법적 삶을 살게 되며, 세속문화에 대한 주도권마저 잃어버리게 된다. 물론 우리 시대의 물질주의, 자연주의, 소비주의 가치관에 물든 세속문화는 비판받아야 마땅하다. 하지만 그 세속문화 역시 하나님의 구원을 필요로 한다는 사실을 망각해선 안 된다. 따라서 하나님의 문화 명령에 관심하는 교회는 세속문화에 적극적이고 비판적으로 참여해야 한다.

한편, 우리가 문화를 '복음화'한다고 할 때 그것은 문화에 종교적 언어나 형식, 상징들을 덧씌운다는 것을 의미하지 않는다. 예를 들어, 기독교 예술이라 할 때 꼭 십자가와 같은 형식적 종교 요소들이 들어가는 그림이나 음악이어야 할 필요는 없다. 기독교 영화라고 해서 반드시 예수님이나 성서 인물만 소재로 삼아야 한다는 의미도 아니다. 말하자면 기독교문화란 교회 안에서 이루어지는 종교생활을 중심으로 한 '교회문화'를 가리키지 않는다. 넓은 의미에서 볼 때, 기독교문화란 예술활동은 물론 일상생활 속에서 기독교적 가치나 세계관을 구현하는 일이다.

한편 좁은 의미에서 문화선교란 교회가 선교 수단 혹은 전략으로 문화예술 활동을 활용하는 것으로 이해된다. 문화선교는 교회 안으로는 교회교육이나 예배에서 찬양단, 영상자료, 각종 미디어, 공연예술을 활용하는 일이다. 교회 밖으로는 지역 교회가 비기독교인과 접촉하고 소통하는 장으로 카페나 문화센터, 도서관을 운영하는 것을 가리킨다.

넓은 의미에서 문화선교란 문화의 복음화, 즉 세속문화 속에 기독교적 가치를 실현한다는 의미로 해석된다. 말하자면 문화선교란 세속사회 한 복판에서 하나님의 문화 위임을 실천하는 일이다. 종교는 문화의 뿌리이고, 문화는 종교의 성육신인데 현대 문화는 종교적 차원을 점점 상실해가고 있을 뿐만 아니라 반종교적으로 변해가고 있다. 대중소비사회에서 문화는 종교적 의미나 가치를 상실한 하나의 소비상품으로 변질되었다. 이런 상황에서 문화선교란 세속적 가치관에 맞서 종교적 가치 혹은 영성적 가치를 회복하려는 문화 활동이라 볼 수 있다.

2. 문화복지

문화복지라는 개념은 '문화'와 '복지'가 결합된 말로서 문화가 사회복지라는 영역과 만나면서 생겨났다. 이 개념은 학문적으로 형성된 것이 아니라 행정 용어이며, 문화 정책의 한 요소로 이해되기 때문에 개념 규정에 논란이 많다. 사회복지 관련법령 가운데 〈한부모가족지원법〉 〈노인복지법〉(24조), 〈국민기초생활보장법〉(4조), 〈장애인복지법〉(4조) 등에서 문화복지의 필요성을 언급하고 있다.

일반적으로, 문화복지란 환경에 따른 차별이나 소외를 받지 않고 높은 삶의 질을 누릴 권리로서 정부가 보장해주어야 할 사회복지의 한 분야라 하겠다.[23] 오늘날 문화가 상품화되면서 대가를 지불할 능력이 없는 경제적 취약계층은 문화 혜택으로부터 점점 배제되고 있다. 특히, 신자유주의 시장경제 체제 아래 사회적 양극화로 말미암아 문화적 빈곤계층이 늘어났다. 문화 창조의 힘은 말할 것도 없고 문화의 혜택조차 받지 못하는 이들이야말로 교회가 문화의 시대에 특별한 관심을 보여야 할 대상이다.

지역 교회의 문화복지 활동은 곧 지역사회를 섬기고 봉사하는 행위 가운데 하나다. 문화 영역에서 교회가 지역사회를 제대로 섬기려면 지역의 문화적 상황이 어떤지, 지역민의 결핍된 문화적 욕구가 무엇인지, 문화적 차별과 불평등이 어떤 형태로 나타나는지에 관심하고, 그것을 해소하는 일을 중심으로 봉사의 전략을 세워야 한다.

3. 문화목회

문화목회란 '문화적'으로 교회를 운영하고 목양하는 것으로서 다음과 같은 요소들을 포함한다.[24] 첫째, 기능적 차원에서 문화적 감수성과

---

23 이석형, "문화복지 거버넌스의 탐색적 연구", 『신학과목회』 34(2010.12), 4.
24 성석환, 『지역공동체를 세우는 문화선교』, 44-52.

창조적 상상력을 발휘하여 예배 형식을 바꾸고 다양한 문화행사와 퍼포먼스를 연출하는 일이다. 둘째, 교회행정적 차원에서 문화사역의 전문화, 운영 방식의 유연성 그리고 의사결정의 다양화를 의미하며, 마케팅 개념을 도입하는 일이다. 셋째, 교회론적 차원에서 세상과 분리된 교회가 아니라 세상과 소통하며 섬기는 교회를 지향한다. 교회와 사회를 하나의 공동체로 보며, 목회자와 평신도가 함께 하나님의 나라를 건설해가는 새로운 목회 패러다임이라 할 수 있다.

문화목회의 중요성에도 불구하고 문화목회에 대한 한국교회의 관심과 역량은 충분치 못하다. 가톨릭과 비교해 보더라도 기독교의 문화 수준과 역량이 떨어진다고 한다. 기독교의 교회건축이나 미술, 음악의 예술성은 가톨릭에 뒤떨어졌다는 인상을 준다. 요즈음 지식인들과 젊은이들이 기독교보다는 가톨릭에 더 관심을 보이는 이유 가운데 하나도 문화나 예술적 수준 차이다.

문화목회를 발전시키기 위해 목회활동에서 문화와 예술의 중요성을 강조해야 한다. 설교에 있어 음악, 미술, 영화, 연극 등 다양한 문화적 요소들을 활용하며, 청각(설교)만 아니라 오감(청각, 후각, 시각, 촉각, 미각) 전체를 통해 하나님을 경험할 수 있도록 돕는 예배를 구상할 필요가 있다. 그리고 교회교육에서 다양한 시청각교재만 아니라 각종 문화공연 혹은 예술 활동을 통한 다양한 교육 방법을 시도할 필요도 있다. 교회건축에 있어서도 공간 활용의 실용성만 아니라 종교성과 예술성도 중시해야 한다. 예배당이 지닌 기능적 요소만 아니라 예술적 가치도 중시하고, 지역사회와 소통할 수 있는 개방적 형태를 추구해야 한다. 특별히 교회 안에 카페나 문화센터를 운영하려면 전통적인 예배당 중심의 공간이 아닌 개방적 형태의 건축 양식이 필요해 보인다. 그 외에도 문화목회는 기독교 절기사역에 관심한다. 이는 기독교 절기(성탄절, 사순절, 부활절, 추수감사절 등)가 기독교문화의 꽃이라고 보기 때문이다. 문화목회에 관심하는 교회는 기독교 절기와 전통적 절기들을 재해석하여 토착화하는 데에도 노력할 필요가 있다.

IV. 문화사역 활성화를 위한 실천 과제

1. 전문사역자와 자원봉사자의 지도력 개발

지역 교회가 문화사역에 성공하려면 자원봉사자와 전문가의 역량 개발과 협력이 요청된다. 문화사역은 자원봉사자의 열정만으로 성공을 거두기 힘든 전문적인 사역에 속한다. 지역 교회가 수준 높은 문화 서비스를 제공하려면 반드시 전문성을 확보해야 한다. 교회 카페는 맛있는 커피를 만드는 바리스타를 필요로 하고, 교회 도서관은 양서를 구입하여 주제별로 분류하고, 문화프로그램을 기획하고 운영할 전문 사서를 필요로 한다. 백화점, 지자체의 주민센터, 대학의 평생교육원들이 경쟁적으로 문화교실이나 문화강좌를 운영하는 상황에서 지역 교회 문화센터가 경쟁력을 가지려면 전문가 확보는 필수적이다.

그런데 지역 교회 문화사역은 문화사역 전문가만 아니라 수많은 자원봉사자도 필요로 한다. 지역 교회 카페나 도서관, 문화센터는 상업적 목적으로 운영하는 것이 아니기 때문에 재정적 어려움을 예상해야 한다. 제한된 재정을 효율적으로 사용하려면 어쩔 수 없이 인건비를 줄여야 하고, 그러려면 자원봉사자의 도움을 받아야 한다. 자원봉사자의 헌신은 경제적 이유에서만이 아니라 목회적 이유에서도 중요하다. 왜냐하면 교인들이 자원봉사를 통해 숨겨진 재능을 발견하고 계발할 수 있기 때문이다. 이를 위해 지역 교회는 자원봉사자에게 동기를 부여하고, 잠재된 은사를 발굴하고, 적합한 사역을 제시하고, 사역에 필요한 자질을 교육받을 기회를 제공해야 한다. 더 나아가 탁월한 문화예술 재능이 있는 사람들에게는 기독교 문화사역 전문가로서 성장해 갈 수 있는 기회도 제공해야 한다.

2. 문화콘텐츠의 지속적 개발

우리 시대에 문화사역이 새롭게 부각되는 것은 그동안 교회에 문화사역이 없었다거나 중요성을 간과했기 때문은 아니다. 오래전부터 대부분의 교회에서 성탄절 성극이나 찬양대회, 중고생의 문학의 밤 행사가 있었다. 그런데도 최근 들어 갑자기 문화사역을 강조하게 된 이유는 아마도 과거의 지역 교회 문화 활동이 변화된 멀티미디어 시대에서 각종 상업적 문화 프로그램과 비교하여 경쟁력을 상실했기 때문으로 보인다.

문화 활동의 경쟁 상황은 더 심해지고 있는데 이는 문화가 돈이 된다는 이유에서 기업들까지 경쟁적으로 문화산업에 가세하고 있기 때문이다. 이런 어려운 상황에서 지역 교회의 문화사역이 성공하려면 경쟁력 있는 양질의 수준 높은 문화 콘텐츠를 개발할 수 있어야 한다.

문화 콘텐츠는 대상에 따라 어린이, 청소년, 대학생, 다문화가정, 성인, 노인 등으로 세분하여 구상할 수 있다. 교회 도서관 사역을 예로 든다면, 대상에 따라 다음과 같은 프로그램 만들 수 있을 것이다. 어린이를 대상으로 책 읽어주기, 영어 그림책 읽기, 연극놀이, 미술치료, 책문화교실이다. 학부모(엄마)를 대상으로는 독서토론 모임, 여성영화제, 주부강좌가 있다. 기타 주말이나 방학을 이용해 다양한 특별활동을 기획할 수 있다. 주제에 따라 교양이나 취미만 아니라 환경, 평화(폭력), 교육 같은 사회적 이슈도 포함할 수 있다.[25] 한편, 지역 교회 문화사역은 예배나 주일학교 교육에 사용할 문화 콘텐츠로, 몸찬양, 합창, 국악찬양, 앙상블, 연극의 예술적 수준을 높이도록 힘써야 한다.

    지역 교회 문화사역의 궁극적 목표는 문화를 소비라는 수동적 차원에서 벗어나 기독교문화를 창조하고 유통하는 능동적 차원에 두어야 한다. 예를 들면, 교회 카페에서 단지 커피를 판매하는데 그치지 않고 예술공연, 작품(회화, 사진, 조각 등) 전시, 독서토론, 작은 음악회, 작가와의 대화와 같은 생산적 문화 콘텐츠를 만들 수 있다. 뿐만 아니라 공정무역 커피를 통해 커피 원두를 생산하는 저개발국 농민들의 삶을 처지를 알고, 국제무역의 문제점을 인식하는 계기로 만들 수도 있다. 그럴 때 교회 카페의 활동은 단순한 커피 장사가 아니라 정의로운 세상을 만들어 가는 대안문화운동이 될 수 있다.

    교회의 문화센터 역시 개인들의 취미생활이나 자아실현을 위한 장소에 머물지 말고 하나님의 나라를 실현하는 실험장으로 발전해야 한다. 이를 위해서는 새로운 지식이나 기술을 가르치는 것만 아니라 배운 것(음악, 수지침, 제빵 기술, 꽃꽂이, 마사지, 학생 상담 등)을 가지고 교회와 지역사회에 봉사하는 기회로 만들어야 한다.

    지역 교회가 수준 높은 문화콘텐츠를 개발하고 복음적인 기독교 문

---

25 윤경희, "어린이 도서관 특별 프로그램", 문화선교연구원 편, 「도시 교회, 지역사회와 소통하기: 교회 도서관 창조적 운영」 자료집(2010), 40-46.

화를 창조하기 위해서는 교회의 보다 많은 투자와 지원이 요청된다. 나아가 교단이나 전문가 집단 차원에서 지원과 협력도 필수적이다. 다행스럽게도 '커피미션네트워크', 예수교장로회(통합)의 '총회문화법인', '문화선교연구원' 그리고 '한국 다리놓는사람들' 같은 선도적 기관들이 생겨나면서 이들 단체의 역할에 대한 기대도 커지고 있다.

3. 문화사역의 특성화(차별화)

소수의 대형 교회를 제외한다면 인적·물적 자원의 한계를 지닌 지역 교회가 모든 유형의 문화사역을 다 잘 할 수는 없다. 지역 교회가 막대한 자금력을 지닌 백화점 문화센터, 행정적 우위에 있는 지자체 주민센터나 공공도서관 그리고 좋은 시설을 갖춘 유명 프랜차이즈 카페와 경쟁하려면 반드시 차별성을 지녀야만 한다. 지금 같은 백화점식 문화교실의 개설이나 교회 카페의 중복 투자는 지역 교회 문화사역의 질을 떨어뜨릴 뿐만 아니라 생존마저 위협할 것이다. 그리고 지역 교회 간 과도한 경쟁은 지역사회에서 교회에 대한 이미지를 더 나쁘게 만드는 부작용만 낳을 것이 뻔하다.

이런 문제를 극복하려면 반드시 문화사역의 특성화 혹은 차별화를 위해 힘써야 한다. 이를 위해 지역 교회는 교회가 위치한 지역사회의 특징(경제, 사회, 역사, 지리, 문화)을 분석하고, 지역사회의 문화적 자원과 지역민의 문화적 필요를 파악한 후 그에 따른 '맞춤형' 문화사역을 구상하고 모색해야 한다.

교회 도서관 사역을 예로 들자면 지역적 환경이나 교회의 특성 그리고 목회적 관심에 따라 각기 다른 형태의 교회 도서관을 만들 수 있다.

예를 들어 교회가 저소득계층이 밀집한 지역에 위치해 있을 경우에는 교회 도서관에서 아동의 방과후학교, 저학년 어린이 돌보기, 독서치료, 미술치료, 부모교육 프로그램 등을 운영할 수 있다. 만약 다문화가정이 밀집한 지역일 경우에는 한글교실이나 한국문화 프로그램 중심으로 운영할 수 있다. 특성화에 대한 다른 좋은 사례로서 경기도 안양의 열린교회(김남준 목사)는 청교도 신학전문 도서관인 '퓨리탄도서관'을 만들었고, 경기도 기흥의 크라이스트 앰버시교회(김진호 목사)는 어린이 영어 전문도서관인 '미라클 차일드 어린이도서관'을 만들었다.

지역 교회 문화사역의 특성화를 위해서 지역사회의 필요나 자원에 대한 분석만 아니라 교회 자체에 대한 분석도 필요하다.[26] 목회자가 가지고 있는 목회비전이 어떤 것인지, 교회 구성원의 직업, 연령, 성비가 어떻게 구성되어 있는지, 교인들의 문화적 필요는 무엇이고, 동원 가능한 자원은 무엇이 있는지, 교회의 조직이나 의사결정 구조가 문화사역을 하기에 충분할 만큼 유연한지, 예산 지원이 가능한지 등에 대한 검토가 사전에 이루어져야 한다. 그렇지 않고 유행을 따라 문화사역을 무턱대고 시작할 경우 자칫 문화사역이 교회의 혼란과 갈등의 원인이 될 수 있다.

4. 파트너십과 네트워킹 능력

문화사역은 전문성을 요구하는데다 사역의 종류도 다양해서 개교

---

[26] 이에 대해 릭 루소와 에릭 스완슨은 다음 네 가지를 제시한다. 첫째, 교회가 섬길 사람들에게 필요와 꿈이 무엇인지 물어볼 것. 둘째, 지역사회의 필요와 꿈을 조사하거나 기존의 조사 결과를 활용할 것. 셋째, 지역사회에서 영향력을 지닌 교인들을 발굴하여 활용할 것. 넷째, 직접 보고 들을 것. 참고: 릭 루소·에릭 스완슨, 김용환 역, 『교회 밖으로 나온 교회』 (서울: 국제제자훈련원, 2008), 217-236.

회의 힘만으로는 성공하기 어렵다. 지역 교회가 문화사역의 효율성과 생산성을 높이려면 다양한 단체나 기관들과의 파트너십과 네트워킹이 필수적이다.

먼저, 동일한 유형의 사역을 하는 지역 교회 간 파트너십과 네트워킹이 가능하다. 문화사역에 관심하는 여러 지역 교회가 제한된 지역에서 경쟁적으로 문화사역에 뛰어들 경우 자칫 교회 간 갈등이 생길 수 있다. 이를 예방하고 개교회 문화사역의 특성화를 이루려면 지역 교회 간 대화와 협력이 필수적이다. 교회 도서관을 예로 든다면, 한 교회가 모든 종류의 도서를 다 구비하는 일은 예산상으로나 공간적으로 불가능하다. 그렇다면 지역 교회 간 협력을 통해 중복투자를 피하고 효과를 높일 수 있다. 그리고 연극이나 뮤지컬, 영화 같은 문화 활동 영역은 너무 전문적이어서 소수의 대형 교회를 제외하고서는 개교회가 수준 높은 공연단이나 콘텐츠를 만들기 어렵다. 그런 경우 잘 알려진 기독교 문화예술단체나 공연단, 예를 들면 '극단 증언', '극단 말죽거리', '한국국악선교회', '하사딤선교발레단', '조승미발레단', '샬롬노래선교단', '선교뮤지컬 위드힘' 등과 협력할 수 있다.

다음으로, 문화선교 담당자간에 파트너십과 네트워킹이다. 문화선교 담당자들은 나름대로 전문성을 갖춘 사람들로서 서로 정보를 교환하고 협력할 때 커다란 시너지 효과를 가져 올 수 있다. 기독교의 문화사역 발전을 위해 전문 문화사역자들의 발굴과 재교육을 위한 학술포럼이나 세미나, 탐방 등의 기회를 만들어야 한다.

한편, 지역 교회와 다른 문화사역기관과의 파트너십과 네트워킹도 필요하다. 교회 도서관을 예로 들어, 온라인상으로 다른 교회 도서관, 신학대학 도서관, 지역사회 공공도서관과의 네트워킹이 얼마든지 가능하다. 문화사역을 위한 네트워킹은 지역 내 시민사회단체, 복지기관, 지방자치단체 사이에서도 얼마든지 가능하다. 예를 들면, 교회 도서관이 지역아동센터와 연계하여 저소득계층의 어린이들에게 보다 나은 교육과 문화 서비스를 제공할 수 있다. 최근 서울시와 한국교회연합이 함께 추진하고 있는 '행복한 작은 도서관'사업이 좋은 사례다.[27]

5. 운영상의 문제 해결 능력

지역 교회가 문화사역을 진행하다 보면 여러 가지 해결해야 할 실제적 문제들을 만나게 된다.

우선, 교회 내적으로 사역의 주체나 조직, 예산, 공간 문제를 둘러싼 갈등을 해결해야 한다. 교회 조직 가운데 한 부서(문화사역부)가 담당할 것인지 아니면 독자적 조직과 재정 기능을 갖춘 독립기관(법인)으로 발전시킬 것인지 결정해야 한다. 문화사역 부서가 교회 조직의 하위 부서가 될 때 전문성의 확보 문제가 생기고, 독자적 기관이 될 때 정체성의 문제가 생겨날 수 있다.

둘째, 재정 자립 방안 문제도 고민해야 한다. 문화사역은 시설투자 외에도 운영비와 인건비가 발생한다. 지역 교회의 예산만으로 문화사역을 운영하기엔 벅찬 규모일 경우가 많기 때문에 문화 사역기관 스스로 자체적 수익모델을 창출할 필요가 있다. 교회 카페나 문화센터는 회비를 통해 어느 정도 재정문제를 해결할 수 있을지 모르지만, 교회 도서

---

[27] 이 사업은 지역 교회에서 공간과 재원 그리고 도서 구입을 책임지며, 서울시는 도서관 운영에 필요한 인력의 교육과 다양한 문화 프로그램에 필요한 컨설팅을 제공하는 협력사업이다. 1호점은 중앙성결교회인데, 앞으로 100여개의 도서관을 건립할 예정이라고 한다.

관의 경우에는 교회의 지속적인 투자가 요청된다. 부족한 재정문제를 해결하는 데 있어서 교회의 녹색가게나 교회 카페의 수익금으로 보조할 수 있으며, 후원회 행사나 외부 프로젝트 공모(공공기관, 아름다운재단, 기업 프로젝트)가 도움이 될 수도 있다.

한편, 교회 외적으로는 교회 카페나 문화센터 그리고 교회 도서관과 관련된 법적·제도적 문제들을 해결해야 한다. 최근 교회 카페가 세금폭탄을 맞는가하면, 교회 문화센터는 '학파라치'의 표적이 되어 엄청난 벌금과 행정제재를 받기도 한다. 따라서 교회 카페를 수익사업으로 하고자 할 경우 반드시 사업자등록을 하고 영업허가를 받은 후에 법이 정한 세금을 납부해야만 한다. 이런 문제를 해결하는 하나의 대안으로 교회 카페를 아예 사회적기업으로 전환하는 방법도 있다.[28] 교회의 문화센터 역시 '학원의 설립·운영 및 과외교습에 관한 법률'(학원법)에 따라 초·중·고생을 대상으로 교습할 경우 학원 등록이 의무화되어 있다. 성인을 대상으로 할 경우에는 평생교육법에 따라 문화센터를 평생교육기관으로 등록해야 한다.[29] 교회 도서관 역시 자체적으로 운영할 수도 있지만 구청에 '작은도서관'으로 등록하여 공공성을 확보하면 지방자치단체로부터 지원과 협력을 받을 수 있다.

---

[28] 교회 카페가 사회적기업으로 인증을 받게 될 경우 법인세와 취득세의 50%, 재산세의 25%를 감면받을 수 있다. 이를 위해서는 지역 교회와 독립된 법인체를 만들어야 하며, 사회적 약자를 고용하고, 사회서비스를 제공하며, 수익의 일부를 반드시 사회에 환원해야 한다.

[29] 일산세광교회의 경우 1998년 10월 고양시 교육청에 일반 사회교육시설 제9호로 등록하였고, 2001년에는 평생교육법의 시행에 따라 '세광문화센터'라는 이름으로 평생교육시설 제9호로 등록함으로써 법적 문제들을 해결했다.

V. 결론

　21세기는 '문화의 세기'로서 문화의 중요성이 더욱 커갈 것이다. 문화가 경제적 차원에서만 아니라 정치적 차원에서도 중요해지고 있다. 왜냐하면 개인의 자아실현 욕구가 커감에 따라 평생교육이나 문화복지가 중요한 정치적 이슈가 되고 있기 때문이다. 이러한 사회 변화에 따라 지역 교회의 문화선교나 문화사역의 필요성도 더욱 커질 것이다.

　지역 교회 문화사역은 교회 외적으로 교회에 대한 지역사회의 이미지를 개선하고, 교회개척에 대해 부정적인 지역사회에서조차 효과적인 목회 전략으로 증명되었다. 특히 비기독인들과의 접촉이 줄어들고 소통이 어려운 시대에 문화사역은 좋은 선교적 전략이 될 수 있다. 한편, 지역 교회 문화사역은 교회 내적으로 점점 커가는 교인들의 문화적 욕구를 충족시켜 삶의 질을 향상시키는 데에도 도움이 될 수 있다. 하지만 신학적 입장이 불분명하거나 실제적 문제들을 해결할 능력을 갖추지 못할 때 지역 교회 문화사역은 교회 내적으로 갈등과 분쟁의 불씨가 될 수도 있다.

　지역 교회가 할 수 있는 문화사역은 지역사회의 필요나 지역 교회의 형편에 따라 차별화 되어야 한다. 지금까지 알려진 교회 카페, 문화센터(문화교실), 교회 도서관 외에도 지역사회와 지역 교회의 현실에 맞게 다양한 사역들을 모색할 수 있다. 다만, 지역 교회의 문화사역이 활성화되려면 문화에 대한 신학적 이해가 우선 되어야 한다. 문화목회와 선교, 문화복지에 대한 신학적 이해 없이 문화사역을 하나의 목회 프로그램으로만 생각할 경우 자칫 문화사역은 교회와 목회의 정체성을 위협할 수 있다. 그리고 문화사역을 수행하는데서 생겨나는 각종 실제적인 문제들을 해결할 수 있는 역량도 갖추어야 한다. 이를 위해 전문사역자와 자원봉사자 간의 협력, 양질의 수준 높은 문화콘텐츠의 개발, 문화사역의 특성화(차별화), 파트너십과 네트워킹 능력 외에도 교회 내적인 자원의 개발, 교회 외적인 지역사회의 필요에 대한 판단 그리고 행정규제에 대한 실무적 이해도 필요하다.

4 장
농촌공동체 운동과 교회

I. 서론

산업화와 도시화가 시작되면서 몰락하기 시작한 우리나라 농촌 경제는 세계무역기구(WTO) 및 자유무역협정(FTA) 체제 아래 생존 위기를 맞고 있다. 오늘날 농촌 사회는 농가 부채의 증가 외에도 농촌 인구의 감소, 고령화, 가정 해체(조손가정 증가), 환경오염, 사회적 소외라는 다중 형태의 고통을 받고 있다. 이런 어려운 상황 속에서 귀농인구의 유입과 다문화가정의 증가로 생겨나는 상호 이질적인 문화 충돌은 새로운 사회적 갈등 요인으로 추가 되고 있다.

다행스럽게도 최근 들어 건강한 먹거리나 식량 안보, 환경문제에 대한 관심이 커지면서 농촌에 대한 사회적 관심도 커지고 있다. 중앙정부와 더불어 지방자치단체들도 농촌 사회 재건을 위해 다양한 지원책을 내놓고 있다. 지자체들마다 귀농 가구를 위한 지원책을 마련하고 있고,

10년 전부터 농림수산식품부에서는 '녹색농촌체험마을'을 지원하고 있으며, 2015년까지 전국에 5천개의 '색깔마을'을 육성하고 발전시킬 계획이다.1 그 외에도 안전행정부에서는 '마을기업' 사업을, 고용노동부에서는 '사회적기업' 사업을 지원하고 있다.

하지만 이러한 사회 환경의 변화에 발맞추지 못한 채 상당수의 농촌 교회는 여전히 전통적인 선교 전략과 목회 패러다임에서 벗어나지 못하고 있다. 교단 차원에서도 각종 지원책과 해결책을 쏟아내고 있지만 농촌 교회 대부분은 여전히 미자립 상태에 머물러 있을 뿐만 아니라 농촌 지역사회로부터 고립되어 있는 경우가 많다. 과거 한국교회의 성장과 부흥의 토대였던 농촌 교회가 오늘날 농촌 사회와 함께 무너져가면서 한국교회에 걱정스럽고 무거운 짐이 되고 있다.

그럼에도 불구하고 신학계마저 농촌 사회나 농촌 교회에 학술적으로 관심을 기울이지 않고 있다. 이런 무관심은 신학자들 사이에서 연구나 토론이 별로 수행되지 않았다는 점에서도 확인된다.2 다행스럽게도 몇 해 전부터 '농어촌선교연구소'(소장: 호남신대 강성열 교수)를 비롯해서 감리교 농촌선교연구원이 출판하는 「농촌과선교」, 한경호 목사가 편집하는 「농촌과 목회」 같은 정기간행물을 통해 농촌 목회나 농촌 선교에 대한 다양한 신학적, 목회적 논의가 진행되고 있다.3 그 외에 농촌

---

*이 글은 "지역공동체 운동을 통한 농촌 교회 활성화 방안"이란 제목으로 「장신논단」 47/2(2015)에 실린 것을 수정하고 보완했다.
1 전북 임실의 치즈마을, 강원도 평창의 소도둑놈 마을, 경기도 여주의 해바라기 마을 등 1천 500여 곳이 이 사업에 선정되어 지원을 받았다.
2 대표적인 기독교신학 전문학술지라 할 수 있는 「신학사상」이나 「기독교신학논총」은 물론 대중적인 성격을 지닌 「기독교사상」에서 조차 농촌 교회 문제를 별로 다루지 않고 있다. 잘 알려진 월간지 「목회와신학」도 단 한 번 "특집: 농촌목회의 희망 리포트", 195 (2005/9)으로 다루었을 뿐이다.
3 감리교 농촌선교훈련원에서 출판하는 「농촌과선교」, 장로교(예장통합) 한경호 목사가

교회 성공사례들을 모은 사례집도 출판되어 교계의 관심을 끌었다.[4]

그런데 지금까지 수행된 농촌 교회의 목회나 선교에 대한 연구들을 살펴보면 대부분 교회 성장을 주제로 한 목회 프로그램을 제시하는데 머물고 있다. 이 연구에서 관심하는 농촌 교회가 중심이 되어 지역과 교회의 상생을 추구하는 마을공동체 운동에 관심한 연구는 극히 적다.[5] 농촌공동체에 관한 연구라 하더라도 그 대부분은 특정 형태의 농촌공동체에 대한 개별적인 연구일 뿐 농촌 사회의 다양성을 반영하는 종합적이고 체계적인 연구는 드물다.[6]

이런 문제 인식에서 출발하는 이 연구는 농촌 교회의 목회와 선교 방안으로 마을공동체 형성을 하나의 대안으로 제시한다. 농촌 교회가 위치해 있는 지역사회를 살기 좋은 공동체로 거듭나게 할 때에만 지역사회가 살아나고, 그럴 때에만 비로소 지역 교회도 성장할 수 있다고 판단하기 때문이다.

출판하는 「농촌과 목회」는 농촌선교와 농촌목회를 집중적으로 다루는 계간지다. '농어촌선교연구소'(강성열 교수)에서는 여러 권의 자료를 출판하고 있다. 강성열 편, 『농어촌선교현장과 생명목회』 (서울: 한들, 2009), 동저자, 『농촌살리기와 생명선교』 (서울: 한들, 2011).

4 예장통합 총회농어촌부 편, 『생명을 살리는 농어촌선교』 사례집1(2003), 사례집 2(2011); 한경호 편, 『농촌목회 현장 이야기』 (서울: 미션아카데미, 2008); 김세진 외, 『마을을 섬기는 시골교회』 (서울: 뉴스앤조이, 2012) 등.

5 정재영·조성돈, 『더불어 사는 지역공동체 세우기』 (서울: 예영커뮤니케이션, 2010), 특히, 79-173.

6 '기독교 생태공동체 운동'에 대한 연구로는 조용훈, "한국 기독교생태공동체 운동의 현황과 미래적 과제", 「신학사상」 148(2010), 129-158. '기독교 복지공동체'에 대한 연구로는 양희두, "한국인의 효문화를 통한 농촌지역 선교방안: 전라북도 곡성군을 중심으로", 전주대 석사학위논문(1998); 박재용, "농어촌 지역주민을 위한 복지프로그램 모델 연구", 대전대 석사학위논문(2004). '기독교 다문화공동체'에 대한 연구로는 곽희주, "공동체 형성을 통한 다문화가족을 세우는 목회사역에 관한 연구" 장로회신학대학 박사학위논문(2010) 등.

II. 농촌 사회와 농촌 교회의 현실

'텅 빈 농촌, 죽어가는 땅.' 오늘날 우리나라 농촌 사회를 한 마디로 표현하기에 이보다 더 적절한 표현이 없어 보인다. 일제 강점기부터 피폐해진 농촌 사회는 1970년대 산업화와 도시화로 결정타를 맞는다.7 비교우위론에 기초한 정부의 농업에 대한 이해와 값싼 농산물 가격 정책은 농촌 경제를 구조적으로 약화시켰다. 국제적으로 자유무역협정(FTA)이 체결되면서 외국의 값싼 농산물 수입이 무제한으로 가능해지면서 농촌 경제 붕괴와 농촌 사회 해체의 속도는 더욱 빨라지고 있다. '규모의 농업'을 강조하는 경제논리에 따라 전통적인 소농이나 가족농 같은 영세농이 급격히 붕괴되면서 경제적으로만 아니라 사회적으로도 문제가 커지고 있다.

오늘날 농촌 사회의 위기는 여러 가지 모습으로 나타나고 있다. 먼저, 인구학적 특징으로서 농촌 인구가 급감하는 가운데,8 여성화9와 초고령화10 과정에 있다. 농민들의 경제적 상황도 갈수록 악화되고 있다.11 정부가 농촌 경제를 활성화하기 위한 농업의 회생 방안으로 규모

---

7 1970년부터 1990년까지 총인구는 연평균 1.43%씩 증가해 온 반면에 농가인구는 연평균 3.8%씩 감소했으며, 총인구에 대한 농가인구의 비중도 44.7%에서 15.6%로 줄었다. 참고: 박재용, "농어촌 지역주민을 위한 복지프로그램 모델 연구", 37. 2015년 통계청 자료에 따르면, 2014년 12월 기준 전체 농가는 112만 가구이며, 농가인구는 275만 명이라고 한다.
8 현재 농어촌 면적은 전국토의 90%인데, 거주 인구는 전체 인구의 18%에 불과하다.
9 우리나라 농림축산식품부가 발표한 '2013년 여성 농업인 실태조사'에 따르면, 여성 농업인이 농사일의 50% 이상을 담당하는 비중이 66.2%나 되었다. 참고: "여성이 농사일 50% 이상 담당", 「국민일보」 (2014년 4월 3일).
10 2015년 4월 통계청 '2014년 농림어업조사 결과' 보고서에 따르면, 농가인구 40%가 65세 이상이며, 농가 경영주 평균 연령은 66.5세나 되었다. 이는 전체 인구 고령화율의 3배에 이르는 높은 수치다.

화, 아이디어와 첨단기술을 도입한 벤처농업화 그리고 친환경농업화를 추진하지만 여러 가지 현실적 문제들로 인해 기대한 만큼 성과를 내지 못하고 있다.[12] 한편, 농촌은 사회 문화적으로도 소외되어 가고 있다. 문화 시설은 찾기 어렵고, 의료시설은 도시에 비해 턱없이 모자랄 뿐만 아니라 그 수준도 현저히 낮다. 취학연령층을 위한 교육 여건도 좋지 않아 젊은층이나 취학아동을 둔 젊은 부부의 이농이 계속 늘어나고 있다.[13]

이런 어려운 상황에서 새로운 사회문제들이 추가되면서 농촌 사회를 더욱 혼란에 빠뜨리고 있다. 귀농귀촌 인구가 증가하면서 원주민과 귀농귀촌인 사이에 문화적 갈등이 생겨나고 있다.[14] 한편, 농촌 남성의 국제결혼이 증가하면서 다문화가정도 증가하고 있다. 국제결혼 가운데 특히 농림어업 종사자의 국제결혼이 40%를 넘어섰다는 통계는 다문화가정이 농어촌의 새로운 가정 형태로 자리 잡고 있음을 말해준다. 하지만 준비 없이 만들어진 다문화가정들은 가정불화와 자녀교육에서도 커다란 어려움에 직면해 있다. 다문화가정은 경제적 빈곤과 사회적 차별 그리고 문화적 소외라는 이중 삼중의 고통 가운데 있다.[15] 한편, 농

---

11 한국보건사회연구원(2008)의 조사에 따르면, 농촌지역(면, 읍)의 월평균 가구소득이 월100만원 미만 56.5%, 100-150만원 미만 11.9%로 나타났다. 말하자면, 월평균 150만원 미만의 가구가 전체 농업인구의 3분의 2에 해당한다. 참고: 김흥주, "한국 농촌에서 새로운 희망만들기", 「지역사회학」12/2(2011), 112. 2015년 4월 통계청 '2014년 농림어업조사 결과' 보고서를 보면 연 소득이 1천 만 원에 못 미치는 농가가 전체의 64%나 되었다.
12 김종덕, 『먹을거리 위기와 로컬푸드』 (서울: 이후, 2009), 284-290.
13 정부의 소규모학교 통폐합 정책에 따라 1982-2005년 사이에 약 5천개 이상의 학교가 통폐합되었다.
14 2001년 880가구에 불가했던 귀농·귀촌인구가 2012년에는 2만 7008가구로, 2013년에는 3만 2424 가구로 지속적으로 증가하였다. 참고: "2013년 귀농·귀촌인구, 역대 최대 증가", 「한겨레신문」(2014년 3월 21일). 농식품부 자료를 보면, 2014에 귀농·귀촌 인구는 4만 5천 가구로 늘었다고 한다.
15 조용훈, "다문화사회에서 기독교의 윤리적 과제", 「기독교사회윤리」 22(2011), 303-

촌 인구의 고령화와 하우스 재배의 증가와 맞물려 농어촌 외국인 노동자도 점점 증가하는 추세에 있다.16 그 외에도 부모의 이혼이나 재혼으로 인해 생겨난 농어촌 조손가정의 증가는 농어가의 빈곤을 대물림하게 만들고 있다.

농촌 교회는 농촌 사회의 어려운 상황을 그대로 반영하고 있다. 교단마다 약간의 차이가 있지만 대략 전국 교회의 40% 정도가 농촌 교회다. 농촌 교회는 안으로는 교인감소 외에도 교인의 고령화, 여성화 그리고 열악한 재정 및 평신도 지도자의 부족 등으로 어려움을 겪고 있다.17 이런 상황에서 농촌목회자의 소명부족, 잦은 이동, 자녀교육 어려움, 생계문제, 업무 증가 등으로 인한 문제도 농촌 교회를 어렵게 하고 있다.18

교회 외적으로는 농촌 사회가 전통문화나 전통종교의 영향으로 기독교에 대해 배타적이고 폐쇄적이어서 선교 활동에 어려움을 주고 있다. 그 결과 농촌의 복음화율이 도시의 복음화율보다 낮으며,19 그나마 설립되어 있는 농촌 교회들마저 대부분 미자립 혹은 미조직 교회에 머

330.

16 2009년 1천 390명이던 농촌지역 외국인 근로자 수는 2012년 4천 868명으로 꾸준히 증가하고 있다. "농어촌 외국인 근로자 3년새 2.5배나 늘어나", 「문화일보」(2013년 8월 20일).

17 기독교대한감리회 선교국 사회농어촌환경부가 교단 소속 농어촌 목회자 280명을 대상으로 설문조사한 결과를 보면, 소속 농어촌 목회자의 67%는 사례비가 월 150만원이 채 안 되며, 농어촌 교회의 66%는 성인 교인이 30명 이하이다. 참고: "조건부 단계별 지원으로 농촌 교회 자립 이끌어야", 「국민일보」(2013년 3월 24일).

18 한 자료에 따르면, 목회 경력이 10년 이내의 농촌목회자가 94.2%, 4회 이상 이동한 목회자가 88.2%라고 한다. 이런 현상은 교인에게는 마음의 상처를 주고, 지역사회에는 불신감을 낳게 된다. 참고: 남두환, "농촌 교회 정착목회에 관한 연구", 「농촌과 목회」 26(2005), 215.

19 우리나라 개신교 인구가 전체인구의 20% 정도인 반면 농촌지역에서는 6-10%에 머물고 있는 것으로 알려져 있다.

물고 있다.20 주일학교 학생이 줄고 가르칠 교사가 부족해서 교회의 미래마저 어둡다. 요약하면, 오늘날 농촌 교회는 영과 육이 함께 침체 속에서 고통을 받고 있다.

위에서 간략히 살펴본 것처럼, 농촌 교회와 농촌 사회는 서로 운명을 함께한다. 농촌 사회가 해체되면 농촌 교회도 존립할 수 없다. 농촌 교회가 당면한 현실적 위기를 극복하려면 어쩔 수 없이 농촌 사회를 살리는 일에 관심해야 한다. 해체 위기에 놓인 오늘의 농촌을 극복하는 데에는 마을공동체를 만드는 것보다 더 좋은 대안이 없어 보인다. 일찍이 우리 농촌에는 두레나 계 같은 마을공동체 활동이 있었다. 생존의 위기에 빠진 농촌 사회와 농촌 교회를 구하기 위해 지금이야말로 기독교가 농촌공동체 운동과 같은 새로운 형태의 선교와 목회 전략을 모색할 때다.

III. 기독교 농촌공동체 운동의 역사

1. 일제강점기 기독교 농촌공동체 운동

한국 기독교는 선교 초기부터 농촌선교에 깊이 관심했다. 특히, 일제 강점기에 기독교 농촌운동은 한국 기독교가 펼친 사회운동 가운데 가장 조직적으로 펼친 사회운동이었다고 할 수 있다. 이는 당시 우리나라 국민 대다수가 농촌에 거주했기 때문만 아니라, 농촌의 사회 경제적

---

20 (사)한국농어촌선교단체협의회(한국농선회)의 2010년 조사에 따르면, 전국 면 소재지 농어촌교회 1만 5천여 곳 가운데 85%가 미자립 상태다. "모든 교회가 주님교회", 「국민일보」(2012년 10월 27일).

상황이 구조적으로 아주 열악했기 때문이다. 1930년까지만 해도 우리나라 국민의 90%는 인구 1만 명 이하의 농촌에 살고 있었다. 국민의 80% 이상이 농업에 종사하였고, 그 가운데 80%는 소작농이었다. 일제에 의한 농지 수탈과 쌀 반출은 농촌 주민의 생활고를 악화시켜 농민들 가운데에는 고향을 떠나 화전민이 되거나 간도 등지로 유랑하는 사람이 늘게 되었다.21

    1920-30년대 한국교회의 70% 이상이 농촌에 위치해 있었다. 농촌 경제가 붕괴되면서 농촌 교회도 어려움에 빠지게 되자 기독교는 사회적·선교적 관점에서 농촌 문제에 관심하지 않을 수 없게 되었다. 농촌선교를 위해 장로교는 1928년 17회 총회에서 '농촌부'를 신설하여 다양한 사업을 시행했다.22 1931년에는 숭실전문학교 내에 농과를 설치하여 농사에 대한 전문지식을 보급하며 농촌지도자를 양성하였다. 감리교 역시 1928년 연희전문학교 내에 '농촌문제심사위원회'를 설치하여 교단 차원에서 농촌 문제에 관심하기 시작했다. 기독교단체 가운데 YMCA는 국제YMCA의 지원을 받아 농촌진흥운동에 역량을 모았다.23 1928년 국제선교협의회 예루살렘대회 이후에는 YMCA총무 신

---

21 곡창지대인 호남지방 농지의 75%가 일제의 손에 넘어갔으며, 당시 소작농은 생산고의 2분의 1 이상을 소작료로 냈다. 일제에 의한 쌀 반출량이 1912년에는 50만 섬에서 1924년에는 460만 섬, 1933년에는 870만 섬으로 증가했다. 당시 전체생산량이 1천 630만 섬이었다는 사실을 참고할 때 그 규모가 얼마나 큰 것인지를 충분히 짐작할 수 있다. 참고: 박용규, "한국 교회사에 나타난 농촌선교와 부흥",「목회와신학」(2009/5), 65.
22 설립 첫해 사업계획에는 농업학교 설립과 모범농촌 설치가 포함되었고, 다음 해에는 농촌전도 외에도 농촌위생, 농촌교육, 농촌조합을 포함했다. 참고: 방기중,『배민수의 농촌운동과 기독교사상』(서울: 연세대출판부, 1999), 168, 각주 112.
23 YMCA농촌사업의 목적은 문맹퇴치, 농사개량, 협동정신 배양에 있었다. 이를 위한 구체적 실천 과제로 농민교육, 농촌계몽, 협동조합, 농촌지도자 양성에 힘썼다. 참고: 장규식, "1920-30년대 YMCA 농촌사업의 전개와 그 성격",「한국기독교역사연구소 소식」 22(1996), 27-39.

홍우와 홍병선 그리고 장로교총회 농촌부가 중심이 되어 덴마크의 협동조합을 모델로 농민 협동조합 운동(소비조합과 신용조합)을 만들어 농민들의 경제적 권익과 농촌공동체를 형성하는데 관심을 기울였다.[24]

당시 시도된 주목할 만한 기독교 농촌공동체 운동이 바로 '기독교농촌연구회'[25] 멤버였던 유재기와 배민수가 주도 한 '예수촌운동'이었다.[26] 예수촌운동은 예수님의 정신(복음주의)을 토대로 해서 농촌 사회의 경제적 가난을 극복하고, 자립적이고 이상적인 기독교 농촌공동체를 만들려는 농촌공동체 운동이었다. 1930년대 배민수가 구상했던 예수촌의 이상적인 모습은 이러했다:[27] 약 100여 호를 중심으로 구성하며, 각 농가에서는 5,000-6,000평의 토지를 자작하고, 부업을 한다. 생산과 소비, 이용을 위한 신용조합을 운영하고, 생활에 필요한 목욕탕, 이발소, 상점들을 둔다. 전 구성원은 교회에 출석하며, 자녀들은 의무교육을 한다. 예수촌운동은 '전체는 한 사람을 위해 그리고 한 사람은 전체를 위해'라는 모토 아래 이상적인 신앙적 농촌공동체를 추구했다.

이같은 이상적인 기독교 농촌공동체를 실현하는 효과적 수단으로 협동조합을 설립했다. 유재기는 협동조합이야말로 자본주의 한계를 극복하고, 신앙을 현실세계에 생활화할 수 있는 '유기적 조직체'요, '천국

---

[24] 김권정, "1920-30년대 한국기독교의 농촌협동조합 운동", 『숭실사학』21(2008), 255-287.

[25] 이 단체는 기독청년 중심의 소규모 서클로서 투철한 빈민중심의 사회의식과 이상적 공동체 형성을 목표로 했다. 당시 이 단체가 천명한 활동 목표는 첫째, 조선농촌에 대한 일반 문제의 연구, 둘째, 기독주의적 농촌사업의 실현, 셋째, 회원 양성과 실제사업에 투신이다. 참고: 방기중, 『배민수의 농촌운동과 기독교사상』, 125-133.

[26] 김권정, "1920-30년대 유재기의 농촌운동과 기독교사회사상", 『한국민족운동사연구』 60(2009), 165-207.

[27] 한규무, "1950년대 기독교연합봉사회의 농민학원 설립과 운영", 「한국기독교와 역사」 33(2010), 115.

운동의 유일한 애(사랑)의 시설'이라고까지 주장했다.28 장로교 농촌부에서도 '1교회 1조합주의'를 주창하기에 이르렀지만, 아쉽게도 당시 협동조합 운동은 생산조합운동으로까지 발전하지는 못했다.29

1930년대 후반에 들어서면서 장로교의 농촌부가 해체되고, YMCA의 농촌 사업도 대내·외적 요인들로 말미암아 어려움에 빠지고 만다. 특히, 1937년에 중일전쟁이 발발하고, 일제가 황민화정책을 강화하면서 많은 기독교 농촌운동 지도자들이 체포되거나 구금된다. 그리고 일제 총독부가 추진 한 농촌진흥정책으로 말미암아 기독교 농촌운동의 열기는 차츰 식어졌다.

2. 해방 이후 기독교 농촌공동체 운동

농촌 사회의 상황은 해방 후에도 크게 개선되지 않았다. 당시 인구의 70%는 여전히 농촌에 거주했으며, 농촌 인구의 80%는 영세소작농이었다. 이런 상황에서 자연재해에 따른 흉작과 물가 폭등은 농민들의 삶을 더욱 고통스럽고 힘들게 만들었다.

이런 농촌 현실을 타개하기 위한 기독교 농촌운동이 미국북장로회, 미국남장로회, 미국감리회, 캐나다연합교회, 구세군의 다섯 개 교파 선교사들의 연합으로 창립된 '기독교연합봉사회'에 의해 재개되었다. 일제하 이상촌 운동을 주도했던 배민수는 이때도 핵심적 역할을 했는데, 그가 주창한 '기독교 모범농촌'은 약 300호의 농가를 기본 단위로 하는 농촌 부락이었다. 모범 농촌에는 교회, 학교, 의료소, 협동조합, 목욕

---

28 방기중, 『배민수의 농촌운동과 기독교사상』, 176.
29 위의 글, 179, 191.

탕, 이발소, 세탁소, 탁아소 등 공동시설을 갖추고, 그 운영을 협동조합이 맡도록 했다.30

'기독교연합봉사회'는 농촌지도자 양성과 농촌공동체 형성을 위해 1950년 4월 대전에 약 15만평의 땅을 사서 '복음농민학교'를 설립하고 시범 연합 농장을 마련했다. 이곳에 11가구의 피난민들이 정착했으며, 각종 농업교육을 실시하였다.31 배민수는 기독교 연합농장 안에 '기독교농민학원'을 개설하였고, 기관지 「농민생활」을 복간했다. 기독교농민학원의 정신적 토대는 '삼애(三愛)주의'로서, 하나님 사랑(愛神), 농촌사랑(愛農), 노동사랑(愛勞)이었다.32 이 연합 농장의 소작료는 3할이었으며, 종자나 비료는 농장과 농민이 절반씩 부담했다. 그리고 농민에게는 1만 5천 원씩의 융자를 주어 가축을 구입하도록 지원했다. 연합농장에 정착한 피난민들은 자급자족하며, 경제적 기반을 쌓아 나중에 자영농으로 독립한 이들도 여럿 생기게 되었다.

한편, 기독교농촌연구회의 또 다른 멤버였던 유재기는 1945년 효과적인 농촌운동을 위해 '흥국형제단'을 결성했다. 유재기는 그리스도의 사랑과 희생정신을 바탕으로 한 복음주의와 '농민이 토지를 소유해야 한다'는 경자유전(耕者有田) 원리에 기초한 자립적 농촌공동체인 '예수촌' 건설을 힘썼다. 그는 예수촌 건설의 구체적 전략으로 네 가지를 제시했다.33 첫째, 상호부조와 민주주의적 질서를 원칙으로 하는 협동조

---

30 위의 글, 229-230.
31 한규무, "1950년대 기독교연합봉사회의 농민학원 설립과 운영", 109-131.
32 '삼애정신'은 일찍이 덴마크 협동조합 운동의 개척자였던 그룬트비히가 제창한 '하나님 사랑', '인간사랑' 그리고 '토지사랑'의 정신에 뿌리를 두고 있다. 그리고 일본의 가가와 도요히꼬의 '삼애정신', 즉 하나님 사랑, 이웃 사랑, 토지 사랑의 영향도 받은 것으로 보인다.
33 김권정, "해방 후 유재기의 국가건설운동과 농촌운동", 『한국민족운동사연구』 71 (2012), 255-294.

합 운동. 둘째, 국가의 기초 단위인 가정생활의 개조를 위한 부인운동. 셋째, 지도력 형성을 위한 농촌소년운동. 넷째, 농사기술을 과학적으로 발전시키기 위한 기술운동.

또 다른 기독교 농촌공동체 운동은 김용기에 의해 시작된 '가나안복민운동'이었다. 해방 전부터 청교도 신앙과 안창호와 이승훈으로 이어지는 이상촌 운동의 영향을 받았던 김용기는 1931년 자신의 고향인 경기도 양주 능내리 자연부락에 '봉안이상촌' 건설을 시작하였다. 그가 꿈꾸었던 이상촌의 모습은 에덴동산의 재현이었다. "오곡이 익어가며, 과수들의 꽃이 만발하고, 벌과 나비가 춤을 추고, 집집마다 젖 짜는 양이 있고, 교회가 있으며, 마을사람들은 모두 형제가 되어 하나님을 믿고, 모두가 근로하여 생산함으로써 경제적으로도 풍요한 생활을 영위하고, 하나님을 공경함으로써 정신적 · 영적(靈的) 안위를 얻을 수 있는 '에덴동산'의 재현을 나는 꿈꾸고 있었다."[34] 김용기의 기독교 농촌공동체 운동은 이후에도 계속해서 제2차 경기도 고양의 '삼각산 농장'(1946), 제3차 경기도 용인의 '에덴향'(1952), 제4차 경기도 광주(하남)의 '가나안농장'(1954), 제5차 강원도 신림의 '신림동산'(1973)으로 이어졌다.

김용기가 농촌공동체 운동의 요체로 교육과정을 중시했던 이유는 의식혁명과 농업기술의 전파를 통한 농업생산성 증가야말로 농촌공동체를 지속가능하게 만드는 결정적 요소라고 생각했기 때문이다. 이런 배경에서 그는 '봉안이상촌'에서는 야학, '에덴향'에서는 복음중학교와 복음고등농민학원, '가나안농장'에서는 가나안농군학교를 각각 운영했다. 가나안농군학교는 설립 이후 1989년까지 30만 명 이상의 농촌지

---

[34] 김용기가 처음 공동체를 시작할 때 12명이 모였지만 1935년에는 구성원이 10가족으로 확대되었다. 이곳에서 생활개선과 협동운동 그리고 선진농업을 추진했다. 참고: 가나안복민연구소 편, 『가나안복민운동』(하남: 가나안문화사, 1990), 19.

도를 양성했다. 김용기는 봉안이상촌 때부터 협동조합의 중요성도 인식하고 있었다. 1970년부터 가나안농장 구성원 및 지역주민과 함께 시작한 '가나안 협동조합'은 18년 후에는 조합원 8,500명, 자산 규모 130억 원의 거대한 규모의 협동조합으로 성장하게 되면서, 지역주민에게도 경제적 도움을 주었다.

김용기가 꿈꾸었던 농촌공동체는 자연부락 안에서 교회를 중심으로 구성원들이 청교도적 가치(근검, 절약, 근면, 정직)에 따라 공동체생활을 하며 농사짓는 평화롭고 윤택한 농촌 마을이었다. 그는 모범적인 공동체생활을 전국토로 확대하여 전국을 가나안 복지로 만들려는 꿈을 꾸었다. 김용기의 가나안복민공동체 정신은 박정희 대통령에게 영향을 주어 농촌진흥청이 만들어졌고, 나중 전국적으로 벌어진 새마을운동의 모델이 되었다.

3. 산업화 시대의 기독교 농촌공동체 운동

산업화 시대에 주목할 만한 기독교 농촌공동체 운동은 김진홍 목사가 시작한 '두레마을'이었다.[35] 두레마을은 서울 청계천 판자촌교회였던 활빈교회가 '활빈 귀농개척단'을 결성하여 1979년 경기도 남양만으로 집단이주하면서 생겨났다. 두레마을은 기독교 신앙을 가진 구성원들이 자본과 노동력 그리고 기술을 하나로 묶어 농업생산성을 올려 경제적으로 윤택하고, 생태적으로 건강하며, 문화적으로 풍요로운 마을을 만들려는 기독교 농촌공동체 운동이었다. 두레마을은 예수님을 이

---

35 김진홍, "간척지에다 두레 농민공동체를", 이삼열 편, 『사회봉사의 현장에서』 (서울: 한울, 1993), 31-47.

장으로 모시고, 사랑의 법만 가지며, 능력에 따라 일하고 필요에 따라 쓴다는 원리로 운영되었다.

하지만 세월이 흐르면서 남양만 두레마을이 지나치게 상업화 되었다는 자기 반성 아래 1986년 제2차 두레마을을 기획하였고, 2004년에 경남 함양 지리산에 두레공동체를 건설하였다. 이곳에는 현재 30여 명이 산머루나 약초 재배와 같은 생태농업에 기반한 공동체생활을 하고 있다.36 '지리산 두레마을'은 땅과 사람을 함께 살리려는 기독교 농촌공동체 운동으로서, 친환경농업연구소에서는 농촌 사회를 살리기 위한 다양한 연구와 교육 활동을 수행하며, 매해 귀농학교를 열어 귀농자를 돕기도 한다.

1980년대 이후 우리나라 기독교 농촌운동은 농민들의 권익을 보호하기 위한 사회정의운동으로 발전했다. 1974년에 시작된 '크리스찬아카데미'를 비롯하여 1978년에 결성된 전남지역 기독교농민회, 1982년에 조직된 한국기독교농민회총연합회, 그리고 1990년에 결성된 전국농민회총연맹 등은 이 같은 흐름을 주도한 핵심 기구였다.

1990년대 후반부터는 생태 위기에 대한 농민들의 의식이 발전하면서 기독교 농촌운동은 생명농업운동으로 발전하기 시작했고, 다양한 형태의 마을공동체 운동으로 진화해가고 있는 중이다.37 최근 들어 기독교 생태공동체들이 농촌지역에 생겨나고 있는데, 교회가 속해있는 지역의 특성과 교회의 역량에 따라 보다 다양한 형태의 공동체를 모색할 필요가 있어 보인다. 아래에서 우리는 농촌 교회가 중심이 된 다양한 형태의 농촌지역공동체를 다섯 가지 유형으로 나누어 살펴보려고 한다.

---

36 조용훈, "한국 기독교생태공동체 운동의 현황과 미래적 과제", 「신학사상」 148(2010), 136-138.
37 한경호, "생명과 평화의 관점에서 보는 농촌선교", 「농촌과 목회」 36(2007), 36-61.

IV. 농촌 교회 마을공동체 운동의 유형과 사례

1. 생태공동체 운동

농촌지역의 자연조건상 농촌 교회에 가장 자연스러운 공동체 운동은 생태공동체다. 잘 알려진 생태공동체로는 전남 장성 백운교회의 '한마음공동체', 경북 봉화 옥방교회의 '새누리공동체', 충북 보은 보나교회의 '예수마을', 경남 산청 민들레교회의 '민들레공동체' 등이 있다. 그 가운데서도 주목할 만한 생태공동체로 아산 송악교회를 들 수 있다.38

송악교회는 충청남도 아산의 산골마을에 위치해 있는데 1980년대부터 농민운동에 관심했던 김영주 목사 때부터 지역농민회를 조직하고 수세투쟁과 신협운동에도 앞장섰던 교회다. 현재 담임목사인 이종명 목사는 송악교회의 정체성을 생명 중심의 농촌지역 교회 형성에서 찾고 있다. 그의 목회 철학은 '지역농촌과 더불어 사는 교회', '농촌지역과 조화를 이루는 교회'다. 이러한 목회 비전은 '농촌을 하나님 나라로'나 '모든 생명을 하늘같이', '좋은 씨를 심는 성도와 좋은 밭을 가꾸는 교회'라는 교회 표어들에도 잘 나타나 있다. 이러한 생명 중심·지역 중심의 목회 철학을 구현하기 위해 그는 신앙적 관점에서 생명농업과 생태교육을 강조한다. 이는 생명농업 혹은 유기농업이야말로 생명과 환경을 동시에 보호하고, 농촌 사회를 경제적으로 풍요롭게 만들 수 있는 실제

---

38 송악교회 사례는 다음을 참고함: 이종명, "생명을 보듬는 농촌목회의 전망과 과제", 강성렬 편, 『농어촌 선교현장과 생명목회』, 177-186; 동저자, "송악교회와 송악지역의 마을 만들기: 지역사회와 함께하는 선교사업", 「선교와신학」 30(2012), 147-160; 손신, "지역사회와 함께하는 교회의 실천모델과 사례분석", 「한국기독교신학논총」 77(2011), 291-315.

적 대안이라고 믿기 때문이다.

송악교회는 1997년 사회복지관을 설립해서 유아보육, 방과후아동 공부방, 예능교육, 지역사회 문화사업을 활발히 진행하고 있다. 이듬해인 1998년 친환경 생명농업운동을 위해 교회 안에 '농민선교위원회'를 조직하고, 2000년에는 '송악동네 친환경농사연구회'와 '한살림 송악면 지회'를 지역민 30여 가구와 함께 창립했다. 그 결과 2014년 현재 약 200여 농가가 유기농사에 참여하여 논과 밭 각각 20여만 평의 친환경 농사를 지으면서 도시 소비자와 유기농 직거래를 할 정도로 성장했다.

송악교회는 도시와 농촌의 상생을 위해 다양한 농도교류 프로그램에 특별히 관심을 기울인다. 구체적으로 테마체험(5월 자운영축제, 정월대보름 다리미축제), 농촌체험(텃밭가꾸기, 고구마캐기 등), 생태체험(야생화 관찰, 꿀벌체험, 송악저수지 철새탐사 등), 먹거리체험(시골밥상차리기, 두부만들기 등)을 계절에 따라 진행하고 있다. 그 외에도 인근의 역사 문화자원인 온양민속박물관, 세계꽃식물원, 이순신축제, 짚풀문화제, 현충사, 송악저수지 등을 활용한 각종 문화 프로그램도 운영하고 있다.

송악교회는 친환경 농사를 교육하고 보급하기 위해 친환경농업 체험관도 운영하고 있는데, 이곳에 매년 약 80개 팀 정도가 현장을 방문하고 교육에 참여하고 있다. 그리고 생태적 감성교육과 생태교육의 중요성을 인식하여 '송악골 어린이집'(1991)을 운영하면서 생태유아교육의 모델을 만들어 가고 있다. 한편, 마을공동체의 경제적 자립을 위해 유기농가공 생산영농법인인 '겨레벌꿀영농조합'(2005년)과 유기농 콩나물을 생산하는 '송악골영농조합법인'(2006년)을 각각 설립하여 한살림과 생협에 납품하고 있다. 또한 지역 내 먹거리운동(로컬푸드운동)인 '꾸러미'(10가구 단위)를 통해 유기농산물을 지역민과 학교급식 체계에 연결함으로써 유기농산물의 판매망 확보는 물론 지역 학생들의 건강 증진에도 기여하고 있다.

뿐만 아니라 지역 교육환경 개선에도 일찍부터 관심한 송악교회는 지역아동센터인 '반딧불이교실'(2005)을 열어 저소득층 어린이들을 위한 방과후교실을 진행하고 있다. 작은학교살리기운동 차원에서 폐교 위기에 있던 거산초등학교를 되살리기 위해 지역민과 협력한 결과 2001년 30여명의 재학생에서 현재는 100여명의 재학생으로 늘어나게 되면서 정식 초등학교로 승격하는데 도움을 주었다. 교회 목사를 비롯해서 교인들이 학교의 생태교육이나 문화교육에 적극 참여하여 교육 봉사를 하고 있다. 이처럼 지역 내 학교가 살아나면서 젊은층들이 유입되면서 자연스럽게 지역의 활기가 되살아나고 있다.

2. 복지공동체 운동

초고령화된 농촌 사회 현실을 고려할 때 농촌 교회가 우선적으로 관심해야 할 공동체 운동 모델은 복지공동체다. 천안 광덕교회, 강원도 원주 작은예수공동체, 경북 포항 구룡포 석병교회 등 복지공동체를 성공적으로 만들어가는 교회들이 많은데 그 가운데서도 원등교회는 주목할 만하다.[39]

원등교회는 전남 곡성군 삼기면 원등리의 200여 가구 약 500여명의 주민이 살아가는 전형적인 산간 농촌의 빈농 지역에 위치해 있다. 교회에 대한 지역사회의 인식조차 부정적이어서 선교 활동에 어려움이

---

39 원등교회 사례는 다음을 참고함: 양희두, "한국인의 효문화를 통한 농촌지역 선교방안: 전라북도 곡성군을 중심으로", 전주대선교신학대학원 석사학위논문, 1998; 동저자, "농촌목회의 대안으로서 복지선교" 강성열 편, 『농어촌 선교현장과 생명목회』, 143-158.

많았던 지역이다. 이런 문제의 해결책으로 양희두 목사는 소외된 독거노인들을 돌보며, 농사일로 바빠 방치된 아동의 보호 및 학습 지원을 통해 지역사회와 관계 개선에 목회적 관심을 기울였다.

양희두 목사의 목회 철학은 '요람에서 무덤까지' 구성원들을 책임지는 복지선교다. 그는 지역사회와 밀착하고, 지역사회와 소통하면서, 지역사회를 섬기는 목회를 추구한다. 이 같은 목회 철학은 예배의 갱신과 더불어 사회섬김(디아코니아)을 병행했던 종교개혁 신학의 깨달음을 통해 확고해졌다. 그에게 예배란 하나님과 소통하는 길이며, 사회봉사와 섬김은 사회와 소통하는 길이다. 그래서 주일학교 학생부터 장년에 이르기까지 사회봉사를 강조하며, 교회가 각종 사회봉사활동에 앞장서고 있다.

노인복지를 위해 1993년부터 거동이 불편한 독거노인 돌보기와 효도관광을 시작했다. 2001년에는 무료 경로식당을 열었고, 2003년에는 도시락 배달을 시작했다. 같은 해 노인대학을 열었고, 2005년에는 노인돌봄종합서비스를 위해 '원등주간보호센터'(곡성군 3호)를 설립했다. 이곳에서 노인들을 위한 물리치료, 건강 체크, 심리치료, 재활프로그램을 운영하고 있다. 2006년에는 노인 안부살피기 사업을 시작했고, 2010년부터는 노인요양 공동생활시설을 운영하고 있다.

한편, 원등교회는 아동복지를 위해 오래 전부터 청소년공부방을 운영했다. 2001년에는 면사무소와 협력하여 주민정보이용실을 교회 안에 설치하여 아동을 위한 컴퓨터 및 인터넷 교육을 실시했다. 마을문고(원등교회문고센터)를 만들어 학생들의 문화적 욕구를 채워주고 있다. 2003년에는 군 위탁으로 결식아동을 위한 도시락 배달을 시작했고, 2004년에는 지역아동센터(곡성군 3호)를 열어 학습 지원만 아니라 급식을 포함한 전인적 돌봄에 힘쓰고 있다. 현재 약 30여명의 아동이 이 곳에서 방과후학습과 활동을 하고 있다.

원등교회는 노인복지와 아동복지 사역을 효율적으로 수행하기 위해 '삼기문화복지관'을 설립했다. 약 40평의 복지센터에는 무료 경로식당과 주민정보 이용실이 있다. 이 같은 복지사역을 통해 교회에 대한 지역사회의 이미지가 개선되었고, 약 20여명의 교인들에게 정부 지원금으로 일자리를 제공하여 교인들의 경제생활에도 실제적 도움을 주고 있다.

3. 문화공동체 운동

농촌 사회의 열악한 문화복지 현실을 고려할 때 지역 교회가 관심을 가져야 할 공동체 운동 모델로 문화공동체를 생각할 수 있다. 충북 낭성면의 쌍샘자연교회, 전북 진안 봉곡교회, 강원도 화천 원천교회 등이 성공적으로 문화공동체를 만들어 가고 있는데, 그 가운데 보령 시온교회는 주목할 만하다.[40]

보령 시온교회는 충남 보령시 천북면 신죽리에 위치해 있으며, 교인들 대부분은 농업과 축산업에 종사하고 있다. 주변에 축산농가가 많기 때문에 악취와 하천 오염 같은 환경문제도 심각한 지역이다. 1993년 부임한 김영진 목사는 줄곧 문화사역을 통해 문화 불모지인 농촌을 섬기는데 목회적 관심을 기울였다. 그는 시온교회와 지역사회가 가지고 있는 자연자원이나 문화자원을 통해 농촌 사회의 문화를 발전시키고,

---

40 시온교회 사례는 다음을 참고함: 김영진, "들꽃마당 시온교회", 예장통합총회 농어촌부 편, 『생명을 살리는 농어촌선교 II』, 98-120; 동저자, "농촌과 문화선교", 강성열 편, 『농어촌선교현장과 생명목회』, 65-78.

이를 통해 교회의 재정 자립만 아니라 지역경제에도 도움을 주고 싶었다. 새로운 영농법 보급이 필요하다 느껴 부임 초기부터 주보를 통해 영농정보를 전하고, 정기적으로 영농교실을 운영하기도 하였다.

시온교회는 문화사역을 위해 오래 전부터 빔프로젝트를 구입하여 교회를 마을극장으로 활용하였다. 뿐만 아니라 음악교실과 문화여행을 통해 지역 학생들의 열악한 문화 수준을 높이는 데에도 관심했다. 영농교실을 열어 EM(유용미생물군)을 활용한 자연친화적 농사에도 힘썼다. 소규모 시골학교의 통폐합 문제를 해결하기 위해 교회가 나서서 스쿨버스를 운행해 폐교 위기에 있던 초등학교를 되살려 냈고, 낙동초등학교에서 시행되는 방과후학교 프로그램을 적극적으로 후원했다. 교회 안에 '들꽃마당 김도희도서관'을 열어 마을도서관 역할도 맡고 있다. 얼마 전에는 지역 교회 목회자들과 함께 신죽리 수목원을 조성하고 그 안에 작은 까페도 만들어 운영하고 있다.

한편, 해마다 봄이 되면 지역민과 도시인을 초청해서 교회 주변과 마을에 널려있는 들꽃과 야생초를 활용한 들꽃 정원을 조성하고 들꽃축제를 열고 있다. '새온미로 축제'(자연 그대로, 생김새 그대로)로 이름이 바뀐 들꽃축제 때에는 들꽃을 주제로 한 사진전도 함께 연다. 교인들만 즐기던 행사가 나중에는 지역단체의 후원과 참여가 잇따르면서 천 명 이상의 관광객이 찾는 지역의 유명 축제로 발전했다. 축제 기간 중 건강한 먹거리인 EM돼지고기, 쑥개떡, 봄나물 부침전 등 향토음식 시식 행사도 연다. 들꽃축제가 마을 전체의 축제로 자리 잡게 되면서 지역사회와 관계를 개선하고 교회에 대한 신뢰를 높일 수 있었다. 그 덕분에 시온교회가 추구하는 들꽃마당공동체 운동은 보령시의 '참 살기좋은 마을가꾸기사업'에 연속적으로 선정되었을 뿐만 아니라 농촌체험마을

('쌈지촌마을')로도 선정되었다. 그 외에도 지역 교회 목회자들과 '신죽리수목원네트워크'를 만들어서 사회적기업을 만들었다. 이곳에서 커피와 치즈 체험을 하고, 다육 식물이나 유기농 먹거리를 만들어 수익을 창출하고 있다.

4. 경제공동체 운동

농촌지역의 어려운 경제 상황과 더불어 점점 열악해지는 농촌 교회 재정 상황을 고려할 때 경제공동체 운동은 농촌지역 교회가 지속적으로 관심해야 할 중요한 공동체 운동이다. 전남 고흥의 매곡교회(전통에덴식품), 충남 예산의 광시송림교회(꿈포유), 경남 거제다대교회(한울타리공동체) 등 성공적으로 경제공동체를 만들어가고 있는 교회들이 많은데 그 가운데서도 옥천 창대교회는 주목할 가치가 있다.[41]

옥천 창대교회는 충북 옥천군 대천리 농촌 마을에 위치해 있다. 2001년 민수경 목사에 의해 설립된 창대교회는 2004년부터 장애인, 노숙자, 알콜중독자와 함께 생활하는 작은 생활공동체 교회다. 목회와 농사를 겸하던 민수경 목사는 함께 생활하는 소외된 구성원들에게 맛있는 떡을 마음껏 먹게 하고 싶은 마음에 떡방앗간을 시작하게 되었다. 그런데 떡 맛이 알려져 찾는 사람이 많아지면서 자연스럽게 마을기업으로 발전하게 되었다.[42]

---

41 옥천 창대교회 사례는 현장 탐방과 담당목사인 민수경 목사와의 인터뷰에 기초해서 작성했다.
42 마을기업이란 지역주민이 주도적으로 지역의 각종 특화자원(향토, 관광, 문화, 자연 자원 등)을 활용하여 안정적인 소득 및 일자리를 창출하는 마을단위의 기업을 가리킨다. 사업 내용에 따라 지역자원활용형, 친환경녹색에너지형, 생활지원분리형으로 나눌 수 있다. 정부는 2011년에 500개, 2012년에 700개, 2013년에 1,000개의 마을기업을 발

'창대떡방앗간'은 저소득층 및 장애인 7-8명을 고용해서 수십 종의 친환경 건강 떡을 제조하고 판매하는 마을기업이다. 시간이 지나면서 건강 떡 외에도 옥천지역에서 생산되는 농산물을 활용한 과일즙과 참기름 등을 매장이나 온라인을 통해 판매한다. 특히, 도청의 적극적 지원을 받아 도내 각종 마을축제에 부스 설치를 허락받아 떡을 판매한다. 맛있는 콩나물밥을 만들기 위해 민수경 목사 자신이 전주의 유명 한식 연구가의 지도를 받기도 했다. 창대떡방앗간은 2011년에 인근 옥천읍의 삼양초등학교 정문 맞은편에 떡볶이, 튀김, 오뎅을 파는 '짱가분식집'을 열기도 했다. 짱가분식집은 초등학교 어린이를 위한 건강 먹거리의 제공만 아니라 분식집 운영을 통해 수입원을 넓혀 안정적인 소득을 목적으로 생각해낸 사업이었다.

창대방앗간은 한 때 1억 원 이상의 소득을 올려서 고용된 저소득층 및 장애인에게 개인당 월 40-60만원 보수를 지급함으로써 구성원의 안정적 소득원을 창출할 수 있었다. 그리고 마을기업의 정신에 따라 나눔과기쁨재단 옥천지부를 결성하여 지역 내 소외계층에게 떡을 나누고 각종 봉사활동을 함으로써 지역사회 안에 좋은 이미지를 구축하여 선교 활동에 긍정적 효과를 얻었다. 그 덕분에 행정안전부가 2011년 지원했던 전국 559개의 마을기업 가운데 발전 가능성과 수익성이 높은 우수마을기업으로도 선정되었다.[43]

굴하고 지원하였다.
43 이 덕에 '창대떡방앗간'은 5천만 원의 정부 지원금 외에도 2천만 원의 인센티브를 충북도로부터 지원받았다.

5. 다문화공동체 운동

최근 다문화가정이 급속히 늘고 있는 농촌지역 현실을 고려할 때 농촌 교회가 관심해야 할 목회 방향은 다문화공동체 운동에 있다. 전남 완도성광교회나 거제도 다대교회 등 성공적으로 다문화공동체를 형성해 가고 있는데, 그 가운데서도 경북 상주교회 다문화공동체를 주목할 만하다.[44]

상주교회가 위치해 있는 경북 상주시는 전형적인 농촌에 가까운 작은 도시다. 2002년 부임한 곽희주 목사는 상주교회가 지역과 함께 성장하고 지역을 섬기는 교회를 꿈꾸었다. 그는 상주시 인근에 약 500명의 결혼이주여성들이 거주하고, 최근 상주에서 출산하는 가정의 80%가 다문화가정이라는 통계를 보면서 상주교회가 우선적으로 섬겨야 할 대상으로 다문화가정을 생각해냈다. 상주교회는 다문화가정을 위한 한글학교를 열었고, 예배 설교와 교회교육을 통해 다문화 교육의 중요성을 강조했다. 결혼이주여성을 위해 곽희주 목사는 주일 설교 문안을 미리 나눠주거나 영상 설교를 시도했으며, 다문화가족 헌신예배와 다문화가정 담당 사역자를 임명했다. 2009년에는 '다문화가족 자원봉사단'을 조직했고, 다문화가정 교인들이 중심이 되어 교회학교나 지역학교에서 외국어 교육 봉사활동도 진행하고 있다.

상주교회는 2006년 '상주외국인학교'를 개설하여 한글교육만 아니라 요리실습, 한국문화 체험, 소풍, 직업교육(미용, 비즈공예) 등 다양한 교육프로그램을 운영하고 있다. 이주여성이 이곳에서 교육을 받는 동

---

[44] 상주교회 사례는 다음을 참고함: 곽희주, "공동체 형성을 통한 다문화가족을 세우는 목회사역에 관한 연구" 장로회신학대학 박사학위논문(2010); 동저자, "다문화가정, 지자체 협력의 새로운 장(場)", 「목회와신학」 (2009/1), 137-139.

안 동반자인 남편들을 위한 교육과정도 개설했다. 한국인 남편 교육과 이주여성의 한글교육이 끝나면 가족이 공동식사를 하면서 친교와 한국 요리 실습을 겸했다. 한글학교가 종강할 때면 각 국가의 고유 음식으로 음식 축제를 열고, 교회 버스를 이용해 여행을 가고, 정기적으로 여는 바자회 수익금으로 다문화가정을 도와주기도 했다.

이런 활동에 힘입어 상주교회는 2008년 보건복지가족부의 위탁으로 '상주시 다문화가족지원센터'를 운영할 수 있게 되었다. 국가의 재정 지원으로 약 40여명의 직원과 사회복지사가 다양한 프로그램을 운영 중에 있다. 현재 1-5단계의 한글교육에 60-80명이 참가하고 있으며, 30여 명의 자원봉사자와 방문지도 교사들이 다문화가정을 직접 방문하여 교육하고 있다. 형편상 다문화가족지원센터로 올 수 없는 사람들을 위해 면 단위로 모임 장소를 마련하고 교사를 파송해서 한글교육과 요리실습을 한다. 센터에서는 한글교육만 아니라 다문화사회 이해를 위한 다양한 교육 프로그램(법률 및 인권 교육, 결혼과 가족 이해, 한국 사회 이해 교육, 다문화사회 교육)과 각종 상담 프로그램을 제공하고 있다.

2010년에는 결혼이주여성 10여 명이 행정안전부의 자립형 공동체 지원사업에 선정되어 다문화 음식점인 '행복하우스'를 오픈했다. 이 다문화 음식점을 통해 이주여성들의 일자리를 창출함으로써 소득 향상을 이루고, 결혼이주여성들이 만날 수 있는 공간을 제공하며, 지역사회에서 다문화가정에 대한 인식을 개선하는데 도움을 주고 있다. 얼마 전에는 '행복카페'와 '행복샵'까지 열어서 다문화가정의 소득원을 다양화하고 있다. 이런 노력의 결과 상주교회는 지역사회가 다문화공동체로 발전해가는 데 중심적인 역할을 하는 교회로 인정받고 있다.

V. 농촌공동체 운동 활성화를 위한 농촌 교회의 신학적·실천적 과제

1. 농촌 교회론과 농촌 목회론

농촌 교회는 도시 교회와는 전혀 다른 지역적·인구학적 특징을 지니고 있기 때문에 목회자는 도시 교회와는 다른 교회관과 목회관을 가져야 한다. 그럼에도 불구하고 농촌 교회의 목회자들 가운데에는 뚜렷한 농촌 교회관이나 목회관을 갖지 못해 방황과 실패를 반복하는 사람들이 적지 않다.

첫째, 농촌 교회는 '지역 밀착형 교회'(local church)를 추구해야 한다. 지금처럼 이농과 탈농촌으로 지역민이 줄어들고, 지역 경제가 악화되고, 문화적 소외가 계속되면 농촌 사회는 해체되고 말 것이다. 그럴 경우 어쩔 수 없이 농촌 교회도 생존이 어렵게 될 것이다. 농촌 사회와 운명공동체인 농촌 교회는 반드시 지역과 함께 성장하는 교회를 지향해야 한다.

둘째, 농촌 교회는 촌락을 중심으로 이루어진 환경 조건에 맞는 '공동체적 교회'를 추구해야 한다. 산업화와 도시화가 진행되면서 전통적 촌락공동체는 와해되었고, 귀농인과 다문화가정이 증가하면서 사회 문화적 갈등과 혼란을 겪고 있다. 농촌 교회는 이 같은 해체와 갈등 속에 있는 농촌 사회를 하나의 공동체로 통합하고 재건하는 공동체적 교회를 지향해야 한다.

셋째, 농촌 마을공동체 운동의 핵심적 성공 요소는 목회자 자신이다. 농촌 교회 목회자는 마을공동체 운동에 대한 소명과 철학 그리고 교인과 지역민들로부터의 인격적 신뢰를 받아야 한다. 농촌 목회를 도시 교회로 가기 위한 징검다리로 삼지 않고 그곳을 평생의 목회지로 삼는 '정주 목회'(정착 목회) 태도가 요청된다.[45] 정주 목회자로서 농촌 교회 목사는 비록 직업 농사꾼이 될 필요는 없으나 농촌 문화나 농사에 대한 기본적인 지식 정도는 지녀야 한다. 그런데 마을공동체 운동으로서의 목회는 전통적 교회관과 갈등을 일으킬 수 있다. 따라서 전통적 목사상과 목회관에 길들여져 있는 교인들을 설득하고, 고정관념을 바꾸며, 마을공동체 운동에 적극적으로 참여하게 만드는 일은 목회자가 신념을 가지고 지속적으로 힘써야 할 과제다.

2. 생태신학과 생명목회

오늘날 생명을 낳고 기르는 땅(대지)이 오염되고 파괴되면서 거기에 의존하여 살아가는 인간과 자연 생물들이 심각한 생존 위기에 놓여 있다. 화학비료와 농약, 비닐을 주로 하는 관행 농법으로 말미암아 농민들은 물론 오염된 농산물을 먹고 살아가는 도시인들 역시 건강을 위협받고 있다.

지구적 생태 위기를 맞아 농촌 교회 신학과 목회는 인간과 자연 그리고 도시와 농촌의 생태학적 연관성을 고려하는 생명 중심의 신학과 목회를 추구해야 한다. 농촌 교회는 환경 위기를 맞고 있는 인류와 자연 생태계를 함께 살리는 '생명의 파수꾼'이 되고, 생명을 가꾸고 돌봄으로써 풍성한 생명을 누릴 수 있게 하는 '생명문화의 창조자'로 부름 받았다. 이를 구체화하기 위해 농촌 교회는 생태적으로 지속가능한 생활방

---

[45] 이정배, "'꿈의 사람' 이호운의 목원신학", 「농촌과 목회」 34(2007), 219.

식을 실천하고, 교인들은 환경보전형 생명 농법(자연 농법, 유기농법)을 추구해야 한다.46 그렇게 함으로써 농촌 교회는 인간과 자연이 조화를 이루고, 평화스럽게 살아가는 샬롬의 세계를 이 땅에서 선취할 수 있게 된다.

농촌 교회가 지향해야 할 생명목회란 우주를 창조하시고 구원하시는 창조주 하나님에 대한 신앙고백에 기초하여 교회의 생태학적 책임을 자각하고, 인간과 자연 사이의 평화를 실현하는 일이다. 농촌 교회는 선포(케리그마), 교육(디다케), 친교(코이노니아) 그리고 봉사(디아코니아)라는 네 가지 차원의 목회사역에서 생명목회의 이념을 구체화 할 수 있어야 한다.47 예배와 설교를 통해 창조의 의미와 중요성을 선포하고, 성례전에서 말하는 물질적인 것과 영적인 것을 통일하는 통전적 세계관의 의미를 강조해야 한다. 지속적인 생태교육을 위해 내용면에서는 구원(론)과 더불어 창조(론)도 강조하고, 방법 면에서는 이론과 더불어 현장 중심의 실천을 강조해야 한다. 친교 사역으로 생명밥상운동(제철 음식, 쓰레기 제로, 유기농음식 상 차리기)을 실천해야 한다. 마지막으로, 농촌 교회는 농촌 사회의 환경문제를 개선하고, 관행 농법에서 유기농법으로 전환하는 일에 앞장서야 한다.

아산 송악교회의 생태공동체 사례는 환경 위기를 극복하려는 실천일 뿐만 아니라 마을과 교회가 함께 상생할 수 있는 가능성을 제시해 준다는 점에서 의미가 크다. 오늘날 생태 위기가 소비사회의 무분별한 소비 행태와 관련되어 있음을 고려할 때 가나안복민운동에서 강조한 검

---

46 우리나라 기독교 생명농업운동에 대한 간략한 역사는 다음을 참고하라. 한경호, "한국기독교생명농업운동의 전개와 과정",「농촌과 목회」28(2005), 35-62.
47 조용훈, "생명위기와 환경선교", 참된평화를만드는사람들 편,『신자유주의 시대, 평화와 생명선교』(서울: 동연, 2009), 178-181.

소한 생활방식도 주목해야 한다. 김용기는 치약의 양(3mm)에서부터 비누칠의 횟수(2-3회)까지 정해놓고, 음식은 맛 중심이 아닌 영양 중심으로, 육식 대신 채식, 소박한 주택건축과 옷입기, 전기와 물 절약을 강조했다.

3. 땅의 신학과 노동의 신학

땅은 모든 생명체의 삶의 터전이다. 그래서 근대 이전까지 사람들은 땅(대지)을 생명을 낳고 기르는 '어머니'(earth mother)라는 메타포로 표현했다. 하지만 오늘날 사람들은 땅을 살아있는 유기체로 보는 대신에 경제적 수단으로만 인식한다. 도시인과 마찬가지로 농민들까지 나서서 수단 방법을 가리지 않고 돈벌이가 된다면 화학비료와 농약으로 땅을 착취하며, 재산 증식을 위한 투기의 대상으로 생각하기까지 한다. 경제적 관점에서 보면 농업은 경제성과 효율성이 떨어지는 산업(agribusiness)일 뿐이지만 생태학적 관점과 사회 문화적 관점에서 보면 매우 중요한 가치들을 지니고 있다.

첫째, 성서는 땅을 경작해야 할 '농토'로 이해한다. 땅은 씨를 뿌리는 밭이요, 돌보아야 할 포도원이며, 수확할 산물이다. 땅은 그것을 돌보는 사람에게 생명과 양식을 제공하는 농토다.[48] 신학적으로 '젖과 꿀이 흐르는 가나안'으로 묘사된 땅은 하나님의 언약(기업/유업, 레위기 20:24)이며 축복이다. 땅은 근본적으로 하나님의 소유요(레위기 25:23), 하나님의 선물(신명기 1:8; 4:1 등)이다. 둘째, 성서는 땅을 공동체적 관점에서 이해한다.[49] 구약성서에서 땅은 한 가장 아래 몇 세대가 모여 구성한

---

48 노만 C. 하벨, 정진원 역, 『땅의 신학』 (서울: 한국신학연구소, 2001), 126.

가족 단위로 분배된 '기업'(여호수아 14-19장)으로서 함부로 팔거나 빼앗아서는 안 될 대상이었다(열왕기상 21장). 셋째, 성서에서 땅은 생태학적 관점에서 이해되기도 했다. 안식일 계명이나 안식년과 희년 제도는 땅도 사람이나 짐승과 마찬가지로 안식의 권리가 있음을 말한다(레위기 25장). 넷째, 성서에서 땅은 경제적 평등과 관련된 핵심적인 요소로서 면제년 규정을 실천할 때 가난한 사람이 없는 이상적인 공동체를 실현하며 복을 받게 된다(신명기 15:1-11).[50]

한편, 우리 사회에서 농촌은 문화와 윤리(가치관) 그리고 종교의 모태였다. '농업'(agriculture)이라는 단어에서 볼 수 있듯이, '농사짓는 일'과 '문화'는 상호 밀접히 관련된다. 게다가 땅이 지닌 생태학적 가치나 건강상의 중요성, 자연경관이 주는 심미적 가치 그리고 식량 안보라는 공익적 가치도 점점 커가고 있다. 특히, 신앙적 관점에서 농사짓는 일은 온유함이나 인내, 소망 같은 신앙적 가치들을 길러주는 영성교육에 도움을 준다.[51] 도시생활과 달리 농촌에서는 땀 흘려 노동하고, 무엇인가를 생산하며, 나이 든 노인이라 하더라도 논밭에서 일을 하며 성실하게 살아가기 마련이다.

가나안복민운동의 김용기는 농업을 택한 이유로 다섯 가지를 들었다.[52] 첫째, 농토 자원은 연구나 이용에 있어서 공업이나 상업보다 풍부하다. 둘째, 인간 노동이 농업에서 가장 자연스럽다. 셋째, 공업이나 상업과 달리 농업은 인간을 구속하지 않는다. 넷째, 농토는 인간의 수고

---

49 토지사유제의 문제(지대증가)를 인식하고 땅에 대한 공공적 관점(토지가치공유제)을 주창한 학자는 헨리 조지(1839-1897)로 그의 책『진보와 빈곤』(1879)은 유명하다. 우리나라에서는 예수원의 대천덕 신부를 통해 그의 이론이 소개되고 알려졌다.
50 김선종, "면제년의 땅(신 15:1-11)",「장신논단」44/1(2012), 13-32.
51 한경호, "대안(생명)농업의 성서적 기초",「농촌과 목회」21(2004), 215-227.
52 가나안복민연구소 편,『가나안복민운동』, 164-166.

에 대해 직접적인 복을 주며, 대립 경쟁관계와 무관하다. 다섯째, 화폐 취득을 목적으로 하는 상공업과 달리 농업은 자급자족을 원칙으로 안정적인 생활을 가능케 한다. 그 외에도 그가 농업을 중시한 데는 신앙적, 가정적, 국가적 중요성 때문이었다. 그의 농촌과 농사에 대한 신념은 '농촌의 나'라는 노랫말에도 잘 나타나 있다.53

한편, 기독교 노동윤리는 땀 흘려 일하는 노동을 신성시하며 축복으로 생각한다. 에덴동산에서부터 노동은 인간 삶의 자연스러운 일부였다. '일하시는 하나님'(창세기 1:1-2:4)은 초목도 채소도 나지 않았던 땅을 갈아 풍요롭게 하도록 사람을 지었다(창세기 2:5, 15). 노동은 하나님의 창조사역을 이어가는 '문화 명령'(창세기 1:26-28)의 핵심으로서, 인간은 노동을 통해 하나님을 만나며 사회에 기여하게 된다. 그런 배경에서 우리는 농부를 하나님의 창조 동역자라 할 수 있다.

바울은 일하기 싫어하는 자는 먹지도 말라고 했다(데살로니가전서 3:10). 성 베네딕트가 '기도하며 노동하라'(*ora et labora*)고 한 이후 노동은 수도사 생활의 중요 부분이었다. 루터는 모든 직업을 소명(Beruf)과 천직이라 했으며, 칼빈은 직업윤리를 통해 신자들이 구원을 확증할 수 있다고 했다.

가나안복민운동의 김용기는 '한 손에 성경, 다른 한 손에 호미'라는 구호 아래 새벽 예배가 끝나면 논밭에 나가고 해가 지면 달을 보며 집으

---

53 "1절. 도시사람 날부러워 아니한데도/ 나도또한 도시사람 부러워않네/ 농사짓고 양심생활 진실케사니/ 벼슬할일 온갖향락 부럽지 않네. 2절. 도시사는 친구들이 천대하여도/ 농촌친구 서로사랑 만족이로다/ 도시생활 이모저모 위협받아도/ 농촌생활 마음놓고 살수가 있네. 3절. 험한세월 닥쳐와서 요란하여도/ 안전토대 농촌만은 겁낼것없네/ 농촌살이 괴롭다고 낙심치마오/ 인생살이 근본됨이 농업이라오. 4절. 금수강산 내동포여 농촌사랑해/ 조국이여 안심하라 농업국이니/ 조물주가 명령하신 농업을하오/ 예수믿고 농사지면 천당가리라." 위의 글, 166.

로 돌아오는 삶을 강조했다. 그는 '음식 한 끼에 네 시간 노동(하루 12시간 노동)'을 실천했다. 에덴향 공동체에서는 노동의 강도에 따라 식사량을 달리 했다는 일화도 있다. 중노동자의 밥그릇을 수북하게 담고, 경노동자에게는 평평하게 담고, 정신노동자에게는 모자르게 배급했다고도 한다.54

이런 관점에서 볼 때, 비록 신체가 불편하고 도움을 받아야 하는 장애인들이지만 떡방앗간을 만들어 경제적 자활과 자립의 의지를 보이며 신앙공동체를 이루어가는 옥천 창대교회의 사례는 주목할 가치가 있다. 노동은 지역공동체로 하여금 경제적 자립을 가능케 하는 근본 요소이기 때문이다.

4. 사회복지 신학과 목회

오늘날 농촌은 경제적으로 가난하고 사회 문화적으로 소외되어 있다.55 그런데 농촌의 가난과 소외는 농민 자신의 책임으로만 돌릴 수 없는 사회 구조적 문제다. 농민들의 희생과 고통은 근대화 과정만 아니라 최근의 신자유주의 시장경제 체제 아래 더욱 심각해지고 있다.

구약성서는 가난한 농민에 대한 하나님의 특별한 관심을 보여주고 있다.56 첫째, 가난한 이웃을 위해 추수 때 밭모퉁이까지 다 거두지 말며, 미처 거두지 못한 이삭을 줍지 말고, 포도나무 열매의 일부를 남겨두

---

54 위의 글, 28.
55 한 예로써, 한국교육과정평가원의 2013년 조사보고서에 따르면 군·읍·면 지역의 거주 학생들 가운데 토요일 돌봄을 받지 못하는 학생이 34%로 대도시의 2배에 해당하는 수치라고 한다. "놀토, 방치되는 시골학생이 많다", 「국민일보」(2013년 1월 24일).
56 강성열, "구약성경의 눈으로 보는 도시 교회와 농어촌교회", 강성열 편, 『농어촌 선교현장과 생명목회』, 208-210.

도록 했다(레위기 19:9-10; 23:22; 신명기 24:19-22). 둘째, 안식년과 희년에 땅을 묵혀두는 동안 자연스럽게 나는 곡물들은 땅을 소유한 주인이 아니라 나그네와 고아, 과부 같은 가난한 사람들의 차지였다(출애굽기 23:10-11; 레위기 25:6-7). 셋째, 경제적인 어려움에 처한 농민들에게 넉넉하게 꾸어주고 이자를 받지 말라고 했다(신명기 15:7-11; 23:19-20; 레위기25:36-37). 넷째, 매 삼년 째 드리는 십일조를 중앙성소가 아니라 거주지 성읍의 레위인, 고아, 나그네, 과부에게 나누었다(신명기 14:28-29).

예수께서는 농촌지역 갈릴리를 주요 무대로 활동하시면서 가난한 사람들에게 복음을 전했다. 복음을 전하실 뿐만 아니라 병든 자를 치유하시고 배고픈 자를 먹이셨다. 예수님에게 증언(witness)과 섬김(service)은 복음사역의 두 축이었다. 한국교회 역시 선교 초기부터 농촌지역의 소외되고 가난한 사람에게 관심했다. 농촌 교회가 지역의 가난한 사람들을 섬기는 디아코니아적 교회가 될 때, 참다운 의미의 지역교회로 자리매김할 수 있을 것이다. 그런데 복지는 돈만으로 할 수 있는 일이 아니다. 수많은 자원봉사자의 헌신이 필요하다. 특히 오늘날처럼 지자체의 복지 재정도 제한되어 있고, 복지 수혜자의 수가 많은 상황에서 농촌 교회와 자원봉사는 중요한 요소가 된다. 비록 경제적으로 어려운 농촌 교회라 하더라도 더 어려운 사람들을 위해 복지목회를 펼치는 곡성 원등교회의 복지목회는 주목할 가치가 있다.

5. 다문화 신학과 목회

지구화가 진행되고, 교통과 통신 기술이 발전하면서 세계는 점점 더 다문화사회로 바뀌어가고 있다. 우리나라도 예외가 아니어서 국내 거주 외국인 숫자가 어느덧 200만 명을 바라보게 되었다. 다문화가정 숫자가 30만 가정에 이르는 가운데 최근 농촌지역에서 결혼하는 남성의 40%가 외국인 여성과 결혼하고 있다. 그런데 다문화가정 대부분이 농촌 사회의 구조적 문제인 경제적 가난 외에도 사회 문화적 소외와 차별 속에서 고통을 당하고 있다. 결혼이주여성들이 가사일이나 자녀 양육 외에도 농사일과 저임금 노동시장으로 내몰리며, 의사소통의 부족과 왜곡으로 인한 시댁과의 갈등, 남편에 의한 폭력과 학대로 말미암아 이혼 건수가 점점 늘어나고 있다.57 더 큰 문제는 다문화가정 자녀의 가난이 대물림되고, 피부색이나 외모가 다르다는 이유로 받는 집단따돌림 현상은 심각한 인권문제가 되고 있다.58 이제 다문화목회는 농촌 교회의 피할 수 없는 중요한 목회적 과제가 되고 있다.

구약성서는 고아나 과부와 더불어 대표적 사회적 약자 계층에 속하는 나그네에 대한 학대나 차별을 엄격히 금지할 뿐만 아니라 동등하게 대우할 것을 강조한다(레위기 19:33-34; 신명기 10:19). 특히, 룻기에는 이주민에 대한 배려와 돌봄의 정신이 잘 나타나 있다. 시어머니 나오미는 물론 마을사람들 그리고 보아스는 하나님께서 이스라엘 백성에게 보여주신 무조건적인 사랑(헤세드)을 실천했다. 한편, 예수님은 자신을 나그네와 동일시하시며 그들을 대접할 것을 강조했다(마태복음 25:43). 사도들도 자신의 정체성이 나그네임을 말하면서(베드로전서 2:5-11)

---

57 2010년 여성가족부 실태조사 따르면 결혼이민여성의 47.3%가 가정폭력을 경험했다고 한다. 참고: "결혼이혼여성 초은씨", 「국민일보」 (2013년 1월 24일).
58 교육인적자원부의 2007년 통계를 보면, 다문화가정 초등학생 자녀 가운데 10명 중 2명 정도가 학교에서 집단따돌림을 경험했다고 한다. 이는 일반 초등학생이 집단따돌림을 경험하는 비율인 13.4%의 두 배나 되는 수치다. 권수영, "다문화사회를 위한 기독(목회)상담", 「한국기독교신학논총」 67(2010), 309.

손님 대접을 신자들의 중요한 덕목으로 제시했다(로마서 12:13).

다문화목회에 관심하는 농촌 교회는 다문화가정을 위한 프로그램만 아니라 지역 교회 교인과 지역사회 구성원에 대한 다문화사회 가치의 함양과 다문화 이해 교육에도 힘써야 한다. 다문화사회에 필요한 가치는 공생, 관용, 배려와 돌봄, 환대이며, 다문화 교육의 방향은 다중적 정체성을 형성하는 데 있다.[59] 농촌 교회의 다문화 사역은 소외계층을 섬기는 일이기도 하지만 효과적인 해외선교 수단이기도 하다. 해외선교사를 파송하는 경우 적지 않은 예산이 필요하지만 국내 다문화가정 선교는 이 같은 문제들을 해결하고 선교적 효율성을 높이는데 도움이 된다. 이런 점에서 다문화사역의 성공적 사례로 소개된 상주교회(곽희주 목사)의 다문화 사역은 사회복지 차원에서만 아니라 선교학적으로도 그 의미와 중요성이 매우 크다.

6. 구체적 실천 전략들

농촌 교회가 지역과 함께 성장하는 교회가 되기 위해서는 마을공동체를 형성하는 과정에서 만나는 여러 가지 현실적 문제들을 해결할 수 있는 역량을 갖추어야 한다. 아래에서 우리는 지역사회의 현실과 필요 파악, 목회적 비전과 실천 의지, 자원 및 역량의 발굴을 통한 리더십 그리고 네트워킹 능력을 중요하게 다룰 것이다.

첫째, 지역공동체 운동에 대한 목회자의 뚜렷한 목회적 비전과 실천 의지가 있어야 한다. 송악교회 이종명 목사가 교회 안에 '농민선교위원

---

[59] 조용훈, "다문화사회에서 기독교의 윤리적 과제", 「기독교사회윤리」 22(2011), 303-340.

회'를 조직하여 유기농업에 대한 새로운 정보를 주보에 연재한 것, 원등교회 양희두 목사가 삼기문화복지관을 설립한 것, 시온교회 김영진 목사가 마을의 들꽃과 야생화를 이용하여 들꽃축제를 개최하고 작은도서관을 설립한 것, 창대교회 민수경 목사가 마을기업을 운영한 것, 상주교회 곽희주 목사가 교회 내에 다문화가정 사역자를 현지인으로 임명한 것 등은 지역공동체 운동에 대한 목회적 비전과 일관된 실천 의지를 잘 보여주는 사례들이다.

둘째, 지역사회의 현실적 필요나 해결해야 할 이슈가 무엇인지 파악해야 한다. 송악교회의 생태공동체, 원등교회의 복지공동체, 창대교회의 경제공동체, 시온교회의 문화공동체 그리고 상주교회의 다문화공동체 사역은 교회가 처해있는 지역사회의 현실적 필요에 대한 면밀한 분석에서 나온 합리적 결과였다. 다른 교회에서 성공한 모델이라고 하여 무조건 적용하려 할 때에는 실패할 가능성이 높다. 각 지역 교회는 그 지역의 필요와 현실에 맞는 특성화된 형태의 공동체를 모색해야 한다.

셋째, 지역 교회나 지역사회의 자원과 역량의 발굴을 통한 리더십 형성도 필요하다. 교인들의 참여와 역량강화를 위해 전통적인 교회 중심 신학이나 영혼 중심의 신앙관을 극복할 필요가 있다. 목회자는 교회가 지역사회 전체를 선교와 목회의 대상으로 삼을 수 있도록 교인들의 인식 전환과 의식화에 힘써야 한다. 지역공동체 형성에 성공한 대부분의 사례들은 공동체의 비전을 공유하는 운동지도자들 가운데 신자가 많았으며, 나머지 교인들도 지역공동체 운동에 적극적으로 참여하고, 협력하는 것을 보여준다.

마지막으로, 농촌 교회의 제한된 인적·물적 자원만으로는 지역공동체 운동에 성공하기 어렵기 때문에 지역사회 안에 있는 다양한 단체나 기관들과의 네트워킹이 필수적이다. 지방자치단체는 물론 지역 내 학교, 경찰서, 농업기술센터, 타종교 단체와 적극적인 대화와 협력이 필요하다. 송악교회가 영농법인을 만들고 지역학교와 협력한 일, 시온교회가 지역민과 함께 마을축제를 개최한 일, 원등교회가 군청으로부터 노인복지 사업을 위탁받은 일, 창대교회가 마을기업으로 선정된 일, 상주교회가 다문화가족지원센터를 위탁 운영하는 일들은 교회의 네트워킹 능력이 얼마나 중요한지 잘 보여주는 사례들이다. 특히, 지역 내 교회들 간의 협력과 연대는 마을공동체 형성에 중요한 요소다. 부활절이나 추수감사절 등 절기 연합 예배, 주일학교 학생들을 위한 연합 성경학교나 수련회를 비롯하여 다문화 사역, 노인복지 사역, 환경 감시 활동 등으로 점차 교회 간 협력 활동을 넓힐 수 있다.

그리고 농촌과 도시 사이의 교류는 농촌의 생산자와 도시의 소비자 사이의 교류 단절로 인해 생겨나는 문제들을 해결할 수 있는 효과적 전략이다. 과거 농도 교류 문제점으로 지역별 특성화와 차별화가 약한 점, 농민이나 도시민의 자발적인 참여 의지가 부족한 점, 도시인은 이용객이 되고 농민은 도시인의 봉사자로 전락한 점을 들 수 있다.[60] 이런 문제들을 해소하려면 목회 철학에 공감하는 농촌 교회와 도시 교회 사이의 신뢰에 기초한 농산물 직거래 외에도 농촌 봉사활동이나 귀농 지원 등 다양한 프로그램을 모색할 필요가 있다.

---

60 김종덕, 『먹을거리 위기와 로컬푸드』, 268-276.

VI. 결론

농촌은 과거 오랫동안 한국 사회와 한국교회의 모태였다. 하지만 근대화 과정을 거치고 최근에는 신자유주의 시장경제 체제 아래에 놓이면서 농촌 사회가 붕괴되면서 농촌 교회도 위기 상황에 놓이게 되었다. 농촌 교회가 살아나려면 농촌 사회가 살아나야 하고, 농촌 사회가 회복될 때라야 농촌 교회도 소망이 생긴다. 이처럼 농촌 사회와 농촌 교회는 운명공동체이기 때문에 농촌 교회는 목회적 관심을 전통적 교회 목회에서 마을공동체 목회로 바꾸어야 한다.

이 연구에서 우리는 현재 성공적으로 운영되고 있는 농촌 교회 마을공동체 운동을 다섯 가지 유형으로 나눈 후 각 유형의 대표적인 사례를 분석했다. 물론 농촌 지역 교회가 중심이 된 공동체 운동 사례들은 이 연구에서 제시된 것보다 더 많고 다양하다. 대표적 사례로 언급된 교회 외에도 모범적으로 공동체 운동을 이끄는 농촌 교회도 많다

이 논문에 소개된 성공한 사례들을 살펴보면, 농촌지역 공동체 운동에 있어서 목회자의 역할이 중요함을 확인할 수 있다. 농촌 교회 목회자의 리더십은 특히 공동체 운동의 초기 단계에서 결정적이지만 발전해 가면서 점차 공동체 구성원이 중심이 되는 새로운 형태의 리더십으로 바뀌어야 한다. 한편, 마을공동체의 형태나 방향을 어떻게 정하든 결국 농촌 교회가 위치한 지역의 특성과 교회 내부의 형편에 따라야 하기 때문에 모든 농촌지역, 모든 농촌 교회에 적용 가능한 보편적 마을공동체 운동 모델을 개발하는 일은 어려워 보인다.

5 장
지역 문화(local culture)운동과 교회

I. 서론

최근 들어 문화, 특히 '지역 문화'가 학문적으로나 사회적으로나 정치적으로 중요한 이슈가 되고 있는 이유는 여러 가지다.

첫째, 21세기는 지식과 정보가 중요한 자본이 되는 '지식기반의 시대'요, 문화가 경제를 포함하여 사회 전반을 지배하고 영향을 미치는 '문화의 시대'로 전망되고 있기 때문이다. 둘째, 문민정부의 등장과 경제성장의 결과 한국 사회의 관심사가 정치적 민주화로부터 시민들의 삶의 질이나 문화에 대한 관심으로 변화하고 있기 때문이다. 셋째, 주5일근무제가 정착되어 시민들의 여가시간이 늘면서 문화 창조의 가능성과 욕구가 늘어날 것으로 전망되고 있기 때문이다. 넷째, 지방자치제가 정착되면서 지역주민의 지역 문화에 대한 관심과 지역 문화의 상품화를 통한 지역경제 활성화에 대한 관심이 높아지고 있기 때문이다. 그래서 정부도 2001년을 '지역 문화의 해'로 정해서 지역 문화의 창조 및 지역간 문화 격차를 해소하기 위해 노력을 하고 있다.

지역 교회는 지역사회에 위치해 있으면서 지역사회를 섬기고 복음을 전하도록 부름받은 선교공동체다. 지역 교회는 지역사회와 지역 문화의 발전을 통해 하나님의 나라를 만들어 가도록 부름 받았다. 지역공동체의 구성원인 지역 교회는 지역민의 삶의 질을 높이는 지역공동체의 문화적 주체가 되어야 한다. 그럼에도 불구하고 그 동안 한국의 지역교회들은 지역사회나 지역주민의 삶에 대한 관심보다는 교회 성장에만 관심을 기울임으로써 지역사회와 지역주민들로부터 외면을 당하거나 심지어 비난을 자초했다.

1990년대 이전까지만 해도 한국교회의 사회적 관심은 주로 정치적 민주화나 경제적 정의 문제였다. 하지만 최근 우리 사회에서 문화의 중요성이 대두되면서, 문화 혹은 문화선교에 대한 교회의 관심이 강조되고 있다. 기독교계 안에서도 일찍부터 문화가 지닌 신학적 의미에 대해 탐구하는 문화신학이나, 한국의 전통문화가 지닌 신학적 의미를 연구하는 토착화신학 그리고 최근에는 문화교실 운영과 관련해서 문화선교신학에 대한 관심이 높아지고 있다. 하지만 그러한 학문적 관심들이 이 연구에서 관심하는 지역 문화와의 관련성 속에서 수행되지는 않았다.

이러한 문제 인식에서 출발하는 이 연구는 지역 문화 활성화를 위해 지역 교회가 자신을 어떻게 이해하고, 문화선교적 관점에서 어떤 역할을 할 수 있을지 탐구하는데 그 목적을 둔다. 이러한 목적에 도달하기 위해 지역 문화에 대한 신학적 이해를 기초로 하여 지역 교회의 문화선교적 과제를 탐색하는 순서로 논의를 진행할 것이다.

II. 지역 문화(local culture)란 무엇인가?

'문화'라는 개념만큼 규정하기 어려운 복합적이고 다의적인 개념도 없다. 흔히, 문화라고 하면 예술 활동을 떠올리지만 광의적 의미에서 문화는 인간의 일상적 생활방식 전체를 의미한다. 문화는 사람에 의해 만들어지면서도 동시에 사람의 행동과 사상에 영향을 주는 가치체계와 규범이다.

본래 모든 문화는 특수한 지역적 상황과 사회적 환경 그리고 역사적 배경에서 형성되는 토착적인 성격을 지닌다. 그런 의미에서 문화, 특히 지역 문화란 "일정 지역의 주민이 오랜 세월 속에서 서로 결합하여 생활하는 과정 속에서 이루어 놓은 특징적 생활양식"이라 할 수 있다.[1] 지역 문화는 지역적 특성과 자생력을 가지고 있으면서 지역주민의 의식을 지배하여 생활양식과 행동을 발전적 양태로 표출하도록 만든다.[2]

지역 문화를 논할 때 언급되는 '지역'이란 개념은 우리의 일상생활이 영위되는 공간으로서 사회, 경제, 정치가 전개되는 장(場)을 가리킨다. 따라서 지역을 단순한 지리적 공간으로 축소해서는 안 된다. 지역은 정치, 경제의 물질적 측면과 자연환경의 자연적 측면 그리고 문화의 상징적 측면을 포괄하는 개념이다.

지역 문화를 활성화하고 발전시킨다는 것은 지역의 정체성에 기초해서 모든 지역을 중심화하는 작업이라 할 수 있다.[3] 그것은 중앙 중심

---

* 이 글은 "지역 문화 활성화를 위한 지역 교회의 과제"라는 제목으로 「기독교사회윤리」 10(2005)에 실린 글을 수정하고 보완했다.
[1] 정인성, "지역 문화와 지방자치", 「지역사회개발연구」 20/2(1995), 7.
[2] 위의 글, 11.
[3] 문옥표, "지방자치와 지역 문화의 활성화", 「정신문화연구」 18/2(1995), 95.

의 세계관에서 탈피하여 자율적인 지역 중심의 문화를 창조함으로써 지역민이 문화적 주체가 되는 과정이다.

한편, 지역 문화라는 개념은 '지방 문화'라는 개념과 구별해야 한다. 일반적으로, 지방 문화라는 개념은 중앙의 문화인 서울 문화와 대비하여 하위 문화를 의미하는 차별적인 개념으로 사용된다. 그러나 문화에는 우열이 있을 수 없으므로 지방 문화라는 개념은 지역 문화라는 이름으로 대체되어야 한다. 중앙도 한 지역이고 지방도 한 지역이라고 할 수 있다.

한편, 지역 문화라는 개념은 '향토 문화'라는 개념과도 구별해야 한다. 향토 문화가 특정한 향토에서 자생하여 향토성을 가지는 문화로서 과거의 전통성을 강조한다면, 지역 문화란 향토성을 바탕으로 하되 전통에만 매달리지 않고 지속적으로 새롭게 창조되는 문화를 가리킨다.[4]

요약하면, 지역 문화란 지역주민의 일상 문화로서 향토성 및 전통성 그리고 지역의 주민 사이에서의 동질성에 기초하여 지역주민의 결집력을 강화시킴으로써 지역사회 발전의 원동력이 되는 문화를 일컫는다. 지역 문화는 지역주민에게 정체성과 자긍심의 토대를 제공한다. 지역 문화가 발전하게 되면 세계화로 인한 문화 제국주의의 위협 속에서도 민족문화의 주체성을 지켜낼 수 있을 뿐만 아니라 세계문화의 발전에 공헌할 수도 있다.

---

4 정인성, "지역 문화와 지방자치", 10.

III. 지역 문화 위기의 원인들

우리시대에 지역 문화의 발전을 위협하는 요소는 여러 가지다.

첫째, 신자유주의 시장경제 이념에 기초한 지구화의 진행이다. '지구화' 혹은 '세계화'는 우리시대의 피할 수 없는 하나의 현실이 되었다. 일반적으로 '지구화'란 정치·경제·문화가 하나의 지구적인 울타리 안으로 동질화되어지는 과정이며, 또한 분절된 영토에 기초한 국민국가의 경계가 허물어지면서 세계가 하나의 단위체로 통합되어가는 과정이라 할 수 있다.5 지구화 개념은 무엇보다도 경제적인 차원에서 가장 크게 실감할 수 있다. 경제행위에 있어서 국경의 한계를 넘어서 지구촌 전체가 단일 시장으로 바뀌고, 노동과 자본이 자유롭게 이동하면서 한 나라의 경제상황은 금방 다른 나라의 영향을 받게 된다.

지구화는 비록 경제 영역으로부터 시작되긴 했지만 문화적 영역으로 급속히 확대되고 있다. 위성방송이나 인터넷과 같은 새로운 정보매체의 등장은 문화적 차원에서 지구화를 가속화시키고 있다. 이들 뉴미디어들은 공간적 경계를 넘어 정보와 의미의 교류를 세계화시킴으로써, 이른바 '지구촌'(global village)을 만들어 가고 있다. 말하자면, 문화의 경계선이 허물어지면서 다양하고 이질적인 문화의 공시공존 현상이 나타나고 있다고 하겠다. 지구화시대에 문화는 한편으로는 보편화, 동질화, 획일화되어 가고, 다른 한편으로는 특수화, 이질화, 다양화되어 간다.6 말하자면, 문화에 관한한 지구화에 대해서는 문화제국주의적 시각과 문화다원주의적 시각이 병존한다고 하겠다.

---

5 조명래, "'지구화'의 의미와 본질", 「공간과 사회」 4(1994), 34-43.
6 공유식, "세계화와 한국문화", 김경원·임현진 공편, 『세계화의 도전과 한국의 대응』 (서울: 나남출판, 1995), 482.

일반적으로, 문화제국주의적 시각이 문화의 다원성과 주체성을 간과한다는 비판을 받기는 하지만, 현실적으로 더 설득력을 지니고 있어 보인다. 이는 문화 역시 경제나 정치적 힘의 영향 아래에 있기 때문이다. 임마누엘 월러스타인(I. Wallerstein)의 말대로 "문화란 언제나 힘을 가진 자의 것이었으며, 세계문화도 마찬가지이기" 때문이다.7 문화제국주의는 서구 이외의 문화들을 적대시하고 경멸한다. 유럽이나 미국의 문화만이 '문화'이고 나머지는 '민속'(民俗)으로, 유럽의 노래는 '음악'이고 기타 지역은 '민족 음악'으로, 유럽인의 신앙은 '종교'이고, 기타 지역의 신앙은 '미신'으로 평가절하 된다.8

심지어 민족문화라는 것도 관광 수입을 위해 점점 더 서구인의 입맛에 맞게 변질되고 있다. 세계 시장에서 돈을 벌기 위해 전통적인 문화나 토속적인 문화가 상품화의 압력을 받게 됨으로써 결국 문화의 탈역사화나 전통의 탈맥락화가 생겨난다.9 세계화를 주도하는 국가들의 문화적 가치와 상징이 그것을 수입하는 국가들의 문화적 가치와 상징을 흡수해 버릴지, 반대로 그렇게 수입된 문화적 가치와 상징이 민족문화나 지역 문화에 의해 소화되어 새로운 문화 발전의 원동력이 될 것인지는 결국 지역의 문화적 태도와 역량에 좌우될 것이다.

둘째, 급속한 도시화와 산업화도 지역 문화의 위협 요소가 된다. 한국의 전통문화는 농경사회를 배경으로 형성되고 발전했다. 하지만 1960년대 초 개발독재에 의한 근대화가 진행되면서 급격한 산업화와 도시화가 이루어졌다. 그 결과 농산촌의 전통적 촌락공동체가 해체됨과 동시에 지역 문화도 대부분 붕괴되었다. 도시화 과정에서 전통적 지

---

7 위의 글, 483 재인용.
8 울리히 두크로, 손규태 역, "역자서문" 『성서의 정치경제학』 (서울: 한울, 1997), 12.
9 박영은, "세계화의 지형변화와 문화적 갈등", 「정신문화연구」 18/3 (1995), 114.

역공동체는 급격한 인구 감소와 지역주민의 고령화로 인해 활력을 잃어 가고 있다. 이처럼 지역주민이 떠나고 지역공동체마저 붕괴된 상황에서 지역 문화의 발전을 기대할 수 없다. 그렇다고 해서 도시에 새롭게 형성된 지역공동체가 문화를 발전시키는 것도 아니다. 산업화와 도시화로 인해 새롭게 생성된 도시들 역시 높은 인구 이동성 및 계층의 이질성으로 인해 공동체 형성과 지역 문화 창조에 어려움을 겪고 있다.

셋째, 중앙집권적 정치와 경제 체제 역시 지역 문화 형성을 어렵게 만들고 있다. 우리나라의 정치와 경제 체제는 수백 년 동안 서울을 중심으로 강력한 중앙집권적 특징을 보이고 있다. 문화마저도 서울을 중심으로 발전한 결과 서울과 지방 사이에 커다란 문화적 격차가 생겨났고, 서울을 중심으로 한 문화적 획일주의가 생겨나고 말았다. 서울을 비롯한 수도권으로의 문화 집중은 문화 인프라의 현실만 보더라도 금방 알 수 있다. 대부분의 공연시설, 전시시설(박물관 및 미술관), 지역 문화 복지시설, 문화보급전수시설(문화원, 국악원, 전수회관 등)이 수도권에 집중되어 있다. 뿐만 아니라 문학 활동, 음악 활동, 미술 활동, 공연예술 활동도 수도권이 대부분을 차지하고 있다.[10] 그리고 문예진흥기금 조성액을 보더라도 수도권 지역이 전체의 66.7%를 차지하여, 나머지 33.3%를 놓고 전국의 지방 도시들이 나눠 갖는 형편이다.[11] 이러한 수도권으로의 문화집중으로 말미암아 지역 문화 대부분이 중앙문화의 '아류'(亞流)로 생각되고 있으며, 서울 문화의 모방에 급급한 현실이다.[12]

---

10 정인성, "지역 문화와 지방자치", 20-24.
11 김원자, 『지역 문화의 새지평: 이제 삶의 문화를 이야기하자』 (광주: 도서출판 다지리, 2002), 54.
12 문옥표, "지방자치와 지역 문화의 활성화", 94.

이런 상황에서 지역 문화를 활성화시키려면 우선 뿌리 깊은 중앙집권적 문화와 중앙 지향의 태도를 극복해야 한다. 달리 표현하면, 중앙에 대한 지방의 열등감을 극복하고, 지방 스스로가 중심이 될 수 있다는 주체의식과 자아존중감을 지녀야만 한다.

IV. 지방자치시대 지역 문화의 현실

1. 지방자치와 지역 문화

우리나라는 1995년 이래 지방자치제를 시행하고 있다. 일반적으로, 지방자치란 정치, 경제, 사회, 문화 영역에서의 지방 분권을 의미한다. 지방의 일을 지방민 스스로 주체가 되어 지역주민을 위해 처리하는 것이다. 지방자치 시대에 지역은 정치, 사회, 문화에 있어 새로운 중심이 되어 가고 있다. 이제 지역은 중앙 중심의 산업주의, 군사주의, 통제적 행정주의에 대항할 독자성과 정체성의 기반이며, 다양한 생활 양식을 실현할 수 있는 삶의 공간으로 새롭게 인식되고 있다.[13] 물론 지방자치제의 실시가 곧 지방의 민주화나 지방의 세계화를 보장하는 충분조건은 아니다. 1995년 지방자치가 시작된 이후 상당한 시간이 지났으나 아직도 지방은 중앙정부에 의존적이고, 문화는 중앙을 흉내 내고 있다.

지방자치가 성공하기 위해서는 지방의 자생적이고 자립적인 의사소통관계, 즉 지역 문화가 발전해야만 한다.[14] 지방자치는 지역 문화

---

13 윤형근, "새로운 지역 문화 운동", 정문길 외, 『삶의 정치. 통치에서 자치로』 (서울: 대화출판사, 1998), 227.
14 이각범, "세계화와 지방화: 그 이론적 연계", 「정신문화연구」 18/2(1995), 13.

발전을 추구해야 하며, 지역 문화는 지방자치가 발전할 때 비로소 활성화된다. 이처럼 지방자치와 지방 문화는 불가분리의 관계로서 상호보완적 역할을 한다고 볼 수 있다.

2. 지역 문화와 향토 축제

지역의 축제들은 지역주민이 함께 참여하여 만드는 공동체적 역량의 총화로서 '지역 문화의 꽃'으로 불린다. 지역의 향토 축제가 가져다주는 유익은 여럿이다. 경제적인 면에서 지역경제를 활성화시키며, 문화적인 면에서 문화에 대한 감상, 체험, 표출의 기회를 주며, 지역 홍보의 기회를 제공하고, 지역주민들로 하여금 자기 지역에 대해 애정을 갖게 만들며, 지역주민들의 화합과 삶의 질을 높이고, 나아가 지방 도시의 세계화에 공헌한다.[15]

우리나라에는 오래 전부터 강릉의 단오제, 충남 은산의 별신제, 경북 자인의 한장군제, 전북 남원의 춘향제 그리고 공주와 부여의 백제문화제, 밀양의 아랑제 등이 있었다. 그러다가 1960년대에는 속초의 설악제, 삼척의 죽서문화제, 영월의 단종문화제, 충주의 우륵문화제, 온양의 아산문화제, 여수의 진남제, 장흥의 보림문화제, 안동의 민속축제, 진해의 군항제, 제주의 한라문화제 등이 새롭게 생겨났다.[16]

지방자치단체들은 지역경제의 활성화와 지역민의 단합을 위해 다양한 축제들을 기획하여 지원하고 있다. 그래서 근래에 생긴 축제들 가

---

15 이흥재, "문화축제와 지형활성화", 정근식·이종범 편역, 『문화도시 만들기: 이론과 구상』 (서울: 경인문화사, 2001), 283-285.
16 서연호, "축제의 현실과 미래를 위한 모색", 가석 홍일식 선생 회갑기념논문집 편집위원회, 『21세기와 한국문화』 (서울: 나남출판사, 1996), 89-90.

운데에는 금산의 인삼축제, 충주의 세계무술축제, 이천의 도자기축제, 안동의 국제 탈춤 페스티발, 강화의 고인돌축제, 장성의 홍길동축제, 전주의 세계소리축제 등이 있다. 지역축제 숫자가 1980년대에는 123개에 불과했으나 1990년대에는 200개 이상으로 급격하게 증가하였으며, 지금은 1천여 개나 된다고 한다. 사정이 이렇다보니, 지역 축제가 지역주민의 화합을 통한 지역공동체의 창조나 지역경제 활성화라는 본래의 목적을 달성하지 못한 채 오히려 공동체를 해체시키고 지방자치단체의 재정 부담만 증가시킨다는 우려와 비판의 목소리도 커지고 있다.

3. 향토 축제의 문제점들

오늘날 전국 각 지역에서 열리고 있는 향토 축제들이 지닌 공통적 문제점은 여러 가지다.

첫째, 상업주의 경향이다. 본래 향토 축제란 공동체에 기초한 문화 행사로서 지역주민의 삶의 질을 높이고 지역공동체를 형성하는데 그 목적이 있다. 축제의 정신은 우주적인 질서의 인식과 인간의 속성으로부터 영성을 자각하는 것이며, 인간다운 삶을 위한 성스러운 인격과 가치관, 생산성을 회복하는 일이다.17 하지만 현재 진행되고 있는 상당수의 축제들은 이런 가치나 목적과는 상관없이 오로지 상업적 관심사만 강조되고 있다. 그러다 보니 경제성과 흥행성이 없는 프로그램이나 아이디어는 무시당하고 있다. 게다가 문화가 상품화되면서 소비 능력이 없는 저소득계층을 배제시키는 문제도 생기고 있다.

둘째, 몰개성적인 획일주의 경향이다. 향토 축제는 지역의 정서와

---

17 위의 글, 97.

전통 및 자연 환경을 반영하는 것이기에 당연히 지역적 특성과 개성을 드러내야 한다. 한 예로, 전남 진도의 영등제는 매년 봄에 갯벌이 드러나 바다가 갈라질 때 열리는데 그 지역의 지리적 특성과 문화가 잘 드러나고 있다. 그리고 안동의 정월 대보름날 부녀자들만 참여하는 놋다리밟기나 하회마을에 전승되었던 하회별신굿놀이처럼 지역의 전통과 원형을 잘 간직한 축제도 있다. 하지만 최근에 생겨난 지역 축제들 상당수는 그 지역의 전통과 개성을 고려하지 않은 천편일률적인 프로그램으로 진행되고 있다. 향토 축제의 내용들을 들여다보면, 그 지역 출신 중에서 역사적으로 이름을 기릴만한 인물에 대해 제사를 지낸 후에, 주민들이 참여하는 민속놀이(줄다리기, 농악, 씨름, 널뛰기 등), 체육대회, 공연행사(가수 초청공연, 노래자랑대회 등), 백일장, 특산물과 연계한 향토 미인 선발대회(OOO 아가씨 선발대회) 그리고 각종 전시회 등으로 구성된다. 그리고 주변에는 먹거리들을 위한 포장마차들이 즐비하게 늘어선다. 전국 어디서나 축제가 열리는 곳에서 공통적으로 볼 수 있는 모습이다.

셋째, 관(官)주도적 경향이다. 지역 문화는 지역 예술인, 지역 문화인 그리고 지역주민의 자발적 참가와 자율성이 없이는 결코 성공할 수 없다. 그럼에도 불구하고 오늘날 우후죽순 식으로 생겨나는 상당수의 향토 축제는 관주도적 특징을 지니고 있다. 행사의 주최가 형식상으로는 지역 문화원으로 되어 있으나 대부분 중앙정부나 지방자치단체에 의해 제정되고 실시되고 있다.[18] 이것은 문화 정책 및 투자가 행정관서에 의해 이루어짐으로써 발생하는 어쩔 수 없는 현상이다. 하지만 그 같은 관주도적 향토 축제는 우선 관계공무원의 전문성 결여로 인해 지역의 정서나 전통과 무관한 획일적 내용이 되기 십상이다. 그리고 과시

---

18 문옥표, "지방자치와 지역 문화의 활성화", 99.

성 차원에서 이루어지는 경우가 많기 때문에 이벤트 중심이 된다. 주민의 자발적 참여를 막아서 소수에 의한, 소수를 위한 축제가 되고 만다. 그 외에도 지역 축제가 지녀야 할 탈중앙 정신이 약해져서 결국에는 중앙정부에 의한 지역 문화의 통제수단으로 전락할 수도 있다.

넷째, 무분별한 전통문화의 재현이다. 전통문화란 지역의 축제를 포함하여 지역 출신의 역사적 인물, 유적지, 민속 등을 포함한다. 전통문화에는 사투리와 방언 같은 '언어문화', 의식주에 나타나는 '생활문화', 노래·전설·탈춤·농악·민속놀이를 통해 표현되는 '예술 문화' 그리고 속담과 관습에 나타나는 '사상 문화'가 포함된다.19 과거 일제강점기에 민족운동의 방편으로서 그리고 유신독재 아래서는 저항문화로서 대학가와 운동권을 중심으로 전통문화를 강조했다. 하지만 앞으로는 지역 문화운동 차원에서 전통문화 부흥운동이 필요하다.20

하지만 전통문화의 복원이 반드시 과거로 돌아가는 것을 의미하지는 않는다. 문화의 창조란 전통문화를 무비판적으로 재생산하는 것이 아니라 그것을 활용하여 현대인에게도 보편적인 호소력을 갖는 새로운 문화로 재창조하는 과정이다. 단지 전통문화를 보존하고 재현하는 일에만 관심할 경우 전통은 현실로부터 유리되고, 박제화 되며, 특정 집단의 전유물이 되고 만다. 따라서 전통문화는 현대생활에 맞도록 재구성되어야 한다.21

그리고 전통적인 것이 무조건 좋은 것도 아니다. 한 예로 지역축제 때마다 지역의 특산물을 홍보하기 위해 기획된 특산품 이름을 붙인 '○○ 아가씨 선발대회'는 전통적인 가부장적 사고에 젖어 여성을 상품화한

---

19 김헌선, "농촌 전통문화의 계승과 발전 방향", 「농촌생활과학」 84(2000), 44.
20 윤형근, "새로운 지역 문화 운동", 정문길 외, 『삶의 정치』, 228.
21 문옥표, "지방자치와 지역 문화의 활성화", 97.

다고 비판받는다. 그리고 문화의 발전을 위한 새로운 세계관적 대안으로 샤머니즘까지 무비판적으로 수용하려는 태도 역시 종교간 논쟁거리가 될 수 있다.22 그런 의미에서 전통문화란 "과거의 문화가 아니라 계승된 오늘의 문화요 창조된 미래의 문화"라고 할 수 있다.23

한편, 세계성을 몰각한 전통문화나 민족문화에 대한 강조는 자칫 소아적 독선에 빠져 복고적, 보수적, 폐쇄적, 배타적 아집으로 인해 자신을 세계로부터 고립시키고 단절시킬 위험이 있다.24 따라서 전통문화에 대한 논의에서는 토착적인 것을 강조하되 그것이 세계성과 보편적 가치를 지니는 방향으로 발전시켜야 한다.

V. 지역 문화와 지역공동체 운동

오늘날 우리 사회에서 지역의 공동체의식은 급격히 와해되고 있다. 일찍이 우리나라는 문중, 계, 두레, 향약과 같은 공동체적 전통을 가지고 있었으나 일제의 식민정책에 의해 대부분 파괴되었다. 개발독재 기간 동안 국가가 주도한 새마을운동은 지역사회의 외형적이고 물질적인 변화만 가져왔을 뿐 지역민의 공동체 형성에는 별 도움이 되지 못했다. 최근에는 개인주의 문화가 확산되고, 경쟁이 생활방식이 되면서 공동체 형성은 더욱 어려워지고 있다. 물론 정보화 사회의 온라인상에서 사이버공동체가 가능하다고는 하지만 한 지역에 거주하면서 친밀하게 느

---

22 최준식, 『한국인에게 문화가 없다고?』 (파주: 사계절, 2000), 101-179.
23 장정룡, "지방화 시대의 지역전통문화의 발전", 「농촌생활과학」 84(2000), 58.
24 인권환, "전통문화론의 반성과 그 21세기적 과제", 가석 홍일식 선생 회갑기념논문집 편찬위원회, 『21세기와 한국문화』, 40.

낄 수 있는 지역공동체를 대신할 수는 없을 것이다.

지역 문화는 지역주민의 공동체의식을 기반으로 한다. 공동체의식이란 공동체 구성원간의 사회적 집합의식과 소속감 및 친밀감을 의미한다.25 또한 공동체의식은 이러한 연대의식에 기초하여 개인의 문제를 넘어서는 공동의 문제를 인식하고, 그 해결에 함께 참여하려는 의지다.

공동체의식의 형성에 필요한 요소로는 친밀감, 정보의 소통과 공유, 공동 행동이 포함된다. 말하자면, 친밀한 유대관계에 기초하여 서로에 대해 혹은 집단에 대해 충분한 정보를 갖고, 공동의 목표를 위해 함께 행동할 때 공동체의식이 형성되고 발전할 수 있다.

지역의 공동체의식을 발전시키기 위해서는 공동체가 지니고 있는 전통을 유지하고 발전시키며, 지역주민의 욕구를 충족시키고, 지역주민 간의 의사소통을 활발하게 만들 필요가 있다.26 이 때 핵심 과제는 어떻게 전통 속에서 새로운 지역적 상징체계들을 찾아내서 현대에 맞도록 재해석해 줄 수 있는가 하는 것이다. 더 나아가 어떻게 그러한 상징체계를 이용하여 지역의 미래상을 공유하고, 그것의 실현을 위해 함께 행동할 수 있도록 동기 부여하는 것이다.

앞에서 밝혔듯이, 지역 축제는 지역주민의 공동체의식을 형성하는 데 중요한 역할을 한다. 이는 지역 축제가 지역 정체성의 상징들을 집약적으로 표현하여 주민을 통합시킬 수 있기 때문이다. 이때 지역 문화는 기존의 전통적 상징들(전통문화)을 활용할 수도 있지만, 새로운 통합적 상징을 제시함으로써도 가능하다. 지역 축제가 성공하려면 축제를 지역주민이 능동적으로 참여하는 형태로 만들어야 한다. 행정관서가 아

---

25 김경준, 김성수, "지역사회 주민의 공동체의식에 관한 연구" 「지역사회개발연구」 23/2 (1998), 215.
26 위의 글, 227.

니라 지역주민이 처음부터 기획하고, 준비하고, 참여하는 축제가 되어야 한다. 말하자면, 지역 축제는 '보여주는 축제'가 아니라 '참가하는 축제'가 되어야 한다. 또한 지역주민의 개념을 보다 개방적으로 규정할 필요도 있다. 지역에 거주하는가 보다는 지역의 관심사를 공유하는가 하는 데 강조점을 둘 때 인구이동이 심한 상황에서도 공동체의식과 지역문화를 발전시킬 수 있을 것이다.[27]

VI. 지역 문화 활성화를 위한 신학적 과제

1. 지역 교회(local church)로서 교회론

교회는 보편적이고 세계적이지만 동시에 특정한 지역에 위치해 있는 지역 교회다. 지역 교회로서 교회는 특정한 지역사회 속에 위치하고, 지역사회의 주민을 구성원으로 하여 이루어진다. 교회는 신자들의 가정에서 모이는 예배 모임일 수도 있고, 한 지역에 사는 사람들의 예배 모임일 수도 있고, 주변 여러 지역에서 모인 신자들의 예배 모임일 수도 있다. 교회는 지역성에 기초한 지역 교회이며 동시에 공간과 시간을 뛰어 넘어 그리스도를 구주로 고백하는 사람들로 구성되는 하나님의 몸이며 우주적 교제이다.

신약성서는 물론 이후 첫 3세기 동안에 나온 문헌들 역시 지역 교회로서의 교회를 강조한다.[28] 신약성서에서 교회를 뜻하는 '에클레시아'

---

[27] 문옥표, "지방자치와 지역 문화의 활성화", 101.
[28] 스탠리 그렌츠, 신옥수 역, 『조직신학』 (파주: 크리스챤 다이제스트, 2003), 671.

는 여러 장소의 여러 공동체를 가리키며, 때로는 단수로, 때로는 복수로 혼용되어 나타난다. 신약성서에서 교회는 위치한 지역과 관련해서 이름이 붙여지기도 한다. 겐그레아의 교회, 고린도의 교회, 갈라디아의 교회처럼 말이다. 때로는 그 범위가 보다 더 확대되어 유대와 길릴리와 사마리아의 교회, 마케도니아의 교회 그리고 아시아의 교회 등으로 불리기도 한다. 이 모두가 특정한 지역에 살고 있는 사람들의 공동체라는 의미를 강조하고 있다.

특정 지역에 모인 신자들의 가시적인 교제로서 지역 교회는 하나님의 언약백성의 가장 구체적인 표현이다. 각각의 지역 교회는 예수 그리스도의 교회의 축소판이다. 그렇다고 하여 지역 교회가 보편교회의 일부분이나 하부단위에 불과하다는 의미는 아니다. 지역 교회는 그 자체로 완벽한 교회다. 즉, 지역 교회는 보편교회에 속하면서 동시에 바로 교회 자체다.29 이는 지역 교회가 보편교회와 마찬가지로 동일한 복음과 동일한 사명, 동일한 약속을 받기 때문이다. 모든 지역 교회는 하나의 신앙을 갖고 하나의 세례와 하나의 성찬을 갖고 있다.

지역의 개별 교회가 모여 전체 교회가 되는 것이 아니듯이, 전체 교회가 나뉘어 각각의 지역 교회가 되는 것도 아니다.30 개별적인 지역 교회는 그 자체로서 하나의 독립되고 완전한 교회다. 그러면서 동시에 전 지역, 전 세계에 흩어진 교회들과 함께 하나님의 '하나의' 교회를 형성한다. 그들은 유기체적 관계 속에서 그리스도의 몸을 구성한다. 교회는 다양성을 지닌 개체 교회로 존재하며 동시에 전체로서 하나의 교회다.31

---

29 한스 큉, 이홍근 역,『교회란 무엇인가』(왜관: 분도출판사, 1987), 89-90.
30 위의 글, 91
31 김균진,『기독교조직신학』4권 (서울: 연세대학교출판부, 1993), 63

교회가 자신의 정체성을 '지역 교회'로 규정하고, 지역성을 진지하게 고려 할 때 지역사회에 민감해진다. 지역사회의 변화에 따라 교회도 영향을 받는다는 점에서 지역사회에 대하여 관심하지 않을 수 없게 된다. 교회가 속해 있는 지역이 문화적, 경제적으로 낙후하게 되어 지역민이 그 지역을 떠나게 되면 자연히 교회도 어려움에 빠지게 된다. 반면에 지역이 발전하고 살기 좋게 되어 주민이 늘어나면 교회 성장의 가능성도 그만큼 커진다. 말하자면, 지역사회와 지역 교회는 상호 밀접히 관련되어 있다. 따라서 지역 교회는 교회가 위치한 지역사회로부터 스스로를 주변화 시켜도 안 되지만, 지역사회를 지배하려고 해도 안 된다. 교회는 지역사회와 함께 하면서 지역사회를 섬기는 공동체다.

교회가 지역민과 함께 하는 교회상을 정립하게 되면 지역주민들이 교회에 대해 '우리 교회'라고 생각하게 된다. 이렇게 되려면 교회가 교인들만의 것이 아니라 지역주민 모두의 것이라고 생각하게 만들 필요가 있다. 말하자면, 교회가 지역주민의 관심사에 동참하고, 시설을 지역주민에게 개방하며, 지역의 주요 행사에 적극 참여할 필요가 있다.

유감스럽게도 오늘날 일부 대형 교회가 보여주는 지교회 설립 정책은 교회의 지역성을 약화시킬 위험이 있다.[32] 대형 교회에 속한 지교회들은 비록 공간적으로는 지역에 위치한다 하더라도 심리적인 차원에서는 지역으로부터 격리될 가능성이 크기 때문이다.

2. 문화의 신학

현대 사회에서 문화의 중요성이 점점 커가면서 문화에 대한 신학적

---

32 "특집: 한국교회 '지성전 체제' 무엇이 문제인가", 「기독교사상」 (2003/11), 22-106.

이해가 더욱 요청되고 있다. 일반적으로, 문화란 그 공동체 안에 살아가는 사람들의 일상적 생활방식으로서 거기에 나타나는 세계관, 가치관, 규범 등이 구성원 사이에 공유되며 또한 학습을 통해 전수되는 것을 가리킨다. 틸리히(P. Tillich)에 의하면, 인간 삶의 '궁극적 관심'인 종교는 문화에 의미를 주는 실체이며, 문화는 그러한 종교의 형식의 총체다.33 말하자면, 문화란 인간의 '궁극적 관심의 표현'인 셈이다.

네덜란드 칼빈주의 신학자 헤르만 도예베르트(H. Dooyeweerd) 역시 종교를 '문화의 뿌리'라고 본다. 그는 모든 문화가 종교적인 '근본 동기'에 의해 생명력을 갖게 된다고 한다. 이 근본 동기는 개인이나 사회의 삶의 기본 방향과 에너지가 된다.34 이와 비슷하게 엘리엇(T. S. Eliot)도 문화를 '종교의 성육신'으로 본다. 때문에 종교가 사라지면 문화는 보존될 수 없으며, 동시에 문화가 없이는 종교도 보존될 수 없게 된다. 그래서 그는 만일 유럽의 문화가 기독교 신앙을 잃게 되면 살아남을 수 없을 것이라고 예견했다.35

하지만 오늘날 우리가 경험하는 현실 속 문화는 종교성으로부터 점점 더 멀어지고 있음이 사실이다. 특히, 대중문화를 살펴보면 문화가 인간 삶의 궁극적 관심사의 표현이라기보다는 차라리 피상적 관심사나 인간 소외의 표현으로 보인다. 문화는 종교적 의미를 상실한 채 세속화되고 하나의 상품으로 변질되고 있다. 도예베르트의 관찰대로, 현대 문화는 문화의 종교적 성격을 부정하고, 문화 전반에 대한 하나님의 주권

---

33 폴 틸리히, 김경수 역, 『문화의 신학』 (서울: 대한기독교서회, 1977), 52.
34 케빈 반후쩌, "세계는 과연 무대로서 적합한가? 신학, 문화 그리고 해석학", D. A. Carson/ J. D. Woodbridge, 박희석 역, 『하나님과 문화』 (파주: 크리스찬 다이제스트, 2001), 39-40.
35 위의 글, 41-42.

도 인정하려 하지 않는다. 그런 의미에서 문화의 시대에 선교란 문화의 종교성을 다시 회복하도록 돕는 것이어야 한다.36

한편, 종교는 자신의 궁극적 관심을 문화라는 그릇을 통해 드러내며, 복음의 씨는 문화라는 토양에서 자란다. 그러기에 선교에서 문화를 무시할 수도 없고 무시해서도 안 된다. '문화 위임' 혹은 '문화 명령'(창세기 1:26-28)은 지역 문화의 발전이야 말로 하나님을 영화롭게 하는 길임을 말하고 있다.

3. 토착화신학

모든 지역 문화는 그 지역만의 고유성과 향토성을 지닌 토착문화다. 따라서 지역 교회가 지역 문화를 발전시키려면 지역의 토착문화를 이해해야 한다. 유감스럽게도 과거 외국 선교사들은 한국의 토착문화를 서구문화라는 잣대로 평가하여 미개한 민속으로 간주했다. 그러면서 그들은 서구적 생활방식(문화)을 교회를 통하여 소개하고 보급하려 하였다. 심지어 선교사들 가운데에는 기독교가 서구 문화이며, 선교란 발전한 서구 문화를 이식하는 과정이라고 생각한 사람조차 있었다. 그 결과 한국교회는 전통문화에서 유리되었고, 150년의 선교 역사를 지니고 있음에도 불구하고 여전히 '외래 종교'라는 인상을 불식시키지 못하고 있다. 이러한 문제를 극복하기 위해서는 '한국의 복음화'만이 아니라 '기독교의 한국화'를 위해서도 노력해야 한다.

다행스럽게도 1960년대부터 우리나라 신학계에서도 복음의 토착화 논의가 있었으며 지금도 진행 중이다. 윤성범의 '성(誠)의 신학'이나

---

36 장성배, "문화의 시대 속에서 기독교적 대답의 한 시도", 「기독교사상」 (2000/4), 22.

유동식의 '풍류신학'이 한 예라고 할 수 있다. 복음을 우리 정서나 문화적 토양에 조화되도록 발전시키는 토착화 신학 논의는 계속해서 발전시켜야 할 과제다.

물론 전통적인 것이 무조건 좋다거나, 우리 것은 무조건 좋고 남의 것은 무조건 나쁘다는 식의 국수주의적 문화이해도 버려야 한다. 외래적인 것이라도 이미 우리 것처럼 익숙해진 것들은 한국적인 것으로 이해해야 한다. 전통적인 것이나 토착적인 것들이라도 변화하는 시대 상황에 맞도록 끊임없이 구성하려고 노력해야 한다. 아직도 논쟁 중에 있는 조상제사와 장묘문화에 대한 논의는 말할 것도 없고 예배의식에서의 전통문화의 수용(국악찬송가 등), 지역의 설화나 전설, 민담, 속담 등과 같은 구비전승과 성서 이야기를 해석학적으로 연결하는 신학적 노력들도 더 활발해져야 한다. 문화의 시대를 맞아 한국교회는 예배당 건축, 예배의식, 교회미술, 교회음악, 교회 절기의 토착화를 위한 신학적, 목회적 노력을 기울여야 한다.

4. 지역사회 봉사의 신학

교회는 자신의 생존이나 성장만을 위해 존재하는 공동체가 아니며, 기독교인들끼리만 모여 즐기기 위한 친교 공동체도 아니다. 교회는 세상으로부터 '부름받은 공동체'이며 동시에 세상을 섬기도록 '파송받은 공동체'다. 본회퍼(D. Bonhoeffer)는 교회를 '타자(the others)를 위해 존재'하는 공동체로 이해한다. 바르트(K. Barth) 역시 하나님께서 세계를 위해 존재하시듯이 교회도 자신을 위해서가 아니라 타자를 위해 존재해야 한다고 주장했다.[37]

한국교회는 선교 초기부터 교육선교 및 의료선교를 통해 지역사회에 봉사했다. 낙후한 농산촌 지역 개발을 위해 농사개량법을 지도하고, 문맹 타파를 위해 힘을 쏟았다. 그 외에도 성경 번역과 출판, 온갖 사회의 구습과 악습을 개혁함으로써 한국 사회의 문화 발전에 크게 공헌했다. 개발독재 기간에는 빈민사역만 아니라 민주화와 경제정의를 위해 투쟁하기도 했다.

지역사회 봉사란 지역 교회가 가지고 있는 인적·물적 자원을 통해서 지역사회를 발전시키며, 지역주민을 하나님의 형상을 닮은 전인적인 존재로 성숙하도록 돕는 일이다. 지역사회 봉사에 관심하는 지역 교회는 지역민의 영혼만이 아니라 지역민의 삶의 모든 영역과 일상(日常)에도 관심해야 한다.

교회가 지역사회를 효과적으로 섬기려면 지역민이 관심하는 현안과 해결해야 할 과제가 무엇인지 알아야 한다. 그것이 지역의 환경문제나 교통문제 그리고 교육문제 등 지역주민의 삶의 질과 관련한 문제일 수 있고, 수도권과 지방 사이에 존재하는 문화적 격차나 불평등 문제일 수도 있다. 지역사회 발전을 위해 교회가 가지고 있는 인적 자원은 물론 공간(예배당, 교육관, 식당, 주차장, 봉사센터 등)과 시설, 재료와 장비, 기타의 물적 자원들도 나눌 수 있어야 한다.

교회가 지역사회에 관심하고 지역 문화 발전을 위해 힘쓸 때, 교회는 참다운 의미의 지역 교회로 자리매김하게 된다. 그렇게 되면 교인들은 자신이 속한 교회에 대해 자부심을 갖게 되며, 지역주민들은 비록 교인이 아니라 할지라도 교회에 대해 호의적인 태도를 지니게 된다.

---

37 다니엘 L. 밀리오리, 장경철 역, 『기독교 조직신학개론』(서울: 한국장로교출판사, 1994), 281-283.

5. 문화선교 신학

문화가 중요한 사회 이슈가 되면서 교계와 신학계 안에서도 문화선교에 대한 관심이 높아지고 있다. 게다가 젊은 세대가 교회를 떠나가는 현실을 극복하기 위한 대안으로 열린 예배나 문화학교 같은 프로그램이 도입되기도 한다. 하지만 '문화선교'라는 개념을 규정하기 어려운 이유는 이 개념이 아직도 논쟁 중이기 때문이다. 그리고 문화가 선교에 있어 문제인 동시에 해답이라는 양가성(兩價性)을 갖기 때문이다. 즉, 문화는 기독교에게 도전해 오는 외부적 문제인 동시에 그것에 응답하는데 활용되는 내부적 요소다.[38] 한편, 문화란 기독교의 맥락(context)이며 동시에 내용(content)이다. 문화는 선교의 도구이기도 하지만 동시에 선교의 목표가 되기도 하는데, 이는 복음이 생활화될 때 결국은 복음의 문화화가 일어나기 때문이다.

일반적으로, 문화선교란 문화를 통해서 복음을 전한다는 의미와 동시에 문화 속에 기독교적 가치를 구현한다는 의미로 사용된다. 이런 배경에서 임성빈은 문화선교를 "문화의 모든 영역을 복음적 정신과 실천으로 변혁시킬 수 있는 역량을 가진 기독교문화를 형성하여 하나님의 나라를 이 땅에 실현하려는 선교적 실천"이라고 규정한다.[39] 문화선교는 하나님의 창조사역을 이어가는 일이며, 하나님의 구원사역을 현장화하는 일이다.

문화의 시대에 교회가 우선적으로 관심을 가져야 할 선교 대상인

---

38 안교성, "문화선교의 전제와 발전방향", 문화선교연구원 편, 『문화선교의 이론과 실제』 (서울: 예영커뮤니케이션, 2003), 95.
39 임성빈, "기독교적 문화관의 형성을 향하여", 문화선교연구원 편, 『문화선교의 이론과 실제』, 13.

'가난한 자'란 문화적 소외와 차별 속에 있는 사람들이다. 그들은 문화 창조의 힘은 말할 것도 없고 문화의 혜택조차 받지 못하는 가난한 자들이다. 가난한 자를 위해 살아야 한다는 진리를 문화의 시대에 적용한다면 교회가 문화적 소외와 차별을 겪는 사람들에게 관심해야 한다는 뜻이 된다. 따라서 교회는 문화적 소외와 차별을 경험하는 도시의 소외 지역이나 농산촌 지역에 대해 특별한 관심을 가져야 한다.

6. 에큐메니칼 신학 및 종교 간 협력

지역 문화의 활성화는 지역 교회의 전유물이 아니다. 그 지역에 속한 모든 교회들과 종교단체들, 지역주민은 물론 지방자치단체가 함께 할 때라야 비로소 성취할 수 있는 힘든 목표다. 한 지역 안에는 특정한 교단만이 아니라 다양한 교파나 교단 교회들이 존재한다. 지역의 문화적 발전을 위해서는 지역사회에 속한 모든 기독교 교파나 교단을 초월한 참여와 협력이 필수적이다. 기독교가 지향해야 할 선교가 개교회의 성장만을 목적으로 하는 것이 아니라 궁극적으로는 기독교문화 창조를 통한 하나님 나라의 건설에 있기 때문이다. 개교회의 교세 확장을 위한 지역 교회 간의 경쟁과 갈등은 기독교 전체에 대한 부정적 인식을 확산시킴은 물론 지역공동체 형성에도 장애요인이 될 뿐이다.

지역 문화 발전을 위한 교회의 에큐메니칼 협력은 교회 간 및 교파 간의 대화와 협력을 넘어 지역 내 타종교단체들과의 대화와 협력의 기회도 제공하게 될 것이다. 특히, 전통문화를 많이 보유하고 있는 불교나 유교와의 대화는 서로에 대해 더 많이 알고, 상호 이해의 폭을 넓힐 수 있는 기회가 된다.

VII. 지역 문화 발전을 위한 목회적 과제

지역 문화의 형성과 발전에 관심하는 지역 교회는 밖으로 지역사회의 문화적 욕구에 민감해야 하겠지만 안으로는 교인들의 문화적 욕구에도 관심해야 한다. 문화의 시대에 목회자는 문화적 존재로서 목회자 자신의 정체성을 확고히 하고, 교회의 문화사역을 목회에 통합할 수 있는 목회관과 역량을 길러야 한다.

지역 문화 발전에 효과적으로 기여하려면 지역 교회가 문화사역 혹은 문화선교의 특수성과 전문성을 갖추어야 한다. 이를 위해 교회는 문화선교에 관련된 전문 인력을 발굴하고 양성하는 데 관심해야 한다. 전문적인 문화사역자들을 발굴하고, 지원하고, 전문화하기 위해 개별 교회의 울타리를 넘어 교단적 혹은 초교파적 차원에서의 노력도 필요하다. 예장통합이 교단적 차원에서 재단법인 '문화선교연구원'을 설립하여 정보와 교육 프로그램을 제공하는 일은 시사하는 바가 크다.

이러한 대 원칙에 기초하여 개교회가 지역 문화 발전에 공헌하려면 다음과 같은 아이디어들이 도움이 될 것이다.

우선, 교회의 절기(부활절, 추수감사절, 성탄절 등)를 전통문화나 전통적인 절기들과 조화시키려는 노력이다. 구약성서 시대의 3대 순례절기로 알려진 무교절, 맥추절, 초막절은 농경사회의 파종 및 추수와 관계된 축제들이다. 이런 이유에서 우리 농촌의 24절기에 대한 이해와 신학적 재해석은 한국인의 정서에 맞는 예배와 절기를 만드는 데 커다란 도움이 될 것이다.[40]

한편, 최근 불교 사찰에서 산사(山寺)음악회나 템플스테이 프로그

---

40 이정배, "24절기 문화에 대한 신학적 이해(1)", 「농촌과 목회」 14(2002 여름), 62.

램은 지역민은 말할 것도 없고 외국 관광객에게도 상당한 관심과 인기를 끌고 있다. 이런 프로그램이 인기를 끄는 이유는 현대인의 스트레스가 크기 때문만이 아니라 전통문화를 체험할 수 있는 기회도 제공하기 때문으로 보인다. 교회에서도 국악찬송이나 판소리공연처럼 전통문화와 접목시킨 기독교 문화 프로그램을 개발할 필요가 있다.41

그 외에도 문화재적 가치가 있는 교회 건물을 보존하는 일이나 예술성이 높은 교회당을 건축하는 것도 교회가 지역 문화를 위해 공헌할 수 있는 부분이다. 유감스럽게도 현대 한국교회의 교회건축은 가톨릭 예배당 건축과 비교할 때 문화적으로나 예술적으로 감각과 수준이 떨어져 보인다. 교회 내부의 인테리어를 보더라도 신학적, 미학적 가치가 부족한 경우도 많다.

그리고 기독교 선교 역사가 오래되면서 개교회의 역사를 정리하는 것도 중요한 일인데, 이는 교회가 결국에는 지역사회와 밀접히 관련되어 설립되고 발전되기 때문이다. 개교회사 서술에서 단지 교회 안에서 일어났던 사건이나 사실들을 중심으로 서술하는 것이 아니라 지역사회나 지역민과의 관련성 속에서 서술하는 방법을 적극 고려해야 한다.

마지막으로, 지역의 기독교 문화유적을 발굴하거나 개발함으로써 지역 문화의 발전은 물론 신앙인들의 기독교 신앙훈련에도 도움을 줄 수 있다. 가톨릭교회는 성지순례를 통해서 그들의 신앙을 교육하고 훈련시킨다. 한국교회도 지역에 방치된 각종 기독교문화유적을 발굴하고, 그것을 교인들의 신앙훈련과 학습과정에 통합시키는 교육방법을 개발해야 하겠다.

---

41 문성모, 『민족음악과 예배』 (서울: 한들출판사, 1997); 향린국악찬송편집위원회 편, 『향린국악찬송』 (서울: 한울, 2000).

VIII. 결론

지구화시대를 맞아 지역 문화의 중요성이 커지고 있다. 지방자치단체들마다 사회문화적이고 정치경제적인 차원에서 지역 문화의 형성과 발전에 관심이 많다. 유감스럽게도 한국의 지역 교회들은 지역 문화에 무관심하거나 배타적인 태도를 보이고 있다. 그 결과 한국교회는 선교 150년이 다 되어도 여전히 외래 종교처럼 인식되고, 지역사회에 뿌리내리지 못하고 있다.

한국교회가 이런 문제를 극복하고 지역사회의 문화적 주체가 되려면 자신의 정체성을 '지역 교회'로 정립하고, 문화의 신학과 토착화신학을 정립해야 한다. 교회가 지역과 함께 성장하며 지역을 섬긴다는 지역사회봉사의 신학과 문화선교에 대한 신학적 토대도 발전시켜야 한다. 더 나아가 지역 문화의 발전을 위해 에큐메니칼 신학과 종교 간 협력의 태도가 요청된다. 왜냐하면, 지역의 문화란 어느 한 교회나 종교단체만의 힘으로 형성되는 것이 아니기 때문이다.

지역 교회는 안으로 교인들의 문화적 욕구를 충족시킬 뿐만 아니라 밖으로 지역사회의 문화발전에도 공헌해야 한다. 이를 위해 지역 교회는 문화전문인의 발굴과 더불어 지역 내 문화인들과 적극적으로 협력해야 한다. 목회적으로 각종 절기들과 전통문화를 결합시키려는 프로그램을 개발하고, 예배당 건축에서도 신학만 아니라 전통과 지역성 그리고 예술성도 고려해야 한다. 교회 역사가 오래되면서 교회마다 교회사를 서술하고 있는데 지역사회나 지역 문화와 관련성을 함께 서술하는 방식을 취할 필요가 있다. 그리고 지역의 기독교 문화유적을 보존하고 발굴하는 일에도 힘써 지역 문화 발전에 공헌해야 한다.

6 장
도시 생태공동체 운동과 교회

I. 서론

현대 문명의 상징인 도시의 발전은 인간관계의 단절과 자연생태계의 파괴라는 사회문제를 불러왔다. 한국 사회는 지난 수십 년 동안 압축적인 근대화와 산업화 과정을 거치면서 다른 어떤 나라보다 빠른 속도로 진행된 도시화를 경험했다. 거의 90%에 달하는 우리나라의 도시화율은 그만큼 많은 사람들이 전통적 공동체의 붕괴와 환경 파괴로 인해 고통을 당하고 있음을 암시한다.1

---

* 이 글은 "생태적 도시공동체 형성을 위한 지역 교회의 과제"라는 제목으로「한국기독교신학논총」74(2011)에 실린 글을 수정하고 보완했다.
1 우리나라에서 산업화를 추진한 1960년대 이후 급격히 진행된 도시화의 결과 현재 수도권에만 인구의 50%가 살고 있으며, 전국적으로 5만 명 이상의 도시에 사는 비율은 전 인구의 90%에 달한다. 급격한 도시화는 전통적 촌락공동체의 해체와 더불어 전통적 가치의 붕괴, 사회경제적 불균형의 심화, 도시인구의 급속한 증가에 따른 주택, 교통, 환경 문제를 포함한 여러 가지 도시문제를 일으키고 있다.

이러한 비판적 현실 인식에서 우리 사회에서는 얼마 전부터 대안사회운동 가운데 하나로서 생태적 도시공동체 운동이 부각되고 있다. '생태공동체'라 하면 흔히 산골마을이나 농촌지역의 공동체를 떠올리기 십상이지만 우리나라처럼 도시화율이 높은 사회에서는 도시에서의 생태적 공동체 운동이 매우 중요하다. 국민 대다수가 살고 있는 도시에서 생태적으로 그리고 공동체적으로 살 수 없다면 어떤 생태운동이나 공동체 운동도 의미가 반감되고 말 것이다.

이제 생태적 도시공동체 형성은 소수의 의식 있는 개인이나 시민단체, 혹은 지방자치단체나 국가의 과제일 뿐만 아니라 지역 교회의 과제이기도 하다. 왜냐하면 교회란 본래 지역성에 기초해 있기 때문이다. 지역 교회는 특정 지역에 위치해 있으며, 교인들 대다수가 주변 지역에 거주한다. 따라서 생태학적으로나 공동체적으로 지역민의 건강한 삶이 있을 때라야 비로소 지역 교회의 건강한 신앙생활도 가능하다. 이런 배경에서 볼 때 생태적 도시공동체 형성을 통해 지역사회와 지역 교회의 상생과 발전 방안을 모색하는 이 연구는 사회적으로만 아니라 신학적·목회적으로도 매우 중요해 보인다.

산업화와 도시화의 폐해를 일찍 경험한 서구사회에서는 오래전부터 생태적 도시공동체 운동이 있었고, 그에 대한 이론적·실천적 연구도 활발한 편이다.2 특히, 쿠바의 수도 아바나에서 시도했던 도시농업은 도시에서의 환경문제와 식량문제를 한꺼번에 해결하는데 매우 성공

---

2 독일의 프라이부르크, 브라질의 꾸리찌바, 쿠바의 아바나 등은 대표적인 생태도시로 알려졌다. 이들 도시는 생태학적 도시공동체 형성을 위해 에너지, 교통, 쓰레기 문제만 아니라 공동의 주거개발을 통한 공동체 형성에도 상당한 성과를 보이고 있다. 참고: 김해창, 『환경수도, 프라이부르크에서 배운다』 (서울: 이후, 2003); 박용남, 『꿈의 도시 꾸리찌바: 재미와 장난으로 만든 생태도시 이야기』 (서울: 이후, 2002); 김성진, "생태도시의 선도 모델 프라이부르크", 『환경철학』5(2006), 131-153 등.

적인 것으로 평가되고 있다.3 우리나라에서도 지방자치가 본격적으로 시행되고, 유엔 차원에서 '지방의제 21'이 실행되면서부터 정부와 지방자치단체 차원에서 생태적 도시공동체에 대한 관심이 점차 늘고 있다.4

이 주제의 중요성에도 불구하고 아직 우리나라 신학계에서는 이렇다 할 체계적인 연구가 없다. 기껏해야 도시 목회라는 관점에서 월간지가 다룬 단편적인 글들이나,5 기독교 환경운동단체인 '기독교환경운동연대'에서 녹색교회 발굴과 현장 탐방을 다룬 기사나 보고서 정도가 있을 뿐이다.6 노영상의 건강도시(healthy cities)에 대한 연구는 도시 건강의 조건들(건강서비스, 경제적 환경, 사회적 환경, 공공서비스) 가운데 하나로서 환경 요소를 공공신학의 관점에서 다루고 있다.7

이런 문제 인식에서 출발하는 이 연구는 먼저, 생태적 도시공동체 운동에 대한 개념적 이해로부터 출발한다. 그런 다음에 기독교 생태도시공동체 운동 가운데 잘 알려진 몇 개의 사례를 역사와 이념 그리고 사업내용을 중심으로 살펴본다. 그 후 기독교 생태도시공동체 운동을 보다 더 활성화하기 위해 지역 교회가 어떤 기여를 할 수 있을지 살펴보는 순서로 연구를 진행하겠다.

---

3 요시다 타로, 안철환 역, 『생태도시 아바나의 탄생』 (파주: 들녘, 2004).
4 이 주제에 대해 한국도시연구소(www.kocer.re.kr)와 도시환경연구센터(www.eco-town.net) 그리고 녹색사회연구소(www.greenkiss.org) 등이 주축을 이루어 연구를 진행하고 있다. 지방자치단체들도 앞 다투어 지역환경운동을 추진하고 지원하려 하고 있다.
5 "특집: 도시의 신학과 목회적 대응", 「목회와신학」 (2002/3).
6 성백걸, 『기독교환경운동연대 25년사』 (서울: 한들출판사, 2008).
7 노영상, "WHO의 건강도시(Healthy Cities) 운동에 대한 소개와 교회적 운동으로서의 접근 가능성에 대한 논구", 「장신논단」 31(2008), 37-67.

II. 생태적 도시공동체란 무엇인가?

1. 생태적 도시공동체의 개념과 역사

문명의 발전은 도시와 밀접히 관련되어 있다. 스콧 니어링(S. Nearing)은 문명(civilization)이란 말이 도시(city)를 뜻하는 말과 어원을 같이한다는 점에서 문명을 '도시주의'(cityism)라고까지 표현한다.8 그런데 급격한 근대화와 산업화 과정에서 생겨난 도시들은 문명의 발달 이면에 인간 소외와 환경위기라는 사회문제들을 만들어냈다. 일반적으로 도시에서의 삶의 방식은 반공동체적이고 환경파괴적이다. 도시는 개인주의 문화가 지배적이며, 경쟁을 통한 배재와 차별의 공간이다. 도시는 외부로부터 엄청난 자원과 에너지를 끌어들이고 어마어마하게 많은 오염물질, 폐수와 쓰레기를 만들어 내는 공간이다. 생태적 도시공동체 운동이란 이러한 반공동체적이고 환경파괴적인 도시적 삶의 방식에 대한 반성을 통해 도시에서의 지속가능한 삶의 방식을 추구하는 대안사회운동 가운데 하나라 하겠다.

일반적으로 '생태적 도시'란 녹색도시, 전원도시, 환경도시, 에코시티, 에코폴리스 등 다양한 이름으로 불리고 있다. 어떤 이름으로 불리건, 생태적 도시란 생태적 원리에 기초한 지속가능한 도시 형성을 추구한다는 점에서 공통점을 갖는다. 전춘명은 지속가능한 도시의 조건으로 미래성, 자연성, 참여성, 형평성 그리고 자급성이라는 다섯 가지 요소를 제시하고 있다:9 첫째, 도시에서의 어떤 활동도 미래세대의 이익

---

8 스콧 니어링, "문명이라는 삶의 방식", 한국교회환경연구소,「새하늘과 새땅」17(2009), 27.
9 전춘명, "생태도시 가능성에 관한 연구", 국중광·박설호 편,『새로운 눈으로 보는 독일

을 손상시켜서는 안 된다. 둘째, 자연보호의 원칙을 추구하기 위해 도시 생태계가 보호되어야 하며 무엇보다 환경오염을 방지해야 한다. 셋째, 시민 참여의 원칙을 실현하기 위해서 지역사회가 도시개발의 중심에 있어야 한다. 넷째, 사회 형평의 원칙을 지키기 위해 공공재에 대한 공평한 접근 기회가 부여되어야 한다. 다섯째, 한 도시에서의 생산적 자원이 그 지역의 필요에 따라 최우선적으로 사용되어야 한다.

역사적으로 살펴보면, 생태적 도시공동체 운동은 1975년 리차드 레지스터(R. Register)가 미국 캘리포니아 버클리에서 시작한 자연과 조화로운 도시만들기운동에서 시작되었다고 볼 수 있다. 그 영향을 받아 1990년에는 버클리에서 제1회 국제생태도시회의가 개최되었고, 2년 후에는 호주 아델레이드에서 제2차 회의가, 1996년 세네갈의 요프에서 제3차 회의가 각각 열렸다.[10] 한편, 1992년 리우에서 열린 유엔환경개발회의(UNCED)에서 논의된 '지방의제21'은 각 나라의 도시환경 문제에 대한 관심을 불러일으켰다. 이후 1996년에 터키 이스탄불에서 열린 유엔 인간정주회의(HABITAT II)에서 리우회의의 후속조치로서 생태학적으로 지속가능한 개발을 도시생활에 어떻게 적용할 수 있을지 광범위하게 논의되었다.[11]

우리나라에서 생태적 도시공동체 운동은 1980년대 후반에 태동되었다고 볼 수 있다. 당시에 환경문제에 대한 사회적 인식이 확산되면서 생활협동조합 운동과 아파트공동체 운동 형태로 생태적 도시공동체 운동이 시작되었다. 그 후 생태적 도시공동체 운동은 쓰레기소각장 건립

생태공동체』(서울: 월인, 2005), 409.
10 이창우, "생태도시란 무엇인가?", www.ecocity.kfem.or.kr
11 최병두 외, "도시환경문제와 생태도시의 대안적 구상", 한국도시연구소, 「도시연구」 2(1996), 234.

반대운동이나 동네 환경개선운동(담장 없애기, 쓰레기 공동처리, 한평공원만들기, 나무심기 등)으로 점차 발전해갔다.

2. 생태적 도시공동체 운동의 유형

우리는 생태적 도시공동체 운동의 유형을 다음 세 가지로 구분할 수 있다. 곧 유기농산물 유통을 통해 소비자들의 안전한 먹거리를 확보하려는 생활협동조합 운동, 주거지를 생태적으로나 공동체적으로 지속가능한 공간으로 만들려는 주거공동체 운동 그리고 지역 공동의 관심사인 지역의 환경문제를 지역민 공동의 힘으로 해결하려는 지역환경운동이다.

첫째, 협동조합 운동 가운데 하나인 생활협동조합(생협)이란 생활의 다양한 요구들을 조합원들의 협동적 힘으로 개선하고 해결하려는 소비자들의 협동조합으로서, 조합원이 출자·운영하고, 스스로 주인이 되는 비영리단체다. 우리나라 생협들의 보편적 이념은 '자연과 상생, 이웃과 협동'이라는 구호에서 알 수 있듯이 생태적이고 공동체적인 삶에 있다. 밥상을 살리고, 농업을 살리며, 생명을 살리자는 생명운동이요 이웃과 더불어 살려는 공동체 운동이다.

생협의 주요 활동은 크게 셋으로 나뉜다.[12] 첫째, 친환경농산물이나 안전한 가공품을 공동구매하고 개발하는 것. 둘째, 조합원을 위한 다양한 문화 활동 및 교육. 셋째, 주민자치에 기초한 살기 좋은 마을공동체만들기. 우리나라의 대표적인 생협으로 역사가 오래이고 규모도 가장 큰 한살림을 비롯하여, 민우회 생협, 광명YMCA생협, 마포두레생협 그리

---

12 생활협동조합전국연합회(www.co-op.or.kr).

고 기독교의 '주민생협'(기장), 농도생협(감리교) 등을 꼽을 수 있다. 최근에는 의료생협이나 공동육아운동처럼 생활협동조합 운동도 점차 다양해지고 있다.

둘째, 주거공동체 운동이란, 자신이 거주하고 있는 지역을 공동체적으로나 생태학적으로 보다 더 지속가능한 공간으로 만들려는 마을만들기다. 마을만들기는 특정 지역에 거주하는 지역주민의 참여운동으로서 여기에는 아파트공동체 운동, 주민자치센터, 아파트시민학교, 녹색아파트 만들기, 담장허물기, 상점가 가꾸기, 방과후학교, 육아공동체, 승용차 카풀 등의 다양한 형태가 있을 수 있다.[13] 주거공동체 운동 가운데에는 지역주민들만 사업을 벌이는 경우도 있고, 때로는 주민과 시민단체 그리고 행정기관이 함께 하는 운동도 있다. 잘 알려진 사례로는, 대구 삼덕동의 담장허물기운동과 마을만들기 운동을 들 수 있다.

셋째, 지역환경운동이란, 공간적으로 보다 광범위한 범위에 거주하는 지역주민들이 중심이 되어 지역의 환경을 살리기 위한 생태적 도시공동체 운동을 가리킨다. 이 운동은 지역에 위치한 도시하천, 녹지, 대기, 산, 쓰레기 문제 등을 주요 의제로 삼는다. 안면도 핵폐기물처리장 건설 반대운동, 쓰레기소각장 건설반대운동, 안성천살리기시민모임, 탄천살리기시민모임, 성미산 지키기운동, 안양천살리기네트워크, 새만금살리기, 녹색생태도시 안산만들기운동, 4대강사업 반대운동 등 다양한 환경운동을 예로 들 수 있다. 기독교 차원에서 볼 때 주목할 지역환경운동은 초교파적으로 조직되어 활동하고 있는 '기독교환경운동연대'라 할 수 있다.

---

[13] 도시에서의 마을만들기의 대표적 사례들은 다음을 참고하라: 시민의 신문·KYC 편, 『도시 속 희망공동체 11곳』 (서울: 시금치, 2005).

3. 생태적 도시공동체 운동의 의의

생태적 도시공동체 운동은 교회적으로나 사회적으로 여러 가지 의의를 지닌다.

첫째, 생태적 도시공동체 운동은 자본주의 체제의 모순인 인간소외와 환경 위기를 극복하기 위한 대안사회운동으로서 의의를 지닌다. 생태적 도시공동체 운동은 경제적으로는 자본주의적 생산방식과 소비방식을 비판하며, 정치적으로는 권위주의적 정치 대신에 생활정치에 관심하며, 사회적으로는 개인주의를 넘어 공동체 형성을 위해 노력한다.

둘째, 생태적 도시공동체 운동은 인간적 도시재개발운동으로서 의의를 지닌다. 우리나라에서 도시재개발이나 신도시 건설은 청계천복원사업이나 뉴타운사업에서 보듯이 자연생태계의 파괴는 물론 지역공동체를 해체하는 방식으로 전개되고 있어 또 다른 형태의 '개발독재'로 불린다.14 이에 맞서 생태적 도시공동체 운동은 도시를 지속가능한 생활공간으로 만드는 인간다운 형태의 도시재개발운동이라 할 수 있다.

셋째, 생태적 도시공동체 운동은 도시에서의 환경운동으로서 의미를 지닌다. 우리나라의 도시화율은 90%나 되기 때문에 도시에서의 환경운동이 아니라면 어떤 형태의 환경운동도 그 의미나 효과가 줄어들 수밖에 없다. 생태적 도시공동체 운동은 도시에서의 환경운동으로서 도시민의 생활현장에서의 환경운동이라 할 수 있다.

넷째, 생태적 도시공동체 운동은 공동체 운동으로서 의의를 가진다. 도시에서의 삶의 특징은 익명성과 개인주의다. 특히, 우리나라처럼 도시의 주거방식이 아파트 중심인 경우 이웃과 공간적으로는 가까울지

---

14 이병천 편, 『개발독재와 박정희 시대』 (서울: 창비, 2003).

모르나 심리적 소외감과 거리감은 매우 크다. 생태적 도시공동체 운동은 주민사이의 무관심이나 경쟁 대신에 공동체적 상생 관계로의 발전을 꾀하는 느슨한 형태의 공동체 운동이다.

마지막으로, 생태적 도시공동체 운동은 지역 교회 갱신운동으로서 중요하다. 생태적 도시공동체 운동은 '지역을 위한 교회' 혹은 '지역과 함께 성장하는 교회'라는 정체성을 가질 수 있도록 돕는다. 생태적 도시공동체 운동을 수행하는 과정에서 지역 교회들은 개교회중심주의에서 벗어나 같은 지역에 위치한 다양한 교파의 지역 교회와 시민단체 그리고 지방자치단체와의 협력을 통해 진정한 의미의 에큐메니즘을 실현할 수 있다. 왜냐하면 지역의 환경문제란 결국 모든 구성원들이나 단체들이 함께할 때라야 해결될 수 있다는 사실을 경험적으로 알게 되기 때문이다.

III. 기독교 생태 도시공동체 운동의 사례들

1. 각 교단의 생활협동조합 운동

우리나라의 생활협동조합 운동은 가톨릭교회의 배경을 가지고 1980년대 말에 서울 제기동의 작은 쌀가게에서 시작된 한살림이 대표적이라 할 수 있다.[15] 주민생협(기장)과 뒤 이어 설립된 예장생협(예장통합)과 농도생협(기감)은 80년대 말과 90년대 초에 기독교를 배경으로 생겨난 대표적인 생협운동으로서 그 의미와 가치가 크다. 주민생협이 성남 주민교회를 중심으로 시작되고 발전해 간 것이라면, 예장생협

---

15 모심과살림연구소, 『스무살 한살림 세상을 껴안다』(서울: 그물코, 2006).

과 농도생협은 교단적 차원에서 생겨났다는 점에서 구별된다.

이념 차원에서 볼 때, 기독교 생협들은 기독교 신앙에 기초하여 농촌과 도시, 인간과 자연의 조화를 통해 지속가능한 도시공동체를 추구한다. '주민생협'의 이념은 자연과 사람의 생명을 건강하게 살리면서 도시화 과정에서 파괴된 지역공동체를 형성하는 데 있다. 이를 실현하는 방안으로 교회가 위치한 성남과 인근 지역을 중심으로 생산자와 소비자를 직접 연계하는 유기농산물 직거래운동, 살기좋은 지역사회를 만들기 위한 조합원 자치운동 그리고 다양한 소모임활동과 지역사회연대활동에 주력했다. '예장생협'의 이념은 생산자와 소비자의 관계를 회복하고, 하나님의 창조세계를 보전하며, 교회가 빛과 소금이 되는 세상을 만들기 위해 노력하는 생명공동체 건설에 있었다. '농도생협' 역시 그 이름에서 알 수 있듯이 농촌과 도시, 농촌 교회와 도시 교회가 하나가 되는 생명공동체 운동을 통해서 죽임의 문화 속에서 창조질서를 회복하는데 그 목적을 두었다. 동시에 유기농 직거래를 통해 농촌 교회와 도시 교회가 상생하는 선교공동체를 지향한다. 농촌 교회는 생산자공동체를 건설하고, 생명농업을 통하여 건강한 먹거리를 생산하여 공급하는 데 힘쓴다. 그리고 도시 교회는 교회 안에 농촌선교회를 조직하고 건강한 먹거리를 소비함으로써 농촌 교회를 경제적으로 돕는다.

역사적으로 살펴 볼 때, 기독교 생협운동은 1990년대 초에 태동했다. 먼저, 주민생협은 빈민선교에 관심을 기울였던 주민교회에서 교인들에 의해서 시작된 반면에 예장생협과 농도생협은 농촌선교와 농민운동에 관심하는 목회자들로부터 시작되었다. 예장생협은 1992년 예수교 장로회 농민목회자협의회가 '우리농촌살리기 기독교협의회'를 결성하고, 1994년 우루구아이라운드 대책을 논의하는 과정에서 생겨났다.

핵심 지도자인 김재일 목사가 사망하고 운영난에 빠지면서 2010년 예장생협은 문을 닫았다.16 한편, 농도생협은 감리교 농촌목회자들로 구성된 농촌목회선교회가 주축이 되어 1997년 '농도공동체 선교회'를 구성하면서 시작하여 지속적인 발전을 거듭해오고 있다. 아현감리교회와 경신교회 두 곳에 매장을 운영하고 있으며, 12곳의 농촌 유기농 생산지부(교회)를 두고 있다.

 기독교 생협들의 주요한 사업내용은 농촌의 유기농 생산품 및 가공품을 도시의 소비자들에게 유통하는 일과 조합원의 삶의 질 향상을 위한 교육과 문화사업이다. 주민생협은 1994년부터 유기농산물 직거래를 시작했다. 도농교류 차원에서 생산자와 소비자의 상호이해를 위해 생산지를 견학하는 프로그램도 운영하고 있다. 조합원을 위한 다양한 교양강좌를 진행하고 풍물모임, 소꿉놀이, 초등대안학교 준비모임 등 취미와 기호에 맞는 다양한 소모임을 자치적으로 운영한다. 그리고 교육 프로그램으로 방과후학교인 창조학교, 벚꽃나무와 덩더쿵, 작은나무숲, 너랑나랑산이랑 어린이집을 운영하고 있다. 더 나아가 지역의 여러 단체들과 함께 학교급식개선운동, 한미FTA저지 성남운동본부 등 연대활동도 활발히 했다. 현재 주민생협의 매장은 분당과 성남 지역을 중심으로 6곳에 위치해 있다. 농도생협은 창조질서의 보전 및 회복을 위한 생활운동, 농촌으로 돌아가는 엠마오 신앙 운동, 유기농업 농가 지원 및 농산물 가공사업 그리고 농산물 직거래를 통한 교육 및 현장선교에 주력하고 있다. 행정조직으로 사무국에 행정·물류담당과 회계·판매담당 부서를 두고, 5개의 위원회(생활재위원회, 홍보위원회, 교육

---

16 2015년에 예수교장로회 총회는 문을 닫은 예장생협 대신에 '온생명소비자생활협동조합'을 창립했다.

위원회, 조직위원회, 생산위원회)를 구성하여 조합원의 자치 능력과 민주정신 함양에 힘쓰고 있다.

2. 대구 YMCA의 주거공동체 운동: 삼덕동 마을만들기

삼덕동은 대구 중구 동편에 위치한 퇴락해가는 구시가지로서 이곳의 거주자들은 대부분 경제적으로 어려운 사람들이다. 삼덕동 마을만들기 운동은 전국적으로 확산된 '담장허물기운동'의 효시로서 우리나라의 생태적 도시공동체 운동의 대표적 사례라 할 수 있다.[17]

삼덕동 마을만들기의 이념은 단순한 도시 디자인 사업이나 열린 녹지공간조성 사업이라는 차원을 넘어서 도심 주거지역을 생태학적이고 공동체적으로 지속가능한 마을공동체의 형성이었다. 도시에서 일상화된 재건축과 뉴타운 사업계획으로 인한 마을공동체의 해체 위기에 맞서 새로운 정주문화를 구축하고, 생태학적으로나 문화적으로 지속가능한 주거공동체를 만드는 데 목표를 두었다.

삼덕동 마을만들기 운동의 역사는 1998년 대구 YMCA의 김경민 관장이 세들어 살던 집 정원을 이웃에 개방하기 위해 담장을 헐면서 시작되었다. 그는 동네골목을 소통과 교류의 공간으로 만들자는 생각에서 자기가 살던 집 담장을 헐었다. 이후 이 사업은 자치단체와 시민단체(대구사랑운동시민회의)가 관심을 갖게 되면서 자연스럽게 동사무소, 교회(동부교회), 삼덕초등학교 등 10여 곳이 참여한 광범위한 담장허물기 운동으로 발전했다. 시청은 담장을 허물고 나무를 심는 가정에 300여

---

17 아래 내용들은 삼덕동 마을만들기의 역사와 활동을 다룬 다음 책을 주로 참고했다: 김은희·김경민, 『그들이 허문 것은 담장 뿐이었을까』 (서울: 한울, 2010).

만 원의 조경비를 지급하고, 담장 철거에서 나온 쓰레기를 처리해주었다. 이후 이 운동은 마을의 문화와 복지 분야로 활동 영역을 넓혔다. 하지만 2006년 삼덕동이 재개발 예정지역으로 고시되고, 주변이 빠른 속도로 재개발 되면서 삼덕동 마을만들기도 고비를 맞기도 했다.

 삼덕동 담장허물기운동에서 주목할 점은 집 담장을 없애는 데서 나아가 주민간의 소통을 위해 내면의 벽을 허물려는 시도들이다. 마을이 하나의 공동체가 되려면 주민들 사이에 친밀한 관계와 소통이 가능해야 한다. 이를 위해 운동가들은 주민들 스스로가 참여하는 각종 문화사업에 관심했다. 문화 사업은 크게 일상 활동과 특별 활동으로 나눌 수 있다. 일상 활동으로는 녹색가게, 가출청소년쉼터, 빛살미술관(2001), 국악원 마고재(2002), 무료 시간제 보육시설 애기똥풀 놀이방(2004), 어린이 이동도서관 코코(2005), 일자리창출지원센터와 사회적 일자리인 희망자전거제작소, 삼덕동 지역아동센터가 있다. 특별활동으로는 년 2회 마을잔치, 년 1회 꾸러기 환경그림대회, 주민과 김장나누기, 마을학교 운영 등이 있다. 벽화마을조성사업은 1999년부터 시작하여 17곳의 벽화를 제작했고, 2006년부터는 매년 5월 5일에 인형마임축제(머머미섬)를 개최했는데, 21개 인형극단 및 3천여 관람객이 모였다. 최근에는 지역의 공간관리와 일자리의 창출 그리고 이윤이 다시금 지역으로 되돌아오는 순환시스템을 위해 커뮤니티 비즈니스에도 관심하기 시작했다. 그 결과 대구 에스파스(2010년 사회적기업 인증), 희망자전거제작소(1998년 사회적기업 인증), 피스트레이드(2009년 예비 사회적기업)이 생겨나게 되었다.

3. 초교파 기독교 지역 환경운동: '기독교환경운동연대'

　생태적 도시공동체 형성을 위해 지역 환경문제나 국가 환경문제에 관심하고 그 해결을 위해 앞장선 기독교 환경운동단체들 가운데 하나는 초교파적으로 구성된 '기독교환경운동연대'다.18 역사적으로 살펴보면, 기독교환경운동연대는 1982년 권호경, 인명진 목사를 중심으로 설립된 '한국공해문제연구소'에 그 뿌리를 두고 있다. 한국공해문제연구소는 당시 인권운동과 민주화운동이 한창일 때 개발독재가 가져온 또 다른 사회문제인 환경문제의 심각성을 깨닫고 사회선교의 일환으로 환경운동을 벌이게 되었다. 한국공해문제연구소가 폭로한 온산공단 공해병 문제는 사회적으로도 큰 파장을 불러왔다. 1989년 '한국반핵반공해평화연구소'로 이름을 바꾼 후 1990년 안면도 핵폐기물처리장 건설반대운동에 적극적으로 참여했다.

　기독교적 정체성을 분명히 함으로써 한국교회와 교인들의 참여를 확대하기 위해 1992년에 연구소의 이름을 '한국교회환경연구소'로 바꾸었다. 이후 연구소는 환경문제에 대한 조사연구와 홍보출판, 교육사업 그리고 각종 환경문제 현안을 둘러싸고 타종교단체나 시민단체와 연대하는데 힘썼다. 1997년 한국교회환경연구소는 '기독교환경운동연대'로 이름을 바꾸면서 새로운 전기를 마련했다. 신학적 보수와 진보를 아우르는 초교파적 기독교환경운동을 추구하면서 전국 각 지역에 지부를 만들어가면서 전국적 조직으로 확대되어 가고 있다.

　기독교환경운동연대의 활동으로 대표적인 것이 '녹색교회(green

---

18 성백걸, 『기독교환경운동연대 25년사』 (서울: 한들출판사, 2008); 공식홈페이지 www.greenchrist.org 참조.

church)운동'이다. 1998년부터 도시에서 녹색교회운동을 통해 교인들의 환경 의식을 고취하고 창조영성을 함양하려고 노력했다. 녹색교회운동의 사업 내용은 '녹색교회 십계명'에 잘 나타나 있다:

1) 환경주일(6월 첫째 주)을 정하여 지킵시다.
2) 신음하는 피조물을 위해 기도합시다.
3) 하나님의 창조 세계 보전을 위해 설교합시다.
4) 창조 보전을 위한 교육과 훈련을 합시다.
5) 환경 전담 부서를 둡시다.
6) 환경을 살리는 데 예산을 사용합시다.
7) 불필요한 행사를 줄이고 소비를 절제합시다.
8) 냉난방을 절제합시다.
9) 중고품, 재활용품, 환경 상품을 애용합시다.
10) 지역사회, 교회들 간에 환경 보전을 위해 연대합시다.

그 외에도 녹색교회운동의 실천내용 가운데에는 교회 담장을 헐고 지역민에게 쉼터를 만들어서 교회와 지역사회가 소통하는 것도 포함된다.

한편, 기독교환경운동연대는 '녹색기독인 십계명'을 통해서 녹색교회를 추구하는 그리스도인들이 가정과 일터에서 어떻게 살아야 할지를 제시하고 있다:

1) 일회용품을 쓰지 맙시다.
2) 이용합시다, 대중교통.

3) 삼갑시다, 합성세제.

4) 사용합시다, 중고용품.

5) 오늘도 물, 전기를 아껴 씁시다.

6) 육식을 줄이고, 음식을 절제합시다.

7) 칠일은 하나님도 쉬셨습니다. 시간에 쫓기지 않게 삽시다.

8) 팔지 맙시다, 소비광고에 한눈을.

9) 구합시다, 작고, 단순하고, 불편한 것!

10) 십자가 정신으로 가난한 이웃을 도웁시다.

기독교환경운동연대는 녹색교회운동을 활성화하기 위해 교회녹화사업을 재정적으로 지원하고, 녹색교회상을 제정하여 격려하고 있다. 교회녹화사업에는 교회의 시멘트 담장을 헐고 그 자리에 나무울타리를 만들고, 교회 내 자투리땅에다 작은 규모의 정원이나 텃밭을 만들어 쉼터로 활용하고, 옥상에 정원을 만드는 사업 등이 포함된다. 그리고 녹색교회 환경상은 지역 교회 가운데 환경적으로 우수한 실천사례를 발굴해서 시상함으로써 해당 교회를 격려하고 다른 교회들에게 동기부여를 목적으로 제정되었다. 그 결과 많은 지역 교회들의 다양한 모범적인 실천사례가 소개되고 알려졌다. 여기에는 재활용센터 혹은 녹색장터 운영, 농산물 직거래, 생협가게 운영, 생명밥상운동, 음식물쓰레기 제로운동, 햇빛발전소 건설, 환경친화적 건축, 재생용지 활용, 유용 미생물(EM) 활용, 지역의 환경운동 참여(소각장설치 반대운동, 개천살리기운동, 야산지키기운동, 동네정화운동), 일회용품 추방, 제철밥상만들기 등이 포함되어 있다.

기독교환경운동연대는 지역 교회의 한계를 넘어서 다양한 교단이나 시민단체들과 함께 보다 더 큰 지역적, 국가적 환경문제 해결에도 힘쓰고 있다. 기독교환경운동연대가 적극적으로 참여한 지역적, 국가적 환경운동 가운데에는 안면도 핵폐기물처리장 건설 반대운동, 굴업도 핵폐기물처리장 건설 반대운동, 영월댐 건설 반대운동, 소각장 설립 반대운동, 새만금살리기운동, 맑고 푸른 서울을 위한 이산화탄소 저감운동 그리고 4대강개발 반대운동이 있다. 기독교환경운동연대는 몇 해 전부터 몽골 사막화를 막기 위한 '은총의 숲' 프로젝트를 통해 국제환경문제에 대해서까지 관심의 지평을 넓히고 있다.[19]

IV. 생태적 도시공동체 형성을 위한 도시 교회의 과제

1. 도시에 대한 신학적 이해

현대 문명의 특징 가운데 하나는 도시문명이다. 특히, 우리나라처럼 도시화율이 높은 나라에서 도시에 대한 올바른 신학적 이해는 생태적 도시공동체 논의에 필수적이다. 생태공동체라 하면 흔히 농촌지역에서의 생태공동체만을 떠올리면서 도시 생활과 무관하다고 생각한다. 하지만 국민 대다수가 거주하는 도시를 생태적으로 만들지 못할 때 생태공동체 운동의 의의는 제한되고 축소된다.

도시에 대한 균형 잡힌 신학은 선교적 차원에서도 중요한데, 이는 바울 시대처럼 지금도 문명이 도시를 중심으로 발전하고 있기 때문이

---

[19] 임희모, "몽골의 사막화방지 생태선교-기독교환경운동연대의 '은총의 숲' 프로젝트를 중심으로", 「한국기독교신학논총」 71(2010), 295-319.

다.[20] 김상근은 예수회 설립자인 이냐시오 로욜라(I. Loyola)의 선교 리더십에 대한 연구에서 예수회 선교사들의 선교 전략이 고립된 지역 안에서 자급자족을 추구했던 중세 수도원주의와 달리 도시를 선택했음에 주목했다. 도시는 하나님의 역사가 일어나는 무대였으며, 선교란 거기에서 하나님의 현존하심을 목격하고, 그의 역사하심을 증언하는 것이라고 보았다.[21]

문화적인 측면에서 볼 때, 도시란 가장 세속적 문화를 창조하는 곳이지만 동시에 기독교의 대안적 문화를 만들고 실험할 수 있는 장소이기도 하다. 실제로 여러 도시 교회들이 시도하고 있는 다양한 문화사역들은 교인과 지역민의 삶의 질을 풍요롭게 만드는 의미 있는 도시에서의 기독교 문화창조 사역들이다.

도시(문명)에 대한 성서의 시각은 다원적이다. 도시란 하나님과 무관한 세속성을 상징하는 공간인가 하면 하나님의 나라를 이 땅에 실현하는 공간으로도 이해된다. 성서 속 바벨탑은 하나님을 배반하는 공간이며, 소돔은 불과 유황 심판을 자처한 곳으로 묘사된다. 계시록에 등장하는 거대한 도시 바벨론은 하나님을 대적하는 악마적 존재(음녀)를 상징한다. 자끄 엘룰(J. Ellul)은『도시의 의미』에서 인간의 도시를 하나님의 나라에 대비시켜 설명한다.[22] 그는 도시문명이 살인자 가인에 의해

---

[20] 바울의 1차 선교여행은 비시디아 안디옥, 이고니온, 루스드라, 2차 선교여행은 드로아, 빌립보, 데살로니가, 아테네, 고린도 그리고 3차 선교여행은 에베소, 밀레도와 같은 도시들을 중심으로 이루어졌다. 바울은 이런 도시들을 거점으로 삼아 전도하고, 그 영향력을 주변으로 퍼뜨리는 전략을 썼던 것 같다. 그가 로마로 가고자 애썼던 이유나 거대한 항구도시였던 에베소를 중심으로 사역하면서 그 영향력을 골로새나 라오디게아 지방으로 퍼지게 만들었던 것도 그 때문이다.
[21] 김상근, "도시와 문화를 거부하지 말 것! 예수회 설립자 이냐시오 로욜라의 선교 리더십 연구",「한국기독교신학논총」35(2004), 348-349.
[22] 자끄 엘룰, 최홍숙 역,『도시의 의미』(서울: 한국로고스연구원, 1998).

세워진 도성으로부터 출발했다고 본다. 니느웨를 '전쟁의 총화'이고, 바벨론은 '세속 문명의 종합'으로 표현한다. 그는 인간이 만들어 가는 니느웨나 바벨론, 심지어 세속화된 종교 도시 예루살렘을 위로부터 내려오는 영적 도시 예루살렘과 대비시킨다.

한편, 도시는 요나 이야기에서 보듯이 하나님의 구원의 대상이다. 그리고 바울의 선교 여행지였던 안디옥이나 에베소 같은 도시에서 보듯이 하나님의 구원사역이 일어나는 거점이기도 하다. 하비 콕스(H. Cox)는 『세속도시』에서 도시의 속성인 익명성과 유동성의 긍정적 의미를 강조한다.[23] 그는 기독교가 도시화와 세속화가 융합되어 나타나는 세속도시를 무조건 거부해서는 안 된다고 주장한다. 오히려 도시를 유신론적 하나님 이해를 넘어설 수 있는 새로운 기독교의 신학적 토대로 삼자고 주장한다. 콕스는 더 이상 존재하지 않는 천상의 도시를 수동적으로 기다리는 대신에 세속도시를 적극적으로 수용하고 인간다운 도시로 만드는 일에 참여할 것을 역설하였다.

우리는 도시에 대해 신학적으로 균형 잡힌 시각을 필요로 한다. 이미 되돌릴 수 없는 현실이 되어버린 도시문명을 무조건 거부하고 비판할 수만은 없다. 도시가 지니고 있는 세속성, 익명성, 유동성, 자유로움이 지닌 신학적 의미를 적극적으로 탐색할 필요가 있다. 도시문명을 하나님 나라와 동일시하는 신학적 자유주의 태도도 문제이지만 무조건 악마적이고 세속적이라고 비판하는 신학적 근본주의 태도 역시 옳지 않다. 둘 다 도시(문명)를 신앙(고백)의 문제로 만들 뿐 윤리(행위)의 문제 곧 인간 책임의 문제로 만들지 못하기 때문이다. 기독교윤리적 관점은 어떻게 하면 점점 환경 파괴적이고 개인주의적으로 변해가는 도시

---

23 하비 콕스, 구덕관 외 역, 『세속도시』(서울: 대한기독교서회, 2007).

를 생태적이고 공동체적으로 만들어 갈 수 있을 것인가 하는 물음에 있다.

2. 지역사회와 지역 교회의 관계에 대한 신학적 이해

'지역성'이란 개념은 공동체이론에서는 물론 교회론에서도 중요한 의미를 지니고 있다. 교통과 통신이 발전한 현대 사회에서 지역성의 의미가 약화되는 것처럼 보이기도 하지만 모든 공동체란 결국 구성원이 함께하는 지역의 생활 단위에 기초하고 있으며, 교회 역시 교회가 위치해 있는 지역적 배경에 의존한다. 그럼에도 불구하고 개교회의 성장에만 관심하는 교회들은 지역성을 무시하기도 하고, 대형 교회들 가운데에는 반지역적인 특징을 보이기도 한다.

교회가 자기정체성을 '지역 교회'(local church)에서 찾는다고 하는 말은 지역사회의 문제를 교회의 문제로 인식하고, 지역사회의 발전을 교회의 성장과 함께 추구하며, 교인의 영혼에 대해서만 아니라 지역민의 삶의 질에 대해서도 목회적 관심을 기울인다는 뜻이다.

지역사회를 보다 더 효과적으로 섬기기 위해서 교회는 지역사회의 현안이 무엇인지 살필 필요가 있다. 지역문제로는 환경, 교통, 교육, 문화 등 지역주민의 삶의 질과 관련한 다양한 문제들을 들 수 있다. 특별히 생태적 도시공동체를 형성하는 데 관심하는 지역 교회는 무엇보다 지역의 환경 이슈가 무엇인지 살펴야 한다. 그리고 지역 교회는 현안이 된 지역의 환경문제를 해결하기 위해 어떻게 교인들에게 동기부여를 하고, 어떻게 교회의 인적 자원과 물적 자원을 동원할 것인지 고민해야 한다. 이 과정에서 교회는 지역의 환경문제에 관심하는 시민사회단체,

타종교 그리고 지방자치단체들과 협력체계를 구축하기 위한 개방적 태도를 필요로 한다.

3. 녹색교회와 녹색목회

지구적 환경 위기 시대에 교회는 생태학적 책임을 자각하고, 고통당하는 지구에 대한 예수 그리스도의 돌봄과 치유의 사역을 실현하는 '녹색교회'로 변화되어야 한다. 녹색교회란 에덴동산을 돌보고 가꾸도록 위임받은 아담이나, 대홍수라는 생태위기 앞에서 방주를 지어 모든 생명체를 보호하라고 명령받은 노아처럼 생태위기로 고통 받는 지구공동체를 돌보고 지켜낼 책임감을 지닌 생명공동체를 가리킨다. 녹색교회는 실현될 종말적인 하나님의 나라(이사야 11장)의 선취자로서 지구적 샬롬을 실현하는 종말론적 생태공동체로 살아가야 한다.

교회가 녹색교회로 발전하려면 목회사역의 모든 분야에서 생태학적 통찰과 실천이 요청된다.[24]

먼저, 케리그마 즉 예배와 설교를 통해 교인들에게 창조 질서 보전의 신앙적 의미를 의식화해야 한다. 창조주를 하나님으로 믿고 고백하는 그리스도인에게 환경 보전은 윤리적 의무이며 동시에 신앙적 의무다. 환경주일을 정하여 창조 보전의 의미를 되새기고, 추수감사 절기를 자연의 고마움을 깨닫게 하는 기회로 만들 수 있다. 성만찬은 물질적인 것(빵과 포도주)이 성령의 임재 가운데 영적인 것으로 변화된다는 점에서 물질 세계 곧 자연 세계를 영적인 시각으로 보게 만든다.

---

[24] 조용훈, "생태위기와 환경선교", 참된 평화를 만드는 사람들 편, 『신자유주의 시대, 평화와 생명선교』(서울: 동연, 2009), 177-181.

둘째, 디다케, 즉 기독교교육 과정에서 생태교육을 강화해야 한다. 생태학적 성서해석이나 환경문제 관련 세미나 그리고 생태학적 수련회를 통해 구원만 아니라 창조의 중요성을 배우게 된다. 그리고 자연 사랑과 환경 보전을 위한 삶을 실천할 수 있다.

셋째, 디아코니아 즉, 봉사활동을 통해 지역의 환경문제 해결에 지역 구성원의 하나로서 적극적으로 참여할 수 있다. 교회의 담장을 없애 휴식공간을 만들기, 농촌 교회와 도시 교회 사이의 유기농 직거래, 녹색가게의 운영 등 다양한 프로그램을 모색할 수 있다. 그 외에도 교회 공간을 활용한 생태미술, 생태음악, 생태문학 프로그램의 운영은 지역민의 삶의 질 향상에도 크게 도움을 줄 것이다.

넷째, 코이노니아 즉, 친교에서 생명밥상운동(제철 음식, 쓰레기 제로, 유기농 음식 상차리기)이나 주일학교 간식(과자 대신 과일이나 채소류)의 변화를 통해 생태학적으로 건강한 먹거리 문화를 만들 수 있다. 이같은 녹색목회를 실천하는 가운데 지역 교회는 자연스럽게 지역의 환경문제 해결에 모범과 대안을 제시할 수 있게 된다.

4. 생태적 도시공동체 운동의 실제적 문제들과 해결 과제

생태적 도시공동체 운동은 이념과 현실 사이에서 생겨나는 여러 가지 난제들을 지니고 있다. 도시에서는 개인주의와 반생태적 삶의 방식이 일상화 된데다 도시 재개발과 관련하여 지역주민들 간의 이해관계도 첨예하게 대립하는 경우가 많다. 어떤 형태의 공동체 운동이든지 그것이 성공하기 위해서는 그 규모가 인간적인 접촉과 자치가 가능한 적정 규모여야 하는데 도시는 규모 자체가 지나치게 크다. 그리고 제도적

· 법적 장애물들이 많아 지방자치단체의 협조 없이 주민들만의 노력으로는 성공하기 어렵다.

그 외에도 종교단체가 주체가 된 환경운동이 갖는 근본적인 장애 요인들도 존재한다. 예를 들자면, 세계 정보 네트워크와의 연결 부족, 운동 주체의 제한성, 수적으로 소수, 종교 단체 지도자의 주체화 부족, 지역에 뿌리내리기 어려움, 제한된 프로그램으로 인한 참여율 저조, 종교기관과 시민 사회와의 소통 부족, 종교간 협력 관계 부족 등이다.25 이같은 근본적 어려움을 극복하여 지역 교회가 생태적이고 공동체적인 지역공동체를 형성하려면 다음과 같은 실제적 문제들을 해결할 수 있는 역량을 개발해야 한다.

첫째, 지역주민의 참여를 활성화할 수 있는 전략이다. 지역민에게 동기를 부여하기 위해 지역 교회가 위치해 있는 지역민들이 실생활에서 느끼는 환경문제와 공동생활 문제와 관련된 의제를 발굴해야 한다. 지역 교회는 교회 밖의 이슈들에 대해서도 늘 민감하게 반응함으로써 교회가 지역 구성원 가운데 하나임을 보여주어야 한다.

둘째, 지도력 계발이다. 생태적 도시공동체 운동은 자원봉사자의 참여만 아니라 전문성과 열정을 지닌 지도자 그룹도 필요하다. 사업계획을 세우고, 구성원들을 학습시키고, 사업의 결과를 평가하고, 대안을 제시해 줄 수 있는 지도자들의 역할이 중요하다. 공동체 운동을 진행하는 과정에서는 으레 예기치 못한 문제들이 생겨나게 되고, 그로 말미암아 지역주민들 사이에 갈등이 생겨나기 십상이다. 삼덕동 마을만들기 운동에서 본 것처럼 지역이 재개발지역으로 고시되면서 지역민 사이의

---

25 윤형근, "종교와 영성을 통한 지탱 가능성의 실현", 이병철 외, 『녹색운동의 길찾기』(서울: 환경과생명, 2002), 223.

경제적 이해관계가 충돌될 때 운동은 위기에 빠진다. 생협운동 역시 소비자와 생산자 사이에 생겨나는 각종 이해관계를 해결하려면 경영에 대한 전문적 지식과 노하우를 지닌 인적 자원이 필수적이다.

셋째, 전문성과 대중성을 조화시킬 수 있어야 한다. 지역 교회는 환경운동을 전문으로 하는 운동조직이 아니기 때문에 전문성의 부족이라는 한계를 안고 있다. 따라서 환경문제 해결에 필요한 구체적 대안이나 정책을 마련하기 어렵다. 지역 교회가 환경운동의 전문성을 확보하려면 교회 안에 환경문제를 전담하는 환경선교회 같은 부서를 두고, 교인 가운데 환경문제 전문가를 발굴하여 헌신하게 만들어야 한다. 동시에 환경운동의 대중성을 위해 교인들을 의식화시키고, 환경운동에 참여하고 헌신하게 하려는 지속적인 노력이 필요하다.

넷째, 환경운동에 관심하는 다른 교회나 시민사회단체 그리고 지방자치단체와의 연대와 협력이다. 지역 공동체 운동의 성패는 지역주민과 자치단체 그리고 NGO가 얼마나 잘 협력하느냐에 달렸다. 삼덕동 마을만들기 운동 사례에서 보듯 지방자치단체와의 협력은 절대적으로 중요한 요소다. 생태적 도시공동체 운동의 개방성과 관련해서 기독교환경운동연대가 우리나라 전체 기독교 교단을 망라한다고는 하지만 여전히 소수의 교단들이 주축이 되어 있다. 개별적으로 환경운동을 하는 교회들도 많은데 그런 지역 교회들과의 광범위한 협력체제 구축 방안을 모색해야 한다.

V. 결론

도시문명의 폐해인 공동체의 파괴와 환경 위기를 극복하기 위한 대안적 사회운동 가운데 하나로 최근 우리 사회에서는 생태적 도시공동체 운동이 활발히 시도되고 있다. 도시 교회는 지역공동체의 구성원 가운데 하나로서 생태적으로나 공동체적으로 지속가능한 도시 형성을 통해 하나님의 나라를 구현하도록 부름 받았다. 다행스럽게도 한국교회 가운데에도 다양한 형태의 생태적 도시공동체 운동에 대한 관심이 커가고 있다. 비록 그 숫자가 많지 않고 성과가 미미해 보여도 그러한 운동들이 지닌 사회적·교회적 의미는 매우 크다.

기독교 신앙에 기초한 생태적 도시공동체 운동이 지금보다 더 활성화되기 위해선 운동 과정에서 생겨나는 실제적인 문제들을 해결할 실천 역량과 신학 이론적 토대 구축이 필요하다. 먼저, 기독교 생태적 도시공동체 운동 형성을 위한 실천 역량에는 지역주민에게 동기를 부여하고 참여를 유도할 수 있는 역량, 각종 사업을 구상하고 진행하며 사후 평가할 수 있는 지도력, 지역 환경운동과 관련한 전문성과 대중성의 조화 그리고 지역의 환경문제에 관심하는 다른 교파와 타종교, 시민단체나 지방자치단체와의 연대와 협력이 포함될 것이다.

한편, 기독교 생태적 도시공동체 형성을 위한 신학 이론적 토대로는 도시문화에 대한 적극적인 해석, 지역사회를 섬기는 자로서 지역 교회론, 녹색교회와 녹색목회를 통한 생태학적 모범보이기 그리고 지역공동체 운동에 대한 신학적 이해다.

7 장
한국 기독교 생태공동체 운동의 역사와 미래

I. 서론

한국 사회는 지난 몇 십 년간 압축적 근대화 및 산업화 과정을 거치면서 경제적 풍요를 누리게 되었지만 공동체 해체와 환경 파괴라는 새로운 사회문제에 직면하게 되었다. 공동체의 해체와 환경 파괴는 신자유주의 경제체제 아래 더욱 가속화될 것으로 전망된다. 파편화된 인간관계를 재구성하고 악화된 환경을 개선하기 위한 대안사회운동으로 생태공동체 운동이 새롭게 부각되는 이유다. 1990년대에 들어서 우리나라에서는 귀농학교, 유기농생산공동체, 생활협동조합, 생태마을, 녹색대학 등 다양한 형태의 생태공동체 운동이 시도되고 있다.

자본주의 사회의 폐해를 일찍 경험한 서구에서는 벌써 오래전부터 생태공동체 운동과 그에 대한 학술적 연구가 활발한 편이다.[1] 하지만

---

* 이 글은 "한국 기독교 생태공동체 운동의 현황과 미래적 과제"라는 제목으로「신학사상」

우리나라에서는 생태공동체 운동의 역사가 짧고, 생태공동체의 숫자도 많지 않은데다가, 신학계에서도 관심하는 주제가 아니어서 이에 대한 학문적 연구가 거의 없는 편이다. 국중광이 편집한『한국 생태공동체의 실상과 전망』은 우리나라 생태공동체 운동 전반에 대한 개론서로서 기독교 생태공동체를 부분적으로 언급하고 있다.2 기독교 생태공동체에 대한 연구 논문들이 있지만 문화공동체적 관점이나 유기농 생산 조직의 관점에서 수행된 것이 대부분이어서 종교적 요인에 대한 분석은 부족해 보인다.3 사회학적 관점에서 수행된 연구들은 기독교 생태공동체 운동의 신앙적 특수성을 무시하거나 공동체의 이념과 현실에 작용하는 신앙적 요소를 간과하고 있다.

우리나라 기독교 생태공동체 운동에 대한 이 연구는 먼저 생태공동체 운동의 일반적 특성과 의의 그리고 역사를 살피게 될 것이다. 그런 다음에 우리나라 기독교 생태공동체 운동의 대표적 사례라 할 수 있는 장성의 '한마음공동체'와 '지리산 두레마을'에 대해 분석한다. 여기서 제기된 문제들을 중심으로 기독교생태공동체 운동을 활성화하기 위한

---

148 (2010) 129-158에 실린 글을 수정하고 보완했다.

1 미국에는 The Farm, Twin Oaks, LA Eco-Village 등 700여 개의 생태공동체가 있고, 유럽에는 독일의 Lebensgarten, ZEGG, Sieben Linden, 영국의 Finderhorn Community, Bruder Hof 등 300여 개가 있다. 지구생태마을네트워크(Global Eco-village Network)에는 이미 1990년에 20개, 97년에 57개 그리고 2000년에는 300개 이상의 생태공동체가 가입해 있다. 참고: 국중광·박설호 엮음,『생태위기와 독일 생태공동체』(서울: 한신대학교출판부, 2004); 동저자,『새로운 눈으로 보는 독일 생태공동체』(서울: 월인, 2005); 코린 맥러플린·고든 데이비드슨, 황대권 책임 번역,『새벽의 건설자들』(서울: 한겨레신문사, 2005).

2 국중광 엮음,『한국 생태공동체의 실상과 전망』(서울: 도서출판 월인, 2007).

3 김성균, "생태공동체의 이론과 실천: 두레마을을 중심으로", 단국대 박사학위논문 (2002); 오미란, "유기농업 생산조직의 형성과 변화: 장성 한마음공동체를 중심으로", 전남대 석사학위논문(2004).

과제가 무엇인지 기독교윤리의 관점에서 탐색하게 될 것이다.

II. 생태공동체 운동의 개념과 특성

1. 생태공동체 운동이란 무엇인가?

공동체 운동의 역사는 오래지만 본 연구의 주제인 생태공동체 운동은 비교적 최근의 사회 현상이다. 생태공동체 운동이란 현대 문명이 가져온 생태계 파괴와 인간성 상실이란 문제를 해결하기 위한 대안사회운동 가운데 하나로서 환경운동과 공동체 운동을 결합한 새로운 사회운동을 가리킨다. 생태공동체 운동은 환경적으로는 지속가능하고, 사회적으로는 연대와 협동을 중시한다는 점에서 다른 사회운동과 구별된다.

생태공동체란 문맥에 따라 다양한 의미로 쓰이고 있기 때문에 한 마디로 정의하기는 어렵지만 대체로 다음과 같이 이해할 수 있다.[4]

첫째, 이념, 사회시스템 또는 생활양식으로서 생태공동체. 둘째, 지역공동체(local community) 또는 지역사회로서 생태공동체. 셋째, 촌락공동체(village community) 또는 생태마을(eco-village)로서 생태공동체. 넷째, 의도적인 계획공동체(intentional community)로서 생태공동체. 넓은 의미의 생태공동체는 위의 개념을 다 포괄하지만, 좁은 의미의 생태공동체는 그 가운데서 네 번째 개념인 생태학적인 관점에서 형성된 계획공동체를 가리킨다.

---

[4] 생태공동체 운동센타(www.commune.or.kr); 황대권, "생태공동체란 무엇인가", 『녹색 사유와 독일 생태공동체』 국중광 교수 회갑기념논문집 (서울: 한신대학교출판부, 2004), 540.

이 연구에서는 생태공동체 개념을 생태 의식을 가진 사람들이 유기농업을 기반으로 하여 정주(定住) 형태를 띠면서 공동체적 삶을 추구하는 계획공동체로 정의하겠다. 기독교 생태공동체 운동이란 생태학적 의식을 가진 기독교인들이 기독교 신앙과 이념에 기초하여 농촌 사회에서 공동체 생활을 하면서 지속가능한 삶을 추구하는 계획공동체 운동이라 하겠다.

2. 생태공동체 운동의 특성

생태공동체 운동이 다른 공동체 운동과 다른 점이 있다면 무엇일까? 국제생태마을네트워크(GEN: Global Ecovillage Network)는 생태공동체 운동의 특성으로 생태성, 사회공동체성 그리고 문화 영성을 든다.[5]

첫째, 생태성(ecological)이라 함은 생태학적으로 지속가능한 생활방식을 가리킨다. 생태공동체에서는 살아가는 데 필요한 모든 것-의식주는 물론 의료, 문화, 교육, 에너지 활용을 생태주의 원리에 근거하여 해결한다. 인간만을 위한 물질적 풍요와 편리함보다는 자연과 조화를 이루는 삶에 더 많은 가치를 두기 때문이다.

둘째, 사회공동체성(social/community)이라 함은 공동체적 가치를 구현하기 위하여 구성원들이 서로 다름을 인정하고 상부상조하는 것을 의미한다. 공동체에서는 의사결정, 일과 놀이, 분배, 갈등과 분쟁 등의 문제를 민주주의적 방식으로 해결한다. 개인의 자유와 타인에 대

---

[5] www.gen.ecovillage.org; 권선형, "독일 생태공동체와 유토피아", 국중광·박설호 엮음, 『새로운 눈으로 보는 독일생태공동체』, 137-142.

한 책임 사이에 균형이 강조되며, 평생교육을 장려하고, 어린이와 노인과 같은 약자들의 삶의 질에 관심한다.

셋째, 문화 영성(cultural/spiritual)이라 함은 영성운동과 문화운동을 통해 공동체의 정신적 기반을 형성하고, 그것을 밖으로 표현하는 활동을 가리킨다. 생태공동체는 물질적 풍요 보다는 내면 세계의 풍요를 중시한다. 공동체적이고 생태적인 영성을 계발하기 위해 자연의 주기에 맞는 축제를 개발하고, 인간과 우주 사이의 일체감을 예술 활동을 통해 표현하며, 영성 계발을 위해 개인적 영성과 공동체의 영성 훈련을 중시한다.

3. 생태공동체 운동의 의의

생태공동체 운동이 우리 사회와 교회에 갖는 가치와 의의는 무엇일까? 생태공동체는 '생태'라는 말과 '공동체'라는 말의 어울림에서 보듯이, 우리 시대의 당면문제인 환경 위기와 인간 소외의 문제를 극복하려는 대안사회운동이다. 이러한 대안사회운동으로서 생태공동체 운동은 다음 네 가지 의의를 갖는다.

첫째, 생태공동체 운동은 환경운동으로서 그 중요성이 크다. 생태공동체 운동은 환경운동 가운데 가장 철저한 실천적 환경운동이랄 수 있는데, 이는 생산과 소비 활동은 물론 일상생활 전체에서 철저하게 생태주의 생각을 실천하려 하기 때문이다. 생태공동체 운동은 '개인주의적' 환경운동이나 '개량주의적' 환경운동의 한계를 극복한다는 점에서 매우 중요한 환경운동이다. 따라서 생태공동체 운동은 우리나라 국민의 빈약한 생태 의식을 강화하는데 기여할 것이다.

둘째, 생태공동체 운동은 자본주의 사회의 모순을 극복하기 위한 대안사회운동으로서 의의를 갖는다. 생태공동체 운동은 자본주의적 생산과 소비 방식에 대한 대안운동이며, 권위주의적 정치 대신에 생활 속에서 자치와 민주주의를 실천하고, 거대 기술 대신 중간 기술의 사용과 육체노동을 중시한다는 점에서 '대안공동체 운동의 꽃'으로 불리기도 한다.6

셋째, 생태공동체 운동은 농촌 사회 재건운동으로서 의의를 갖는다. 자본주의 산업사회에서 농업은 경쟁력이 없는 산업으로 평가되고, 근대화 과정에서 농촌 사회는 해체되고 말았다. 여러 가지 이유에서 이미 경쟁력을 상실한 우리나라 농촌 사회는 FTA체제 아래 더 파괴되어 갈 것이다. 이런 현실에서 농촌 사회에 기반한 생태공동체 운동은 농업의 경쟁력을 높이고, 낙후한 농촌 사회를 재건하는데 기여 할 것이다.

마지막으로, 생태공동체 운동은 신앙운동으로서 의의를 갖는다. 중세 수도원운동의 역사에서 확인할 수 있듯이, 공동체 운동이란 제도화된 기독교 신앙을 갱신하는데 도움을 준 신앙운동이었다. 생태공동체 운동은 자본주의의 영향을 받아 개인주의적 신앙 형태와 물질적 풍요 그리고 외형적 성장에만 몰두하고 있는 한국 교회의 신앙 문화를 갱신하는 자극제가 될 수 있다.

---

6 이근행, "생태공동체의 지속가능 전략과 실천", 국중광·박설호 엮음, 『새로운 눈으로 보는 독일 생태공동체』, 526.

III. 한국 기독교 생태공동체 운동의 역사와 현황

1. 기독교 생태공동체 운동의 역사

우리나라의 생태공동체 운동 역사는 그리 길지 않은 편이다. 1976년 유기농산물을 생산하기 위하여 '정농회' 활동이 시작된 이래 1980년대에는 생활협동조합 운동이 일어났으며 뒤 이어 여러 개의 유기농 생산공동체가 만들어지기 시작했다. 정주 형태를 띤 생태공동체 운동의 시초라 할 수 있는 '두레마을'(1979)은 노동, 자급자족, 중간 기술 그리고 소박한 생활방식을 목표로 했다. 야마기시즘 실현지인 산안마을(1984)은 공생과 순환의 양계방식, 무소유 그리고 공용의 생활방식을 목표로 삼았다.

1990년대 우리 사회에 환경의식이 확산되면서 생태공동체 운동은 이전 보다 더 활발해졌다. 1996년 출범한 전국귀농운동본부는 생태공동체 운동의 활성화에 도움이 되었다. 전북 부안의 변산공동체, 경북 울진의 한농복구회, 충남 홍성의 문당리 풀무공동체, 지리산 두레마을, 전남 장성의 한마음공동체, 전북 남원의 실상들녘공동체 등이 잇따라 생겨났다.

현재 우리나라 생태공동체 운동의 상당수는 기독교 신앙에 기초한 공동체다. 울진군 서면의 방주공동체, 이천 송라교회의 생태공동체,[7] 예산 평강교회의 더불어살기생명농업운동본부,[8] 경북 옥방의 새누리공동체,[9] 충남 홍성 홍동밀알교회,[10] 경남 산청에서 대안기술을 교육하

---

[7] 정원기, "송라교회의 생명공동체이야기", 「농촌과 목회」 15(2002), 78-86.
[8] 김용필, "예산 평강교회와 생명공동체 이야기", 「농촌과 목회」 13(2002), 84-95.
[9] 이재곤, "생태위기 극복을 위한 농촌 교회의 과제: 옥방교회 새누리공동체를 중심으로",

는 민들레공동체11 그리고 충북 보은의 예수마을 등이 잘 알려져 있다.

아래에서 우리는 위에서 언급한 수많은 기독교 생태공동체 운동체들 가운데 비교적 잘 알려진 두 곳을 택하여 각 공동체 운동의 역사, 이념, 사업활동이라는 관점에서 분석하고 간략히 평가하겠다.

2. 지리산 두레마을12

두레마을은 1971년에 청계천 빈민운동의 모태인 활빈교회(김진홍 목사) 교인 여덟 가정이 1979년 경기도 남양만으로 집단 이주하여 유기농 생산공동체를 건설함으로써 시작되었다. 중·고등학교까지 둔 공동체로 발전했지만 사업 확대로 재정상의 어려움과 그로 인한 구성원의 갈등이 심화되었다. 남양만 두레마을의 실패를 거울삼아 2002년 경남 함양 지리산 자락에 13만평 규모의 새로운 두레마을을 건설하였는데 이곳에는 현재 30여명이 생태농업을 기반으로 공동생활을 하고 있다.

지리산 두레마을은 하나님의 통치와 사랑이 모든 피조물에게 임하는 하나님나라 운동을 지향한다. 공동체의 핵심 이념은 사람과 땅 그리

(한남대 학제신학대학원 석사학위 논문, 2004).
10 하상복, "생태공동체를 통한 선교적 과제 연구: 문당환경농업마을, 홍동밀알교회, 풀무학교를 중심으로," (장로회신학대학 석사학위 논문, 2005).
11 www.atcenter.org 2006년부터 민들레공동체 안에 대안기술센타가 운영되고 있다. 유상균, "생태공동체의 에너지 활용 및 제로 웨이스트", 국중광 엮음, 『한국 생태공동체의 실상과 전망』, 89-113, 특히, 104-106.
12 김진홍, 『두레마을』(두레마을 출판부, 1990); 동저자, "간척지에다 두레 농민공동체를", 이삼열 편, 『사회봉사의 현장에서』(한울, 1999), 31-47; 김성균, "21세기를 준비하는 생태공동체를 찾아서: 지리산 두레마을", 「월간 말」 2003/8; 황대권, "한국 생태공동체의 농업현황과 전망", 국중광·박설호 엮음, 『새로운 눈으로 보는 독일 생태공동체』, 491-516. 특히 500-502; 김호열, "고백과 다짐: 지리산 두레마을 이야기", 「녹색평론」 81(2005/3-4), 94-105.

고 자연의 회복과 살림을 강조하는 희년 정신이다. 자연에 대한 관심은 두레마을 현관에 쓰인 "사람아 너는 흙이니 흙으로 돌아갈지니라"는 성서의 말씀에서도 확인할 수 있다. '더불어 산다'는 뜻을 지닌 '두레'라는 말 속에 공동체 정신이 잘 나타나 있다. 그 외에도 두레공동체는 가난을 이기는 활빈 정신, 역경을 딛고 일어서는 바닥 정신, 미지의 세계를 일구는 개척 정신, 대안을 마련하는 창조 정신 그리고 섬김과 나눔의 공동체 정신과 철학을 강조한다.

지리산 두레마을은 생태, 문화예술 그리고 영성수련이 조화를 이루는 생태공동체를 지향한다. 이를 위해 지리산 두레마을 공간은 농업, 주거 그리고 영성을 중심으로 구획되어 있다.

지리산 두레마을의 사업 활동은 아래와 같다. 첫째, 산머루나 약초 재배와 같은 생태농업을 위주로 하면서 두레유통망을 통해 유기농 재배작물 및 천연식품을 유통시키고 있다. 여러 해 전에 산머루 사업을 독립법인으로 분리시켜 경제적 자립을 모색하고 있다. 둘째, 먹거리만 아니라 주거나 에너지도 생태학적 관점에서 모색하고 있다. 통나무집을 짓고 풍력 및 태양광 병용 발전기를 설치하였다. 셋째, 문화 사업으로 두레마을 생활체험이나 두레 자연캠프를 열고 있다. 청소년을 대상으로 '말씀과 노동학교'(1991)를 열어 성경공부, 노동, 생태학습, 공동체생활, 문화(사물놀이)를 교육하고 있다. 마지막으로, 두레마을의 경험을 국제화하기 위해 연변두레마을(1997)을 개척하기도 했다.

3. 한마음공동체[13]

한마음공동체는 전남 장성지역의 수십 여 농가가 모여서 만들어진 유기농 생산 공동체다. 1984년부터 백운교회를 목회하던 남상도 목사는 교회를 중심으로 한 농민운동에 한계를 느껴, 1990년에 마을의 60여 농가를 묶어 한마음공동체를 설립하였다. 1994년에는 유기농 100가구와 소비자 500여 명으로 구성된 영농법인을 만들었고, 한마음신용협동조합도 설립했다. 2000년 이전까지 주로 유기농산물의 생산과 소비 및 유통에 관심했다면, 그 후에는 생태문화와 생태교육으로 활동 범위를 넓히고 있다. 2000년에 생태유치원을 개원하였으며, 2002년에는 여성농업인센타를 열었다. 초기에는 교회와 공동체가 합해져 있었으나 현재는 교회, 영농법인, 자연학교가 완전 분리되어 운영되고 있다.

한마음공동체의 이념은 한마음자연학교 푯말에서도 확인할 수 있듯이, 민족(도시와 농촌의 공생), 정의(사회적 분배 형평성) 그리고 생명(유기농업)이다. 한마음공동체의 '한'(하나)이라는 말은 농촌과 도시, 인간과 자연의 하나됨을 추구하는 핵심가치다. 한마음공동체는 농촌의 유기농 생산물을 통해 도시 소비자의 건강을 지키고, 도시는 농가의 경제안정을 돕는 상생적 도농공동체를 추구한다. 생태적 이념을 위해 유기농산물 음식, 명주천이나 천연염색 의류, 황토집 주거를 실천하고 있다. 현재 공동체가 위치해 있는 마을 전체를 관광, 학습, 휴식, 먹거리

---

[13] 남상도, "환경보전형 농업의 방향과 과제", 한국기독교사회발전협회 편, 『인간을 위한 사회발전운동』(서울: 개마서원, 1997), 166-184; 동저자, "생명운동 일구는 한마음공동체", 이삼열 편, 『사회봉사의 현장에서』(서울: 한울, 1999), 11-30; 최승호, "한국 생태공동체에서의 노동", 국중광 엮음, 『한국 생태공동체의 실상과 전망』, 43-68, 특히 56-60; 윤도현, "한국 생태공동체 체험학습의 실태와 발전방안", 『한국 생태공동체의 실상과 전망』, 117-136, 특히 122-130.

그리고 볼거리를 갖춘 생태마을로 변형시켜 가고 있다.

한마음공동체의 조직은 크게 유통팀과 학교팀으로 나뉘어 있다. 먼저, 유통팀은 유기농 생산과 유통 전체를 총괄하여 새로운 농촌 비즈니스 모델을 만들어가고 있다. 생산농가와 소비자들이 함께 자금을 출자한 영농조합이 광주 일대 50여 곳에 유기농 매장을 운영하고 있다. 한편, 학교팀은 교육과 문화 프로그램을 총괄하고 있다. 2000년에 매입한 지역의 폐교를 환경농업교육장으로 만들어 귀농학교, 농업 지도자 교육, 친환경농업단체들을 위탁 교육하고 있다. 한편, 자연학교를 열어 황토방 민박, 생태환경체험, 농촌문화체험, 천적사육장, 천연염색장, 도자기공예 등의 생태문화를 상품화하기도 했다. 그 외에도 추수감사제, 정월대보름 한마당, 소비자의 날 행사와 같은 문화프로그램을 통해 전통문화와 조화로운 기독교 문화를 실험하고 있다. 장기적 과제로 10만 평의 뽕밭을 조성하여 명주천, 누에 건강식품, 오디 판매도 계획하고 있다.

IV. 기독교 생태공동체 운동의 활성화를 위한 신학적 토대

1. 생태신학

생태신학은 기독교 생태공동체의 지도 이념일 뿐 아니라 구성원의 생태의식을 촉진하는 중요한 역할을 한다. 생태신학은 환경문제를 사회문제로만 보지 않고 창조신앙과 관련된 신앙문제로 인식한다. 생태신학은 환경위기의 원인을 인간의 죄 곧 인간과 자연의 왜곡된 관계(인간중심주의와 기계론적 자연관)의 결과로 본다. 말하자면, 오늘날의 환경위기를 하나님을 떠난 인간이 스스로 우주의 주인이 되어 자연 세계를 파괴하고 착취한 결과로 본다. 이런 비판의식에서 출발하여 생태신학은 환경 관리에 관심하는 개량주의를 넘어서 자연에 대한 인간의 근본적인 생각과 태도를 수정하는 데 관심한다.

생태신학은 전통 신학의 폐기가 아니라 재해석을 통해서도 얼마든지 신학적 기초를 만들어 나갈 수 있다. 한 예로써 전통적 삼위일체론의 생태학적 해석을 들 수 있다.[14] 먼저, 전통적인 유신론적 신관이나 범신론적인 신관을 비판하면서 신의 세계 초월성과 내재성을 동시에 강조하는 범재신론적(panentheism) 신관을 통해 하나님과 자연의 관계를 재구성한다. 성육신과 성만찬은 하나님의 초월과 내재의 변증법적 관계를 잘 보여준다. 정교회가 강조했던 우주적 그리스도론은 예수 그리스도를 인간 영혼만이 아니라 우주 전체의 구원자로 이해한다(골로새서 1:15-20). 그리고 성령은 생명을 창조하며 끊임없이 새롭게 하는 '생명의 영'(루아흐)으로 이해된다. 성령은 '내재적 초월'과 존재들 간의 코이노니아(친교)를 가능케 하는 분이다.

창조신앙 역시 생태신학의 중요한 토대가 된다.[15] 창조신앙은 창조주와 피조물 사이의 질적 차이를 강조함으로써 일부 환경론자들이 주장하는 범신론(pantheism)이 지니고 있는 신학적 문제를 극복하도록 돕는다. 창조신앙에는 인간을 포함해서 모든 피조물을 돌보시는 창조주의 자연사랑, 창조의 선함과 아름다움에 나타난 자연생태계의 내재적 가

---

14 조용훈, 『동서양의 자연관과 기독교 환경윤리』(서울: 대한기독교서회, 2002), 특히 8장: "생태학적 신관과 기독교 환경윤리", 223-247.
15 위의 글, 197-222.

치, 모든 피조물 사이의 상호의존성 혹은 공동운명성이 나타난다. 그리고 안식일(안식년) 계명에는 가축만이 아니라 토지의 생태학적 이용에 대한 진보적인 사상까지 나타난다. 그리고 창조신앙에서 하나님의 형상(*imago dei*)으로 창조된 인간은 '창조의 청지기'로 자리매김 된다. 청지기를 뜻하는 그리스어 '오이코노모스'는 전 우주를 하나의 가족처럼 돌볼 책임을 지닌 윤리적 존재다. 인간은 하나님의 창조에 대한 대리인(H. W. Wolf)이요, 하나님의 전권자(G. von Rad)요, 우주를 살림하는 존재(G. Altner)다.[16] 성서는 자연 세계에 대한 바람직한 인간의 이미지를 '정원사'(창세기 2:15)나 '구조선 선장'(창세기 6-9장)같은 윤리적 존재로 묘사한다.

이런 생태학적 신학에 기초하여 기독교 생태공동체는 자신을 창조의 청지기로 자각한다. 윤리적 책임 의식에 기초한 기독교 생태공동체는 인간과 자연 생명 모두를 보전할 수 있는 생명유기농법과 유기농 생산물 유통을 경제활동의 핵심으로 삼는다. 더 나아가 공동체 구성원의 에너지 사용이나 의식주 해결에 있어 생태학적 가치를 추구하는 지속가능한 삶을 실천한다.

2. 공동체 신학

공동체 신학은 기독교 생태공동체 운동의 이론적 토대를 제공할 뿐만 아니라 공동체의 운영과정에서 생기는 현실적 문제들을 이해하고 해결하는데 실제적 도움을 준다. 일반적으로 공동체란 특정한 지역 안에서 사회적으로 상호작용하는 사람들로 이루어진다. 공동체는 지리적

---

16 위의 글, 214-215.

영역, 사회적 상호작용 그리고 공동의 유대관계(공유가치)를 중요한 구성 요소로 삼는다.17 채수일은 역사 속 공동체 운동의 유형을 크게 세 가지로 나눈다:18 첫째, 묵시문학적 위기 유형으로서, 현실에 대한 절망에서 생겨난 개혁운동이지만 전체주의적 성격과 폭력성이란 한계를 지니고 있다. 둘째, 유토피아형으로서, 혁명적 행동보다는 자발적인 금욕의 실천, 청빈, 비폭력과 같은 가치를 지향한다. 하지만 문명에 대한 소박한 이해와 낙원지향적 폐쇄성이란 문제를 안고 있다. 셋째, 진보적 유형으로서, 이들은 세계를 부정하거나 세계로부터 도피하지는 않지만 세계의 점진적 변화를 추구한다. 그래서 이 유형은 개량주의라는 비판을 받는다.

공동체 운동의 형태가 어떠하든 인류의 역사 속에서 기독교 신앙에 바탕을 둔 공동체 운동은 끊임없이 시도되었다. 이는 기독교 신앙과 교회의 존재방식이 공동체적 특징을 지니고 있기 때문이다.19 기독교의 하나님은 삼위일체로서 성부와 성자, 성령의 코이노니아 속에 공동체 형태로 존재하시면서 인간만 아니라 자연세계와도 사귀신다. 하나님의 존재방식이 공동체적이라는 관점에서 볼 때, 죄란 공동체 관계들을 파괴시키는 일이며, 구원이란 관계의 회복이 된다. 예수님의 십자가 구원 사건은 죄로 말미암아 깨어진 관계를 회복하는 사건이다(에베소서 2:13-14). 예수님의 부활은 교회 공동체를 탄생시켰다. 성령은 공동체

---

17 강대기, 『현대사회에서 공동체는 가능한가』 (서울: 아카넷, 2001), 22-28.
18 채수일, "문명의 새로운 대안으로서 공동체 운동", 「월간해인」 136(1993/6) www.haein.org.
19 스탠리 그렌츠는 자신의 조직신학책 을 '하나님의 공동체를 위한 신학'으로 이름지었으며, 김현진은 한국 교회의 우선적 과제로서 공동체성 회복을 강조했다: 스탠리 그렌츠, 신옥수 역, 『조직신학: 하나님의 공동체를 위한 신학』 (서울: 크리스챤 다이제스트, 2003); 김현진, 『공동체 신학』 (서울: 예영커뮤니케이션, 1998).

의 영으로서 공동체에 생기를 불어넣고, 구성원 사이에 참다운 영적 친교를 가능하게 만든다. 종말론적 신앙공동체는 모든 인간 세계와 자연 세계를 아우르는 범우주적 생명공동체로 표현된다(이사야 11:6-9).

이러한 공동체 신학에 기초하여 기독교 생태공동체는 구성원 간의 친밀한 유대관계를 모색할 필요가 있다. 물론, 공동체적 관계가 지리산 두레마을에서 보듯이 밀접한 가족관계 형태일 수도 있지만, 장성 한마음공동체에서 보듯이 느슨한 형태의 생산자 조합일 수도 있다. 하지만 두 공동체 모두 공동체 구성원들과 함께 비전과 삶을 나눔으로써 개인주의적이고 경쟁지향적인 삶의 방식을 극복하려 한다는 점에서 공통점을 지닌다.

3. 생태학적 영성과 노동 신학

영성은 기독교 생태공동체 운동의 신앙적·정신적 자양분으로서 공동체 구성원들을 창조적이고 생명력 있게 만드는 요소다. 기독교 생태공동체 운동이 신과학(New Science)이나 뉴에이지 사상을 기반으로 하는 일반적 생태공동체 운동과 다른 점은 무엇보다 '기독교적' 영성에 기초한다는 점이다. 임홍빈은 기독교 생태영성의 특징을 범재신론(panentheism), 하나님의 인격성과 우주성 그리고 종말론적 사고에서 찾는다.[20]

생태위기 시대에 요청되는 영성은 생태학적 영성이다. 인간과 자연 사이의 건강한 관계를 추구하는 생태학적 영성은 자연세계에 대한 각

---

20 임홍빈, "기독교 생태신학의 시각에서 본 독일 생태공동체의 신과학적 자연영성", 국중광·박설호 엮음, 『새로운 눈으로 보는 독일 생태공동체』, 40-46.

성과 생태학적 일체감 그리고 생태학적 감수성을 포함한다. 생태학적 각성이란, 자연 속에서 하나님을 경험하고 하나님의 뜻을 발견하는 일이다. 바울은 자연 세계가 성서와 더불어 하나님을 계시하는 수단이라고 말했다(로마서 1:20). 중세인은 자연을 성경과 더불어 하나님의 뜻을 계시해 주는 하나의 '책'으로 생각했다. 자연이란 창조자의 의도와 디자인의 결과이므로 그것을 통해 신을 알 수 있다고 믿었다. 예를 들어, 개미와 벌은 성실을, 파리는 인생의 무상함을, 개똥벌레는 하나님의 신성함을 가르친다고 생각해서 자연세계를 탐구했다.[21]

생태학적 일체감이란, 파괴된 자연세계의 고통을 함께 느끼며, 성령과 함께 탄식할 줄 아는 영적 감수성을 가리킨다(로마서 8:22-23). 중세의 성 프란시스는 '태양에 대한 노래'에서 바람과 공기를 '형제'로, 물을 '자매'로, 땅을 '어머니'로 표현하였다. 과정신학자들 역시 우주를 '하나님의 몸'으로 이해했다.[22]

그리고 생태학적 감수성이란, 자연세계와 더불어 하나님께 감사하고 찬양하는 일이다(시편 19:1-6; 시편 8:1). 자연의 신비와 오묘한 질서 앞에서 인간은 놀라고, 감사하며, 찬양한다. 이러한 경탄과 감사 그리고 찬양은 생태공동체의 축제적 삶에서 중요한 내용이 된다.

한편, 생태학적 영성은 기도와 노동의 조화를 강조한다. 우리가 믿는 하나님은 '일하시는 분'이다(창세기 1:1-2:4). 창조주 하나님은 지금도 세상을 보전하시며 새롭게 하는 일을 하신다. 인간 역시 노동하는 존재로 태어났다. 인간의 노동은 하나님의 창조사역을 이어가는 '문화명령'의 핵심으로서 인간은 노동을 통해 하나님의 동역자가 된다(창세

---

21 데이비드 페퍼, 이명우 외 역, 『현대환경론』 (서울: 한길사, 1989), 80.
22 조용훈, 『동서양의 자연관과 기독교 환경윤리』, 225-227.

기 1:28; 2:15). 노동은 기도와 더불어 하나님과 관계를 맺는 길이다. 그래서 중세 수도원은 '노동이 곧 기도'(laborare est orare)라고 생각했고, 종교개혁자들 역시 노동의 신성함(직업소명)을 강조했다. 뿐만 아니라 인간의 노동은 생계를 유지하고, 사회적 관계를 맺게 하며, 자아를 실현하도록 돕는다. 노동은 저주라기보다는 오히려 축복으로 해석해야 한다.

이런 신학 배경에서 기독교 생태공동체 운동은 모든 형태의 노동과 땀흘림을 강조한다. 특히 농촌에서의 생태공동체 운동은 농업 노동을 강조한다. 이는 인간이 흙에서 왔으며 흙으로 돌아가는 존재이기 때문이다(창세기 3:19). 모든 생태공동체 운동체들이 추구하는 유기농법 혹은 자연농법은 인간이 생태학적으로 보다 더 건강한 방식으로 자연과 관계를 맺을 수 있게 만든다.

V. 기독교 생태공동체의 발전을 위한 실천 과제

1. 생태공동체 운동의 평가 지표

생태공동체의 성공 여부를 판단하는 기준은 관점에 따라 다를 수 있다. 그럼에도 불구하고 공통적으로 강조되는 평가 기준이 있다면 그것은 공동체가 구성원들의 자아실현과 인격 성장에 얼마나 기여하였는지 그리고 공동체가 얼마나 오래 지속하였는가 하는 물음일 것이다.[23]

---

[23] 로자베스 캔터(R. Kanter)의 연구에 따르면, 91개의 공동체 중에서 12개만 16년 이상 지속되었고, 30년 이상 지속된 공동체는 9개에 머물렀다. 참고: 코린 맥러플린 · 고든 에이비드슨, 황대권 책임 번역, 『새벽의 건설자들』 (서울: 한겨레신문사, 2005), 56.

국제생태마을네트워크(GEN)에서 2001년에 개발한 '공동체 지속성 평가'(community sustainability assessment) 지표에는 다음과 같은 요소들이 제시되어 있다:[24] 첫째, 생태적 측면으로서 지역 이해, 식량 수급 및 생산과 분배, 물리적 기반 시설, 소비 유형과 쓰레기 관리, 하수와 수질오염 관리, 에너지원과 사용이다. 둘째, 사회적 측면으로서 개방성, 신뢰, 안전성, 의사소통, 외부와의 연결, 교육, 건강 돌보기, 지속가능한 경제다. 셋째, 영성적 측면으로서 예술과 여가, 영적 지속가능성, 문화적 지속가능성, 순환적 세계관, 평화와 지구적 인식이다. 그 가운데서도 공동체의 이념, 지속가능한 삶의 실천, 경제적 자립, 갈등해결과 지도력 그리고 개방적 네트워킹이 중요하다.

2. 공동체의 이념

공동체의 이념이란 공동체가 지향하는 비전이나 가치관을 가리킨다. 공동체의 이념은 다양한 구성원을 하나로 묶어주며, 공동체가 해야 할 일과 하지 않아도 될 일 사이를 구분할 수 있게 돕는다. 이념이 분명하지 않거나 구성원 사이에 공유되지 못할 때 공동체는 방향감을 상실하고 에너지는 분산 된다. 이념이 지나치게 폐쇄적이거나 경직되어 있으면 공동체의 인격관계는 위태로워진다.

종교의식은 공동체의 이념을 심화시키고 구성원을 하나로 묶어주는 상징적 행위라는 점에서 매우 중요하다. 종교의식은 구성원의 유대감을 강화함으로써 갈등을 예방하고, 구성원들의 에너지를 모으는데

---

24 이근행, "생태공동체의 지속가능 전략과 실천", 국중광·박설호 엮음, 『새로운 눈으로 보는 독일 생태공동체』, 533 〈표 2〉를 참고.

도움을 준다. 이런 이유에서 지리산 두레마을에서는 매일 아침 지도자인 김호열 목사가 직접 만든 성서 묵상집으로 기도회를 한다. '말씀과 노동학교'는 공동체의 이념을 구성원에게는 물론 외부 교육 참가자에게도 알리는 기회다. 한편, 한마음공동체는 체험학습으로 구성되는 '한마음자연학교'와 '자연생태유치원' 교육 프로그램을 공동체 구성원의 이념을 강화하고 확산시키는 데에 활용한다.

종교적 이념이라고 해서 지나치게 배타적이거나 폐쇄적이어서는 안 된다. 대부분의 기독교 생태공동체들이 농촌지역에 위치해 있다는 점을 고려한다면 전통문화에 대해 좀 더 개방적이고 유연한 신학적 태도가 필요하다. 하지만 유감스럽게도 기독교 생태공동체들 가운데에는 전통문화를 미신으로 생각하여 멀리하는 경향이 있다.[25] 그러다 보니 농촌의 전통문화에 깃들어 있는 생태학적 영성이나 공동체 정신을 활용하지 못함으로써 자칫 지역사회로부터 문화적으로 고립될 위험이 있다. 하지만 한마음공동체의 경우에는 전통문화를 적극 수용하고 있다. 추수감사절 때에는 새끼 꼬기, 널뛰기, 풍물놀이 등의 프로그램을 운영하고, 정월대보름 행사에는 지신밟기, 5월 단오제에는 유기농 축제를 벌인다.[26] 기독교 생태공동체가 전통문화와 조화된 공동체이념을 만들려면 농사절기인 24절기를 중심으로 해서 생겨난 농촌의 전통문화에 대한 적극적인 신학적 이해가 필요해 보인다.[27]

---

[25] 박경장, "생태공동체와 지역사회와의 공존방안", 국중광 엮음, 『한국 생태공동체의 실상과 전망』, 222-226.
[26] 남상도, "백운교회의 정월대보름 행사", 「농촌과 목회」 14(2002), 30-42.
[27] 이정배, "24절기 문화에 대한 신학적 이해(1,2)", 「농촌과 목회」 14(2002), 59-72; 15(2002), 246-255; 기획특집 "농촌의 전통생활문화, 어떻게 이해할 것인가?", 「농촌과 목회」 15(2002), 10-77.

3. 지속가능한 삶

생태공동체는 구성원들의 물질적 욕구는 물론 정서적인 욕구나 정신적인 욕구까지 만족시킬 수 있어야 한다. 일반적으로 생태공동체 구성원의 삶의 질을 결정짓는 요소들로는 건강, 삶의 여유, 여가, 인격 존엄성, 공동체성, 생태적 감수성 등이다.[28] 생태공동체는 자연과 문화의 통합을 통해 최소한의 물질생활 속에서도 삶의 풍요를 누릴 수 있는 생활방식을 개발하도록 힘써야 한다.[29]

기독교 생태공동체가 지속가능한 삶을 실천하기 위해서는 먹거리만이 아니라 주거환경 그리고 기술 및 에너지 활용에 있어서도 철저하게 생태성을 지향해야 한다. 이를 위해 지리산 두레마을은 유기농 먹거리는 물론 통나무집을 짓고, 풍력 및 태양광 병용 발전기를 설치하였다. 한마음공동체 역시 주변에서 쉽게 구할 수 있는 황토 흙집을 주거 형태로 삼아 여러 채의 황토 주택을 지어 생활하며, 보급에도 노력하고 있다. 하지만 겨울철에는 두 생태공동체 모두 전기 의존도가 높아서 생태적인 대체 에너지원의 개발과 활용에 관심을 기울일 필요가 있어 보인다. 이런 점에서 볼 때 경남 산청의 민들레공동체가 대안기술센터를 통해 대체에너지기술을 개발하고, 생활에 활용한다는 점은 주목할 만하다.

4. 경제적 자립

생태공동체 운동이 성공할 수 있는 조건 가운데 하나는 경제적으로

---

[28] 박계수, "생태공동체의 일과 여가", 국중광·박설호 엮음, 『새로운 눈으로 보는 독일 생태공동체』, 107.

[29] 코린 맥러플린·고든 에이비드슨, 황대권 책임 번역, 『새벽의 건설자들』, 60-61.

자급자족할 수 있는가이다. 생태공동체 구성원들의 경제적 욕구가 충족되지 못할 때 구성원의 삶의 질 저하는 물론 공동체의 지속성까지 위협을 받는다. 지금까지의 사례들을 분석해 보면, 생태공동체들이 재정을 확보하는 방안은 크게 세 가지다.[30] 하나는 마을 내부의 공동 생산을 통한 자급자족 방식이다. 다른 하나는 마을 외부 생산 의존 방식으로 공동체 주변의 마을을 이용한다. 마지막 하나는 마을의 거주자와 외부의 거주자가 혼합된 생산 활동으로서, 농업에서 엔지니어까지 다양한 생산 활동을 포함한다. 일반적으로 생태공동체가 추진하는 경제활동 가운데 인기가 높은 것이 생산협동조합이다. 이는 생산협동조합이 토지와 장비, 노동력을 효율적으로 사용할 수 있기 때문이다.

대기업까지 나서서 유기농 생산과 유통 사업에 진출하는 최근 상황에서 유기농 생산을 중심으로 한 생태공동체가 경쟁력을 높이고 경제적 자립에 성공하려면 발상의 전환과 새로운 전략이 필요하다.

먼저, 공동체가 위치하고 있는 지역적 특색에 맞는 특화 농산물을 개발할 필요가 있다. 지리산 두레마을이 산머루나 약초를 특화한 것은 좋은 사례. 둘째, 유기농업의 생산성 증가를 위한 기술개발만이 아니라 판매를 위한 시장 개척과 유통 개선이 필요하다. 인근 대도시인 광주 지역을 중심으로 유통망을 운영하고 있는 한마음공동체의 노력은 시사하는 바가 적지 않다. 셋째, 생태문화 사업같은 새로운 사업 영역의 발굴도 필요하다. 최근 농촌문화와 생태체험을 결합한 생태관광이 사회적 관심을 끌고 있다. 하지만 생태공동체가 자칫 경제적 현실성만 추구하여 비즈니스로 기울 때, 공동체의 본래적 이념인 영성적 차원이 약화

---

30 고명희, "생태공동체 경제와 생활의 질", 국중광·박설호 엮음, 『새로운 눈으로 보는 독일 생태공동체』, 203.

될 수 있다는 점을 간과해서는 안 된다.

5. 인간관계의 갈등 해결과 지도력

공동체 운동에서 가장 어려운 과제는 다양한 형태의 인간관계에서 생기는 갈등을 해결하는 일이다. 공동체는 유토피아가 아닌 현실이기 때문에 인간관계의 갈등은 피할 수 없다. 역사 속에서 공동체 운동은 외부적 요인보다는 내부적 요인에 의해서 붕괴되는 경우가 더 많았다. 공동체에 일반적으로 나타나는 갈등과 대립 형태는 집단주의와 개인주의, 사적 공간과 공동 공간, 의존성과 자율성, 의무적 활동과 자발적 활동, 이상주의와 현실주의, 목표 지향과 과정 지향, 계획과 자발성, 일중독과 회의중독 사이에서의 갈등과 대립이다.[31] 지리산 두레마을 대표인 김호열은 "나의 공동체 경험에서 제일 어려운 것은 인간관계다"라고 고백하였으며,[32] 미국 워싱턴에 있는 '지구 청지기들'(Earth Stewards)의 공동창설자인 다나안 패리 역시 "공동체가 존재하는 첫 번째 이유는 갈등으로부터 배우기 위해서입니다"라고 고백할 정도였다.[33]

갈등을 예방하려면 구성원 사이에 효과적인 의사소통 방식을 개발하고, 공동체의 운영 과정에서 민주주의적 의사결정을 중요시 해야 한

---

[31] 코린 맥러플린·고든 에이비드슨, 황대권 책임 번역, 『새벽의 건설자들』, 114-136.
[32] 그는 인간관계에서 생겨나는 갈등 해결을 위해 다음 다섯 가지를 다짐한다: 1. 가족을 변화시키려 하지 않고 기다릴 것을 다짐한다. 2. 눈에 보이는 결과보다 보이지 않는 과정을 보기로 다짐한다. 3. 가르치지 않으며 단지 살아가기로 다짐한다. 4. 당위성에 근거하여 판단하는 오류를 범하지 않기로 다짐한다. 5. 가난하고 슬픈 마음으로 그 모두를 받아들이기로 다짐한다. 참고: 김호열, "고백과 다짐: 지리산 두레마을 이야기", 「녹색평론」 81(2005/3-4), 96. 101-105.
[33] 코린 맥러플린·고든 에이비드슨, 황대권 책임 번역, 『새벽의 건설자들』, 103 재인용.

다. 대부분의 생태공동체 운동단체들이 비효율적으로 보이더라도 전원합의제를 시행하고 있는 이유가 그 때문이다.34 한마음공동체처럼 개인 지도자에 대한 의존도가 높을 때 세월이 흐르면 지도력 문제가 발생할 것이다. 대개 카리스마적 지도력은 공동체의 초기 설립단계에서는 효율적일 수 있으나 정착단계에서는 비효율적인 요인으로 작용하는 경우가 많기 때문이다.35

인간관계의 갈등을 해결하는 방법으로 구성원 사이의 정서적 유대감을 심화시킬 수 있는 프로그램의 개발도 필요하다. 공동체 구성원 각자의 역량을 강화할 수 있는 교육과정을 마련하고, 어린이나 노인들의 복지에 대한 배려도 요청된다. 뿐만 아니라 신입 공동체 회원 심사를 엄격하게 함으로써 구성원이 자주 들어오고 나감으로 인해 생길 수 있는 불안정을 극복할 수 있어야 한다.36

6. 개방적 네트워킹

생태공동체 운동이 개방적 네트워킹을 필요로 하는 이유는 여럿이다.37

---

34 김갑년, "갈등해결을 위한 수단으로서의 비폭력적 커뮤니케이션", 국중광 엮음, 『한국생태공동체의 실상과 전망』, 18-24.
35 강대기, 『현대사회에서 공동체는 가능한가』, 263.
36 미국 캘리포니아에 있는 오자이 재단에서는 새로 들어오려는 사람에게 다음 세 가지 질문을 던진다고 한다: "여기 있는 것이 어떻게 당신에게 도움이 됩니까?" "당신은 어떻게 공동체와 토지, 목적에 도움을 줄 겁니까?", "여기에 있으면서 어떻게 하나님께 봉사할 수 있습니까?", 코린 맥러플린·고든 에이비드슨, 황대권 책임 번역, 『새벽의 건설자들』, 432.
37 윤도현, "생태공동체 네트워크의 필요성과 문제점", 국중광·박설호 엮음, 『새로운 눈으로 보는 독일 생태공동체』, 356-359.

첫째, 생태공동체 운동이 특정 영역에서의 운동이 아니라 인간, 자연, 사회 전반을 포괄하는 종합적 대안사회운동이기 때문이다. 둘째, 생태문제에 대한 접근법이 고립에서 연결로, 중앙집중적 접근에서 분산적 접근으로 바뀌어야 하기 때문이다. 셋째, 지속가능한 사회 건설을 위해 다양한 문화에 대한 이해가 필요하기 때문이다. 넷째, 운동 세력들 간의 지원이나 협력 그리고 일반 사회에 대한 영향력 증대가 필요하기 때문이다. 마지막으로, 공동체 자체 안에 가지고 있는 특수한 필요 때문이다. 말하자면, 공동체 간에 정보의 교환이나 물질적 자원의 동원을 위해 다른 생태공동체들과의 협력이 요청되기 때문이다.

공동체 운동의 초창기에는 구성원의 단결을 위해 어느 정도 폐쇄적 운영이 필요할지 모르나 지속적 발전을 위해서는 반드시 개방성을 지녀야 한다. 이는 공동체가 하나의 독립된 사회이지만 넓게 보면 지역사회의 일부이기 때문이다. 생태공동체가 지역의 환경운동에 앞장 설 때, 주민에게는 지역에 대한 자부심을 줄 수 있고, 공동체 구성원에게는 정체성을 강화시켜 주며, 영성적으로는 구체적인 문제들과 씨름하면서 구체성과 현실성을 갖추는 기회가 된다.[38]

'지구적으로 생각하고 지역적으로 행동하기' 위해 생태공동체는 지역의 정신과 사회 그리고 문화의 구심점이 되도록 힘써야 한다. 한마음공동체가 주변 농가를 유기농 생산농가로 함께 묶은 일이나, 지리산 두레마을이 지역사회 주민들과 더불어 산머루를 지역의 특화 작물로 발전시킨 일들은 좋은 사례가 된다. 그리고 생태공동체는 주변 지역의 다양한 공동체 운동들(유기농생산자조합, 생활협동조합, 대안학교 등)과도 적

---

38 박경장, "생태공동체와 지역사회와의 공존방안", 국중광 엮음,『한국 생태공동체의 실상과 전망』, 221.

극적으로 협력하고 연대할 필요가 있다. 지방자치단체와의 협력도 점점 중요해지고 있는데, 이는 지방자치 시대와 세계화 시대를 맞아 정부와 지방자치단체들이 지역 발전에 많은 관심을 기울이고 지역 발전에 도움이 되는 공동체나 단체에 대한 지원 체제를 갖추고 있기 때문이다.

VI. 결론

자본주의가 강화되어 인간의 소외감과 생태 위기가 심화될수록 생태공동체 운동의 중요성과 필요성이 증대될 것이다. 실제로 오늘날 우리 사회에 귀농학교, 생협, 대안학교가 자꾸 생겨나고 있다. 지역 발전에 관심하는 지방자치단체가 팔 걷고 나서서 공동체 운동 단체에 대하여 행정·재정 지원을 하는 것도 마찬가지 이유다. 더 많은 생태공동체 운동이 성공할 수 있을 때 우리 사회는 더 건강한 사회로 발전하게 될 것이다.

인류의 역사 속에서 수많은 종류의 공동체가 출현하고 사라졌다. 만들기는 쉬워도 유지하기는 어려운 것이 공동체다. 기독교 생태공동체 운동이 성공하려면 생태학적이고 공동체적인 기독교 이념의 일관성을 유지하고, 지속가능한 삶을 실천하며, 경제적 자립을 달성하고, 구성원 사이의 갈등을 해결할 수 있는 지도력을 갖추고, 공동체의 개방적 네트워킹을 실현해야 한다.

건강한 생태공동체 운동이 많아질 때, 지역의 환경운동도 탄력을 받을 수 있을 것이다. 기존의 이념화된 사회운동 대신에 현실 생활에 바탕을 둔 새로운 사회운동의 모델도 생겨날 수 있을 것이다. 생태공동체를 통한 유기농산물의 생산과 유통은 농촌의 경제적 자립에 도움을 줄 수 있을 뿐만 아니라, 근대화 이후 단절된 도농 간의 공동체 형성에도 도움이 될 것이다. 그 외에도 교회적으로 볼 때, 자본주의의 영향을 받은 개인주의 신앙 형태와 물질적 풍요나 외형적 성장에만 몰두하는 오늘날의 한국교회를 반성하고 갱신하는 자극제가 될 수 있을 것이다.

8 장
도시 빈민공동체 운동과 교회

I. 서론

우리 사회에서 '빈곤 문제'가 다시금 사회와 정치의 핵심 이슈로 부각되고 있다. 1960-70년대에 근대화(산업화와 도시화)로 말미암는 빈부격차와 빈곤 문제는 인권 문제와 더불어 심각한 사회 문제 가운데 하나였다. 1980년대 고도의 경제성장과 소비사회의 등장으로 묻혔던 빈곤 문제가 신자유주의 지구화(세계화) 경제가 진행되면서 상대적 빈곤 문제와 더불어 다시 제기되고 있다.[1] 보건사회연구원이 2006년부터 9

---

* 이 글은 "기독교 도시빈민공동체 운동의 현실과 미래적 과제에 대한 연구"라는 제목으로 「신학사상」 157(2012)에 실렸던 글을 수정하고 보완했다.

1 최근 재정부가 2010년 소득 불평등에 대한 조사를 한 결과 상대적 빈곤율(중위소득의 절반에 못미치는 사람이 전체 인구에서 차지하는 비율)은 15%나 되었고, 소득 상위 20%의 소득이 하위 20%의 4.81배에 달했다. 지니계수(소득 집중계수로서 통상 0.4를 넘으면 소득분배 불평등 정도가 심하다고 본다) 역시 0.314로서 소득불평등이 계속해서 심화되고 있는 것으로 나타났다. 참고: "소득 불평등 갈수록 심각", 「국민일보」 (2011년 7월

년 동안 축적된 자료를 토대로 2015년 1월 발표한 '2014년 한국복지패널 기초분석 보고서'를 보면 저소득층 가운데 중산층으로 이동한 빈곤 탈출률이 2006년 32.4%에서 2014년에는 22.6%로 낮아지고 있어 빈곤의 대물림 현상이 나타났음을 알 수 있다.[2] '워킹푸어'니 '하우스 푸어'니 하는 새로운 형태의 빈곤은 고용 없는 성장, 사회적 안전망의 미비, 비정규직의 확산, 실업자의 증가 등 사회경제의 구조적 원인에 의해서 발생하고 있다.

가난과 가난한 사람은 성서의 중요 관심사였다.[3] 한국교회 역시 선교초기부터 '가난한 사람들의 교회' 혹은 '가난한 사람을 위한 교회'로 출발했다. 일제강점기에는 교회가 농촌 사회의 가난 문제를 해결하기 위해 노력했다. 1970년대에는 도시산업선교나 도시빈민선교를 통해 가난한 사람들에 대하여 신학과 목회의 관심을 기울였다. 민중신학과 민중교회 운동이 생겨난 것도 이 때였다. 하지만 1980년대 후반 들어 교회가 양적으로 급속히 성장하면서 경제적으로는 부요하고 정치적으로는 힘있는 집단이 되었고, 자연스럽게 가난한 계층에 대한 관심은 줄게 되었다. 물질적 성공이 영적 은혜나 축복과 동일시되는 교회 환경에서 가난은 저주로까지 인식되게 되었다.

이런 비복음적 상황에서 빈곤 문제를 마을공동체 운동의 관점에서 다루는 이 연구는 물질주의와 성공주의 유혹 때문에 가난한 자에 대해 무관심해진 교회 현실을 반성하도록 요청하며, 성서의 정신에 따라 '가

12일) 그리고 보건사회연구원의 한 자료에 따르면, 우리나라 빈곤층 10명 가운데 7명은 평생 빈곤층에서 탈출하지 못하는 것으로 나타났다. 참고: "사회적 합리성과 양극화 해소", 「국민일보」 (2011년 8월 1일).
2 「중앙일보」 (2015년 1월 28일).
3 서인석, 『성서의 가난한 사람들』 (왜관: 분도출판사, 1979); 레슬리 호프, 나요섭 역, 『성서에 나타난 가난』 (서울: 나눔사, 1992).

난한 자를 위한 교회'나 '가난한 자들과 함께하는 교회'로 갱신하도록 도전한다.

이 연구의 주제인 빈민공동체 운동에 대한 사회학적 연구는 적지 않은 편이다. 신학적 관점에서 민중신학이나 민중교회론에 기초한 연구도 적다할 수 없다.4 하지만 우리가 관심하는 마을공동체 운동으로서 기독교 빈민운동에 대한 연구는 상당히 취약하다.5 다행스럽게도 최근 새로운 형태의 빈민공동체 운동이 등장하고 있다.

기독교 빈민공동체 운동의 여러 유형 중에서 행려자와 노숙인을 위한 밥상공동체들 가운데 가장 잘 알려진 '다일공동체'에 대한 연구는 상대적으로 많은 편이다.6 노숙인 쉼터나 자활공동체들 가운데서는 '원주밥상공동체'가 잘 알려져 있다.7 이주노동자 공동체의 대표적 사례라 할 수 있는 '안산이주민센터'에 대한 연구는 공동체의 설립자인 박천응 목사에 의해 상당히 심층적으로 이루어졌다.8 빈곤 아동의 보육공동체

---

4 한국기독교사회문제연구원, 『민중의 힘, 민중의 교회: 도시빈민의 아름다운 삶을 위하여』 (서울: 민중사, 1987); 한국민중교회운동연합, 『민중의 교회, 민족의 희망』(한국민중교회운동연합, 1996); 황홍렬, 『한국 민중교회 선교역사(1983-1997)와 민중선교론』(서울: 한들출판사, 2004) 등.
5 박정세, "1970년대 도시빈민선교의 유형과 특성", 「신학논단」 24(1996); 이영호, "가난한 자들의 교회형태로서 기초교회 공동체에 관한 연구", 장신대 대학원 미간행 석사학위논문(1994) 등.
6 김헌우, "도시빈곤 문제에 대한 기독교복지공동체 운동에 관한 연구: 두레마을공동체, 다일공동체 사례를 중심으로", 계명대 여성학대학원 석사논문(2000); 박종삼, "가난한 이웃을 위한 다일공동체 사회선교의 신학적 의의", 김경호 외, 『다일의 영성과 신학: 다일공동체창립20주년기념논문집』 (서울: 도서출판 다일, 2008).
7 허기복, "그들이 주인되는 공동체: 원주밥상공동체를 중심으로", 대한예수교장로회 총회 사회부, "예장 실직·노숙인 선교 평가와 전망", 심포지엄 자료집(2003), 155-169; 동저자, "밥으로 여는 세상", 「교회와 신학」 54(2003), 147-151; 동저자, 『세상에서 가장 따뜻한 밥상』(서울: 미디어월, 2005).
8 박천응, "쓰레기더미 속에 핀 꽃: 외국인노동자선교이야기", 「교회와신학」 55(2003), 139-144; 동저자, 『이주민 신학과 국경없는 마을 실천: 안산이주민센터』(안산: 국경없

인 공부방(혹은 지역아동센터)에 대한 연구는 주로 사회학적 관심에서 많이 이루어졌다.9 마지막으로, 노숙자나 빈민을 위한 인문학 강좌에 대한 연구는 그 중요성에도 불구하고 단편적인 보고서나 신문·잡지에 소개된 것 들 뿐이다.10 아마도 인문학 강좌가 비교적 최근에 시작된 학습공동체 운동이기 때문일 것이다.

이 연구는 새롭게 대두되고 있는 도시빈민문제를 해결하는데 있어서 지역 교회의 역할이 무엇인지 공동체 운동의 관점에서 탐색하는 데 그 목적이 있다. 이를 위해서 먼저, 기독교가 주축이 된 도시빈민공동체 운동의 개념과 역사를 살펴보겠다. 그런 다음에 현재 진행되고 있는 기독교 도시빈민공동체 운동의 다섯 가지 유형인 행려자 밥상공동체, 노숙인 쉼터, 이주노동자 생활공동체, 빈곤아동 보육공동체 그리고 노숙인 학습공동체를 역사와 이념 그리고 활동내용을 중심으로 분석해보겠다. 그런 후에 기독교 도시빈민공동체 운동이 활성화되는데 요청되는 신학적, 실천적 과제가 무엇인지 탐색하는 순서로 연구를 진행하겠다.

는마을, 2006); 동저자, "외국인 노동자와 사회선교", 정원범 편, 『사회선교 목회 21세기』 (서울: 한들출판사, 2006); 동저자, 『다문화 교육의 탄생』 (안산: 국경없는마을, 2009).
9 구경모, "도시빈민지역의 공부방에 대한 연구", 영남대 미간행 석사학위논문(2002); 유영희, "빈곤지역 공부방 활성화 방안: 성남 구시가지 민간공부방을 중심으로", 한신대사회복지실천대학원 미간행 석사학위논문(2002) 등.
10 임철우·우기동·최준영 외, 『행복한 인문학』 (서울: 이매진, 2008).

II. 기독교 도시 빈민공동체 운동의 개념과 역사

1. 도시 빈민공동체 운동의 개념과 의의

일반적으로, 빈곤을 논의할 때 절대빈곤을 우선적으로 생각하게 된다. 절대빈곤이란 한 가구가 최저 수준의 식품, 주거, 피복을 조달할 수 없는 상태로서, 물질적으로만 아니라 정서적, 문화적, 사회적으로도 소외된 상태를 가리킨다. 기독교 도시 빈민공동체 운동이란 이러한 소외 상태에 있는 도시빈민이 객체(시혜의 대상)로 머물지 않고 주체가 되어 다양한 사회, 경제, 정치, 문화 활동을 통해 자신들의 운명을 스스로 결정하며, 자신의 삶의 조건들을 인간답게 바꾸어 나감으로써 하나님 나라를 건설하는데 기여하도록 돕는 기독교의 공동체 운동 가운데 하나라 할 수 있다.

기독교 도시빈민공동체 운동이 우리시대의 사회와 교회에 갖는 의의는 여러 가지이다.

첫째, 대안사회운동 가운데 하나로서 도시빈민공동체 운동은 신자유주의 시장경제 아래 심화되는 사회적 양극화와 빈곤 문제를 극복하는 데 도움을 준다. 이 도시 빈민공동체 운동은 경제적으로는 신자유주의 이념에 기초한 현실 자본주의에 대해 비판하며, 정치적으로는 가난한 자, 소외된 자를 위한 정치를 모색하는데 기여한다.

둘째, 공동체 운동으로서 도시 빈민공동체 운동은 마을공동체 형성을 돕는다. 도시에서의 삶은 익명성과 극단적 개인주의를 특징으로 한다. 계층 간의 위화감도 커서 빈민이나 장애인의 집단거주가 아파트 값을 떨어뜨린다고 차별하기까지 한다. 도시 빈민공동체 운동은 빈곤계층에 대한 차별이나 배제 대신 연대(solidarity)를 강조함으로써, 주민 사이의 무관심이나 경쟁적 삶의 방식 대신에 공동체적 상생 관계를 형성하도록 돕는다.

셋째, 교회갱신운동으로서 도시 빈민공동체 운동은 1980년대 이후 '부자 교회'로 이미지화된 한국교회의 영적 갱신을 돕는다. 신자유주의 시장경제는 사회적 양극화만 아니라 교회 간 양극화 문제도 불러왔다. 도시 빈민공동체 운동은 한국교회의 성공지향적인 신앙 문화와 개교회 성장주의 문화를 반성하고, 지역사회와 밀착된 새로운 목회 방향을 설정하는 데 도움을 준다.

2. 우리나라 도시빈민의 형성 배경

농경사회였던 우리나라는 고대 사회에서부터 구황, 한해, 병충해, 홍수, 그 외의 각종 자연재해로 말미암는 가난을 피하지 못했다. 조선시대에는 봉건적 사회질서 아래 구조적으로 가난했다. 일제강점기에는 식민지 수탈로 인해 빈민들이 고향을 이탈하여 도시빈민으로 혹은 해외 이주자로 흩어지게 되었다. 한국 전쟁 때에는 초토화된 도시 곳곳에 대량의 난민이 발생하여 집단 빈민촌을 형성하였다. 그리고 1960년대 이후에는 근대화(산업화와 도시화)로 말미암아 이농 인구가 급격히 늘면서 도시빈민이 생겨났다.[11] 당시 근대화 정책의 구조적 희생자였던 이농 인구는 행상, 일용직노동자, 혹은 반실업 상태로 존재하면서 대부분 도시 빈곤층으로 전락하였다.

---

11 1960년대 초 도시와 농촌인구 비율이 40:60이던 것이 1980년대에 이르면 70:30으로 역전된다. 1960년에 240만 명이었던 서울 인구는 1970년이 되면 550만 명으로 증가한다.

1970년대 들어 우리나라 경제정책이 중화학공업과 수출주도산업 중심이 되면서 자연스럽게 공장 노동자들이 빈곤층을 형성하였다. 당시 서울 인구 600만 명 가운데 3분의 1에 해당하는 이들 도시빈민들은 주로 달동네나 뚝방의 무허가 판자촌에 거주했다.[12] 1971년 지역주민 5만 여명이 참여한 '경기도 광주 대단지 사건'은 도시에서 내쫓긴 빈민들의 비인간적인 현실을 알게 되는 계기였다.

　　1980년대에 정부는 아시안게임과 올림픽게임을 앞두고 도시 미관을 해친다는 이유로 판자촌을 강제 철거하고, 노점상을 단속하면서 빈곤층의 생존이 위협 당했다. 1997년 IMF 경제체제 아래 사회적 양극화가 진행되고, 실업자와 비정규직 근로자가 급격히 늘어나면서 노숙자들이 새로운 빈곤층으로 등장하게 되었다.

　　윤석범은 우리나라 빈곤층을 크게 다섯 가지 유형으로 구분한다.[13] 첫째, 부랑성 빈곤층으로서 거주가 일정하지 않은 노숙자가 해당된다. 둘째, 도시밀집성 절대빈곤층으로서 일세나 월세의 임대료를 지급하면서 사는 노점상이나 행상이다. 셋째, 노약성 절대빈곤층으로 달동네의 가난한 독거노인이다. 넷째, 전래성 절대빈곤층으로 농어촌 지역에 자연 취락의 형태로 존재하는 빈농이다. 다섯째, 미정착 빈곤층으로 도시 주변의 신개발 지역에 산재한 사람들로서 저임금 또는 산업 재해 등으로 생계유지가 힘든 사람들이다.

　　한편, 2000년대 들어서는 독거노인들이나 교육 기회를 박탈당한 빈곤 아동 그리고 이주노동자와 다문화가정이 새로운 형태의 빈민 유형으로 부각되고 있다.

---

12 1961년 서울의 판자촌 수가 84,400동이었는데 1970년에는 187,500동으로 늘어난다.
　　황홍렬, 『한국 민중교회 선교역사(1983-1997)와 민중선교론』, 48.
13 윤석범, 『한국의 빈곤』 (서울: 세경사, 1994), 113-116.

3. 우리나라 기독교 도시 빈민공동체 운동의 역사

우리나라 기독교 빈민공동체 운동의 역사는 짧지 않은 편이다. 이는 한국교회가 선교 초기부터 가난한 자를 위한 선교전략을 추진했기 때문이다. 하지만 이 연구의 주제인 도시 빈민공동체 운동의 역사는 급격한 도시화가 시작된 1960년대 태동되었다고 보는 것이 타당하다.

먼저 서술할 기독교 도시빈민공동체 운동은 도시빈민을 위한 근대적 의료보험조합운동인 '청십자의료조합'이다. 청십자의료조합은 기독인 의사 장기려를 비롯 채규철, 김서민 등에 의해 1968년에 시작되었다. 이들은 해방 이후 북한에서 시행되었던 무상치료 경험과 미국에서 1929년 대공황 이후 실업자를 위해 설립된 민간의료조합 청십자(Blue Cross)를 참고삼아 부산의 지역 교회들과 연합하여 청십자의료조합을 결성했다.14 우리나라 정부가 1977년에 근로자 500명 이상의 사업장과 공장을 대상으로 의료보험조합을 만들게 된 것도 이들 청십자의료조합의 성공적 운영의 영향이다.

또 다른 사례는 청계천에 자리 잡은 활빈(活貧)교회의 빈민운동이다. 1971년 김진홍 목사는 청계천 판자촌에 가난한 자를 위한 교회, 빈민중심의 공동체, 지역사회의 구원 그리고 그리스도의 사랑을 실천하려는 목적으로 교회를 설립하였다. 구체적 활동으로 청소년을 위한 '달학당', 탁아소인 '배꽃어린이집'과 '장미어린이집'을 열었다. 그 외에도 주민자활회나 의료봉사회를 통해서 도시빈민들의 삶의 질을 개선하기 위해 노력했다.15

---

14 지강유철,『장기려, 그 사람』(서울: 홍성사, 2007), 329-378.
15 활빈교회,『활빈교회 개척기』(남양만 활빈교회, 1989): 김진홍, "간척지에다 두레 농민공동체를", 이삼열 편,『사회봉사의 현장에서』(서울: 한울, 1993), 31-47.

한편, 『꼬방동네사람들』의 실제 인물인 허병섭 목사는 1970년 수도권특수지역선교위원회 활동(총무 임기 1974-1976)을 통해 일찍부터 빈민선교에 참여하고 있었다. 그는 1976년에 가난한 주민들과 함께 하월곡동 산동네에 동월교회를 개척하고 그들과 함께 살면서 일하던 중 1980년 초에 탁아방인 '똘배의 집'을 열었고, 1988년에는 일용직 노동자조합인 '건축일꾼조합' 그리고 1990년에는 '월산동 건축일꾼 두레'를 결성하기도 했다.16

기독교 전체 차원에서 도시빈민문제에 대해 체계적인 관심을 갖게 된 계기는 미국 연합장로교의 후원으로 세워진 연세대 도시문제연구소의 발족(1968년)이라 하겠다. 이 연구소에서 도시선교를 위한 전략과 지역주민운동단체의 실무자를 교육했다. 1971년에는 수도권도시선교위원회가 조직되고 일곱 군데의 현장에서 사역이 진행되었다. 수도권도시선교위원회를 이어받은 한국특수지역선교위원회가 1979년에 해체되고, 유신정권 말기에는 빈민선교운동단체에 대한 정치적 박해와 탄압이 강화되면서, 기독교 도시빈민선교는 민중교회운동이나 노동자교회운동 그리고 농촌선교운동 등의 형태로 변화되었다.17

그 가운데서도 1984년에 결성된 '기독교 도시빈민선교협의회'는 빈민운동이 양적으로나 질적으로 발전하는 데 크게 기여했다. 선교협의회는 서울 신설동과 광주대단지 등 20여 곳의 빈민지역을 선교 활동의 무대로 삼아 사역했다. 그리고 '천주교도시빈민회'와 더불어 빈민촌 철거반대투쟁, 지역의 빈민운동 그리고 일용직노동자나 노점상의 생존권투쟁을 지원하였다. 그 외에도 빈민 지역인 공단이나 달동네를 중심으

---

16 허병섭, 『일판사랑판』 (서울: 현존사, 1993).
17 한국기독교역사학회편, 『한국기독교의 역사 III: 해방 이후 20세기 말까지』 (서울: 한국기독교역사연구소, 2009), 233.

로 주민조직화 운동을 통해서 공부방, 탁아소, 진료소, 독서실, 협동조합 설립과 운영에 도움을 주었다.

한편, 예수교장로회총회(통합)는 '도시산업선교'라는 이름으로 도시빈민문제 해결에 힘썼다. 정병준은 도시산업선교 사역을 다섯 단계로 시대 구분하고 있다:18

1단계는 산업전도 활동기다(1957-1971). 2단계는 세계 에큐메니칼 운동의 흐름에 따라 '도시산업선교'라는 명칭으로 활동하던 도시산업선교위원회 시기다(1971-1983). 3단계는 군사정권과 교단총회 내부의 억압으로 말미암아 도시산업선교 대신에 산업 '전도'라는 명칭으로 활동해야 했던 도시산업전도위원회 시기다(1984-1987). 4단계는 '산업선교'라는 명칭을 다시 사용하면서 산업선교의 다양화를 꾀했던 시기다(1988-1997). 그리고 마지막 단계는 IMF 체제 이후 현재에 이르기까지의 새로운 상황 속에서 산업선교의 변화를 모색하는 시기다(1998-).

1980년대 태동한 민중교회운동은 산업선교의 전통을 이어받아 공단지역이나 빈민지역에 터를 잡고 노동자나 빈곤계층이 중심이 되어 시작한 신앙공동체 운동이다. 황홍렬은 민중교회운동을 크게 네 단계로 구분하여 정리한다.:19

첫째 단계(1983-1987)는 민중교회가 노동운동의 외곽 역할을 한 시기이며, 둘째 단계(1988-1992)는 신앙과 이데올로기 사이에 갈등과 혼란의 시기였으며, 셋째 단계(1993-1997)는 이데올로기의 붕괴와 교인 숫자의 정체라는 현실에 대응하여 신앙의 우선성을 강조한 시기였

---

18 대한예수교장로회총회 국내선교부, 『내 아버지께서 일하시니 나도 일한다』 (서울: 총회국내선교부, 2007), 23-110.
19 황홍렬, 『한국 민중교회 선교역사(1983-1997)와 민중선교론』, 73-216.

고, 마지막 단계는 최근의 시기로서 영성이나 생명에 관심하는 시기다. 민중교회는 예배만 아니라 각종 빈민 사역, 예를 들면 탁아소, 공부방, 의료봉사, 주부교실, 가출 청소년 그룹홈, 장애인 공동체, 이주노동자 선교, 환경운동, 도농직거래운동 같은 다양한 형태의 사업을 벌였다. 1990년대에 이르러 정부 복지정책의 변화에 발맞추어 자활지원센타를 중심으로 빈곤계층의 일자리 마련과 복지 향상에도 관심하고 있다.

III. 기독교 도시 빈민공동체의 유형들

일반적으로 도시에는 행려자나 노숙자, 무의탁노인, 이주노동자, 빈곤 여성, 빈곤 청소년, 빈곤 아동, 일용직 노동자, 신용불량자, 파산자 등 다양한 유형의 빈곤층이 존재한다. 따라서 도시빈민공동체 운동은 도시빈민의 유형과 운동 목적에 따라 각기 다양한 형태를 모색할 필요가 있다. 이 연구에서 우리는 비교적 잘 알려지고 성공적으로 운영되고 있는 다섯 가지 유형의 기독교 도시 빈민공동체 운동을 살펴보고자 한다. 즉 행려자를 위한 무료급식소인 밥상공동체,[20] 노숙인을 위해 잠자리와 일터를 제공하는 노숙인 쉼터,[21] 이주노동자의 권익 향상과 지

---

20 1997년 경제위기 이후 실직자가 급속히 늘면서 노숙자나 행려자도 늘어났다. 잘 알려진 다일공동체 외에도 노숙인이나 무의탁노인을 위한 무료급식소 형태의 밥상공동체가 전국 여러 도시에 운영되고 있으며, 그 중 대다수가 종교단체로부터 지원을 받거나 협력관계에 있는 것으로 알려져 있다.
21 1997년 경제위기 이후 노숙자 숫자가 급격히 늘면서 정부와 종교, 사회단체에서 이들을 위한 쉼터를 개소했다. 2011년 1월에 발표된 보건사회연구원의 자료를 보면 우리나라 노숙인 숫자가 1만7815명에 이른다. 복지부에 따르면 2010년 12월 기준으로 서울에 있는 노숙인 쉼터에만 2,229명, 거리에는 442명의 노숙인이 있다(「국민일보」, 2011년 7월 21일). 하지만 쪽방, 오락실, 부랑인 시설 등지로 전전하는 노숙인까지 포함하면

역사회로의 통합에 힘쓰는 외국인노동자센터,[22] 빈곤 아동의 보육을 위한 공부방(지역아동센터)[23] 그리고 노숙인을 위한 인문강좌[24]다.

1. 행려자 밥상공동체: 다일공동체

1) 이념

1997년 경제위기 이후 대량실직과 해고 등으로 말미암아 행려자가 급속히 늘고, 가족 구조의 변화에 따라 독거노인도 새로운 빈곤층으로 부각되고 있다. 다일공동체(최일도 목사)는 기독교 신앙의 다양성 안에서의 일치, 사랑의 나눔 그리고 도시빈민과 소외된 이웃에 대한 하나님 사랑의 실천을 이념으로 삼고 있다. 다양성 속에서의 일치 정신을 구현하기 위해 신앙인과 비신앙인, 교파나 교단을 초월해서 자원봉사에 동

이보다 훨씬 더 많은 숫자가 있을 것으로 추정된다. 전국적으로 100여 곳에 이르는 쉼터들 가운데 기독교가 운영하는 곳이 70%, 불교 20% 그리고 나머지가 정부의 위탁 운영으로 알려져 있다(www.foa2002.or.kr).

22 우리나라에는 이주노동자들 가운데 적지 않은 숫자가 불법체류자로서 극심한 가난과 사회문화적 소외상태에 놓여있다. 안산이주민센터 외에도 서울과 성남, 부산, 대전 등 40여 개의 외국인 노동자를 위한 선교센터가 교회와의 직간접적인 관련 속에서 운영되고 있다.

23 지역아동센터는 만 18세 미만 어린이와 청소년을 위한 법정 아동복지시설로서, 기초생활수급자 및 차상위계층 아동의 방과후 생활을 돕기 위한 시설이다. 2010년 기준으로 전국의 지역아동센터는 3,690여 곳이며, 이용하는 아동 숫자도 10만 명에 이른다. 정부는 운영비를 지급하고 있는데 아동 숫자가 10명 미만이면 월200만원, 10명-29명은 350만원, 30명 이상이면 430만원을 지원하며, 중앙정부와 지방자치단체가 절반씩 부담한다. 참고: "정부 보조금 의존 지역아동센터: 운영비 턱없이 부족",「국민일보」(2011년 5월 5일).

24 최근 빈곤계층을 위한 다양한 형태의 인문학 강좌(교실)가 운영되고 있는데, 여기에는 노숙인을 위한 '성프란시스대학' 외에도 성매매 피해여성을 위한 'W-ing 인문학코스', 재소자를 위한 '의정부교도소 인문학강좌', 임대아파트 주민을 위한 '노원 성프란시스대학' 등 전국적으로 수십여 개가 운영되고 있다.

참할 수 있도록 개방한다. 한편, 가난한 사람을 위한 무료급식만 아니라 병원 사역을 통해 통전적 치유에도 관심한다. 이는 가난이 경제적 문제만 아니라 전인격적인 문제라고 생각하기 때문이다.

2) 역사

다일공동체는 최일도 목사가 1988년 11월 서울 청량리역 인근 쌍굴다리에서 행려자와 노숙자를 위한 무료급식을 시작하면서 설립되었다. 다일공동체는 1990년부터 가난한 노인환자를 무료로 진료하기 시작하여 2002년에 다일천사병원을 개원했다. 1996년에는 '밥퍼운동'을 조직하였는데, 이후 이 운동은 서울을 비롯하여 부산, 목포 등의 여러 도시로 확산되었다. 밥퍼운동은 국내만 아니라 베트남이나 중국, 캄보디아와 필리핀 등 전 세계로 그 사역 범위를 넓혀가고 있다. 1999년에는 공동체 식구들과 후원자들의 영성 훈련을 목적으로 다일영성생활훈련원을 개원하였다.

3) 주요 사업과 과제

행려자를 위한 무료급식으로 시작했던 다일공동체의 사역은 점차 다양해졌다. 첫째, 행려자, 노숙자, 독거노인, 무의탁노인, 알콜중독자 등 도시의 소외된 이웃들에게 음식을 제공하는 나눔운동(밥퍼)이다. 2011년 5월 2일, 밥퍼운동을 시작한지 꼬박 23년 만에 다일공동체가 행려자에게 건넨 밥그릇 숫자가 자그만치 500만 그릇에 이르렀다. 둘째, 가난한 행려자나 무의탁 노인을 진료하고 치료하기 위한 치유사역이다. 다일천사병원에서는 전인적 치유사역에 힘쓰면서 호스피스 사역도 함께 진행하고 있다. 지난 8년 동안 다일천사병원에서 치료나 수술한

환자가 7만 여명에 이르렀으며, 17회에 걸쳐 아시아 국가 아동들 가운데 구순구개열, 심장병, 척추 수술을 돕기도 했다. 셋째, 재소자 선교를 위한 교정복지 사역에도 힘쓰고 있다. 넷째, 유진벨재단이나 등대복지회와 더불어 북한의 결핵환자나 빈민들을 지원하는 북한돕기 사역이다. 마지막으로, 공동체 식구들만 아니라 일반 기독인의 영성훈련을 위해 영성수련원을 지어 다양한 영성훈련 프로그램을 진행하고 있다.

행려자나 노숙인을 위한 사역에는 매일 수많은 자원봉사자와 예산 지원이 요청된다. 배식하는 데에는 특별한 전문성이 필요하지 않을 수 있지만, 천사병원의 경우에는 다르다. 열정과 동시에 의료적 전문지식을 갖춘 의사나 간호사, 행정요원들이 필요하다. 말하자면, 긍휼 사역이 성공하려면 자원봉사자의 열정만이 아니라 전문성의 조화가 앞으로 해결해야 할 과제로 남아 있다.

2. 노숙인 쉼터: (원주)밥상공동체

1) 이념

1997년 경제위기로 인해 갑작스럽게 생겨난 노숙자 숫자가 여전히 줄지 않고 있다. 노숙자가 되는 데는 여러 가지 원인이 있는 것으로 알려져 있지만, 대체로 가정 빈곤, 알콜중독, 이혼으로 인한 가정 해체, 개인의 성격 장애로 인한 사회부적응 등이 주요 요인으로 알려지고 있다. 노숙인은 대체로 주거불안, 식생활, 질병, 주민등록 말소 등으로 인한 고통을 당하며, 그 가운데서도 여성 노숙인은 성폭력에 노출되기도 한다. 노숙인 공동체에서는 노숙인에게 숙식을 제공하는데 우선적 목적을 두지만, 최종적으로는 자활 및 자립에 목적을 두어야 한다.

노숙인의 무료급식에 사역의 초점을 두는 다일공동체와 달리, 원주 밥상공동체(허기복 목사)는 노숙인의 자활에 더 비중을 둔다는 점에서 차이가 난다. 밥상공동체는 노숙인의 쉼터 사역에 머물지 않고 끼니 문제 해결, 일자리 창출 그리고 자활의 조화를 통한 '창조적 복지'를 추구한다. 말하자면, 나누고 더불어 사는 삶을 추구하되 노숙인에 대한 '시혜 대신에 자활'에 초점을 두기 때문에 노숙인 자신들에 의해 수행되는 노동의 가치와 공동체적 삶의 신학적 의미를 강조한다. 밥상공동체의 밥훈에는 공동체의 희망과 의지가 잘 나타나 있다: "우리는 하나님의 특별한 작품. 가난하지만 성실하게, 된 것보다 될 것을 바라보며, 이제 새로 시작하자."

2) 역사

밥상공동체는 허기복 목사가 1997년 IMF체제 아래 경제한파의 여파로 급격히 늘어난 원주지역의 실직자, 노숙인, 독거노인을 위하여 밥나눔 운동을 원주천 쌍다리 밑에서 시작하면서 출범했다. 밥상공동체에 참여하는 노숙인을 위한 쉼터를 개원했으며, 자활일터를 열기도 했다. 노숙인들이 하는 일의 종류에는 집 수리, 야채 모음, 의류 수거, 거리 청소, 교통 지도 등이 포함되었다. 1999년에는 구두수선대학과 보물(고물)상을 개원했다. 2000년에는 쉼터를 퇴소하는 자활 노숙인을 중심으로 집수리, 녹색장터 그리고 포장마차를 운영하는 자활공동체를 창립했다. 2002년 이후 연탄은행을 설립해 저소득 빈민들의 겨울나기를 돕고 있는데, 이 사업에 동참한 숫자가 현재 국내 31개 도시(33개 연탄은행)에 이르고 있으며, 2011년 10월에는 중앙아시아 키르기스스탄의 수도 비슈케크에도 연탄은행을 개소하여 연탄 10만장을 지원하기도 했다.

3) 주요 사역과 과제

밥상공동체의 사역은 여러 가지다. 첫째, 노숙인을 위한 생계보호 사업으로서 무료급식소와 푸드뱅크 그리고 연탄은행을 통해 쪽방 거주자와 독거노인을 위한 난방 지원이다. 2002년 연탄은행을 시작한 이래 2010년까지 총 1만 5천여 저소득 가구에 총 2천여만 장의 연탄을 배달했다. 둘째, 노숙인을 위한 쉼터 사역으로서 원주밥상공동체 출범 초기에 시작했던 쉼터들을 2001년 '다시서는 집'으로 통합했다. 셋째, 노숙인이 주체가 된 자활공동체 사업들이다. 여기에는 악세사리판매점(뻔공주악세사리), 붕어빵집(황금영양붕어빵), 간이 분식점, 구두수선대학, 보물상, 그린 집수리센터, 녹색장터 그리고 사랑농터(농장) 등의 사업체가 포함된다. 넷째, 노숙인이 인간으로서 존엄성을 유지할 수 있도록 주권운동 차원에서 2002년부터 주민등록말소 갱신 및 선거참여 운동을 전개하고 있다. 그 외에도 쉼터의 노숙인이나 일반 저소득층의 실업 극복을 위한 사업들로서 취업상담 및 지원, 민간위탁 공공근로사업을 시행하고 있다.

노숙인 쉼터를 운영하는 데에는 여러 가지 어려움이 따른다. 무엇보다 노숙인들이 쉼터 사용을 꺼리는데, 그 이유는 쉼터의 규칙들이 너무 엄격하고, 사생활이 보장되지 않기 때문이다. 쉼터가 노숙인에게 사랑받는 공간이 되려면 독립된 주거공간을 제공하고, 노숙인들이 자립할 수 있는 일자리를 만드는데 도움을 줄 수 있어야 한다.

또 다른 어려움은 재정형편상 시설 환경이 열악하고, 자활사업체 종사자의 전문성이 부족하다는 점이다. 이런 문제들을 해결하는 방안으로 노숙자의 유형에 따른 쉼터의 특성화나 전문화가 요청된다. 말하자면, 노동력을 상실한 입소자의 경우에는 시설 보호에 초점을 두고, 자활 의지와 능력이 있는 사람을 위해서는 자활 지원에 초점을 두고 그리고 알콜중독자의 경우에는 재활치료에 초점을 두는 식으로 특성화할 필요가 있다.

3. 이주노동자 생활공동체: 안산이주민센터

1) 이념

우리 사회에는 다양한 국적의 이주노동자와 그 가족들 그리고 국제결혼 가정의 숫자가 지속적으로 늘고 있다. 이들 대부분은 경제적으로 가난할 뿐만 아니라 사회문화적으로도 소외되어 있다. 게다가 이주노동자 가운데 적지 않은 숫자가 불법체류자여서 어떤 법률적 보호도 받지 못한 채 인권 사각지대에 머물러 있다.

이런 현실 인식에서 안산공단에 위치한 안산이주민센터는 이주노동자의 인권 보호만 아니라 한국 사회로의 통합에 관심한다.[25] 안산이주민센터의 사역의 철학과 목표는 탈(脫) 국경에 있다. 첫째, 신인간운동을 통해 '국경 없는 평화'를 추구한다. 둘째, 이주민과 지역주민으로 구성되는 '국경 없는 공동체'를 추구한다. 셋째, 국경과 인종을 넘어 세계 보편적 인권 실현을 위한 '국경 없는 인권'을 추구한다. 넷째, 노동의 권리가 보장되는 '국경 없는 노동'을 추구한다.

2) 역사

안산이주민센터의 설립자인 박천응 목사는 신학교를 졸업하자마자

---

[25] 시화공단과 반월공단이 있는 안산 지역에는 현재 4만 5천여 명의 이주노동자가 있으며, 그 가운데 안산이주민센터가 위치해 있는 원곡동에는 1만 6천여 명의 주민 가운데 1만 명 정도가 이주민으로 알려져 있다.

대표적인 공단지역 가운데 하나였던 안산시화공단지역에 안산형제교회(1989년)를 개척했다. 1992년부터 공단의 이주노동자를 위한 사역을 시작한 이후 1994년에 이주노동자상담소를 열었다. 1999년에는 이주노동자들을 중심으로 '국경없는마을운동'을 전개하기 시작했다. 2003년 다문화가정 아동과 주부들을 위한 '코시안의 집'을 개소하였으며, 이어 2006년에는 안산이주민센터로 개명하여 사역을 체계화, 다양화하기에 이른다.

3) 주요 사역과 과제

현재 안산이주민센터에서 실행하고 있는 사역에는 다음과 같은 일들이 포함된다. 첫째, 이주노동자의 인권을 보호하기 위해 '이주민노동자상담소'를 운영한다. 둘째, 국제결혼 가정(다문화가정)의 삶의 질 향상을 위해 '코시안의 집'을 운영한다. 셋째, 이주노동자들에 대한 차별과 배재 대신에 지역주민과 더불어 살 수 있는 대안공동체의 형성을 위해 '국경없는마을운동'을 벌인다. 넷째, 이주노동자를 위한 무료진료, 한글학교, 컴퓨터교육 등의 다양한 문화 및 복지 프로그램을 제공한다. 다섯째, 이주여성을 위한 자활경제공동체의 지원 및 직능교육을 위해 '다문화공방'을 운영한다.

이주민의 지역사회 적응만 아니라 지역민과의 통합을 통한 다문화사회 건설에 힘쓰고 있는 안산이주민센터의 노력이 결실을 거두기 위해서는 이주민의 한국 사회 적응을 위한 노력만 아니라 지역주민의 의식의 전환과 적극적 참여가 필요하다. 이를 위해 사역의 대상을 이주민만 아니라 지역민으로 확대하고, 지속적인 다문화 교육을 통한 의식화가 필요해 보인다.

4. 빈곤아동 보육공동체: 공부방 혹은 지역아동센터

1) 이념

사교육 시장 위주의 우리나라 교육 현실에서 대부분의 빈곤 아동들은 교육 경쟁력을 잃은 채 '빈곤의 대물림'의 위협에 내 몰리고 있다. 빈곤 아동들은 대개 부모가 맞벌이를 하거나 조손 가정의 자녀 혹은 다문화가정의 아동이기 때문에 교육과 문화적 측면에서 방치되기 일쑤다. 1980년대부터 지역 교회 가운데에는 빈곤 아동의 교육 지원을 위해 공부방운동을 시작한 교회들이 있었다. 그러다 2000년대 들어 정부가 복지사업 차원에서 이들 공부방에 재정 지원을 하기 시작했다.

일반적으로, 공부방이란 성인이 보호할 수 없는 시간 동안 아동들에게 급식과 간식, 놀이나 오락 그리고 교육을 제공하는 아동복지 시설이다. 빈곤의 대물림을 끊을 수 있는 가장 효율적인 수단 가운데 하나가 교육이라는 사실을 전제할 때 빈곤 아동에게 교육 기회를 제공하는 공부방운동은 매우 중요한 빈민공동체 운동이라 하겠다. 역사가 흐르면서 공부방운동은 아동에 대한 관심에 머물지 않고 자모회를 중심으로 지역주민운동을 활성화하는 마을공동체 운동으로 발전하고 있다.

2) 역사

공부방운동은 1980년대 들어 지역 교회가 빈곤 아동에 대한 선교적 관심에서 시작한 빈민사역 가운데 하나였다. 1984년 서울 하월곡동에서 시작한 '산돌공부방'이 우리나라 공부방 운동의 시초로 알려져 있다. 2000년 1월 공부방을 지원하던 부스러기선교회가 결식 아동을 위한 캠페인을 벌이면서 도시 빈곤 아동에 대한 사회적 관심이 확산되었다. 2003년 아동복지법에 지역아동센터가 아동복지시설로 확정됨으로써 공부방은 지역아동센터로 전환하게 되었다. 1995년에 100여 개였던 지역아동센터는 1997년 외환 위기를 겪으면서 2000년에는 500개로 늘었고, 현재는 3,800여개에 이르며, 이용하는 아동들 숫자도 약 18만 명에 이르는 것으로 알려졌다.[26]

전체 지역아동센터 가운데 교회가 운영 중인 시설은 절반이 약간 넘는다고 한다.[27] 잘 알려진 공부방 가운데 하나인 삼양동 돌산아동청소년센터 판(Participation Activity Networking)의 경우 1990년 기독교 도시빈민선교회 사무국장 출신인 김성훈 목사에 의해 설립되었다. 이후 이 운동은 근로청소년을 위한 학습교실, 인간다운 지역 재개발을 위한 투쟁 그리고 신용협동조합 운동을 포함한 마을공동체 운동으로 발전하고 있다.

3) 주요 사역과 과제

공부방은 사교육 기회가 별로 없는 빈곤 아동을 위해 다양한 종류의 교육과 문화 프로그램을 제공한다. 첫째, 방과후 학습 지도로서 책읽기, 글쓰기, 영어, 기타 학과목 지도를 통해 전인교육과 공동체교육을 추구한다. 둘째, 악기나 미술교육을 통해 아동들의 예능교육과 전인교육을 지원한다. 셋째, 지역주민사업의 일환으로 자모들을 위한 교양강좌, 지역민을 위한 의료봉사, 주민도서관 그리고 마을축제를 기획하고 실행한다.

그동안 지역 교회가 주체가 되어 운영하던 공부방이 지금은 대부분

---

26 "인천지역아동센터 문 닫거나 운영축소 사태", 「오마이뉴스」 (2011년 5월 13일).
27 "정부의 새 운영지침에 한숨짓는 지역아동센터", 「한국기독공보」 (2010년 9월 11일).

정부의 행정·재정 지원 아래 운영되는 '지역아동센터'로 바뀌면서, 아동복지법에 따른 정부의 통제아래 놓이게 되었다. 그 결과 교회가 운영하는 지역아동센터는 선교적 목적을 실현하는 일만 아니라 재정적 자립에도 어려움을 겪고 있다. 왜냐하면, 정부의 운영지침에 따르면 지역아동센터 종사자로 등록된 사람은 상근해야 하며, 타시설이나 기관 등의 직무를 겸직할 수 없기 때문이다. 그리고 공간의 겸용 사용도 금지하고 있다.

이 같은 규정이 문제가 되는 까닭은 교회 관련 지역아동센터의 50-60%가 작은 규모의 미자립교회에 의해 운영되고 있어 겸직이나 공간 겸용을 피할 수 없기 때문이다.28 그 외에도 정부 보조금의 50-70%만 인건비로 지출할 수 있기 때문에 아동숫자의 증가에 따른 식사비와 교육비의 증가로 말미암아 프로그램 운영이 부실해질 우려가 높다.

5. 노숙인 학습공동체: 성프란시스대학

1) 이념

학습공동체인 성프란시스대학은 노숙자를 위한 인문학강좌의 시초로 알려져 있다.29 성프란시스대학은 '노숙인 다시서기지원센터'

---

28 한국교회봉사단의 조사에 따르면, 지역아동센터를 운영 중인 교회를 보면, 교인이 50명 이하가 61.5%, 목회자가 시설장을 겸하는 경우가 72.3% 그리고 전용공간이 없는 센터가 13.3%에 이른다고 한다. 이런 상황에서 시설장의 겸직금지, 시설과 공간의 공동사용을 허락하지 않는 정부의 정책으로 말미암아 많은 지역아동센터가 어려움에 빠지고 있다. 「한국기독공보」 (2009년 12월 16일).

29 노숙인 혹은 저소득 계층을 위한 초창기 인문학 강좌들 가운데에는 서울 관악구의 '관악인문대학', 성매매 피해여성을 위한 'W-ing 인문학코스', 서귀포 인근의 빈민을 위한 '제주희망대학', 수원의 자활 후견기관에 의한 '자활 인문학 강좌', 서울 노원구의 임대아파트 주민을 위한 '노원 성프란시스대학' 등이 있었다. 2008년부터 학술진흥재단(연구재

(www.homelesskr.org)의 사역 가운데 하나로 2005년 임영인 신부에 의해 성공회대학 안에 개설되었다. 성프란시스대학은 1기 등록자 20명 중에 17명, 2기 17명 가운데 11명이 각각 수료하였다. 노숙자 문제에 대처하는 데 있어서 기존의 접근 방식이 노숙자에게 숙식 제공에만 초점을 두었다면, 성프란시스대학의 초점은 인문강좌를 통해 노숙자의 자아존중감을 강화함으로써 자활의지를 회복시킨다는 데 있다. '프란시스'라는 이름을 붙인 이유는 성 프란시스가 노숙자를 만나 깨달음을 얻었고, 평생을 노숙인처럼 단 한 벌의 옷과 맨발로 가난하게 살았기 때문이다. 강좌라는 표현 대신에 '대학'이라고 이름을 붙인 이유는 노숙인의 자존감을 높이기 위해서다. 비록 가난하더라도 가치 있는 인생을 살 수 있는 길을 찾도록 도우려는 학습공동체 운동이기 때문이다.

2) 역사

성프란시스대학은 얼 쇼리스(E. Shorris)가 1995년 미국에서 가난한 사람들, 특히 죄수, 마약중독자 그리고 노숙인을 대상으로 마련한 인문강좌 '클레멘트 코스'를 벤치마킹해서 우리 사회에 응용한 학습공동체 운동이다.[30] 얼 쇼리스는 가난한 사람들을 위한 기존의 복지 프로그램이 구제나 훈련에 초점을 둔 것에 문제를 제기하면서 교육에 초점을 둘 것을 강조했다. 그는 인문학 수업이야말로 사회적 약자들로 하여금 세상에 대해 성찰적으로 사고하며, 정치적 삶을 통해 내면의 힘을 일깨워 줌으로써 이른바 '무력의 포위망'(surround of forces)으로부터 벗

단)이 우리나라 인문학 활성화를 위해 인문학 강좌를 후원하기 시작하면서 다양한 형태의 인문학 강좌가 생겨났다. 참고: 임철우·우기동·최준영 외, 『행복한 인문학』(서울: 이매진, 2008), 217-222.
30 얼 쇼리스, 고병헌 외 역, 『희망의 인문학』(서울: 이매진, 2006).

어날 힘을 준다고 믿었다.

3) 주요 사역과 과제

성프란시스대학은 다양한 과목의 인문교양 교육을 실시하고 있다. 성프란시스대학에서 제공하는 인문학 강좌에는 철학, 예술사, 문학, 역사, 작문 등으로 1년 2학기제, 6과목 15 강좌를 기본으로 한다. 강좌 운영의 특징은 강의만 아니라 현장학습 및 문화체험 그리고 사례 관리를 통한 다양한 방식으로 강의를 진행하는데 있다. 그 가운데서도 제일 강조하는 것이 글쓰기인데, 이는 글쓰기가 의사소통의 핵심능력이기 때문이다. 한편, 저소득층의 자활과 자립에 실질적 도움이 되도록 실용경제 과목이나 문화공연 관람도 교육 효과가 높은 것으로 알려져 있다.

노숙인을 위한 인문강좌를 운영하는 과정에서 몇 가지 어려움이 공통적으로 나타난다.31 첫째, 강사진의 잦은 교체와 그로 인한 경험 축적의 부재다. 둘째, 과목 간 연계 강의가 이루어지고 있지 못해 학습 효과가 떨어진다. 이런 문제들을 극복하기 위해 소외계층의 처지에 대한 충분한 사전 정보가 필요하며, 피교육자의 참여가 가능한 교육 방법을 통해 일방적 강의가 되지 않도록 해야 한다. 학습자의 참여에 필요한 공감대 형성을 위해 흥미도 있으며 시사성도 있는 학습 주제들을 선정할 필요가 있다.

---

31 임철우 · 우기동 · 최준영 외, 『행복한 인문학』, 227-230.

IV. 기독교 도시 빈민공동체 운동의 활성화를 위한 신학적 과제

1. 사회선교로서 빈민선교

　기독교 도시 빈민공동체 운동은 일반 시민사회의 빈민운동이나 사회복지사업과는 이념과 목표가 다른 신앙공동체 운동이다. 따라서 기독교 도시 빈민공동체 운동은 빈민선교로 정립되어야 한다. 빈민선교란 사회선교의 한 형태로서 복음을 통하여 가난한 사람들의 인간화와 구원을 위한 선교 활동이다. 가난한 사람들이 사회선교의 대상이 되는 이유는 가난이 하나님의 형상으로 창조된 인간존엄성을 근본적으로 파괴하는 악이기 때문이다. 그리고 가난 문제가 개인의 인격이나 도덕에 관련된 문제이며 동시에 사회제도나 구조의 문제이기 때문이다.

　한편, 빈민선교에서 가난한 사람은 선교의 대상일 뿐만 아니라 동시에 선교의 주체이다. 따라서 도시 빈민공동체 운동을 위한 활동 프로그램은 가난한 사람들 자신이 주체가 되어 결정하도록 해야 한다.

　빈민선교의 신학적 토대는 우선 야웨가 '가난한 사람들의 하나님'이라는 사실에서 출발한다. 비록 빈민이라도 똑같이 하나님의 형상을 지닌 존재로서 존엄성을 지니며, 사회의 다른 구성원과 마찬가지로 행복추구권, 노동권, 교육권을 지닌다. 야웨는 고아와 과부 그리고 이방 나그네에 대하여 특별한 관심을 보이는 신이시다(출애굽기 22:25; 신명기 10:17-18; 시편 68:5; 이사야 53:7 등). 야웨는 가난한 이웃에게 특별히 관심할 것을 요구하신다. "땅에는 언제든지 가난한 자가 그치지 아니하겠으므로 내가 네게 명령하여 이르노니 너는 반드시 네 땅 안에 네 형제

중 곤란한 자와 궁핍한 자에게 네 손을 펼지니라"(신명기 15:11). 가난한 사람에 대한 관심은 예언자의 선포에서도 중요한 위치를 차지한다. 예언자들이 강조한 하나님의 정의란 부자나 권력자의 탐욕을 비판하면서 가난한 자들을 편드는 행동을 통해 구체화된다.

예수 그리스도는 가난하셨으며("여우도 굴이 있고 공중의 새도 집이 있으되 인자는 머리 둘 곳이 없다" 누가복음 9:58), 가난한 자들과 자신을 동일시하셨다("너희가 여기 내 형제 중에 지극히 작은 자 하나에게 한 것이 곧 내게 한 것이니라" 마태복음 25:40). 그분의 자기 이해와 사역은 가난하고 억눌린 사람들의 자유와 해방이었다(누가복음 4:18-19). 그분은 가난을 제자도의 핵심 가운데 하나로서 가진 것을 다 버리고 따를 것을 요청하셨다.

초기 교회는 처음부터 가난한 사람들로 이루어진 교회였다(사도행전 6:1-6, 고린도전서 1:26). 바울도 궁핍한 사람들에게 관심할 것과(고린도후서 9:6-9), 그들을 수치스럽게 하지 않도록 하라고 요구했다(고린도전서 11:21-22).

이후 교회 역사에 등장한 수도자들과 교부들은 한결같이 가난한 사람들에 대한 관심과 구제를 그리스도인의 덕목과 교회의 의무로 강조했다. 수도사나 사제의 핵심 덕목 가운데 하나는 청빈이었다.

선교학적 차원에서 빈민선교는 개인의 영혼만 아니라 전인 구원에 관심하며, 교회 중심적 선교 방식 대신 하나님 중심적 선교를 지향한다. 통전적으로 이해된 하나님의 선교에서 복음화와 인간화, 인간구원과 사회봉사, 영성과 해방 그리고 신앙과 정치사회적 행동은 상호 분리되지 않는다. 따라서 빈민선교는 복음 선포와 동시에 사회봉사(디아코니아)에 힘쓴다. 특히, 오늘날처럼 가난이 제도적으로 구조화되어 있을 때 교회는 사회정의를 위해 투신해야 한다.

목회적 차원에서 빈민선교는 가난한 사람을 돌보는데 우선적 관심을 가져야 하지만 교회사역을 빈민 구제를 위한 목회 프로그램으로 환원시켜서는 안 된다. 왜냐하면, 영성에 대한 목회적 접근(영적 체험이나 치유 등)에 무관심하거나, 구원의 개인적 차원과 종말론적 차원을 무시하는 빈민선교 방식은 과거 민중교회운동에서 보았듯이 어려움에 빠질 가능성이 크기 때문이다.32 사람이란 빵만으로 살 수 없는 영적 존재이며, 가난한 사람들이야말로 다른 누구보다 강력한 종교적 체험을 갈망한다는 사실을 간과해서는 안 되기 때문이다.

2. 가난의 신학과 영성

기독교 빈민공동체 운동이 부자들의 자선 행위 차원으로 전락하지 않으려면 반드시 가난에 대한 신학적 성찰이 요청된다. 가난은 물질적 의미만 아니라 정치적, 사회적, 문화적 차원에서 정의 내려야 한다. 가난이란 경제적, 정치적 관점에서 보면 '분배의 문제'이겠으나, 인문학적 관점에서 보면 '관계의 문제', 즉 사회적 고립이나 배제의 문제다.33 가난한 사람들은 물질만 아니라 정체성, 자아존중감, 사회적 관계성을 필요로 한다. 그들도 우리 사회에 건강한 일원으로 참여할 수 있어야 하며, 사회 발전에도 기여할 수 있어야 한다.

현대 사회에서 구조적으로 강요된 비자발적 가난은 비인간화와 고통을 가져다준다는 점에서 반드시 극복되어야 할 악이기에 성경은 "너

---

32 황홍렬, 『한국 민중교회 선교역사(1983-1997)와 민중선교론』, 335-350.
33 임철우 · 우기동 · 최준영 외, 『행복한 인문학』, 233.

희 중에 가난한 자가 없게 하라"(신명기 15:4) 명령했다. 한편, 가난은 영적인 차원에서 볼 때 하나님을 발견하는 길이기도 하다. 이는 물질적 부요가 하나님 대신 물질 자체를 의지하게 만드는 반면에 가난은 사람들로 하여금 물질 대신에 하나님을 의존하게 만들기 때문이다. 그래서 예수님께서도 산상설교에서 '마음이 가난한 사람이 복이 있다(마태복음 5:3)'고 말씀하셨을 뿐만 아니라 자발적 가난의 삶을 요청하셨다.

예수님의 가르침을 순종하여 초대교회는 자발적으로 가난해지려 했으며, 가난한 사람들을 위하고 그들과 함께하는 신앙공동체를 이루었다. 사도행전과 신약성서에는 교회의 빈민 구제가 공동체적으로 제도화된 형태로 시행되었음을 보여준다.34 고대 교회의 구제 활동은 고아와 과부의 구제 외에도 가난한 사람들을 위한 일자리 마련, 병든 자의 간호, 죽은 자의 매장, 나그네 환대 등으로 다양하게 나타났다. 4세기에 들어서면 교회가 종합구빈기관을 세우기 시작하는데, 가장 유명한 것이 가이사리아 성문 앞에 세워진 바실리아스였다.35

교회 역사에는 자발적 가난(청빈)을 실천한 인물이 셀 수 없이 많았다. 자신의 재산을 가난한 사람들에게 나누어 준 후 구걸하면서 복음을 전한 사람들도 적지 않았다. 그 가운데서도 성 프란시스는 가난을 부인(Lady)으로 삼고, "여행을 위하여 아무 것도 가지지 말라"(누가복음 9:3)는 말씀에 따라 가난한 순회전도자의 삶을 살았다.36

신학사적으로, 1960-70년대 발전한 남미의 해방신학은 '가난한 자

---

34 서원모, "다일공동체의 교회사적 의미", 김경호 외,『다일의 영성과 신학: 다일공동체창립20주년 기념논문집』(서울: 도서출판 다일, 2008), 124.
35 위의 글, 127-130.
36 로렌스 커닝햄, 김기석 역,『아씨시의 프란체스코: 가난한 마음과 결혼한 성자』(서울: 포이에마, 2010), 188-203.

를 위한 우선적 선택'(option for the poor)을 강조한다. 해방신학은 가난한 자의 관점에서 하나님과 교회 그리고 세상을 해석한다. 더 나아가 가난한 자의 해방과 인간화를 위해 교회가 정치적 행동에 나설 것을 요청한다. 해방신학의 영향을 받은 우리나라 민중신학과 민중교회 운동 역시 가난한 자에게 우선적 관심을 기울였다. 물론, 민중신학은 해방신학과 달리 가난의 정치경제적 차원만 아니라 사회문화적 차원도 중시했다.

최근 목도하는 빈곤의 세계화는 가난의 신학적 의미를 묻게 만들며, 가난의 영성에 관심하도록 요청한다. 가난의 영성이란, 가난한 자들과 연대하며 가난한 자들을 위해 투쟁하는 것만 아니라 하나님을 경험하기 위하여 자발적 가난을 실천하는 삶을 가리킨다. 최승기는 자발적 가난을 적극적 요인과 소극적 요인으로 나누어 설명한다.37 적극적 요인이란 세상의 물질 대신 하나님으로 온전히 채우며, 재물을 하나님과 타인을 섬기기 위한 수단으로 사용하는 일이다. 한편, 소극적 요인이란 재물에 대한 탐욕을 버리고, 검소하고 소박하게 살아가는 삶이다.

3. 공동체 신학

일반적으로, 공동체란 지리적 영역, 사회적 상호작용 그리고 공동의 유대관계(공유가치)를 중요한 구성요소로 삼는다. 하지만 이 연구에서 염두에 둔 공동체란 주거공간을 함께하지 않더라도 이념을 함께 나누는 느슨한 형태의 공동체까지 포함한다. 말하자면, 생활과 일터를 함께하는 노숙인 쉼터(원주밥상공동체)만 아니라, 특정한 시간에 모여 인

---

37 최승기, "부와 가난과 영성", 「신학논단」 61(2010/9), 187.

문학 수업을 함께 듣는 노숙인 학습공동체(성 프란시스대학)나 공부방(지역아동센터) 그리고 식사 시간에만 만나게 되는 행려자 무료급식(다일공동체)같은 공동체까지 포함한다.

공동체에 대한 신학적 이해는 도시 빈민공동체 운동의 이론적 토대만 아니라 현실적 문제들을 해결하는 데에도 도움을 줄 수 있다. 빈곤문제 해결에 있어 공동체 운동이 중요한 까닭은 외롭고 소외된 가난한 사람들이야말로 일반인보다 훨씬 더 공동체를 필요로 하기 때문이다. 빈민들의 고통은 의식주 문제 만큼이나 심리적 고립과 사회문화적 소외에서 생기기 때문에 공동체 안에서만 온전한 치유가 가능하다. 그리고 빈민들은 스스로 설 수 있는 힘이 모자라서 서로간의 지지와 격려를 누구보다 더 필요로 한다.

빈곤문제 해결에 있어 공동체가 중요하다고 해서 도시 빈민공동체가 사회로부터 단절된 빈민들만의 폐쇄적 공동체로 발전하는 것은 위험하다. 오히려 사회의 모든 구성원과 함께하는 개방적 공동체를 지향해야 한다. 이를 위해 빈민 자신들의 사회적 통합 노력만 아니라 빈민에 대한 사회 구성원의 포용 노력을 병행해야 한다.

그런데 다른 공동체 운동과 비교해 볼 때 빈민공동체 운동이 훨씬 어려운 이유는 빈민들 대다수가 어려서부터 상처가 깊고, 생활력이 없으며, 정서적으로 안정되어 있지 않기 때문이다. 이런 어려움에도 불구하고 기독교 도시 빈민공동체가 성공적으로 운영되려면 무엇보다 먼저 분명한 기독교적 이념을 유지하는 것이 필요하다. 구성원 사이의 정기적인 종교 활동은 구성원들로 하여금 공동체의 이념을 확인하고 의식화하며, 구성원 사이에서 생겨날 수 있는 각종 갈등요소들을 해결하는 데 도움이 된다. 뿐만 아니라 종교적 신앙을 통해 자아존중감을 강화할 수 있다. 다일공동체가 영성훈련원을 운영하는 것이나 안산이주민센터나 원주밥상공동체가 종교의식을 중요하게 다루는 것도 다 이런 이유에서다.

V. 기독교 도시 빈민공동체 운동 활성화를 위한 실천 과제

1. 통전적 긍휼(구제) 사역

기독교 도시 빈민공동체 운동은 가난한 사람들을 위한 구제와 나눔을 핵심 사역으로 삼는다. 기독교 도시 빈민공동체의 긍휼 사역이 성공하려면 다음 몇 가지 요소를 고려해야 한다.

첫째, 긍휼 사역의 동기와 목적에 대한 신학적 성찰과 긍휼 사역의 내용과 방법에 대한 실천적 성찰이다. 먼저, 긍휼 사역의 동기와 목적이란 왜 그리스도인과 교회가 도시빈민을 위해 사역해야 하는지 답을 찾는 일이다. 이것은 기독교 도시 빈민공동체 운동이 일반 빈민공동체 운동과 다른 기독교적 정체성에 대한 물음이기도 하다. 기독교 빈민공동체 운동에 필요한 지역 교회의 관심과 자원봉사자의 헌신을 불러 오려면 이 물음에 대한 적절한 답을 제시해야만 한다.

한편, 긍휼 사역의 동기나 의지가 곧 올바른 내용과 방법으로 자동적으로 귀결되지 않기 때문에 실천적 성찰도 필요하다. 도움이 필요한 사람에게 올바른 도움을 주기 위해서는 선한 의지나 열정 외에도 여러 가지 전문적인 지식과 능력이 요청된다. 그렇지 않을 경우 긍휼 사역이 자칫 가난한 사람에게 도움을 주기는커녕 오히려 짐이 될 수 있고, 또 다른 상처를 줄 수 있다. 그리고 사역의 지속성과 체계성, 전문성의 확보를 위해선 자원봉사자들에게 지속적으로 동기를 부여하고 역량을 강화하는 교육과 훈련 과정을 마련해야 한다.

둘째, 긍휼 사역에 대한 통전적 관점을 정립할 필요가 있다. 이는 가난의 문제가 단순히 경제적 빈곤만 아니라 심리적 상처나 사회문화적 소외와도 관련되어 있기 때문이다. 가난한 사람들은 사회로부터 배제되어 있다는 점에서 피해의식과 고립감이 크다. 노숙인을 위한 사역의 경우 음식과 쉼터의 제공만 아니라 심리적, 정서적 상처 치유를 병행해야 효과적이다. 이는 노숙인들 가운데 상당수가 고아원이나 결손가정 출신이며, 약물중독, 알콜중독, 폭력가정에서 성장한 사람들인 경우가 많기 때문이다. 그리고 현실 속에서 여전히 주거불안, 각종 질병, 이혼경험, 알코올중독 등의 복합적 문제를 안고 있기 때문이다. 이들에게 필요한 것은 밥과 숙소만 아니라 자아존중감과 사회관계의 회복이다. 노숙인 학습공동체인 성프란시스대학이 자아존중감을 위해 인문교육을 강조하고, 다일공동체가 전인적 치유를 위해 천사병원을 세우고, 노숙인을 위한 영성훈련을 시도하는 데는 그만한 이유가 있어 보인다.[38] 노숙인에게 필요한 것은 단순히 밥(밥퍼운동)만 아니라 질병의 치유(천사병원)이며, 더 나아가 하나님을 통해 마음의 상처까지 치유(영성훈련)될 때라야 온전한 치유와 회복이 일어났다고 볼 수 있기 때문이다.

셋째, 개인적 시혜 차원을 넘어서 가난한 사람 자신들의 자활 노력이 있어야 한다. '가난은 나라님도 구제하지 못한다'는 속담이 있듯이

---

[38] 다일공동체는 노숙인을 위해 얼마 전부터 '다시 한번 일어서기'라는 주제로 영성훈련을 실시하고 있다.

개인적 자선이나 구제를 통한 빈곤 문제의 근본적 해결은 불가능하다. 빈곤 문제의 근원적 해결은 가난한 사람들에게 일자리를 제공하여 자립할 수 있게 하는 데 있다. 그런 점에서 원주 밥상공동체가 노숙자에게 무료급식과 쉼터를 제공하는데 머물지 않고 자활을 위한 각종 일자리 창출과 창업을 시도하는 것은 매우 의미 깊은 일로 보인다.

2. 에큐메니칼 정신과 네트워킹 능력

기독교 도시 빈민공동체 운동이 성공하기 위해선 에큐메니칼 정신이 요청된다. 나라님도 해결할 수 없는 도시빈민의 문제를 어느 한 공동체나 한 교회가 해결하기를 기대한다는 것은 어리석은 일이다. 어떤 한 사회가 도시빈민 문제를 효과적으로 해결하려면 중앙정부나 지방자치단체는 물론 다양한 사회단체나 공동체들 그리고 종교단체나 지역 교회와의 연대와 협력이 요청된다. 그 가운데서도 공동체들 사이에 이루어지는 정보 교환과 협력은 공동체 운동의 시행착오를 줄일 수 있을 뿐 아니라 사역의 효율성을 극대화하는데 도움이 된다. 특히, 빈곤 문제를 해결하는 데 있어서 전문가적 능력이나 경험이 부족한 신앙공동체가 단독으로 도시빈민을 대상으로 사회사업 프로그램을 실행하는 경우에 네트워킹은 필수 과제가 된다. 따라서 도시빈민 사역에 참여한 각종 단체들, 예를 들자면, 무료급식단체, 노숙인 활동단체, 공부방운동(지역아동센터)협의회, 이주민사역 단체, 인문학강좌 단체들 사이의 조직화와 연대가 중요하다.

한편, 공동체가 위치해 있는 지역민의 인식전환과 적극적 관심을 얻기 위해 적절한 지역 홍보활동도 필요한데, 이를 위해서는 단체의 홈페이지나 지역 언론매체의 활용이 하나의 방안이 될 수 있을 것이다. 다일 공동체가 '다양성 속에서의 일치'를 추구하는 개방적인 신학 토대를 가지고 있다는 점은 이같은 네트워킹과 협력의 분위기 조성에 크게 도움이 되는 것으로 판단된다.

3. 참여의 리더십

기독교 빈민공동체 운동은 지역의 가난한 사람들이 주체가 되어 스스로의 힘으로 가난을 극복함으로써 인간다운 삶을 살아가려는 신앙적 공동체 운동이다. 그런 이유로 빈민공동체는 가난한 사람들을 '위해서'만 아니라 가난한 사람들에 '의해서' 형성되어야 한다. 하지만 많은 경우 주체가 되어야 할 가난한 사람들이 빈민사역 프로그램의 대상으로 전락하고, 공동체의 설립자나 활동가들이 주체가 되어 가난한 사람들의 소외와 대상화가 더욱 심화되곤 한다.

어떤 공동체 운동이든 초기에는 카리스마적 리더십이나 전문가의 지도가 효과적일 수 있으나 지속적 발전에는 장애가 될 수 있다. 이런 위험성을 극복하려면 소수의 엘리트 활동가로부터 가난한 사람들 자신에 의해 이루어지는 참여의 리더십이 필요하다. 말하자면, 가난한 사람들 스스로가 공동체의 의제를 정하고, 사역의 종류를 결정해야 한다. 노숙인 학습공동체인 성프란시스대학이 인문학 강좌 커리큘럼을 짜면서 교수들에 의해 일방적인 강좌 대신에 학습자인 노숙인의 의견을 적극 반영하는 것도 그 때문이다. 좋은 공부란 수업의 내용보다는 수업 과정 자체라 볼 수 있는데, 그럴 때라야 비로소 노숙인의 치유와 자율적인 삶이 가능해지기 때문이다.[39]

한편, 공동체 운동을 하는 사람들이 흔히 빠지기 쉬운 유혹 가운데 하나가 공동체의 크기나 재정 규모와 사업 범위를 성공의 판단기준으로 삼는 것이다. 그러한 유혹을 극복하는 좋은 방법이 바로 가난한 사람들로부터 받는 공동체에 대한 평가다. 원주밥상공동체가 '그들이 주인 되는 공동체'를 목표로 하면서 그 구체적 전략으로 노숙인과 빈민들의 자활사업에 사역의 방향을 집중하고 있는 것은 시사하는 바가 크다. 이는 공동체의 경제적 자립은 외부 의존도를 줄일 뿐만 아니라 구성원 스스로의 지도력도 향상시키는 계기를 만들 수 있기 때문이다.

VI. 결론

우리 사회에서 신자유주의 경제체제 아래 사회적 양극화가 커지면서 빈곤 문제가 새로운 사회문제로 부각되고 있다. 한국교회는 처음부터 가난한 사람의 교회였으며, 가난한 사람을 위한 복음적 교회였다. 하지만 유감스럽게도 한국교회는 경제 성장의 시기를 지나면서 가난한 사람을 잊었으며 그 결과 복음으로부터 멀어졌다. 다행스럽게도 최근 들어 가난한 사람들에 대한 관심과 가난의 영성에 대한 신학적 관심이 교회 안에 부쩍 늘고 있다. 그 가운데서도 기독교 빈민공동체 운동은 복음의 회복만 아니라 사회문제를 해결하는 데에도 큰 도움을 줄 수 있다는 점에서 교회 안팎의 주목을 받고 있다.

기독교 빈민공동체 운동이 성공하려면 확실한 신학적 토대에 기초

---

39 박남희, "노숙인을 위한 인문학 강의: 자기 치유로서의 철학", 임철우 외, 『행복한 인문학』, 135.

해야 한다. 그렇지 않을 때 그것은 하나의 사회운동으로 전락하고 말 것이다. 기독교 빈민공동체 운동 신학은 빈민선교의 선교신학적 의미, 가난한 사람에 대한 관심만 아니라 자발적 가난의 영성신학적 의미 그리고 공동체 신학을 포함한다. 한편, 빈민공동체 운동이 현실 속에서 성공적으로 유지되고 발전되려면 공동체의 운영 과정에서 생겨나는 수많은 문제들을 해결 할 수 있는 역량도 필요하다. 여기에는 교회의 긍휼(구제) 사역의 체계화와 전문화, 에큐메니칼 정신과 네트워킹 능력 그리고 구성원 자신들에 의해 형성되는 참여의 리더십이 포함된다.

9 장
다문화공동체와 교회

I. 서론

　지구화(세계화)가 진행되면서 세계는 점점 더 다문화사회로 바뀌어 가고 있다. 전 세계적으로 이주노동자와 국제결혼 그리고 난민 숫자가 빠른 속도로 증가하고 있다. 우리나라도 예외가 아니어서 최근에는 국내 거주 외국인 숫자가 180만 명을 넘었다. 1987년 3D 업종의 부족한 노동 인력의 확보를 위해 약 6천여 명의 외국인노동자를 받아들이면서부터 시작된 이주민 숫자는 1990년대 들어 국제결혼이 늘면서 빠른 속도로 증가했다. 국제결혼을 통해 이루어진 다문화가정이 30만 가정에 이르고, 최근 농촌지역에서 결혼하는 남성의 40%가 외국인 여성과 결혼한다고 한다. 국토연구원은 2050년이 되면 국내 거주 외국인 숫자가 10명 중 한 명꼴이 될 것이라고 예측한다.1 이처럼 우리 사회가 인종적,

---

* 이 글은 "다문화사회에서 기독교의 윤리적 과제"라는 제목으로 「기독교사회윤리」 22

문화적, 종교적 다문화사회로 급변하고 있지만 사회 곳곳에서 갈등과 분열의 조짐이 엿보인다. 노벨 평화상 수상식을 여는 나라 노르웨이에서 일어난 다문화를 반대하는 극우주의자의 테러 사건(2011년)에서 보듯이 다문화사회로의 발전은 힘들고 어려운 과정이 될 것이다.

일반적으로, 다문화사회란 크게 두 가지로 이해된다. 하나는 문화적 다양성과 평등성을 강조하는 '다원 문화 사회'이고, 다른 하나는 인구학적 구조와 변동의 의미를 강조하는 '다인종 사회'다. 이장형은 우리 사회에서 진행되는 다문화 논의가 다원문화 사회라는 관점보다는 다인종 사회 혹은 다민족 사회라는 관점에 머물러 있다고 지적한다.[2]

다문화란 다인종 혹은 다민족만 아니라 종교적, 문화적 다원성을 포괄하는 개념이다. 단일 문화가 다른 문화를 배제하고 통제하는 반면에 다문화는 다양한 문화의 평화와 공존만 아니라 차이와 다름을 새로운 문화 창조의 가능성으로 파악한다. 다문화는 상호 이질적인 모든 문화가 독립적이면서 동시에 서로 영향을 주고받는다는 사실을 중시한다. 다문화는 각 문화의 고유성을 인정하면서도 끊임없이 새로운 문화를 창조해가는 힘이다. 이처럼 다문화 관점은 문화 충돌을 부정적으로 보기보다는 새로운 문화 창조의 원동력으로 파악한다.

인류의 역사 속에는 문화에 대한 오해와 편견으로 인해 생겨난 수많은 비극들이 기록되어 있다. 성서 역시 예외가 아니다. 구약성서의 '이방인' 개념은 유대인만을 선민으로 보고 그 외의 사람들을 배타적으로 대하는 차별적 개념이다. 초기 예루살렘 교회의 역사에도 유대파 기독교

(2011)에 실린 글을 수정하고 보완했다.
1 김광현, "다문화 담론과 기독교 지식인의 책임", 「기독교사회윤리」 18(2009), 131.
2 이장형, "다문화사회의 갈등분석과 통관문화적 언어소통 모델개발", 「기독교사회윤리」 20(2010), 43-44.

인과 헬라파 기독교인 간에 문화적 갈등과 교리적 충돌이 있었다(사도행전 6장).

근대의 서구 제국주의는 유럽 이외 국가들의 문화를 '민속'(民俗)으로, 종교를 '이교'(異敎) 혹은 '미신'(迷信)으로 폄하했다. 서구 제국주의에 의한 억압과 차별의 역사는 라틴 아메리카 원주민 학살과 강제 개종에 잘 나타나 있다.3 타문화나 타종교에 대한 억압과 차별의 행태는 나치에 의한 유대인 학살이나 남아프리카의 아파르트헤이트에도 반복적으로 나타났다.

이주민에 대한 문화적 편견과 차별에 관한 한 정도의 차이가 있기는 하지만 우리나라도 예외가 아니다. 우리나라는 오랫동안 단일 민족으로 살아오면서 단일 문화에 대한 자부심과 집착이 강한 편이어서 낯선 사람에 대한 신뢰도가 낮고, 외국인에 대한 편견과 오해가 심하다. 이는 낯설고 불편한 것에 대한 '불확실성 회피성향'이 다른 나라에 비해 높은 편이라는 연구에서도 확인할 수 있다.4

여기서 말하는 불확실성 회피성향이란, 한 문화의 구성원들이 자신들과 다른 것을 불안하게 생각하여 위협을 느끼는 정도를 표시 한 수치인데, 숫자가 높을수록 민족주의 성향이 강하고 소수집단에 대한 억압이 심하다. 불확실성 회피성향이 강하면 외국인에 대한 혐오감이나 공포증(xenophobia)을 갖기 쉽고, 문화적 다름에 대해 배타적이고 공격적인 태도를 지니기 쉽다. 실제로 우리나라 사람들 가운데에는 이주노

---

3 1519년 코르테스(Hernando Cortes)가 중앙 멕시코에 도착했을 당시 인구가 약 2천 5백만 명이었는데, 1595년이 되면 그 가운데 95%가 줄어서 1백만 명만 남게 된다. 잉카의 본거지인 페루와 칠레에서는 1533년 피사로(Francisco Pizzaro)가 도착하기 전 약 9백만 명의 주민이 있었으나 세기말에는 약 50만 명으로 줄어들게 된다. 참고: 제임스 스터바, 배석원 역, 『윤리학에 대한 3가지 도전』(서울: 서광사, 2001), 172-174.
4 G. Hofstede, 차재호·나은영 역, 『세계의 문화와 조직』(서울: 학지사, 1995), 168, 177.

동자들을 게으르고, 소극적이고, 불성실하고, 지저분하고, 무식하며, 돈밖에 모르는 사람으로 생각하는 경향이 있다. 심한 경우에는 마약이나 질병을 유포할 가능성이 있는 '예비 범죄자'로 생각하기까지 한다.

이 연구는 이런 우리 사회 현실에 대한 비판적 인식을 출발점으로 삼아 그리스도인이 다문화사회에서 어떤 가치관을 가져야 할지, 지역 교회는 다문화공동체의 형성을 위해 어떤 역할을 해야 할지 탐색하는데 목적이 있다. 먼저, 문화적 편견과 오해로 말미암아 생겨나고 있는 사회 윤리적 이슈들을 차별, 빈곤 그리고 소외라는 관점에서 분석하게 될 것이다. 그런 다음에 기독교윤리의 과제를 다문화사회를 위한 가치 형성에 두고, 구체적으로 공생, 관용, 배려와 돌봄 그리고 환대와 같은 가치나 덕목을 제시하게 될 것이다. 마지막으로 다문화사회를 맞아 지역 교회가 목회적 관점에서 실천할 수 있는 사역이 무엇인지 살피게 될 것이다.

II. 다문화사회의 사회윤리 이슈들

1. 차별

세계인권선언(1948) 제2조에서는 모든 인간이 인종, 피부색, 성, 언어, 종교, 정치 또는 그 밖의 견해, 민족 또는 사회적 출신, 재산, 출생 또는 다른 지위 등과 상관없이 평등한 존재임을 선언하며 어떠한 형태의 차별도 금지한다. 그럼에도 불구하고 우리 사회에서 이주노동자들과 결혼이주여성들 그리고 다문화 가족 자녀들이 인종이나 피부색 때문에 차별을 당하는 인권 침해가 자주 발생하고 있다. 특히 일터에서의 차별이 가장 심하다고 한다. 인종이나 출신국, 피부색 때문에 차별을 당했다며 국가인권위원회에 진정을 낸 사례가 2005년 32건에서 2010년 말에는 64건으로 2배 늘었다.5 유엔의 인종차별철폐위원회(CERD)는 2007년 8월 보고서에서 순혈주의를 강조하는 우리나라가 외국인과 혼혈인에 대해 '매우 인종차별적'이라고 지적했다. 동 위원회는 우리나라에게 인종차별적인 법과 제도를 바꾸고, 단일민족국가라는 표현도 자제하며, 초·중등학교에서 타민족의 문화에 대한 이해와 관용의 교육을 실시하라고 권고했다.6

그런데 우리나라에서 외국인에 대한 편견과 차별이 모든 외국인에게 해당되는 것은 아니다. 흥미롭게도 같은 외국인이면서도 유럽이나 미국 이주자들에게는 특혜라 할 정도의 과도한 호의를 베푸는 반면에 동남아시아나 아프리카 이주자들에 대해서는 불이익을 준다. 서구인을 '부러움과 선망'의 대상으로 바라보는 반면, 동남아시아와 아프리카에서 온 사람들은 '공포와 무시'의 대상이 된다. 말하자면 서구인에 대해서는 열등감을 갖고, 동남아시아인이나 아프리카인에 대해서는 우월감을 갖는다. '황색 피부'를 가지고 있지만 '하얀 가면'을 쓰고 싶어 하는 왜곡된 심리를 지니고 있다.7

우리나라에서 이주노동자나 결혼이주여성 그리고 다문화가정 자녀들에 대한 인권 침해는 어떤 모습으로 나타나는가?

첫째, 이주노동자들의 경우 인권문제는 기본권과 노동권을 침해하

---

5 "국제결혼하면 나라 망한다", 「국민일보」(2011년 7월 27일).
6 김희수, "기독교 윤리적 과제로서의 다문화 수용에 대한 고찰", 「기독교사회윤리」 21 (2011), 146; 김효준, "다문화 기독교 종교교육의 과제와 전망", 「장신논단」 41(2011), 317.
7 박홍순, "다문화사회의 이해와 대학생 선교", 강성열 외, 『다문화사회와 한국교회』(서울: 한들출판사, 2010), 188-189.

는 형태로 나타난다. 장시간 노동, 저임금, 상습적 임금 체불, 산업 재해, 열악하고 차별적인 근로 환경, 부당 해고, 법적 지위의 미비에 따른 비인도적 단속과 강제추방 외에도 사회문화적 차별과 소외다.8 특히, 여성 이주노동자의 경우에는 직장 상사나 남성 동료들로부터 성희롱이나 성폭행까지 당하고 있다.

둘째, 결혼이주여성의 경우 인종이나 민족에 따르는 인종차별 외에도 가난한 나라 출신이라는 계급 차별 그리고 가부장적 한국 문화로 인해 생기는 성차별이라는 이중 삼중의 차별을 당한다. 우리나라 사람들 가운데는 결혼이주여성들을 '오로지 돈 때문에 결혼한 사람들' 혹은 '언젠가 도망갈 사람', '위장결혼한 사람'이라는 색안경으로 바라본다. 가부장적 사고에 익숙한 한국인 남편들은 외국인 아내를 돈을 주고 사온 소유물처럼 생각한다. 의사소통의 부족과 왜곡으로 인한 시댁과의 갈등도 가정불화의 원인이 된다. 남편에 의한 학대와 유기, 노동의 강요, 가정폭력이 잦은 결과 다문화가정의 이혼건수가 빠른 속도로 늘어나고 있다. 대법원 자료에 의하면, 국제결혼 이혼율이 해마다 증가하는 추세인데 우리나라 전체 이혼건수에서 차지하는 비율이 2003년 1.6%에서 2006년에는 4.9%로 늘었다.9

셋째, 다문화가정 자녀의 경우 학교에서 집단따돌림 현상이 심각한 인권문제가 되고 있다. 교육인적자원부의 2007년 통계를 보면, 다문화가정 초등학생 자녀 가운데 10명 중 2명 정도가 학교에서 집단따돌림을 경험했다고 한다. 이러한 수치는 일반 초등학생이 집단따돌림을 경험하

---

8 조용훈, "대전지역 이주노동자 및 외국인 과학기술자의 사회현실과 지역 교회의 과제에 대한 연구", 「기독교사회윤리」 8(2004), 327-329.
9 한국염, "다문화 시대, 이주민의 인권과 기독교의 과제", 「한국기독교학회 제38차 학회자료집(2009)」, 587.

는 비율인 13.4%보다 두 배나 높다.10 그런데 친구들로부터 집단 따돌림을 당하는 원인이 피부색이나 외모와 같은 인종적인 이유라는 점에서 심각한 인권문제다.

성서의 가르침에 따르면, 인간은 하나님의 형상으로 절대적으로 존엄하며, 국적·민족·인종·성별에 따른 어떤 형태의 차별도 금지된다. 이주노동자나 결혼이주여성 그리고 다문화가정 자녀들 모두 하나님의 형상으로 지어진 하나님의 백성으로서 동일한 존엄성과 가치를 지닌다. 이주노동자는 비록 한국 사회의 경제적 필요에 의해 수입한 노동력이라 하더라도 기계가 아니라 사람임을 잊어선 안 된다. 칸트(I. Kant)의 주장대로, 인간은 어떠한 경우에도 목적 자체이지 수단이 되어서는 안 된다. 결혼이주여성들 가운데 비록 매매혼적 배경으로 결혼한 사람들이 있다 하더라도 우리와 똑같은 인격체요 동일한 권리를 지닌 시민으로 대해야 한다.

구약성서는 나그네나 이주자를 사회적 약자로 보고, 그들에 대한 억압과 학대를 엄격히 금지한다. "너는 이방 나그네를 압제하지 말며 그들을 학대하지 말라. 너희도 애굽 땅에서 나그네였음이라"(출애굽기 22:21). 더 나아가 나그네나 이주자를 본토인과 마찬가지로 동등하게 대우하라고 강조한다. "너희와 함께 있는 거류민을 너희 중에서 낳은 자 같이 여기며 자기 같이 사랑하라. 너희도 애굽 땅에서 거류민이 되었었느니라"(레위기 19:34).

그런데 인권은 윤리적 호소나 구호를 외치는 것만으로는 보장되지 않는다. 사회적 약자의 인권을 지켜주려면 법적이고 제도적인 장치들을 마련해야 한다. 이는 인권(human rights)은 도덕 문제이며 동시에

---

10 권수영, "다문화사회를 위한 기독(목회)상담," 「한국기독교신학논총」 67(2010), 309.

법(rights)의 문제이기 때문이다. 다행히 우리나라 정부는 그 동안 많은 문제를 안고 있었던 산업기술연수제도를 폐지하고 고용허가제(2004)를 시행하고 있다. 정부가 제정한 결혼이민자 지원종합대책(2006), 재한외국인 처우기본법(2007), 결혼중개업의 관리에 관한 법률(2007) 그리고 다문화가족지원법(2008)이 본래 의도대로 운용될 수 있도록 사회 구성원 모두의 노력이 필요하다.

2. 빈곤

우리 사회에 이주해 온 노동자나 다문화가정 여성들은 대부분 경제적 가난으로 고통을 당하고 있다. 2006년에 발표된 한 자료는 다문화가정의 52.9%가 최저빈곤층에 속한다는 사실을 보여주었다.[11] 2010년에 발표된 자료를 보면 다문화가정의 약 60%의 월평균 가계소득이 200만원 미만이었다.[12] 농촌 사회 다문화가정의 경제적 형편은 더 열악한데 이는 농촌 사회의 구조적 가난 외에도 한국인 남편 가운데 고정된 수입이 없는 사람이 많기 때문이다. 할 수 없이 이주여성들 상당수가 가사일이나 자녀 양육 외에도 농사일과 저임금 노동시장으로 내몰리고 있다.

다문화가정이 늘면서 다문화가정 자녀 숫자도 늘고 있다.[13] 그런데

---

[11] 한국염, "다문화시대, 이주민의 인권과 기독교의 과제", 588. 각주 23참조.
[12] 김순양, 『한국 다문화사회의 이방인』(서울: 집문당, 2013), 114.
[13] 다문화가정 자녀 숫자가 지난 10년 사이에 큰 폭으로 늘었다. 만 18세 이하 다문화가정 자녀 숫자는 2006년 2만 5천여 명에서 2015년에는 20만 8천여 명으로 늘었다. 이 가운데 초중고생은 2015년 기준으로 8만 2천여 명으로, 이는 전체 학생의 1.35%에 해당한다. 6세 미만의 미취학 아동은 약 12만 명이며, 초등학생 중 다문화학생 비율은 2%를 넘었다. 부모의 출신국은 베트남(20.9%), 중국(20.8%), 일본(15.9%), 필리핀(13.5%) 순이었

다문화가정의 경제적 빈곤이 자녀에게로 대물림되고 있어 심각한 사회문제가 되고 있다. 일반적으로 자녀들의 학업 능력은 부모의 경제적 수준에 영향을 받는다. 우리나라처럼 사교육비가 교육의 질을 결정하는 환경에서 비싼 사교육비를 감당할 능력이 없는 다문화가정 자녀들의 학업 능력은 떨어질 수밖에 없다. 그 외에도 다문화가정 부모들의 자녀교육 방치나 또래문화의 기회 부족도 다문화가정 자녀들의 학업 능력 저하의 원인이 된다.

다문화가정의 불안정, 자녀들의 학업 능력의 저하, 학교에서의 집단 따돌림, 선생님과의 관계 부족 그리고 차별적인 사회의 시선 등으로 인해 다문화가정 자녀들의 상급학교 진학률은 떨어진다. 다문화가정의 학령기 자녀의 83%만 정규학교를 다니며, 고등학교 취학률은 70%에 불과하다. 이는 일반 가정의 고등학교 취학률 93%에 비하면 상당히 낮은 수치다.14 학력 사회인 우리 사회에서 다문화가정 자녀들의 낮은 취학률과 진학률은 고스란히 빈곤의 대물림으로 이어질 수밖에 없다. 그리고 학교에서 중도 탈락한 다문화가정 자녀들 가운데에는 비행과 범죄의 유혹에 빠지는 경우도 있다.

구약성서에서 하나님은 가난한 자들에게 우선적으로 관심하시는 분이다(출애굽기 22:21-24). 거류민(나그네)이나 고아, 과부와 같은 가난한 자들을 억압하는 것을 하나님께 죄를 짓는 일로 본다. 그래서 추수 때에는 이들 가난한 자들을 위한 이삭과 과일을 특별히 남겨둘 것을 강조했다(신명기 24:20-21). 매 삼년 마다 드리는 십일조를 레위인만 아니라 이들 사회적 약자들과 나누라고 명령했다(신명기 14:28). 가난한

다. 참고: "다문화 청년 20% 니트족", 「한겨레신문」(2016년 3월 9일).
14 "다문화 어린이 취학률 95%로 올리자", 창간기획 5대 어젠다: 선진국 문턱, 이젠 넘자, 「중앙일보」(2010년 10월 7일).

노동자들의 급료를 제때 지불하고, 안식일에는 이들도 쉴 수 있도록 배려해야 한다고도 말씀했다(신명기 5:14).

신약성서에서 예수님 역시 가난한 사람들에게 우선적인 관심을 보이셨고, 그들의 친구가 되어 주셨다. 사도바울 역시 가난한 사람에 대한 자선과 돌봄을 강조했다(고린도후서 9:6-9; 갈라디아서 2:10). 공동체의 애찬식에서 부요한 교인들이 가난한 교인들을 부끄럽게 하는 행동에 대해서 비난하기도 했다(고린도전서 11:21-22).

그런데 오늘날 가난 문제는 개인적 자선이나 구제 행위만으로는 해결할 수 없는 사회구조적인 문제가 되었다. 특별히 지구화 경제가 진행되면서 절대빈곤만 아니라 지역 간 그리고 계층 간 부익부빈익빈 현상도 심화되고 있다. 이주노동자들이 많이 사는 도시 변두리 지역이나, 결혼이주여성과 자녀들이 주로 거주하는 농촌 지역의 경제적 어려움은 구조화 되어 있다. 그런 이유에서 이주민이나 다문화가정과 그 자녀들에게 대물림되는 가난의 문제는 개인적 자선 차원과 동시에 사회구조적 정의 차원에서 접근해야 한다.

3. 소외

오늘날 우리 사회에서 이주노동자나 결혼이주여성 그리고 다문화가정 자녀들의 고통은 단지 사회정치적 차별이나 경제적 빈곤 문제에 그치지 않고 문화적 소외나 배제로까지 확대되고 있다. 이주노동자나 다문화가정을 길거리나 식당에서 간혹 마주치는 것을 불편해하지 않지만 이웃으로 삼는 일은 불편해 한다. 이는 우리 사회가 '우리-남' 사이의 구별이 강한 특징을 지니고 있기 때문이다. 학연과 지연을 중심으로 우리와 남을 엄격히 구분하고, 우리라는 집단에 속한 사람들에 대해서는 각종 특혜를 베푸는 반면에 남이라는 집단에 속한 사람들에 대해서는 차별을 당연하게 생각한다.

이런 사회 문화적 환경에서 소수자이며 남의 집단으로 분류되는 이주노동자나 결혼이주여성들이 문화적 욕구를 충족시키고 자신들의 고유한 문화를 아무 두려움 없이 표현하기란 쉽지 않다. 그들은 있어도 존재하지 않는 그림자처럼 대우받고, 주류사회에 통합되지 못한 채 늘 경계인이나 주변인으로 머물도록 강요를 당한다. 그래서 그들은 정체성 문제를 해결하지 못한 채 영원한 타자로 서성거리고 있다.

다문화사회에서 발생하는 이런 문제들을 해결하기 위해 최근에 유엔차원에서 '문화권'(cultural rights) 개념이 새롭게 강조되고 있다. 이주노동자권리보호협약(1990) 제31조에서는 당사국이 이주노동자와 그 가족의 문화적 독자성을 보장하고, 출신국과의 문화적 유대를 방해해서는 안 된다고 규정하고 있다. 이러한 정신에 따라 스웨덴, 네덜란드, 벨기에 같은 나라에서는 이주자들에게 자신의 모국어를 사용할 권리를 인정하고, 고유의 종교예식을 거행할 권리까지 보장하고 있다.15

일반적으로, 인권으로서 문화권에 대한 이해는 크게 두 가지로 설명된다. 하나는 '차이로서의 문화권'으로서 문화적 차이를 보호하고, 문화가 다양한 영역으로 발전하고 표현될 수 있도록 보장하는 권리다. 다른 하나는 '참여로서의 문화권'으로서 문화를 향유하는데 필요한 각종 문화적 생산수단을 공적으로 확보하고 문화적 활동에 쉽게 접근할 수 있도록 보장하는 권리다.16 말하자면, 문화권이라 함은 다수자의 사용 언

---

15 미셸린 이샤이, 조효제 역, 『세계인권사상사』(서울: 길, 2005), 465.
16 박천응, 『다문화 교육의 탄생』(안산: 국경없는마을출판사, 2009), 311.

어나 주류 문화에 대해 소수자가 접근할 수 있는 권리, 소수자의 언어와 문화를 유지할 수 있는 권리, 상이한 관습이나 생활방식을 누릴 수 있는 권리, 교육의 평등 그리고 문화간·민족간 소통의 권리를 포괄하는 개념이다.17

우리나라의 경우 대부분의 문화시설이 수도권이나 대도시에 집중되어 있어서 농어촌 지역에 거주하는 결혼이주여성과 다문화가정 자녀의 문화 향유의 기회가 제한되어 있다. 그리고 다문화가정 어린이들에게 필요한 외국어 도서도 태부족이다. 간혹 지역사회 다문화축제가 열리고 이주민들의 고국 문화 공연과 고국음식 만들기 같은 행사가 있지만 이벤트 차원에 머물고 있을 뿐이다. 거류민들의 문화권을 보장하려면 거류민의 문화적 정체성을 인정하고, 소수자인 그들이 주류문화에 자유롭게 접근하고, 스스로를 자유롭게 표현할 수 있는 사회 환경을 만들어야 한다.

III. 다문화공동체의 가치들과 기독교의 과제

1. 다양성

다문화사회란 서로 다른 인종과 문화와 종교를 가진 사람들이 평화롭게 공생할 수 있는 다인종, 다민족, 다종교 사회를 가리킨다. 다양성에서 생겨나는 다름과 차이는 사회의 갈등과 분열의 원인이 되기도 하지만, 건강함을 나타내는 상징이 되기도 한다. 특히, 생태학적 시각에서

---

17 황정미, "다문화시민 없는 다문화 교육", 「담론 201」 13(2), (2010), 97.

보면, 종의 다양성은 단일성보다 훨씬 더 건강한 상태를 보여주는 지표다. 폐쇄적인 순혈주의는 생물의 다양성을 침해하고 생태계의 건강을 해친다. 그럼에도 불구하고 오래도록 단일문화 속에 살아온 우리 사회는 문화적 다양성에 대해 부정적이다. 이주노동자의 유입이나 국제결혼이 한민족의 혈통과 정체성을 위협할 것이라고 두려워한다.

성서는 문화적 다양성의 산물이다. 성서는 오랜 기간 동안에 걸쳐 형성된 문서들을 모은 것이다. 성서의 수많은 저자들은 각기 고유한 문화적 배경을 지니고 있다. 그들이 영향을 받은 문화는 고대 이스라엘은 물론 가나안, 앗시리아, 바빌로니아, 페르시아 그리고 그리스와 로마 등 셀 수 없이 많다. 하지만 그들은 다문화 상황을 수용하되 창조적으로 재해석하는 방식을 택했다. 그러다 보니 간혹 문화적 편견과 오해가 나타나기도 하고, 지금의 문화에서는 수용하기 어려운 내용도 존재하는 것이 사실이다. 이러한 문제는 여전히 성서의 해석학적 과제로 남아 있다.

한편, 성서는 다양성이야말로 하나님의 창조 질서의 특징이라고 본다. 하나님의 모든 피조물은 고유하며 다양하다. 서로 다르다고 하는 것은 서로를 풍성하게 하는 축복과 기회의 요소가 된다. 인종과 문화의 다양성과 관련하여 오재식이 옳게 표현한 대로, 이주자들은 "(자신들의) 고국에서는 잊혀진 존재이고, 새로 정착한 우리 사회에서는 차별과 억압을 받기도 하지만, 이 두 사회의 문화 사이에 다리를 만들고, 두 민족과 두 문화 사이에 만남의 장소를 만드는 역할을 할 수 있다."18

다문화사회는 같은 인간이지만 인종과 문화가 서로 다름을 통해 경험하게 되는 차이를 통해서 '관계적 인간상'을 실현하기에 효과적이

---

18 황홍렬, "다문화시대, 이주민의 인권과 기독교의 과제" 논찬문, 「한국기독교학회 제38차 학회자료집」(2009), 601 재인용.

다.[19] 이주자들을 통해 접하게 되는 세계의 다양한 놀이문화, 종교문화 그리고 생활문화는 우리의 전통문화를 더 가치 있고 풍요롭게 만들 수 있는 자원이다. 우리의 문화가 낯선 문화와 접촉함으로써 제3의 새로운 문화를 창조할 가능성도 생긴다.

경제적인 측면에서 보더라도 타문화에 대한 이해는 기업의 국제경쟁력을 향상시키는 중요한 요소가 될 수 있다. 다른 나라 소비자들에 대한 문화적 이해가 없이는 현지에서의 기업 경영은 물론 수출도 쉽지 않다. 지구화시대에 다양한 언어를 구사할 수 있는 능력은 비단 기업만 아니라 외교나 문화, 교육 등 모든 영역에서 점점 더 중요해지고 있다. 그런 배경에서 볼 때, 결혼이주여성이나 다문화가정 자녀의 역량을 강화하는 것은 국가경쟁력을 높이는 일에 도움이 된다. 그리고 우리나라에 와 있는 다양한 국적의 사람들과 소통하고 배우는 일은 타문화 이해에 도움이 된다. 특히, 열악한 농어촌 지역의 교육 현실에서 이주민의 존재는 학생들이 쉽게 외국어와 외국의 문화를 배울 수 있는 좋은 기회가 된다.

이런 배경에서 우리는 다문화 모델 중에서 차별과 배제의 모델이나 동화주의 모델 보다는 다양성을 인정하는 다문화 모델을 지향해야 한다. 마치 샐러드 그릇이 다양한 식재료를 그대로 수용하여 맛을 내듯이 다문화 모델도 다름과 차이 곧 다양성을 긍정적으로 수용하여 새로운 문화 창조를 위한 가능성으로 보아야 한다.

---

[19] 오현선, "한국 사회 이주민 2세의 다중정체성 형성을 위한 기독교교육의 과제", 강성열 외, 『다문화사회와 한국교회』 (서울: 한들출판사, 2010), 91.

2. 관용

일반적으로 관용(똘레랑스)이란 정치, 종교, 도덕, 학문, 사상, 양심 등의 영역에서 의견이 다르더라도 참고 수용해 줄 수 있는 태도를 말한다. 관용이란 말은 '참다'라는 뜻을 지닌 라틴어 'tolerare'에서 온 말로서, "다른 사람들에게 행위나 판단의 자유를 허용하는 것, 자신의 견해 또는 일반적인 방식이나 관점과 다른 것을 편견 없이 끈기 있게 참아주는 것"을 뜻한다.[20] 관용이란 내가 아닌 타자(他者)를 인정하고, 나의 가치관과 다른 상대의 가치(관)를 존중하고, 그 차이를 인정하는 태도다. 이질적인 것을 긍정적으로 볼 줄 아는 너그러운 태도다. 그래서 관용적 사회에서는 다르게 생각하고 행동하는 사람이나 집단 사이에 평화적 공존이 가능하다. 흑백논리가 강하고 획일주의 문화가 지배적인 우리 사회가 다문화사회로 발전해 가는 과정에서 관용은 더욱 절실히 요청되는 가치요 덕목이다. 하지만 현실은 밝지 않다. 도정일이 우리나라 대학생을 대상으로 조사한 연구에서 확인할 수 있듯이, 우리 사회의 관용의 정도가 100점 만점에 30점에 머물러 있다.[21]

우리 사회가 관용이라는 가치관을 형성하기 위해서는 무엇보다 먼저 문화에 대한 바른 이해가 필요하다. 왜냐하면, 타인종에 대한 차별이나 타문화에 대한 편견은 대개 문화에 대한 무지나 오해에서 발생하는 경우가 많기 때문이다. 상대방에 대해서 제대로 알지 못하고, 다른 문화에 대해 제대로 이해하지 못하면 공포와 두려움을 갖게 되며, 마침내 차별과 편견의 태도를 갖게 된다.[22] 2002년 전국 대학생 1,100명을 대상

---

20 헨드릭 빌렘 반 룬, 이혜정 역, 『관용』 반 룬 전집 3 (서울: 서해문집, 2005), 23-24.
21 도정일, "관용의 체제로서의 문화", 「경향신문」 (1998년 12월 1일).
22 박흥순, "다문화사회의 이해와 대학생 선교", 강성열 외, 『다문화사회와 한국교회』 (서

으로 조사한 자료는 우리나라에서 이주민에 대한 편견과 부정적 인식이 얼마나 심각한지 잘 보여준다. 자료에 따르면 외국인노동자에 대한 사회적 거리감이 장애인과 북한이탈주민에 대한 거리감보다 더 높게 나타났다.[23]

문화에 있어 다름이란 좋고 나쁨이나, 높고 낮음의 문제가 아니라 상대적이다. 하지만 문화를 고정불변한 것으로 볼 때 문화적 차이를 틀린 것으로 보게 된다. 제국주의적 관점은 우월한 문화와 열등한 문화를 구분하고, 문화적 동화를 강요하게 된다.

초기 예루살렘 공동체는 유대파 기독인과 헬라파 기독인 사이의 문화적 차이나 교리적 갈등을 해결하는 데 적극적이었다(사도행전 6장과 15장). 베드로도 자신의 문화이해와 상관없이 하나님의 계시에 따라 이방인인 고넬료의 집을 방문해서 복음을 전하고 세례를 주었다(사도행전 10:1-48). 바울 역시 복음을 전하기 위해서라면 유대인이든 헬라인이든 구별하지 않고 기꺼이 상대방의 문화적 형편을 고려하고 적극적으로 수용했다(고린도전서 9:20-23).

3. 배려와 돌봄

이주노동자나 결혼이주여성은 정치적, 사회적, 경제적, 문화적 약자다. 그들은 온갖 차별과 불이익을 받으면서도 권익을 주장하지 못한다. 사회적으로는 소수자이며, 경제적으로는 빈곤하고, 문화적으로는 소외되어 있다.

울: 한들출판사, 2010), 190.
23 황홍렬, "다문화시대, 이주민의 인권과 기독교의 과제", 599 참조.

누구든 낯선 문화를 만날 때 겪게 되는 문화충격은 여러 가지 모습으로 나타난다.24 첫째, 의사소통의 불능으로 인한 오해와 갈등 그리고 무기력함이다. 둘째, 일상생활이 변화하면서 모든 일이 부담스러워 진다. 셋째, 낯선 환경 때문에 본국에서의 정체성을 상실하게 된다. 넷째, 이해력이 떨어지면서 새로운 문화 속에서 현실감을 상실한다. 다섯째, 감정과 가치관의 혼동으로 말미암아 좌절감과 죄의식을 갖게 된다. 특히, 다문화 결손가정의 자녀들의 경우에는 피부색, 언어, 문화의 차이에서 오는 갈등과 혼란 외에도 부모의 이혼에 따른 정신적 충격과 경제적 어려움이 함께 나타나게 된다.25

성서는 거류민을 포함한 사회적 약자에 대한 관심을 여러 가지 방식으로 표현하고 있다. 구약의 히브리인들은 약자보호법(레위기 25장)을 통해 사회적 약자들에 대해 특별한 관심을 기울였다. 추수 때에 가난한 이주자들을 위해 곡식이나 과일을 조금씩 남겨두라고 말한다. "밭에서 난 곡식을 거두어들일 때에는 밭 구석구석까지 다 거두어들여서는 안 된다. 거두어들인 다음에, 떨어진 이삭을 주워서도 안 된다. 포도를 딸 때에도 모조리 따서는 안 된다. 포도밭에 떨어진 포도도 주워서는 안 된다. 가난한 사람들과 나그네 신세인 외국 사람들이 줍게, 그것들을 남겨두어야 한다"(레위기 19:9-10).

이주민에 대한 이런 배려와 돌봄의 정신은 특히 룻기에 잘 나타나있다.26 첫째, 룻기는 국제결혼에 대해 개방적인 모습을 보인다. 시어머

---

24 박천응, 『다문화 교육의 탄생』, 23-24.
25 다문화 결손가정 자녀 숫자가 2004년에 500명 이던 것이, 2007년에는 1,000여 명, 2010년에는 1,500명을 넘어섰다. 다문화가정 이혼건수가 매년 1만 건 이상 발생한다는 점을 감안하면, 다문화 결손 가정 자녀 숫자도 계속 늘어날 것으로 전망된다.「국민일보」(2011년 5월 21일).
26 한국염, "다문화시대, 이주민의 인권과 기독교의 과제", 593-597; 김영진, "룻기와 다문

니 나오미는 이방 모압 여인을 며느리로 받아들이며, 보아스는 이방 모압 여인과 결혼하는 걸 주저하지 않는다. 동네사람들 역시 보아스와 이방 여인 룻의 결혼을 격려하고 축복한다(4:11-12). 둘째, 이주자를 특별히 배려하고 돌보아 준다(2:8). 보아스가 룻에게 자기 밭에서 이삭을 줍도록 배려하여 생계를 꾸릴 수 있게 돕는다. 셋째, 나그네보호법에 따라 이주자의 도덕적 권리를 인정한다. 보아스는 룻을 기업을 무를 대상으로 삼고, 자신의 책무를 다한다(4:4).[27] 넷째, 보아스는 자신의 일꾼들이 이방 여인을 성적으로 괴롭히거나 착취하지 않도록 특별히 관심을 가졌다(2:9). 다섯째, 이주자에게 축복해준다. 시어머니 나오미는 며느리인 룻을 축복하고(2:20), 보아스 역시 룻을 축복한다(2:12).

4. 환대(손 대접)

나그네나 이주민은 고향이나 조국을 떠남으로써 자신의 안전과 복리를 제공해 줄 사회적 관계망으로부터 단절된다. 동서고금을 막론하고 낯선 사람은 관찰의 대상이 되며, 심지어 적으로까지 간주된다. 고대사회에서 사람들은 낯선 사람들이 가지고 있을지도 모를 마술적 힘을 두려워했다. 하지만 점차 여행이나 상거래를 위해 외지인과의 접촉이 필요했고, 더불어 이방 나그네의 체류권에 대한 인식도 발전하기 시작했다.[28]

화사회", 11-15.

[27] 레비라토법에 따르면 자식이 없이 남편이 죽었을 경우 죽은 형의 동생이나 친족 가운데서 여인을 맞아들여 후손이 끊이지 않게 했다(신명기 25:5-10).

[28] 조용훈, "대전지역 이주노동자 및 외국인 과학기술자의 사회현실과 지역 교회의 과제에 관한 연구", 337.

일반적으로 농경사회보다는 유목사회에서 낯선 사람에 대한 환대가 중요한 가치와 덕목으로 강조된다. 히브리인의 조상은 유목민이었으며 이집트의 노예로 그리고 40년 광야생활을 하던 나그네로, 나중에는 바벨론에서 70여년의 유배생활을 하면서 이주민으로서의 삶을 살았던 역사적 경험 때문에 환대의 덕목을 매우 강조했다. 아브라함과 롯은 나그네를 잘 대접함으로써 복을 받았다(창세기 18-19장). 신구약 중간 시기에는 수많은 유대인 디아스포라가 고향을 떠나 소아시아 지역에 흩어져 이주자로서 살아야 했다. 신약시대 예수님과 그의 제자들은 물론 바울과 그의 동역자들 역시 소아시아와 유럽의 도시들로 선교여행을 다니면서 나그네의 삶을 살았다. 히브리서 저자는 자기 조상들을 가리켜 '땅에서 길손과 나그네로 살았던 사람'이라고 묘사했다(히브리서 11:13). 초기 기독교인들은 자신의 정체성을 '외국사람이나 나그네'(에베소서 2:19), 혹은 '거류민과 나그네'(베드로전서 2:11)로 규정했다.

히브리인들과 초대교인들만 아니라 우리나라 사람들도 나그네로 산 역사적 경험을 가지고 있다. 일제 강점기에는 간도나 하와이로, 1970년대에는 광부와 간호사로 서독으로, 그 후에는 근로자로 중동으로 그리고 지금은 유학이나 회사일로 외국에서 나그네의 삶을 사는 사람들이 많다. 현재 전 세계에 흩어져 사는 한인 디아스포라는 약 750만 명 정도로 남북한 전체 인구의 10%에 해당한다고 한다.

경제가 지구화되고 사회가 다문화로 발전하는 시대에 우리는 낯선 사람들에 대한 환대를 신앙인의 중요한 덕목으로 새롭게 강조할 필요가 있다. 손님 대접은 교회 지도자는 물론 모든 신자들이 생활 속에 실천하도록 힘써야 할 중요한 덕목이었다(로마서 12:13; 히브리서 13:2; 베드로전서 4:9; 디모데전서 3:2; 디도서 1:8). 환대는 고대로부터 현대에 이르기까지 기독교의 중요 덕목으로 강조되었다.29 베네딕트 수도원의 규율에 따르면, 나그네에 대한 환대는 수도원의 존재 이유 가운데 하나였으며, 수도사가 반드시 실천해야 할 중요한 항목이었다. 중세기에 교회 감독들의 중요한 과업 중의 하나는 나그네를 대접하는 것이었다. 16세기에는 많은 개신교도들이 신앙적 이유에서 종교적 난민이 되던 시대였기에 환대를 특별히 강조했다.

환대는 손님의 사회적 지위나 경제적 형편과 상관없이 함께 식탁에 앉아 음식을 나눔으로써 사회경제적 경계를 넘어서게 만든다. 말하자면, 환대는 불평등한 사회에서 평등을 실천하는 방법 가운데 하나다. 뿐만 아니라 환대는 그리스도인의 영성생활에도 중요한 의미를 지닌다. 헨리 나우엔(H. Nouwen)은 타인에 대한 적대감을 친절한 환대로 바꾸는 일이야 말로 그리스도인의 영성 생활의 중요한 요소라고 깨닫게 해주었다.30 나그네에 대한 적대가 환대로 바뀌면 두려움 속에 있던 낯선 사람은 손님이 되어 뜻하지 않은 선물을 주인에게 내놓게 된다. 그렇게 되면 주인과 손님 사이의 구분은 사라지고 대신 서로를 풍성하게 만드는 새로운 삶이 가능해 진다. 말하자면, 환대는 주인과 손님 사이에 복음의 교제, 즉 코이노니아를 창조한다. 그런데 유감스럽게도 현대 사회에서 나그네 대접은 상업화되거나(숙박업) 관료화되면서(사회복지사업) 신앙적 의미마저 사라져 버렸다.

---

29 위의 글, 338-339.
30 헨리 나우엔, 이연희 역, 『발돋움하는 사람들』 (서울: 성요셉출판사, 1988), 67-69.

IV. 다문화공동체 형성을 위한 지역 교회 사역

1. 다문화 사역과 지역 교회

우리 사회에 다문화가정이 늘고, 점차 다문화사회로 발전하면서 다문화 사역에 대한 지역 교회의 관심과 역할이 점점 더 중요해지고 있다.31 특히, 이주노동자들이 많이 거주하고 있는 공단 지역이나 위성도시 그리고 결혼이주여성들과 다문화가정 자녀들이 빠르게 늘고 있는 농어촌 지역에서 교회의 다문화 사역의 중요성은 날로 커지고 있다.

우리 사회의 다문화가정을 살펴보면 미국이나 유럽의 경우와는 달리 다음 몇 가지 특징을 보이고 있다. 첫째, 남편인 한국 남자는 다른 한국인 남자보다 교육 수준이나 경제 수준이 떨어진다. 둘째, 아내 된 외국 여성은 우리나라보다 경제력이 약한 나라 출신이 대부분이다. 셋째, 다문화가정 자녀들의 학교생활이나 사회 적응도가 낮다.32 그 외에도 한국인 남편의 폭력, 아내의 모국 언어나 문화에 대한 무지와 무관심, 시부모와의 갈등, 한국인 남편과 외국인 아내 사이의 큰 나이 차이도 다문화가정의 갈등과 해체의 위험 요인으로 작용하고 있다. 이런 요인들로 인하여 다문화가정 안에 갈등이 심한 편이고, 그 결과 다문화가정의 이혼율이 일반 가정보다 상대적으로 높은 편이다.

다행스럽게도 다문화공동체 운동을 실천하는 지역 교회나 기독교 단체들이 많아지고 있다. 한 예로 '국경없는마을'(박천응 목사)을 들 수

---

31 최근 우리나라 가정의 10% 정도가 국제결혼에 의해 생긴 것이고, 농어촌의 경우에는 그 비율이 25-30%에 이른다고 한다. 참고: 김판임, "예수와 다문화가정", 「성서마당」 (2009/여름), 18.
32 위의 글, 19.

있다. 국경없는마을은 1995년 경기도 안산 지역의 이주노동자들과 다문화가정의 고통에 대한 발견으로부터 시작되었다. 초기에는 이주민들을 위한 만남의 장을 제공하고, 노동자로서의 권익을 옹호하며, 이주민들의 전통문화를 표현하도록 돕는 데 관심했다. 다음 단계로, 지역주민과 접촉점을 찾는 일에 관심하고, 이주민들도 지역사회의 의사결정에 참여하며, 내국인와 외국인이 함께 만들어가는 지역공동체 사역으로 발전하게 된다. 그 후에는 중앙정부와 지방자치단체의 다문화정책을 제안하고, 각종 다문화 교육프로그램을 운영하며, 지방자치단체와 연계하여 다문화 가족 사업을 운영하고 있다. 그 결과 국경없는마을은 기독교 단체로 출발했으나 지금은 시민사회는 물론 지방자치단체와 멀리 국제기구들 사이에도 잘 알려진 다문화 사역 기관으로 자리매김하게 되었다.33

국경없는마을의 노력으로 경기도 안산시 단원구 원곡동은 우리나라 다문화 마을 특구로 지정되었다. 원곡동은 인근에 반월공단과 시화공단 노동자들이 집단으로 거주하는 지역이다. 안산시에 등록한 3만 5천여 명의 외국인 가운데 이곳에 등록된 외국인만 1만 6천 명인데, 이 숫자는 원곡동 주민 4만 5천여 명 가운데 세 사람 당 한 명꼴로 외국인인 셈이다. 원곡동 거리에는 여러 나라 음식점과 다양한 국가의 고유 식재료를 판매하는 식품점이 즐비한데, 외국인이 운영하는 상점수도 200여 개나 된다. 한국어로 된 간판보다 중국어, 영어로 된 간판이 더 많으며, 은행에는 외국인을 위한 통역직원을 배치하기까지 하고 있다.

농어촌 지역 교회 가운데 다문화 사역에 관심하는 교회도 많아지고 있는데, 그 가운데 하나가 경북 상주시 무양동에 위치한 상주교회(곽희

---

33 박천웅, 『다문화 교육의 탄생』, 512-527.

주 목사)를 들 수 있다. 상주교회는 2006년부터 상주외국인학교를 개설하여 결혼이주여성들을 위한 한글교육과 문화사역을 하던 중, 2008년 보건복지부로부터 다문화가족지원센터를 위탁받아 운영하게 되었다. 2010년 5월에는 다문화가족지원센터가 주축이 되어 일자리 창출을 통한 경제적 자립과 지역민의 이주민에 대한 인식 개선을 위해 베트남, 태국 등 10명의 결혼이주여성들을 중심으로 다문화 식당 '행복하우스'를 오픈하여 운영하고 있다. 행복하우스는 이주민들의 소득원이며 소통의 장이 되기도 하지만 지역민에게는 외국의 낯선 문화와 다문화가정을 이해하는 교육의 장이 되기도 한다.[34]

2. 다문화 교육과 지역 교회

일반적으로 다문화 교육이란 다양한 민족이나 인종 그리고 종교에 기초한 다양한 집단의 문화를 이해하는 능력과 문화적 가치를 존중하는 태도를 기르고, 문화적 차이에 의해 생겨날 수 있는 갈등을 해결할 수 있는 능력을 기르는 교육활동이라 하겠다. 일찍이 유네스코는 '국제 이해, 협력, 평화를 위한 교육과 인권, 기본적 자유에 관련된 교육' 권고문(1974)에서 인간 존중을 기본 정신으로 하여 타문화 이해, 국제적 상호의존, 글로벌 이슈와 문제 해결에 관심을 기울일 것을 강조했다. 이런 배경에서 '유네스코 21세기 교육위원회'에서는 이른바 '들뢰르 보고서'(Delors Report, 1999)를 통해서 평화 교육, 인권 교육, 세계시민 교육, 국제 이해 교육 그리고 지속가능한 발전을 내용으로 하는 교육을 강

---

[34] 곽희주, "공동체 형성을 통한 다문화 가족을 세우는 목회사역에 관한 연구: 상주교회 다문화 목회를 위한 설교 커뮤니케이션을 중심으로", 장로회신학대학교 목회전문대학원 미간행 박사학위논문 (2010).

조했다.35

　유네스코의 다문화 교육의 원칙은 크게 세 가지로 볼 수 있다.36 첫째, 문화적 적합성과 상응성을 갖춘 양질의 교육을 제공함으로써 학습자의 문화적 정체성을 존중하는 것. 둘째, 적극적이고 완전한 사회참여 실현에 필요한 문화적 지식, 갖추어야 할 태도 및 능력을 학습자 개개인 모두에게 가르치는 것. 셋째, 모든 학습자가 각 개인 간 그리고 인종·사회·문화·종교 간 그리고 국가 간의 이해와 존중 그리고 화합에 기여할 수 있도록 문화적 지식과 태도 및 능력을 가르치는 것.

　현재 우리나라에서 이루어지고 있는 다문화 교육의 문제점과 대안으로 황정미는 다음 세 가지를 지적하였다.37 첫째, 교육 대상 측면에서 이주민에 대한 교육과 내국인에 대한 교육이 분리되어 있다. 다문화 교육이 주로 결혼이주여성과 그 자녀에 집중되어 있다. 하지만 문화적 소수자만 아니라 다수자에 대한 교육도 필요하다. 둘째, 문화의 의미에 대한 체계적 접근이나 사회적 함의가 약하다. 한국 사회로의 동화 교육은 물론 이주민의 문화만 생각하는 문화민족주의 둘 다 문제다. 오히려 내국인과 이주민이 만나는 새로운 문화 환경에서 새롭게 창조되는 제3의 문화에 관심할 필요가 있다. 셋째, 이주민 문제를 보편적인 사회 소수자 문제와 연계하는 시각이 부족하다. 타인종이나 타민족에 대한 뿌리 깊은 편견과 배타적 태도를 극복하고, 사회 문화적 차별을 해소할 수 있는 종합적 노력이 필요하다.

　이런 문제인식으로부터 우리는 지역 교회가 지향해야 할 다문화 교육의 방향을 아래에서 살펴보겠다.

---

35 김광현, "다문화 담론과 기독교 지식인의 책임", 134.
36 위의 글, 136-137.
37 황정미, "다문화시민 없는 다문화 교육", 117-118.

우선, 다문화 교육의 목적은 우리나라 문화로의 동화가 아니라 이주자의 문화적 역량을 강화하는 데 두어야 한다. 말하자면, 이주자의 다중정체성을 형성하도록 돕는 교육을 추구해야 한다. 여기서 다중정체성이란 이주자들이 자신의 고유한 정체성을 유지하면서도 자기와 다른 사람들을 용납하고, 다른 사람들과의 차이에도 불구하고 더 큰 사회 구조 안에서 더불어 살아야 할 평등한 존재로서 자기를 인식하는 태도다. 특히 다문화가정 자녀들의 다중정체성 형성이 중요한데 이와 관련해서 오현선은 다음 세 가지를 언급한다.[38] 첫째, 다인종성과 다문화성이 인간의 보편적 특성 가운데 하나임을 인정하는 것. 둘째, 이주민 2세와 한국 사회 구성원을 함께 교육하는 것. 셋째, 개인의 다중정체성을 명료화하고 그것을 지지하는 교육.

다음으로, 다문화 교육의 대상은 이주민만 아니라 한국인 전체를 포함해야 한다. 이는 다문화공동체가 이주자의 적응이나 동화를 목적으로 하는 것이 아니라 낯선 문화와의 만남을 통해 새로운 문화를 창조해 가는 역동적인 과정이기 때문이다. 따라서 다문화 교육은 문화적 다수자인 한국인들로 하여금 우월의식이나 시혜적 태도를 버리고, 평등한 존재들로서 사회적 소수인 이주민의 문화를 존중하고, 그들의 문화적 정체성을 존중하도록 의식화하도록 교육해야 한다. 특히, 국제결혼을 한 한국인 남성들이나 시댁 어른들을 대상으로 타문화와 타언어를 이해하는 교육과 가부장적 사고를 극복하기 위한 성평등 교육도 필요해 보인다.

마지막으로, 종교적 다양성에 대한 이해를 위한 교육이다. 그 동안 우리 사회에서는 다양한 종교들이 존재함에도 불구하고 종교 간 갈등

---

38 오현선, "한국 사회 이주민 2세의 다중정체성 형성을 위한 기독교교육의 과제", 91-94.

이 심하지 않았다. 하지만 배타적 특성을 가진 기독교와 이슬람 종교 인구가 늘면서 점차 갈등이 커갈 것으로 예상되고 있다. 한 자료를 보면, 국내 무슬림이 약 13만 명 정도인데 계속 느는 추세라고 한다.39 현재 우리 사회의 주류 종교 가운데 하나인 기독교와 이주민의 이슬람종교가 충돌하고 갈등하게 된다면 한국 사회의 통합이 어려워 질 것이다. 이런 문제가 발생하기 전에 교인들에게 다문화사회(혹은 다종교 사회)에서 종교적 자유와 관용의 의미를 이해시키고, 배타적이고 공격적인 선교방식 대신 돌봄과 섬김을 통한 선교방식으로 바꾸어 가도록 교육할 필요가 있다.

V. 결론

경제와 사회, 문화가 지구화되는 시대에 다문화는 피할 수 없는 사회 현실이다. 오래도록 단일 민족으로 살아온 우리 사회에서 다문화사회로의 이행은 위기이며 동시에 기회다. 낯설고 이질적인 문화와의 만남은 사람들을 불편하고 거북스럽게 만들고, 사회를 갈등과 분쟁으로 몰아갈 수 있다는 점에서 위기다. 하지만 낯설고 이질적인 문화와의 만남을 통해 새로운 문화를 창조할 수 있다는 점에서 기회다.

다문화공동체 운동이란 문화적 소수자인 이주민을 한국 사회에 일방적으로 적응시키거나 동화시키는 과정을 뜻하지 않는다. 오히려 낯설고 이질적인 문화를 긍정하고 수용할 뿐만 아니라 그 낯선 문화와의 만남을 통해 새로운 문화를 창조해가는 생산적인 과정이다. 이 일은 국

---

39 "당신의 '제노포비아(외국인혐오증)는 '제로'입니까?", 「서울신문」(2011년 7월 26일).

가가 법이나 제도만으로 할 수 있는 일이 아니다. 구성원 모두가 참여할 때라야 성공할 수 있는 일이다. 다문화사회에 대한 논의가 정치적 수사나 사회운동의 구호로 머물지 않기 위해 학교나 각종 사회단체, 무엇보다 지역 교회의 실천적 역할이 필요하다. 지역 교회가 이주노동자나 결혼이주여성, 다문화가정 자녀 그리고 외국인 유학생에 대한 선교적 관심 속에서 그들을 섬기고 그들과 함께 새로운 문화를 창조하려 애쓸 때 비로소 우리 사회가 건강한 다문화공동체로 발전하게 될 것이다.

10장
협동조합 운동과 교회

I. 서론

유엔은 2012년을 '세계 협동조합의 해'로 선포했으며, 최근 우리 사회에서도 협동조합에 대한 관심과 열기가 뜨거워지고 있다. 2012년 12월 시행된 협동조합기본법에 따라 우리나라에서 5인 이상이면 누구나 금융업과 보험업을 제외한 사업 내용으로 협동조합을 설립할 수 있게 되었다. 기획재정부에 따르면 이 법이 시행되기 시작한 2012년 12월 이후 2년6개월 동안 설립된 협동조합 숫자가 7,226개에 달했으며, 2016년에는 1만개를 돌파할 것으로 예측하고 있다.[1]

협동조합은 자본주의 경제체제의 폐해들(노동 착취, 고용 불안, 환경 파괴 등)을 극복하는 새로운 대안사회운동 가운데 하나로 인정되고 있

---

* 이 글은 "협동조합 운동에 대한 기독교윤리적 이해"라는 제목으로 「기독교사회윤리」 33(2015)에 실린 것을 수정하고 보완했다.
1 "겉도는 협동조합 절반은 폐업상태", 「세계일보」 (2015년 6월 8일).

다. 실제로 협동조합은 저성장의 경제상황에서도 고용을 창출하고 안정시키는 데 도움을 주는 것으로 확인되고 있다.[2] 그리고 협동조합 운동은 '사회적 경제'의 중요한 요소 가운데 하나로서 대기업의 과도한 시장 지배력에 맞서는 대안적 경제활동이 될 수 있다.[3]

그리고 사회적 차원에서 협동조합 운동은 개인주의 확산과 세계화에 맞서 지역공동체를 유지하고 발전시키는 데 효과적이다. 이는 협동조합이 지역사회의 필요를 파악하고, 지역민으로 조합원을 구성하며, 지역민을 위한 일자리를 만들고, 이윤을 지역사회에 재투자하며, 지역 내에 형성된 신뢰와 협동의 사회적 자본을 활용하는 사업 방식을 취하기 때문이다. 한 예로 우리나라의 성공적인 마을공동체 운동 가운데 하나로 알려진 서울 '성미산 마을공동체'는 공동육아협동조합, 두레생협, 마을극장, 대안학교, 동네 부엌, 동네 카페 같은 협동조합을 토대로 발전해 가고 있다.

한편, 신학적·목회적 차원에서 협동조합 운동은 기독교 신앙과 공유하는 가치가 많다는 점에서도 한국교회가 관심할만한 주제임이 틀림없다. 과거 협동조합 운동의 역사를 살펴보더라도 협동조합은 교회와 밀접히 관련되어 있었다. 협동조합 운동의 초창기에 유럽의 협동조합들은 기독교 사회주의라는 정신적 토양에서 성장했고, 최근 세계 협동조합 운동에 큰 영향을 끼친 스페인의 몬드라곤은 가톨릭의 호세 마리아 신부에 의해 설립되었고, 일본의 고베생협은 가가와 도요히코 목사

---

[2] 2012년 55개였던 협동조합 숫자가 2013년 3,234개, 2014년에 2,962개가 새로 설립되면서 일자리 3만 6천개가 늘어났다. 참고: "고용창출 일등공신 '협동조합'", 「국민일보」 (2015년 월 6일).
[3] 일반적으로 사회적 경제란 나눔, 공유, 협동을 특징으로 하는 경제로서 자본 보다 사람과 지역사회에 더 많이 관심한다. 협동조합은 사회적 기업과 더불어 대표적인 사회적 경제의 조직이라 할 수 있다.

의 지도력 아래 설립되었으며, 우리나라의 협동조합 운동에서도 교회와 목사들의 역할이 아주 컸다.

기독교가 이렇게 협동조합 운동에 관심하게 된 이유는 협동조합 운동이 기독교 신앙을 생활화하고, 사회 현실을 개선하고, 가난한 사람들의 경제적 문제를 해결하는데 도움을 줌으로써 지역사회에 하나님의 나라를 구현하며, 사회에서 교회의 공적 역할을 수행하는 중요한 방식이라고 판단되었기 때문이다. 이런 배경에서 최근 우리나라 기독교계에도 협동조합 운동에 대한 논의가 부쩍 늘고 있다.[4]

하지만 아직도 대부분의 교회들은 협동조합 운동에 대해 정확한 지식을 갖고 있지 못하며, 심지어 교회나 목사가 나서서 경제활동을 한다는 데 대해 신앙적 이유에서 거부감을 나타내기도 한다. 신앙과 경제는 아무 상관이 없으며, 심지어 모순이라고까지 생각하는 신자들이 많기 때문이다. 그리고 실제 운영 과정에서 협동조합은 일반 기업들과 비교해 볼 때 경쟁력이 약한데다 내부 역량까지 부족해서 폐업이 속출하는 현실이다.[5] 심지어 정부의 재정 지원만 노리는 얌체 협동조합이 있는가 하면, 실체는 없고 문서상으로만 존재하는 유령 협동조합도 있어 사회 문제가 되고 있다.

이런 문제 인식에서 출발하는 이 연구는 먼저 협동조합의 개념과 역

---

4 최근 한국교회의 협동조합 운동에 대한 논의는 다음을 참고하라. "기획특집: 협동조합 운동과 교회의 과제", 「농촌과 목회」 54(2012/여름), 8-100; 기독교윤리실천운동 세미나, "협동조합과 교회"(2012년 11월); "기획특집: 교회와 협동조합", 「한국기독공보」 (2013년 4/5월); "특집: 이제는 협동조합이다", 「기독교사상」 (2013/7), 10-92; 대한예수교장로회총회사회봉사부 세미나자료집, 「교회와 협동조합」 (2013) 등.

5 협동조합이 실패하는 원인으로서 사업 운영자금의 부족(33.3%), 수익모델 구축의 미비(22.2%), 조합원 미확보(14%) 그리고 정부 지원정책의 부족(10.5%) 등이 알려져 있다. 참고: "협동조합 10곳 중 4곳 '첫발'도 못 떼고 개점휴업", 「국민일보」 (2013년 11월 16일).

사에 대해 살핀 후에 우리나라 역사 속에 등장했던 기독교 협동조합 운동들을 살펴보겠다. 이를 통해 협동조합 운동이 한국교회 초기부터 존재했던 중요한 신앙적 사회운동이었음을 확인하게 될 것이다. 그런 다음에 이 연구의 주요 관심사라 할 수 있는 협동조합 운동과 기독교 신앙 사이에 공유하는 가치들을 기독교윤리학적으로 검토하겠다.6 협동조합 운동과 기독교 신앙 사이에 공유되는 가치들이 많다고 하는 사실은 앞으로 한국교회가 협동조합 운동에 활발히 참여할 수 있는 가능성을 제공한다. 이 연구를 통해 한국교회가 사회적 책임을 수행하는 효과적인 전략 가운데 하나로 협동조합 운동의 필요성과 중요성을 깨닫게 되길 기대한다.

II. 협동조합의 발전과 유형

1. 협동조합 개념과 발전사

국제협동조합연맹(International Cooperative Alliance)은 협동조합을 '공동으로 소유되고 민주적으로 관리되는 사업체를 통해 공통의 경제적·사회적·문화적 필요와 욕구를 해결하기 위해 자발적으로 조

---

6 현재까지는 이 연구에서 관심을 두는 협동조합 운동과 기독교 가치의 상관성을 주제로 삼아 연구한 글은 거의 없다. 한 세미나 발표문에서 정재영은 생명가치, 나눔과 섬김 그리고 사회적 약자에 대한 보호와 배려라는 가치를 제시했다. 조성돈은 자유와 책임, 코이노니아라는 사회윤리적 가치와 더불어 생명, 정의, 평화, 헌신 같은 신학적 가치들을 강조했다. 참고: 정재영, "협동조합 운동의 기독교적 가치와 선교적 가능성", 「기독교사상」 (2013/7), 42-49; 조성돈, "교회의 생명공동체 운동과 협동조합", 예장총회사회봉사부, 「교단 생활협동조합 창립을 위한 공개세미나 자료집」(2015년 3월 5일), 53-65.

직된 사람들의 자율적인 조직'이라고 정의한다. 이 정의에 따르면, 협동조합의 주체는 조합원이며, 목적은 공동의 경제적·사회적·문화적 필요와 욕구를 충족하는 것이고, 조직의 성격은 사람의 결사체이고, 운영방식은 민주적이다. 다만 다른 인적 결사체와는 달리 협동조합은 경제 활동을 하며, 일반 기업과는 달리 조합원이 출자자요 운영자요 이용자가 된다는 점에서 구별된다.

우리나라 협동조합기본법(제2조)에 따르면 협동조합이란 '재화 또는 용역의 구매·생산·판매·제공 등을 협동으로 영위함으로써 조합원의 권익을 향상시키고 지역사회에 공헌하고자 하는 사업조직'이다. 여기서 주목할 점은 조합원의 권익 향상과 지역사회에 대한 공헌을 강조함으로써 협동조합의 사업성과 동시에 공익성을 중시한다는 사실이다.

역사적으로 살펴볼 때, 협동조합의 출현은 초기 자본주의의 등장과 맞물려 있다. 산업혁명이 시작된 직후 영국 사회에는 농촌 붕괴, 노동자 착취, 어린이와 여성의 노동, 빈부격차, 실업자 증가 등 각종 사회문제가 발생했다. 이즈음 스코틀랜드의 뉴 라나크에서 수차방적공장을 운영하던 로버트 오언(1771-1858)은 노동자의 인간다운 삶을 개선하는 방편으로 노동 조건과 노동 환경을 개선하고, 유치원을 설립하고, 생필품을 저렴하게 공급하는 일종의 소비조합을 만들어 상당한 성과를 거두었다. 1827년 오언은 가족과 함께 미국으로 건너가 인디애나주 뉴 하모니에서 자신이 꿈꾸었던 유토피아 협동마을의 건설을 시도했다. 비록 뉴하모니에서의 실험이 크게 성공적이지는 못했지만 그가 꿈꾸었던 협동조합에 대한 비전은 이후 협동조합 운동에 큰 영향을 주었다.

현대적 의미의 협동조합은 1844년 영국 랭커셔 주의 면직물 공장이 있는 작은 마을 로치데일에서 28명의 직공들이 설립한 '공정선구자

협동조합'일 것이다. 가난한 노동자들에게 생필품을 안정적으로 조달하려는 목적으로 설립된 공정선구자협동조합은 소비조합의 한 형태로서 정직한 상거래와 조합원에 의한 민주적 운영 원칙을 확정했다는 점에서 의의가 크다.7

이후 협동조합 운동은 꾸준히 발전하여 현재 전 세계적으로 단위 협동조합의 숫자는 약 170만 개, 조합원 숫자는 약 10억 명으로 추정되고 있다.8 국제협동조합연맹(ICA)이 전 세계 300대 협동조합을 사업별로 조사한 결과 농업 및 가공업 33%, 도소매 25%, 보험업 22%였다.9 전체 인구의 절반 이상이 조합원일 정도로 협동조합이 활성화 된 나라는 핀란드, 스웨덴, 아일랜드, 캐나다 등이다. 그리고 국민소득에서 협동조합이 차지하는 비중이 큰 나라는 핀란드, 뉴질랜드, 스위스, 네덜란드 및 노르웨이 등이다.10

세계적으로 유명한 협동조합 가운데 하나는 스페인 북부 바스크 지방의 몬드라곤이다. 몬드라곤은 스페인 내 일곱 번째로 큰 기업 집단으로서 스페인 최대 규모의 은행과 슈퍼마켓 체인을 포함해서 150여 개의 협동조합에 8만 3천여 명을 고용하고 있다. 그리고 유니폼 스폰서십을 유니세프와 맺고 있는 축구클럽인 FC바르셀로나는 17만여 명의 조합원으로 만들어진 협동조합이다.

캐나다에서는 국민 세 명 가운데 한 명꼴로 조합원일 정도로 협동조합이 활성화되어 있다. 그 가운데서도 퀘벡 지역은 북미에서 협동조합

---

7 조지 제이콥 홀리요크, 정광민 역, 『로치데일 공정선구자 협동조합』(홍성군: 그물코, 2013).
8 김성오 외, 『우리 협동조합 만들자』(고양: 겨울나무, 2013), 19.
9 스테파노 자마니 · 베라 자마니, 송성호 역, 『협동조합으로 기업하라』(서울: 북돋움, 2014), 86.
10 정태인 · 이수연, 『협동의 경제학』(서울: 레디앙미디어, 2013), 204.

이 가장 잘 발달된 곳으로서 약 3천 개의 협동조합에 880만 명의 조합원이 소속되어 있다. 퀘벡은 협동조합을 포함한 사회적 경제가 주 전체 경제 규모의 8-10%에 이를 정도다.11 그리고 인도에서는 설탕의 절반가량이 협동조합을 통해 생산되고, 폴란드에서 새로 지어지는 주택의 75% 이상은 협동조합이 건축하고 있다고 한다.12

협동조합은 경제 위기 상황에서도 고용 안정에 효과적인 것으로 증명되었다. 한 예로, 몬드라곤에서는 2008년 세계경제 위기 속에서도 단 한명의 노동자도 해고하지 않았을 뿐만 아니라 오히려 1만 5천 명의 고용을 창출했다. 국제노동기구(ILO)의 추산에 따르면, 현재 전 세계 협동조합에 약 1억 명 이상이 고용되어 있다.13

한편, 협동조합은 저개발국의 빈곤 문제의 해결과 민주주의 발전에도 효과적인 것으로 알려져 있다. 한 예로 멕시코 치아파스 주의 커피협동조합 '카페 저스토'(Cafe Justo)의 수입은 치아파스 주 평균 수입을 훨씬 능가한다. 가나의 코코아 재배농민들로 구성된 협동조합 '쿠아파 코쿠'(Kuapa Kokoo)에는 4만 5천여 명의 농민이 조합원이다.14

우리나라 강원도 원주는 '협동조합의 도시'라 불릴 정도로 협동조합이 활성화되어 있다. 협동조합원 숫자가 원주시 전체 인구의 약 11%인 3만 5천여 명에 이르고, 협동조합의 연간 총 매출은 300억 원이 넘는다.15 1966년 장일순이 가톨릭교인 35명과 함께 강원도 최초의 협동조

---

11 위의 글, 221.
12 알렉산더 F. 레이들로, 염찬희 역, 『21세기의 협동조합: 레이들로 보고서』(서울: 알마, 2015), 31-33.
13 신성식·차형석, 『당신의 쇼핑이 세상을 바꾼다: 사람을 살리는 협동조합기업의 힘』(서울: 알마, 2013), 15.
14 앤드류 매클라우드, 홍병룡 역, 『협동조합, 성경의 눈으로 보다』(서울: 아바서원, 2013), 148-151.
15 "서민금융 신협부터 노인생협까지 . '협동조합의 도시' 원주", 「경향신문」(2013년 1월 2일).

합인 원주신용협동조합을 창립한 이래 원주소비자협동조합(현 원주한살림생협)을 비롯하여 의료생협, 노인협동조합, 공동육아협동조합 소꿉마당, 참꽃어린이교육협동조합, 문화소비자협동조합, 상지대생활협동조합, 갈거리신용협동조합, 생태건축협동조합 노나메기, 원주가농영농조합법인 등 20여 개의 협동조합이 생겨났고, 마침내 이들이 모여 원주협동사회경제네트워크(강원도 1호 사회적 협동조합)를 만들었다.

2. 협동조합의 유형

우리나라 협동조합기본법에 따르면 금융과 보험업을 제외한 상품의 생산과 유통, 농업, 마케팅, 신용, 운송, 은행, 건축, 어업, 산림, 주택 및 의료, 교통 등 필요가 있는 곳이라면 어디든지 협동조합을 설립할 수 있다. 그리고 조합원이 5명 이상이면 협동조합을 설립할 수 있기 때문에 미래에는 협동조합의 유형이 지금보다 훨씬 더 다양해질 것으로 전망된다.

좀 단순하기는 하지만 협동조합의 유형을 국가별로 구분할 수 있다.[16] 영국의 노동자들은 소비자 주권 차원에서 보다 좋은 물건을 보다 싸게 구입할 수 있는 소비자협동조합을 만들었다. 프랑스 사람들은 고용 불안과 노동 소외를 극복하기 위해 노동자협동조합을 중시했다. 독일에서는 고리채에 시달리는 농민들을 위해 금융협동조합이 생겨났고, 덴마크에서는 농민들의 소득 보장을 위해 농업협동조합모델을 발전시켰다. 그리고 이탈리아인들은 조합원의 이익을 넘어 사회적 부조와 연

---

16 스테파노 자마니 · 베라 자마니, 송성호 역, 『협동조합으로 기업하라』(서울: 북돋음, 2014), 47-53.

대를 통해 공공의 이익을 목표로 하는 사회적 협동조합을 탄생시켰다.

우리나라 협동조합기본법에서는 협동조합의 유형을 크게 네 가지로 나누고 있다.

첫째, 소비자협동조합은 우리나라에서 가장 활성화된 유형으로서 물품과 서비스를 이용하는 소비자가 곧 조합원이며 주인인 협동조합이다. 친환경 농산물을 판매하는 생활협동조합을 비롯하여 대안학교나 공동육아협동조합도 이 유형에 속한다.

둘째, 생산자(사업자)협동조합은 각 영역의 생산자들이나 사업자들이 윤리적 생산, 공동 구매나 공동 마케팅을 통해 사업성을 성취한다. 이 유형은 재래시장이나 각종 사업의 체인화에 적합한 유형으로 알려져 있다.

셋째, 직원(노동자)협동조합으로서 일반 기업과 달리 노동이 자본을 고용하는 협동조합 유형이다.

넷째, 혼합형 협동조합으로서 우리나라의 대표적인 협동조합이라 할 수 있는 '한살림'[17]이나 '아이쿱 생협'(자연드림)에서[18] 보듯이 소비자만 아니라 농민 생산자가 함께 구성하는 협동조합을 가리킨다. 최근 한국교회에서 활발히 논의되는 사회적 협동조합도 이러한 형태에 속한다.[19] 현재의 협동조합이 장차 일본의 '종합농협'처럼 혼합형 협동조합으로 발전할 가능성이 커 보인다.[20]

---

17 한살림은 1988년 시작된 전국 조직의 협동조합으로서 2011년 말 현재 153개 매장에 30만 세대가 조합원으로 가입한 우리나라의 대표적인 협동조합이다.
18 1997년 수도권의 5개 생협(부평생협, 부천생협, 안산생협, 수원생협, 별내생협)과 대전의 한밭생협이 모여 탄생했다. 농민과 가공생산자가 함께 협동조합 복합체를 이룬다. 2012년 현재 조합원 수 17만 명, 매장 수 130여개, 연매출 규모 3,450억 원 정도다.
19 '사회적 협동조합'이란 지역주민의 권익증진이나 취약계층을 위한 서비스의 확대, 공익사업 등 비영리사업을 목적으로 하는 협동조합을 가리킨다.
20 일본의 종합농협에서는 농자재의 공급, 농산물의 판매, 보험 대행, 소비재의 공급, 지역

III. 우리나라 기독교 협동조합 운동의 역사

1. 일제강점기 기독교 협동조합 운동

우리나라에는 삼국시대부터 촌락 단위의 공동 노동체인 두레가 있었고, 조선시대에는 계와 같은 신용협동 조직도 있었다. 하지만 현대적 의미의 협동조합 운동이 등장한 것은 일제강점기로 볼 수 있다. 1920년 최초로 '목포 소비조합'이 등장했으며, 1932년 즈음에는 총 300여 개의 협동조합이 활동했다고 한다.[21]

한국교회는 선교 초기부터 협동조합 운동의 신앙적 의의와 사회적 중요성을 인식하고 있었다. 당시 전체 인구의 85% 이상이 농촌에 거주하는 상황에서 한국교회는 협동조합 운동이야말로 피폐한 농촌 사회를 재건하고, 농민의 경제적 문제를 해결하며, 궁극적으로 기독교 복음을 확장하는 데 효과적인 방법이라고 생각했다. 특히 YMCA의 협동조합 운동은 주목할 만하다. 당시 YMCA 이론가였던 홍병선은 마음과 물질을 합하여 일하는 것, 곧 '자본, 조직, 합력'에 기초한 협동조합 운동의 중요성을 강조했다.[22] YMCA는 대지주 체제 아래에서는 불가능한 생산협동조합 대신에 신용협동조합이나 소비협동조합에 관심을 가졌다. 1929년을 기준으로 YMCA가 주축이 된 협동조합이 전국 49개의 협동조합에 조합원 숫자가 1,692명이었는데, 1932년에 이르면 65개의 협

에 따른 의료서비스와 건강관리, 영농지도, 지역사회 문화활동센터 역할 등 넓은 범위의 경제·사회 서비스를 제공한다. 참고: 알렉산더 F. 레이들로, 『21세기 협동조합』, 199.
21 김형미, "한국 생활협동조합 운동의 기원: 식민지 시대의 소비조합운동을 찾아서", 김형미 외, 『한국 생활협동조합 운동의 기원과 전개』 (파주: 푸른나무, 2012), 25-27.
22 김권정, "1920-30년대 한국기독교의 농촌협동조합 운동", 『숭실사학』 21(2008), 260.

동조합으로 늘어나게 된다.[23]

1928년 국제선교협의회(예루살렘대회)에 대표단을 파견한 것을 계기로 한국교회는 교단 차원에서 협동조합 운동에 관심하게 된다. 감리교회는 1928년 농촌사업위원회와 농촌사업부를 설치하고, 장로교는 1929년 농촌부를 각각 설립하면서 협동조합 운동에 적극 나서게 된다. 장로교 총회 농촌부는 공동 구매와 공동 판매를 하는 '중앙신용협동조합'을 설립하고, 각 노회로 확산시켜 나갔다. 그리고 초교파적 성격을 지닌 조선예수교연합공의회도 농촌 선교의 전략으로 협동조합 운동을 강조했다.[24] 민족 자본의 육성과 경제적 자립에 관심했던 고당 조만식은 1929년 평양소비조합을 시작으로 웅기공영조합, 위화소비조합, 고성소비조합, 인천조선물산소비조합, 순천소비조합, 당진소비조합 등을 조직했고, 황해도와 평안도의 소비조합 연합체인 '관서협동조합경리사'를 창립하기도 했다.[25]

하지만 일본 제국주의는 농촌 사회에서 사회주의 세력의 확산을 막고, 민족주의 운동을 통제하려는 목적으로 1932년부터 '농촌진흥운동'을 추진하면서 한국교회의 농촌협동조합 운동을 탄압하기 시작했다. 비슷한 시기에 발생한 미국 경제공황으로 인해 농촌협동조합 운동을 주도하던 YMCA 농업 전문가들이 본국으로 귀국하게 되면서 기독교 농촌협동조합 운동은 점차 위축되어 갔다. 그리고 한국교회 내부적으로 신학적 보수주의자들이 협동조합 운동에 대해 비판하기 시작했고, 1937년 중일전쟁 직후에는 장로교와 감리교의 교단 농촌부가 폐지되면서 협동

---

23 위의 글, 275.
24 위의 글, 273-274.
25 김형미, "홍성지역 생협운동의 전통: 교육과 협동조합을 통한 이상촌 건설의 이상과 그 계승", 김형미 외, 『한국 생활협동조합 운동의 기원과 전개』, 119-123.

조합 운동도 약화될 수밖에 없었다.26

2. 해방 후 기독교 협동조합 운동

장로교 협동조합 운동의 이론가였던 유재기는 일본 유학 중 가가와 도요히코를 통해 농촌협동조합 운동을 알게 되었으며, 협동조합 운동을 신앙과 조화시킬 수 있는 효과적인 기독교 사회운동으로 믿게 되었다. "협동조합은 그리스도의 사랑을 경제생활에서 사회에 실천할 수 있는 절호한 유기적 사회적 조직이다."27 그에게 협동조합은 그리스도의 복음과 경제적 자립을 결합하여 이상적인 공동체를 만드는 중요 전략이었다. 이는 협동조합이 상호부조의 자급 자활의 단체요, 민주주의적 질서로 운영되는 조직이요, 타인에게 손해를 입히지 않으면서도 자기의 이익을 취할 수 있는 사랑의 조직이라고 판단했기 때문이다. 귀국 후 유재기는 숭실전문학교와 평양신학교에서 배민수와 최문식을 만나 기독교농촌연구회를 결성하여 '1교회 1조합주의'를 주창하기에 이르렀다.28

한편 가톨릭에서는 6.25 전쟁 중 피난지였던 부산의 메리놀병원에서 구호사업과 전쟁 미망인을 위해 복지사업을 하던 메리 가브리엘라 수녀가 중심이 되어 1960년 5월에 '성가신용협동조합'을 창립하였다. 이어서 서울에서는 장대익 신부가 중심이 되어 '가톨릭중앙신협'을 창립하고, '협동조합연구원'을 설립하였다.29

---

26 김권정, "1920-30년대 한국기독교의 농촌협동조합 운동", 276-279.
27 김권정, "해방후 유재기의 국가건설운동과 농촌운동", 『한국민족운동사연구』 71 (2012), 270 재인용.
28 위의 글, 278.
29 한경호, "한국기독교 협동조합 운동의 역사와 성격", 「기독교사상」 (2013/7), 25.

3. 1960년대 이후 기독교 협동조합 운동

1968년 부산에 위치한 복음병원의 책임자였던 장기려는 채규철, 김서민 등과 함께 덴마크의 협동조합과 대공황기 미국의 의료보험제도인 청십자(Blue Cross)를 모델로 삼아 우리나라 최초의 민간 의료보험조합인 '청십자의료보험조합'을 설립하였다.30 당시 담배 한 갑 가격도 안 되는 월 회비 60원을 내면(당시 담배 1갑 100원, 짜장면 값 50원) 병원에서 검사를 받을 수 있었고, 치료비의 20%만 부담하는 조건이었다. 1974년에 이미 1만 5천여 명의 조합원이 가입했고, 몇 년 후에는 조합원 숫자가 20만 명이라는 거대한 조직으로 발전하였다. 청십자의료보험조합은 우리나라에 사회보장제도가 채 갖추어지기 이전의 열악한 현실에서 가난한 서민들의 건강 증진과 교회의 사회적 책임을 수행하는 데 크게 기여했다.

홍성 풀무학교의 협동조합 운동도 주목할 가치가 있다. 남강 이승훈의 친척이었던 이찬갑은 일본에 머무는 동안 협동조합 운동에 대해서 배우게 되었고, 귀국 후 1931년에 오산소비조합의 임원이 되었다. 월남한 이찬갑이 감리교 목사였던 주옥로와 함께 홍성군 홍동면에 1958년 풀무고등공민학교를 설립하고, 이듬해 소비조합의 일종인 구매부를 설립했고, 1969년에는 풀무신용협동조합을 조직했다. 풀무소비조합은 1980년 지역주민과 함께 소비조합으로 재창립했고, 1983년 12월에는 생산자 중심의 소비조합으로 재출발하게 되어 1997년 외환위기를 극복하고 계속해서 발전할 수 있었다. 현재 홍동농협, 풀무생협, 풀무신협, 풀무학교생협은 홍동면 마을공동체 운동의 핵심 역할을 하고

---

30 지강유철,『장기려 그 사람』(서울: 홍성사, 2007), 350-353.

있다.31

한편, 기독교대학 가운데 하나인 서울여대는 1963년부터 협동조합을 필수과목으로 학생들에게 강의했다. 1964년에는 1인당 100원씩을 출자하여 400여명의 교수와 학생이 조합원으로 참여하는 협동조합을 창립했다.

1970년대 도시 노동자의 권익을 보호하기 위해 생겨난 도시산업선교회(영등포산업선교회)의 주요 활동 가운데 하나도 협동조합 운동이었다. 영등포산업선교회는 노동운동으로 잘 알려져 있지만 일찍부터 협동조합에 대해 공부하기 시작했고, 1968년에는 이농자를 위한 주택조합을 만들었고, 1969년에는 50명의 조합원이 모여 신용협동조합을 창립하기도 했다. 이 신협은 1972년 영등포산업개발협동조합이란 이름으로 정부로부터 신협1호 인가를 받았다. 1976년에는 노동자 120여 명이 각각 1만원씩 출자하여 생활필수품을 공동 구매하는 공동구매협동조합을 조직했다. 그해 말 조합원 숫자는 배로 늘었고, 총 거래 금액도 6백만 원을 넘어섰다. 1980년 조합원 숫자가 450여 명으로 성장해 갔지만 당시 유신 독재정부의 탄압과 감시로 1982년 자진 해산하게 되었다. 이후 2002년에는 서울 대림동에 서울의료생협을 태동시켰고, 2004년 서로살림생활협동조합을 설립했다.32

한국교회의 주요 교단 안에도 생활협동조합 운동에 대한 관심이 커졌다.33 그 가운데서도 대표적인 '주민생협'(기장)은 빈민선교에 관심

---

31 김형미, "홍성지역 생협운동의 전통: 교육과 협동조합을 통한 이상촌 건설의 이상과 그 계승", 117-135.
32 영등포산업선교회, 『영등포산업선교회 협동운동 40년사』 (2009), 22; 손은정, "우리나라 협동조합 운동의 실태와 한계 그리고 과제: 영등포산업선교회를 중심으로", 「기독교사상」 (2013/7), 50-71; 정원각, "노동운동과 소비자 협동조합 운동", 김형미 외, 『한국생활협동조합 운동의 기원과 전개』 (서울: 푸른나무, 2012), 159-171.

을 기울였던 성남 주민교회 교인들이 주축이 되어 시작된 생활협동조합이다. 주민교회는 1970년대에 의류생협, 1979년에는 주민신협, 1989년에는 소비자협동조합 그리고 1993년에는 생활협동조합을 각각 조직했다.

'호저소비자협동조합'은 원주 호저교회(한경호 목사)가 1989년 창립 조합원 50여명을 중심으로 설립했다. 초창기에는 수원 고등교회와 농산물을 직거래하다가 점차 기름 공장과 미장원으로 사업을 확장하게 된다. 2000년에는 생협의 사업 구역을 호저면 일대에서 원주 및 강원도까지 확대하면서 이름도 '원주생협'으로 바꾸었다.[34]

「꼬방동네 사람들」의 실제인물인 허병섭 목사는 1970년 수도권특수지역선교위원회 활동을 통해 일찍부터 빈민선교 운동에 참여하고 있었다. 그는 1976년 가난한 지역주민들과 함께 서울 하월곡동 산동네에 동월교회를 개척하고, 1988년에는 일용직 노동자 협동조합인 '건축일꾼조합' 그리고 1990년에는 '월산동 건축일꾼 두레'를 결성하기도 했다.[35]

'주민생협'이나 '원주생협' 그리고 '건축일꾼조합'이 지역 교회를 중심으로 시작되고 발전해 간 것이라면, '예장생협'과 '농도생협'은 교단적 차원에서 만들어진 협동조합이다. 예장생협과 농도생협은 둘 다 비슷한 시기에 농촌선교와 농민운동에 관심하는 농촌목회자들에 의해 시작되었다. 예장생협은 1992년 예장(통합) 농민목회자협의회가 '우리

---

33 조용훈, "기독교 도시빈민공동체 운동의 현황과 미래적 과제에 대한 연구", 「신학사상」 157(2012), 117-151.
34 한경호, "호저교회와 원주생활협동조합", 대한예수교장로회총회사회봉사부 세미나자료집, 「교회와 협동조합」 (2013), 189-203.
35 조용훈, "기독교 도시빈민공동체 운동의 현황과 미래적 과제에 대한 연구", 125.

농촌살리기 기독교협의회'를 결성하고, 1994년 우루구아이 라운드에 대응하기 위해서 만들어 졌다. 하지만 핵심 인물이었던 김재일 목사의 갑작스런 죽음으로 말미암아 문을 닫았다가 2015년 9월 '온생명소비자생활협동조합'으로 새로 태어났다.

한편, 농도생협은 감리교 농촌목회자들로 구성된 된 농촌목회선교회가 주축이 되어 1997년 설립되었다. 지금은 조합원 수 1천여 명, 출자액 7천여만 원의 생협으로 발전했다. 예장생협이나 농도생협 외에도 교단이나 기독교 단체가 주축이 되어 설립된 협동조합이 적지 않다.36

IV. 협동조합 운동과 기독교적 가치

1. 협동조합의 원칙에 나타난 핵심 가치들

1895년 영국 런던에서 창립된 국제협동조합연맹(ICA)은 1937년 파리 총회에서 협동조합의 원칙을 제정했다(1966년 개정, 1995년 확정). "협동조합은 자조, 자기 책임, 민주, 평등, 형평성 그리고 연대의 가치를 기반으로 하며, 조합원은 협동조합 선구자들의 전통에 따라 정직, 공개, 사회적 책임, 타인에 대한 배려 등의 윤리적 가치를 신조로 한다."37 협동조합의 가치로 제시된 자조란 스스로의 힘으로 자기 운명을 개척한다는 뜻이며, 자기 책임이란 조합원의 책임감을, 민주와 평등이란 보편적 가치를, 형평성이란 조합원 간의 분배와 보상의 공정성을, 연대란

---

36 자세한 사례는 다음을 참고하라: 한경호, "한국기독교 협동조합 운동의 역사와 성격", 「기독교사상」 (2013/7), 22-40.
37 김성오 외, 『우리 협동조합 만들자』, 53 재인용.

조합원 간의 연대와 상호 책임 및 국제적 연대를 가리킨다. 한편, 조합원들의 윤리적 덕목으로 정직과 타인에 대한 배려가 강조되었고, 사업체의 덕목으로는 투명 경영과 사회 책임이 제시되었다. 국제협동조합연맹의 전 이사인 왓킨스(W. P. Watkins)가 말한대로 "협동조합과 다른 경제조직의 진정한 차이는 협동조합은 사업적 테크닉이 윤리적 사고에 종속된다는 데 있다."[38]

국제협동조합연맹(ICA)은 협동조합의 가치를 실행하는 지침으로 일곱 가지 '원칙'을 제시했다. 제1원칙은 자발적이고 개방적인 조합원제도로서 가입과 탈퇴의 자유다. 제2원칙은 1인 1표의 원칙으로 모든 조합원이 출자액과 상관없이 정책 수립과 의사결정에 동등한 권리를 행사한다. 제3원칙은 모든 조합원이 공정하게 자본 조달과 잉여금 배당에 참여한다. 제4원칙은 정부나 기업의 지배와 간섭으로부터 자유롭고, 조합원들에 의해 자율적으로 운영된다. 제5원칙은 조합원과 임원, 직원들에게 적절한 교육과 훈련의 기회를 제공하며, 일반 대중에게 협동조합의 본질과 기능에 대한 정보를 제공할 의무다. 제6원칙은 협동조합 간의 협동과 네트워킹을 통해 경제적·사회적 영향력을 확대한다. 제7원칙은 조합원만의 이익을 위해서가 아니라 지역공동체의 발전에도 적극적으로 기여한다.

이러한 원칙이 주로 소비자협동조합과 관련되어 있다는 약점을 극복하기 위해서 모리스 콜롱뱅(M. Colombain)은 다음의 다섯 가지 원칙을 새로 제안했다:[39] 첫째, 연대와 상호 관여의 원칙. 둘째, 평등과 민주주의의 규칙. 셋째, 영리를 추구하지 않는 운영. 넷째, 공평·공정

---

38 알렉산더 F. 레이들로,『21세기의 협동조합: 레이들로 보고서』, 113 재인용.
39 위의 글, 98.

· 비례의 원칙. 다섯째, (문화라는 더 넓은 의미로 해석한) 협동조합 교육.

위에서 알 수 있듯이, 협동조합은 사업성을 추구한다는 점에서 일반 기업과 같지만, 추구하는 가치와 운영하는 원칙에서 일반 기업과 뚜렷이 구분된다. 즉 협동조합은 소수의 주주가 아닌 다수 조합원의 공동 소유라는 점, 기업 행위의 목적이 단순한 영리 추구가 아니라 사회적 목적 (고용과 서비스에서 사회적 약자의 배려 및 지역 경제의 활성화를 위한 재투자 등)을 중시한다는 점, 잉여(이익)를 주주가 아닌 조합원 모두에게 배분하며, 이익을 나누는 대신 조합비를 내리거나 물품 가격을 내린다는 점, 생산수단의 소유자와 소비자가 동일인이라는 점에서 일반 기업과 뚜렷이 구별된다.

2. 협동조합 운동의 목표: 생명과 사람 중심의 공동체 형성

인적 결사체로서 협동조합은 단지 조합원의 경제적 이윤을 추구하는 데에만 목적이 있는 것이 아니라 지역사회를 생명과 사람 중심의 공동체로 만들어 가는 데 궁극적 목적이 있다. 신자유주의 시장경제 체제 아래 우리 사회는 협동조합 운동이 태동하게 된 초기 자본주의시대 상황만큼이나 심각하게 전개되고 있다. 인간 생명과 자연생태계 그리고 사회공동체가 위협을 당하고 있다. 이런 사회 현실에 맞서 협동조합 운동은 마을공동체의 재건은 물론 인간과 자연이 더불어 사는 생명 중심의 공동체를 지향한다.

일본 협동조합 운동의 아버지라 할 수 있는 가가와 도요히코가 주창한 '한 사람은 만인을 위하여, 만인은 한 사람을 위해'라는 구호에서 알 수 있듯이, 협동조합 운동은 조합원 간의 상호 신뢰와 협동을 토대로 더불어 사는 공동체를 지향한다. 그리고 과거 협동조합 운동의 역사에서 확인할 수 있듯이, 협동조합 운동은 지역의 소비자나 생산자, 노동자가 상생할 수 있는 더불어 사는 공동체를 만드는 데 도움이 된다.

공동체 운동으로서 협동조합 운동은 물질이나 돈 대신에 사람을 중심에 둔다. 비록 협동조합이 기업의 형태를 지니더라도 이윤 추구를 최종의 목적으로 삼지는 않는다. 그리고 협동조합은 인적 결사체로서 사람과 사람 사이의 관계를 중시한다. 샤를 지드(Charles Gide)가 강조했듯이, 협동조합 운동가들은 '사업체를 통해 공통의 경제적·사회적·교육적 목적을 추구하는 사람들의 집단'이란 사실을 망각해선 안 된다.[40]

최근 활발해진 유기농산물을 중심으로 한 생산과 소비의 협동조합 운동에서는 사람(소비자와 생산자) 사이만 아니라 인간 생명과 자연생태계 생명과의 관계까지 고려하고 있다. 말하자면, 협동조합 운동은 자본가와 노동자, 생산자와 소비자, 부자와 빈자 그리고 인간과 자연이 더불어 사는 것을 지향하는 생명공동체 운동이다.

성서에는 생명 중심의 공동체에 대한 비전이 잘 나타나 있다. 구약성서는 사회적 약자에 대한 배려와 돌봄을 통해 '가난한 자가 없는 사회'(신명기 15:5)를 추구한다. 창조신학과 안식일(안식년과 희년) 그리고 땅에 대한 성서적 태도는 인간과 자연의 공생을 추구한다. 예언자 이사야의 비전은 인간과 자연생태계가 함께 평화를 누리는 우주적 생명 공동체였다(이사야 11:6-9). 예수께서 선포한 하나님의 나라는 사랑과 정의, 평화에 기초한 생명 공동체였다. 초기 예루살렘 공동체는 이러한 공동체의 꿈을 유무상통의 삶 속에서 구현했다. "믿는 무리가 한마음과 한뜻이 되어 모든 물건을 서로 통용하고, 자기 재물을 조금이라도 자기 것

---

40 위의 글, 94.

이라 하는 이가 하나도 없더라"(사도행전 4:32). 그 결과 '그들 가운데 가난한 사람이 없게'(사도행전 4:34)됨으로써 언약공동체가 지녔던 오랜 꿈이 실현되었음을 보여준다.

이런 신앙적 전통에 기초해서 한국교회 협동조합 운동가들도 한결같이 협동조합 운동이야말로 신앙을 생활화 하는 길이며, 하나님의 나라를 이 땅 위에 구현하는 강력한 수단이라고 생각했다. 한 예로 일제 강점기 유재기와 배민수의 주도 아래 시작된 '예수촌 운동'은 협동조합을 공동체적 이상을 실현하는 핵심적인 수단으로 삼았다. 그들에게 협동조합은 자본주의의 폐해를 극복하고, 신앙을 현실 세계에 생활화할 수 있는 '유기적 조직체'요 '천국 운동의 유일한 사랑의 시설'이었다.41

앤드류 매클라우드의 지적처럼, 협동조합 운동은 나눔, 참여, 책임, 가난의 극복과 같은 기독교의 공동체적 가치를 구현한다. 하지만 초기 기독교 신자들이 가졌던 공동체적 삶에 비하면 지금의 협동조합 운동이 보여주는 공동체적 삶이란 여전히 '엉성한 모조품'에 불과하다. 이런 한계에도 불구하고 협동조합 운동은 새로운 공동체적 세계를 향한 '걸음마'로서 그 나름의 의미를 지니고 있다. 말하자면, 협동조합은 하나님께서 요구하는 자유와 평등과 정의의 새 질서를 위한 '시험장'이자 '건축용 블록들'과 같다.42

3. 협동조합 운동의 조직 원리: 협동과 연대

사람들이 협동조합을 CO-OPS(co-operate, 함께 일하기)라고 부르

---

41 방기중, 『배민수의 농촌운동과 기독교사상』 (서울: 연세대출판부, 1999), 176.
42 앤드류 매클라우드, 『협동조합, 성경의 눈으로 보다』, 181.

는 데서도 알 수 있듯이, 협동조합의 핵심 가치는 협동과 연대다. 협동조합은 사회경제적 약자들이 상호 협동과 연대를 통해 조합원의 경제적 자립과 삶의 질 개선을 추구한다. 협동이란 가치는, 에드가 파넬의 주장대로, 인간 사회의 조직에 있어 가장 중요한 요소로서 개인과 집단의 요구 사이에서 균형을 잡아줄 뿐만 아니라 부가가치를 낼 수 있는 수단이다. 달리 표현하면, 협동이란 자기 결정권(self-help)을 유지하면서도 함께 일하는 것(mutual-help)이다. 따라서 협동의 반대는 '경쟁'이 아니라 '고립된 행동'으로 보아야 한다.[43]

협동조합의 또 다른 원리인 연대란 사회적 약자에 대해 이웃사랑의 계명을 확장시킨 것으로서 사회윤리의 토대가 될 수 있다. 왜냐하면 연대라는 가치에는 고통당하는 사회적 약자에 대한 연민과 돌봄 그리고 나눔과 같은 공동체적 태도가 포함되어 있기 때문이다.[44]

무한경쟁의 원리에 기초한 자유주의 시장경제와 달리 협동과 연대의 가치에 기초한 사회적 경제는 '호혜의 경제'를 추구한다. 가가와 도요히코의 표현을 따르자면, 사회적 경제의 한 형태로서 협동조합은 기독교적 형제애에 기초한 '우애의 경제'다.[45]

물론 자유주의 시장경제의 기본 원리인 경쟁은 생산성과 효율성을 낳는다. 하지만 경쟁에서 낙오되는 사회적 약자에 대해 무관심하거나 당연시한다. 이러한 적자생존의 삶의 방식은 자연의 법칙일 수는 있어도 사회의 법칙이 되어선 안 된다. 인간은 동물 이상의 존재이며 더불어 사는 공동체적 존재이기 때문이다.

---

[43] 에드가 파넬, 염찬희 역, 『협동조합 그 아름다운 구상』 (홍성군: 그물코, 2012), 16-17.
[44] 최경석, "경제적 양극화의 극복을 위한 판단 기준의 설정: 연대성의 개념을 중심으로", 「기독교사회윤리」 30(2014), 106-111.
[45] 가가와 도요히코, 홍순명 역, 『우애의 경제학』 (홍성군: 그물코, 2009).

하나님의 창조세계의 원리는 경쟁보다는 협동에 가깝다고 볼 수 있다. 우리는 개미와 꿀벌, 새와 늑대 등 집단생활을 하는 동물들의 삶의 방식에서 이를 분명히 확인할 수 있다. 동물 가운데서도 특히 악어와 악어새는 상생(공생)의 원리를 잘 보여주며, 남아프리카의 미어캣 같은 동물은 공동체의 보호를 위해 자기희생을 감수하는 이타적인 행동까지 보여준다. 토지공개념(지공주의)을 주창한 헨리 조지는 "우리는 협동하도록 만들어진 존재이다. 마치 두 발처럼, 두 손처럼, 두 눈꺼풀처럼, 위 아랫니 치열처럼"46이라고 말했다.

그런데 경제생활에서 협동이 가능하려면 상호 신뢰와 소통이 있어야 한다. 상호 신뢰란 내가 협력하면 상대방도 협력함으로써 모두에게 더 나은 결과를 가져올 수 있다고 믿는 마음이다. 한편, 협동은 개방적이고 정직한 소통을 통해서 가능해진다. 협동조합 운동이 경영진에게 정직과 투명 경영의 윤리 원칙을 강조하는 이유가 바로 그 때문이다.

자본주의 경제생활이 '경쟁 지향적' 삶의 방식을 만들어 내는 반면에 기독교적 삶의 방식은 상호 신뢰와 협동에 기초한 '협동적' 혹은 '공동체적' 삶을 추구한다. 사도행전 예루살렘 공동체 구성원들은 자신의 소유를 팔아 가난한 이웃과 나누었고, 함께 떡을 떼면서 연대감을 보여주었다. 바울은 '강한 자가 연약한 자의 약점을 담당'(로마서 15:1)하고, '짐을 서로 지는'(갈라디아서 6:2) 협동과 연대의 삶이야말로 기독교적 삶이라고 말한다. 사회적 약자를 돌보는 행위가 '도덕적 시혜' 차원에 머물지 않으려면 '연대성'의 관점을 견지해야 한다. 구약성서에서 사회적 약자에 대한 배려와 돌봄은 야웨와 이스라엘 사이의 '계약적 연대성', 즉 계약적 의무(duty)에 속한 것이지 시혜(charity)가 아니었다.47

---

46 손은정, "우리나라 협동조합 운동의 실태와 한계 그리고 과제", 64 재인용.

앤드류 매클라우드는 협동조합 운동이 추구하는 협동적 삶의 방식을 '성서적인 조직 방식'이라고 표현하면서 하나님의 나라를 이해하는 열쇠라고 본다. 그러면서 그는 협동의 세 가지 측면, 즉 각 사람의 필요를 충족시키기 위한 자원을 자발적으로 나누는 일, 권력이 어느 개인의 손에 집중되지 않게 다 함께 결정하는 일 그리고 개인의 책임을 극대화하는 방식으로 공동 규율을 집행하는 일이 신약성서의 예루살렘 공동체에서 구현되었다고 보았다.[48]

4. 협동조합의 운영 원리: 평등과 자율에 기초한 민주주의

협동조합이 사업성을 추구하는 조직체이긴 하지만 일반 기업과 다른 중요한 특징은 의사결정 방법과 소통 방식이다. 협동조합은 출자액의 많고 적음에 상관없이 조합원 1인당 1표의 의결권을 가지는 민주적 결사체다. 이 같은 협동조합의 민주적 의사결정 방식은 평등과 자율적 책임이란 가치를 효과적으로 구현할 수 있는 수단이다. 조합원들은 협동조합의 운영에 참여함으로써 민주주의를 학습하고 실천한다.

협동조합의 민주적 성격은 1인 1표의 원칙 외에도 자율적 책임이라는 원칙에도 나타난다. 조합원에게는 협동조합의 가입과 탈퇴의 자유가 보장되고, 조합원 사이의 차별을 배제하며, 의사결정 과정에 참여하는 것이 보장된다. 조합원의 자율적 책임의 가치를 함양하기 위해 협동조합은 조합원을 위한 교육 프로그램과 지도력 훈련, 임원과 이사에 대한 특혜의 배제, 정보의 개방, 의사 결정에 참여 그리고 합의의 정신 등

---

[47] 안계정, "한국 사회의 경제적 양극화 문제 해소를 위한 한국교회의 역할에 대한 연구", 「기독교사회윤리」 29(2014), 310-311.
[48] 앤드류 매클라우드, 『협동조합, 성경의 눈으로 보다』, 14-15.

을 강조한다.49

이 같은 민주적 가치를 실현하려면 조합원의 관심과 적극적 참여가 절대적으로 필요하다. 하지만 협동조합의 규모가 커지면 조직의 효율성이 강조되며, 경영의 투명성과 공개성은 약해지고, 조합원 개인들의 관심과 참여가 줄어들면서 협동조합의 민주주의적 특성이 약화될 가능성도 커진다. 협동조합이 조합원의 주인의식과 책임의식을 강화하기 위해 경영진만 아니라 조합원의 교육을 의무화하고 있는 이유도 바로 그 때문이다.

우리는 사도행전의 예루살렘 공동체의 의사결정 방식에서 오늘날 협동조합과 유사한 민주적 운영 원리를 발견할 수 있다. 가난한 사람을 위한 양식 분배 문제를 놓고 헬라인 기독교인과 유대인 기독교인 사이에 분쟁이 생겨났을 때 교회는 일곱 집사를 택해서 그들에게 양식 분배의 일을 맡기고, 사도들은 기도와 말씀 사역에 전념하기로 결정했다(사도행전 6:2-4). 앤드류 매클라우드는 이 이야기 가운데에서 오늘날 협동조합과 비슷한 민주적으로 선출된 이사회의 모습을 발견한다.50 성서는 예수님의 제자 가운데 가룟 유다의 후임을 새로 뽑는 일에서도 당시 교회 지도자 한 두 사람에 의해서가 아니라 함께 모인 백 이십여 명의 구성원들에 의해 결정되었다고 전해주고 있다(사도행전 1:14-26). 말하자면 공동체와 관련된 중요한 사안이 한 사람 혹은 소수의 사람에 의해 결정되지 않고, 구성원 전체가 참여하는 민주적 방식으로 결정되었다.

---

49 알렉산더 F. 레이들로,『21세기의 협동조합』, 108-111.
50 앤드류 매클라우드,『협동조합, 성경의 눈으로 보다』, 35.

V. 결론

2012년 12월 협동조합기본법이 시행되면서 우리 사회에 협동조합 붐이 일고 있다. 협동조합 운동과 기독교 신앙 사이에는 이념적으로는 공유하는 가치가 많아서 한국교회도 적극적으로 관심하고 있다. 그런데 협동조합을 만들기는 쉬워도 지속적으로 발전시키기는 어렵다. 교회와 관련된 협동조합은 신앙적 목적만 아니라 경제적·사회적 목적도 달성해야 할 과제를 안고 있어 훨씬 더 어렵다. 협동조합의 이념 유지는 물론 파산하지 않도록 사업을 잘 하는 일이 쉽지 않다. 사업 아이템을 정하고, 인력 관리나 재정 관리 등 해결해야 할 난제가 수두룩하다. 돈과 사람 문제가 신앙보다 더 중요하게 부각되는 것은 시간 문제다.

『레이들로 보고서』는 그 동안 협동조합 운동의 역사에 나타났던 실제적 어려움을 다음 세 가지로 정리해주고 있다.[51] 첫째 단계에서 생기는 '신뢰의 위기'다. 협동조합의 성공에 대해 확신하는 사람이 소수이다 보니 시민의 참여가 낮다. 둘째 단계는 경영, 기술, 사업 면에서 경쟁력을 갖추지 못해 도산하게 되는 경영의 위기다. 셋째 단계는, 협동조합의 목적, 일반 기업과의 차이, 현실 경제제도와의 관계 설정에 대한 의문 등과 관련해서 생겨나는 '사상의 위기'다.

이 같은 현실적 문제들을 염두에 두면서 앤드류 매클라우드는 다음 다섯 가지의 실제적 제안을 하고 있다.[52] 첫째, 비전의 발견으로서 다음과 같은 질문에 대한 답을 제시할 수 있어야 한다. 곧 지역사회가 무엇을 필요로 하며, 어떤 공통의 요구가 있는가? 어떻게 이 필요를 충족시

---

51 알렉산더 F. 레이들로, 『21세기의 협동조합』, 25-27.
52 앤드류 매클라우드, 『협동조합, 성경의 눈으로 보다』, 191-199.

킬 수 있을까? 취할 수 있는 대안은 무엇인가? 둘째, 조직 갖추기로서 의사 결정의 방식과 소통의 방식, 책임과 결정의 위임, 법적 형태와 인적 결사체 사이의 조화를 이루는 문제다. 셋째, 현실 점검으로서 재정적 자립가능성이 있는가이다. 이에 답하려면 지역의 인구 통계학적 특성, 사업상 경쟁 상대, 자금 수요 예측 그리고 매장 위치와 임대료 등을 고려해야 한다. 넷째, 조합원과 관련된 문제로서 조합원의 숫자와 자금 규모, 조합원의 권리와 책임, 조합원의 기여도 산정 등이다. 다섯째, 씨뿌리기로서 전문 경영인, 시설과 장비 그리고 회계와 관리 등의 문제 등이다.

이런 현실적 어려움에도 불구하고 협동조합 운동에 한국교회가 적극적으로 관심하고 참여해야할 이유는 여럿이다.

먼저, 이념적인 면에서 볼 때 협동조합 운동과 기독교 신앙 사이에 공유하는 가치가 많기 때문이다. 협동조합 운동은 이 땅에서 신앙을 생활화하며, 하나님의 나라를 구현할 수 있는 효과적이고 실제적인 수단 가운데 하나다. 그리고 역사적인 면에서 볼 때 한국교회는 선교 초기부터 농촌 사회의 특성을 고려하여 농촌공동체 운동에 관심했는데 그 핵심에는 협동조합 운동이 있었다. 사회운동 차원에서 볼 때 협동조합 운동은 신자유주의 시장경제 체제의 문제들을 극복하는 대안적 사회운동 가운데 하나다. 교회의 사회 책임 혹은 교회의 공적 역할이란 면에서 협동조합 운동은 교회가 사회에 기여할 수 있는 효과적인 전략 가운데 하나로 볼 수 있다.

한국교회가 협동조합 운동을 통해 하나님의 나라를 구현하고, 교회의 사회 책임을 더 잘 수행하려면 협동조합에 대한 정확한 이해가 선행되어야 한다. 이를 위해 교인을 위한 교육과 홍보가 필요하고, 신학생들에게는 새로운 사회 목회 전략으로 가르칠 필요가 있다. 교회는 지역사회의 필요에 따라 창의적으로 다양한 형태의 협동조합을 모색해야 한다. 인간 세상에 완성된 형태의 협동조합이란 존재할 수 없기에 협동조합 운동은 항상 개방적이어야 한다.

11장
기독교 사회적기업과 교회

I. 서론

신자유주의 시장경제가 발전해 가면서 실업자의 증가와 사회적 양극화가 우리 사회의 심각한 사회문제로 대두되고 있다. 국가 재정의 압박과 고령화 사회에서 복지 수요가 증가함에 따라 저소득 취약계층에 대한 복지 혜택마저 축소되고 있어 취약계층의 삶의 질과 생존이 위협을 받고 있다. 이런 상황 속에서 저소득 취약계층의 일자리 창출과 사회적 서비스 제공, 즉 고용과 복지 문제를 동시에 해결하면서 지역경제까지 활성화할 수 있는 효과적인 수단으로 '사회적기업'(social enterprise)에 대한 논의가 최근 우리 사회에서도 활발해지고 있다.

2007년 '사회적기업육성법'이 제정된 이래 우리나라에서는 2011년 말 현재 고용노동부 인증을 받은 사회적기업이 644곳, 지방자치단체 지정을 받은 예비 사회적기업은 1,379곳에 달한다. 이제 사회적기업에 대한 관심은 비단 정부나 지방자치 단체를 넘어 일반 기업으로까지 확대되고 있다.[1] 더 나아가 사회적기업에 대한 관심은 비영리 시민단체와 대학에도 급속히 확산되고 있다.

그럼에도 불구하고 외국에 비교해보면 여전히 우리나라에서 사회적기업에 대한 관심도는 낮은 편이다.[2] 우리 사회에 사회적기업이 알려지는 계기가 된 무담보 소액 대출(마이크로 크레딧)의 선구자인 방글라데시 '그라민은행'[3] 외에도 사회적기업들은 세계 여러 곳에서 다양한 형태로 성공적으로 운영되고 있다.[4] 다행히 우리나라에서도 최근 성공한 사회적기업들이 알려지고 있으며,[5] 학계에서는 「사회적기업」이나

---

* 이 글은 "사회적기업 활성화를 위한 기독교의 과제에 대한 연구"라는 제목으로 「한국기독교신학논총」 85(2012)를 수정하고 보완했다.

1 SK그룹은 2005년부터 사회적기업 설립을 지원하기 시작해서 약 6,000여 개의 일자리 만들었다. 2009년에는 500억원 규모의 기금을 출연해서 사회적기업 지원사업을 펼치고 있다. SK그룹은 그동안 사회적기업 10개를 설립했고, 63곳을 지원하고 있다. 이 가운데서 '행복한 학교'는 교사 자격증이 있는 미취업 여성을 고용한 맞춤식 방과후교육 서비스를 제공한다. '행복 도시락'은 취약계층을 고용해서 결식 아동과 저소득층 노인들에게 무료 급식 사업을 펼치고 있다. 한편, 포스코가 2008년에 84억 원을 투자해서 만든 '포스위드'라는 사회적기업은 우편물 수발, 작업복 세탁, 콜센터 업무를 하는 기업으로서, 전체 직원 303명 가운데 장애인이 165명이나 된다. 「국민일보」 (2011년 1월 2일).

2 현대경제연구원의 자료에 따르면, 2006년 기준으로 영국의 사회적기업 숫자가 5만 5천 개에 고용비중이 5%, 2005년 기준 폴란드의 사회적기업 숫자가 5만 2천개에 고용비중이 4.6%다. 반면 2009년 기준 우리나라의 사회적기업 수는 289개에 고용비중도 0.03%에 불과했다. 김종수, "친서민 해법, 사회적 기업에서 찾아야", 「중앙일보」 (2011년 1월 11일).

3 그라민은행은 1983년 설립된 빈민을 위한 소액신용대출기관인데, 150달러 정도의 무담보 소액대출을 받은 800만 명 가운데 절반 이상이 빈곤에서 탈출했다고 한다. 참고: 무함마드 유누스, 김태훈역, 『가난없는 세상을 위하여: 사회적기업과 자본주의의 미래』(안양: 물푸레, 2008).

4 유병선, 『보노보 혁명: 제4섹터, 사회적 기업의 아름다운 반란』(서울: 부키, 2007); 박명준, 『사회적 영웅의 탄생: 공정한 사회를 만드는 사회적 기업가 14인을 만나다』(서울: 이매진, 2011) 등.

5 안치용 외, 『한국의 보노보들』(서울: 부키, 2010) 저자들은 이 책에서 지역사회, 환경, 문화, 노동, 유기농, 장애인이라는 사회적 가치를 기준으로 우리나라 사회적기업들 36곳

「사회적기업 연구」 같은 전문 학술지까지 발간하기에 이르렀다.

이론적으로 보면, 교회와 사회적기업은 둘 다 사회적 가치를 추구하고, 사회적 취약계층을 돕는데 관심하며, 지역사회 발전에 노력한다는 점에서 공통점이 많다. 게다가 교회의 사회적기업 운영은 사회에서의 기독교 이미지 개선과 정부로부터 재정 지원을 받을 수 있다는 점에서도 매력적이다. 게다가 요즘처럼 교회가 선교 활동 차원에서 운영하는 카페나 공연장과 같은 문화 공간에 대해서조차 세금을 부과하는 문제를 해결하는 방안 가운데 하나로 사회적기업 형태로의 문화사역이 좋은 대안으로 부각되고 있다.6

그럼에도 불구하고 사회적기업에 대한 한국교회의 인식은 아직도 낮고, 관심도 매우 적은 편이다. 기독교 관련 사회적기업에 대한 체계적인 학술 연구는 수행된 바가 없으며, 기껏해야 신문의 특집 기사나 세미나 자료집 정도가 있을 뿐이다.7 다행히 최근 한국기독교장로회가 '기독교 사회적기업 지원센터'를 개소했으며,8 대한예수교장로회총회 (통합) 사회봉사부도 관심을 갖기 시작했다.

물론, 사회적기업에 대한 관심이 생기기 훨씬 전부터 한국교회는 사회적 소외계층에 관심해왔다. 1970년대에는 도시산업선교나 민중신학과 민중교회 운동을 통해 가난한 사람들에게 신학적·목회적 관심을 기울였다. 1990년대 후반에는 노숙인 무료급식이나 쉼터 제공 등 다양한

을 분류하고 있다. 한편, 정선희, 『한국의 사회적 기업』(서울: 다우, 2005)에서는 잘 알려진 12곳의 사회적기업을 소개하고 있다.
6 교회 안의 카페나 문화사역이 사회적기업으로 인증되면 법인세와 취득세의 50%, 재산세의 25%를 감면 받을 수 있다.
7 「한국기독공보」는 2010년 3월 특집으로 "사회적 기업과 선교의 접촉점 모색"이라는 제목 아래 사회적기업과 선교의 상관성을 다루고 있다. 세미나자료집으로는 열매나눔재단, 「2010 기독교 사회적기업가 아카데미 백서」(2010)가 있다.
8 www.csesc.or.kr.

형태의 사회적 서비스를 제공했다. 2000년대에는 수익사업이 가능한 자활 후견 기관을 통해 저소득 계층의 자활을 도왔다. 그러한 전통을 이어서 최근에는 기독교 관련 사회적기업들을 만들고 있다.9 그 가운데에서도 새터민을 중심으로 한 '열매나눔재단', 이주민이 중심이 된 '나섬공동체'는 교회적으로만 아니라 사회적으로도 상당한 주목을 받고 있다.

이 연구는 기독교 사회적기업의 활성화를 위한 기독교의 과제가 무엇인지 탐색하는데 그 목적을 둔다. 먼저, 사회적기업이 무엇인지 살펴보고, 현재 우리나라에서 주목을 받고 있는 기독교 관련 사회적기업의 사례 분석을 통해 문제점을 분석하며, 활성화를 위한 실천 과제가 무엇인지 모색해 볼 것이다.

---

9 탈북자를 중심으로 만들어진 '백두식품', 장애인 작업 공동체인 코이노니아와 예손이 속한 '번동코이노니아', 완도제일복지센터의 미생물 활용 친환경 기업 'EM사업단', 남원 지역자활센터의 '영농살림', 인천 내일을여는집 노숙인들이 만든 '재활용센터'와 '노동살림', 청주 이주여성인권센터가 만든 '떴다무지개사업단', 알로에 효소를 생산 판매하는 거제의 '거제해뜨는바다', 강화에서 두부 제조 및 유통사업을 하는 '콩알세알나눔터', 출소자를 위한 담안선교가 폐카트리지 수거 및 재생을 사업내용으로 하는 '자활원', 잡지 '빅이슈코리아'를 통해 노숙인의 자활을 추구하는 '거리의 천사', 기아대책의 기증품을 판매하는 '행복한나눔' 등이 있다. 한편, 저소득계층을 위한 소액대출운동에는 열매나눔재단의 '씨앗은행'을 비롯하여 '생명의 길을 여는 사람들', '해피뱅크'(거룩한빛광성교회), 'SOS'뱅크(광염교회) 등이 있다.

II. 사회적기업이란 무엇인가?

1. 사회적기업의 역사

일반적으로 사회적기업의 기원을 19세기 산업혁명 초기에 있었던 협동조합 운동, 그 가운데서도 이탈리아의 '사회적 협동조합'(social cooperatives)에서 찾을 수 있다. 1970년대 말 유럽에서는 실업자와 사회 서비스 요구가 증가하는 데 반해 국가 재정이 감소하면서 생겨난 사회문제를 해결하는 수단으로서 고용 중심의 새로운 형태의 기업에 대한 논의가 활발해졌다. 이런 기업을 가리켜 벨기에는 '사회적목적기업'(social purpose company), 영국은 '지역이익기업'(community interest company) 그리고 핀란드는 '사회적기업'(social enterprise)이라고 불렀다.10 이러한 역사를 통해 우리는 사회적기업이 협동조합 정신에 뿌리를 두고 있으며, 사회적 목적을 지니는 기업이라는 사실을 알 수 있다.

사회적기업 문화와 관련해서 유럽과 미국 사이에는 약간의 차이가 있다. 유럽의 사회적기업들이 협동조합 전통에 따라 사회적 목적과 함께 이윤의 배분을 인정하는 반면에, 미국에선 비영리조직(NGO)이나 자선단체가 중심이며, 그 강조점도 기업적 혁신에 있으며 수익 배분을 인정하지 않는다.11 우리나라의 경우에는 정부가 주도권을 가지고 있기 때문에 기업의 자생력이 취약해 질 수 있다.

---

10 정선기, "대전광역시의 사회적기업 육성전략 모색", 한국지역경제학회 아시아 5개국 학술세미나(2011), 101.
11 양용희, "경영의 관점에서 본 사회적 기업", 「2010년 기독교사회적기업가 아카데미 자료집」, 41-42.

우리나라 사회적기업의 역사는 1990년대 초 건설일용직 노동자들이 중심이 되어 만든 서울 하월곡동의 '건축일꾼 두레'로 거슬러 올라간다.12 그 후 각종 형태의 자활사업과 장애인 직업 재활사업이 생겨나면서 자연스럽게 사회적기업의 토대가 형성되었다. 그러다가 2007년 사회적기업육성법이 제정되고, 사회적기업 인증제도가 시행되면서 본격적으로 사회적기업 활동이 활발해지고 있다.

2. 사회적기업의 개념과 특징 그리고 유형

'착한기업', '사회적 비즈니스 기업', '사회적 벤처', '사회적 목적 기업', '비영리기업', '지역사회 벤처' 등 다양한 용어들과 혼용되어 사용될 만큼 사회적기업을 정의하는 일은 단순치 않다. 사회적기업 개념은 법적·행정적·사회문화적 차이에 따라 각기 다르게 정의된다. 사회적 책임을 수행하는 기업에서부터 비영리조직의 수익사업에 이르기까지 그 범위도 넓다. 하지만 우리나라 사회적기업육성법 제2조에 따르면 협의의 의미에서 사회적기업이란, "취약계층에게 사회서비스 또는 일자리를 제공하여 지역주민의 삶의 질을 높이는 등의 사회적 목적을 추구하면서 재화 및 서비스의 생산·판매 등 영업활동을 수행하는 기업"을 가리킨다. 한편, 넓은 의미에서 사회적기업이란, "주주나 소유자를 위한 이윤극대화를 추구하기 보다는 우선적으로 사회적 목적을 추구하면서 이를 위해 이윤을 사업 또는 지역공동체에 다시 투자하는 기업"을 가리킨다.

고용노동부는 사회적기업의 특징을 세 가지로 정리하고 있다.13 첫

---

12 허병섭, 『일판, 사랑판』 (서울: 현존사, 1992).

째, 사회적 취약계층에게 일자리나 사회 서비스 제공과 같은 사회적 목적을 추구한다. 둘째, 영업활동에서 창출된 이윤을 사업 자체나 지역공동체에 재투자함으로써 주주를 위해서가 아니라 사회적 목적을 위해 사용한다. 셋째, 기업의 의사결정은 근로자, 서비스 수혜자, 지역사회 인사나 주주 등 이해관계자들이 참여하여 민주적으로 결정한다.

이를 요약하자면, 사회적기업이란 '빵을 팔기 위해 고용하는 것이 아니라 고용하기 위해 빵을 파는' 기업 행위를 통해 시장경제와 사회통합이라는 상호 갈등관계로 보이는 가치들을 조화시키려는 기업이다. 경제적 가치 창출에 관심하는 영리 기업과 사회적 가치 창출에 관심하는 비영리법인 사이의 절충이랄 수 있다. 이를 달리 표현하면, 사회적 가치(인간, 사회, 환경)와 경제적 가치(생산성, 이윤)의 조화를 추구하는 새로운 형태의 기업이라고도 하겠다.

일반적으로 사회적기업의 유형은 고용 형태나 사회 서비스의 대상에 따라 '일자리 제공형', '사회서비스 제공형' 그리고 '혼합형'으로 나눠진다.

먼저, 일자리 제공형 사회적기업이란, 기업의 주된 목적을 취약계층에게 일자리를 제공하는 데 둔 기업으로서 취약계층 고용 비율이 30% 이상 되는 기업이다.[14] 둘째, 사회 서비스 제공형 사회적기업이란, 사회적 취약계층에게 사회 서비스를 제공하는 데 목적을 둔 기업으로서 사회 서비스를 제공받는 취약계층의 비율이 30% 이상 되어야 한

---

13 우리나라 고용노동부의 공식홈페이지 참조: www.socialenterprise.go.kr.
14 우리나라 사회적기업 육성법(제2조2항)에 따르면 '취약계층'이란 '자신에게 필요한 사회 서비스를 시장 가격으로 구매하는 데 어려움이 있는 계층'으로서, 월평균 가계 소득이 전국 평균의 60% 미만인 자, 55세 이상 고령자, 장애인, 성매매 피해자, 장기 실업자 등을 가리킨다.

다.15 셋째, 혼합형 사회적기업이란, 그 목적을 취약계층에 대한 일자리 제공과 사회서비스 제공에 둔 기업으로서, 취약계층의 고용비율과 사회서비스를 제공받는 취약계층의 비율이 각각 20% 이상이 되어야 한다. 현재 우리나라의 사회적기업의 사업 분야를 보면, 사회복지 (20.1%), 환경(17.6%), 간병·가사 지원(13.8%), 문화예술(6.6%), 보육(5.5%), 교육(3.8%) 순으로 나타났다.16 정부는 사회적기업 명칭을 사용하는데 있어서 남용을 막기 위해 제반 요건의 충족 정도에 따라 '인증 사회적기업'과 '예비 사회적기업'으로 나누어 심사하여 지원하고 있다.17

3. 사회적기업의 의의

사회적기업은 사회 문화, 경제, 교회 차원에서 여러 가지 의의를 갖는다.

우선 사회적기업은 현대 자본주의의 비인간성과 반공동체성이라는 문제를 극복하려는 대안 경제의 하나로서 '인간의 얼굴을 한 자본주의' 혹은 '창조적 자본주의'로 불린다. 사회적 차원에서 사회적기업은 실업 문제의 해결책으로서 지속가능한 일자리를 창출하며, 저소득 취약계층에게 사회 서비스를 제공하여 인간다운 삶을 가능하도록 돕는다. 지역

---

15 사회적기업 육성법에 따르면, 사회서비스 분야는 교육, 보건, 사회복지, 환경, 문화, 예술, 관광, 운동, 산림의 보전 및 관리, 간병 및 가사 지원 등을 포함한다.
16 김종수, "친서민 해법, 사회적 기업에서 찾아야", 「중앙일보」 (2011년 1월 11일).
17 사회적기업의 인증 요건에는 조직형태(민법상의 조합, 상법상의 회사, 비영리 민간단체), 고용 및 영업활동(4대보험과 최저임금 이상의 급여를 보장하는 유급 근로자의 고용, 재화와 서비스의 판매 활동), 뚜렷한 사회적 목적, 이해관계자의 민주적 의사결정 그리고 사회적 목적을 위한 이윤의 재투자 등이 포함된다.

사회운동으로서 사회적기업은 지역 내 고용 창출과 사회서비스 제공을 통해 지역민의 삶의 질 향상과 지역경제 활성화에 기여한다. 사회적기업의 사업 아이템은 지역의 사회적 필요와 연관성이 깊으며, 지역의 자연 자원과 더불어 물적 조건 및 인적 자원을 활용할 뿐만 아니라 이윤을 일정 부분 지역사회에 재투자함으로써 마을공동체 형성에 공헌한다.

다음으로 윤리학적 차원에서 사회적기업은 공동체, 사회성, 사회정의 그리고 사회적 연대와 같은 사회적 가치를 창조하는데 도움을 주며, 기업 윤리나 노동 윤리를 정착시킨다. 사회적기업은 기업의 사회공헌이나 윤리경영을 강화할 뿐만 아니라 소비자들에게는 착한(윤리적) 소비문화를 실천하도록 자극한다.

마지막으로 교회적 차원에서 사회적기업은 교회의 새로운 선교 방식과 사회봉사 전략이 될 수 있다. 저소득 취약계층에게 일자리를 제공하여 빈곤 탈출을 도움으로써 영혼 구원만 아니라 전인 구원을 실현한다. 또한 개인의 자선과 구제를 중심한 전통적인 사회봉사 방법 대신에 자활중심 사회봉사로의 변화를 유도할 수 있다. 특히 장애인, 외국인근로자, 극빈자, 독거노인 등을 대상으로 사역하는 선교단체들이 직면한 재정적 어려움을 스스로 해결할 수 있게 함으로써 지속가능한 선교를 가능하게 만든다.

III. 기독교 관련 사회적기업 사례

1. 열매나눔재단

열매나눔재단은 높은뜻숭의교회를 담임했던 김동호 목사가 가난한 자에게 복음을 전하고, 가난에 포로된 자들과 탈북자들에게 자유를 선언하는 희년 정신을 구현하기 위해 설립한 복지단체다.[18] 열매나눔재단은 저소득 빈곤층, 특히 새터민(북한이탈주민)이 교육과 일자리를 통해 미래에 대해 희망을 갖고, 우리 사회의 당당한 구성원으로 살아갈 수 있도록 돕는데 그 목적을 두고 있다.[19]

열매나눔재단의 사역의 출발은 '쪽방탈출운동'과 '밑천나눔운동'이었다. 쪽방탈출운동은 저소득 빈곤계층의 쪽방 탈출을 돕기 위한 전세자금 융자 사업이다. 저소득 빈곤층 가운데 개인이 300만 원을 저축하면 정부가 700만 원을 지원해 준다는 정부정책에 착안하여, 신청자가 150만 원을 저금하면 열매나눔재단이 나머지 150만원을 지원함으로써 필요한 300만 원을 마련하도록 돕는 사업이다. 그리고 '밑천나눔운동'은 신청자 가운데 선발하여 사업 밑천으로 6천만 원씩을 지원하는 사업이다. 이 사역을 통해 '김밥천국'과 '이동세차' 사업 등이 성공적으로 수행되었다.

---

[18] 김동호, 『미션 임파서블』(서울: 열매나눔재단, 2009) 및 공식홈페이지: www.merryyear.org. 참조.
[19] 국내 거주 탈북민은 2012년 8월 기준으로 2만 4천여 명에 이른다. 북한이탈주민지원재단이 발표한 '북한이탈주민 생활실태 조사'에 따르면 경제활동 인구에 포함되는 응답자 중 경제활동 참가율은 56.5%에 그친 반면, 실업률은 12.1%나 되었다. 그나마 일자리도 일용직이나 임시직이어서 소득 수준이 낮아 생활이 매우 어려운 것으로 나타났다. "탈북민, 중소기업 인력난에 숨통",「국민일보」2012년 9월 4일.

열매나눔재단이 실행하고 있는 사회적기업 활동은 크게 둘인데, 하나는 마이크로크레딧 사업이며, 다른 하나는 사회적기업 창업이다. 먼저, '씨앗은행'이란 이름의 마이크로크레딧 사업은 자활을 추구하는 개인이나 단체, 혹은 자활근로사업단을 대상으로 1억 원 이내에서 무담보 무보증으로 대출하는 사역이다.20 이 사업에 소요되는 재원은 2004년 저소득층 창업을 재정적으로 지원하기 위해 높은뜻숭의교회에서 출연한 70억 원이다. 사업마다 5천만 원 한도에 2%의 낮은 금리로 3년 상환이라는 조건으로 운영된다. 남대문의 쪽방 거주자에게 열쇠 가판점을 낼 수 있도록 지원하면서부터 시작하여 현재 100개가 넘는 희망씨앗터(씨앗은행 자금으로 세워진 창업 공동체)를 지원하고 있다. 열매나눔재단은 창업 지원 외에도 쪽방탈출 전세자금 융자 및 금융 지원 사업도 함께 수행하고 있다.

열매나눔재단이 창업한 최초의 사회적기업(희망공장 1호)은 2008년에 세워져 포장용 박스를 생산하는 ㈜메자닌아이팩이다. 새터민 21명을 포함해서 총 35명을 고용하여, 200여개의 업체에 각종 박스를 납품하고 있다. 이 사회적기업은 서울우유나 양구군과 협약을 맺은 식품업체 메자닌푸드텍에 박스를 납품함으로써 안정적인 거래처를 확보할 수 있었다.

두 번째 창업한 사회적기업(희망공장 2호)은 ㈜메자닌에코원으로서 블라인드와 커튼 생산을 사업 내용으로 한다. 이곳에는 현재 북한이탈주민 14명을 포함 총21명이 고용되어 있는데, 향후 50명을 추가로 고용할 계획을 갖고 있다. 이곳에서 생산되는 물건을 주식회사 우드림이

---

20 현재 우리나라에서 은행 대출을 받기 힘든 개인 신용등급 7급 이하의 금융 소외자가 720만 명이나 되는데, 이는 전체 경제활동인구의 약 20%에 해당하는 수치다. 전병길·고영, 『새로운 자본주의에 도전하라』, (서울: 꿈꾸는터, 2009), 131.

나 예원인테리어 같은 업체에 납품하여 안정적인 수입원을 확보하고 있다.

세 번째 공장은 ㈜고마운손으로서 지갑, 핸드백, 잡화류를 생산한다. 현재 총 58명의 고용인원 가운데 새터민이 10명이고, 나머지는 고령자, 모자 가정, 장애인으로서 이들이 전체 고용의 60% 정도를 차지하고 있다. 이 외에도 열매나눔재단은 북카페 등 새로운 형태의 사회적기업을 기획하고 있다.

우리가 열매나눔재단 활동에서 주목해야 할 점은 네트워킹 능력이다. 정부의 재정 지원이 없는 가운데서도 SK와 같은 대기업과 협력하고, 생산품을 고정적으로 납품할 수 있는 중견기업들과 협약을 통해 안정적인 거래처를 확보하고 있다는 점이다. 다음으로, 사회적기업의 창업을 돕는 교육 프로그램을 운영하고 있다는 점이다. 열매나눔재단은 사회적기업 창업자들에게 필요한 각종 자문과 컨설팅을 제공하고 있다. 특히, 새터민자립지원센터를 통하여 북한이탈주민의 사회적기업 창업과 운영을 지원하고, 안정적 일자리 창출을 도우며, 새터민의 맞춤형 교육을 위한 '희망열매아카데미'를 운영하고 있다.

그리고 열매나눔재단은 제4호 희망 공장인 블리스&노블레스 카페와 제5호 희망공장 ㈜고마운사람이라는 사회적기업도 운영하고 있다. 이곳에는 각각 북한이탈주민 1명과 16명이 고용되어 있다.[21] 열매나눔재단은 북한이탈주민에 대한 편견을 없애고, 이해를 높이기 위해 다양한 사회교육 프로그램도 운영하고 있다.

---

21 서정배, "북한이탈주민 취업현황과 대책", 열매나눔재단 사회적기업지원센터, 「북한이탈주민의 취업지원정책 및 발전방안 모색 심포지엄 자료집」(2010년 10월), 17.

2. 나섬공동체

나섬공동체는 이주민 다문화사역을 하는 유해근 목사가 설립한 단체로 '나그네를 섬긴다'는 이름 뜻을 가지고 있다. [22] 우리 사회로 이주해 온 외국인근로자, 결혼이민자, 다문화이주자들을 위한 선교사역에 관심했던 유해근 목사는 복음이 반드시 빵과 함께 전해져야 한다는 생각에서 이주민의 선교만 아니라 빈곤과 인권 문제에도 깊은 관심을 기울였다. 나섬공동체의 모태는 1996년에 시작된 서울외국인근로자선교회다. 외국인근로자 지원센터에서는 이주노동자들을 위한 다양한 섬김과 선교 사역을 수행하고 있다. 매주 주일마다 200여 명이 모여 몽골권, 무슬림권, 영어권 그리고 서남아시아권으로 나뉘어 공동체 모임을 갖고 각종 문화행사와 선교 프로그램을 진행한다. 다문화가정 어린이를 위해 재한몽골학교와 나섬다문화 어린이집을 운영하기도 한다. 나섬공동체는 서울시와 몽골 울란바타르시의 공동지원으로 몽골 울란바타르 문화진흥원을 설립하기도 했다.

㈜나섬공동체는 이주노동자가 중심이 된 사회적기업으로서 공식 명칭은 '나섬공동체 외국인지원사업단'이다. 유해근 목사는 이주노동자 및 다문화가정 사역에 필요한 재정을 스스로 마련하고, 다문화 이주자들과 교인들에게 안정된 일자리를 제공함으로써 경제적 자활을 도우며, 다문화 교육을 목적으로 사회적기업 나섬공동체를 설립했다.

나섬공동체의 사업은 크게 세 가지로 구성된다. 하나는 '나섬가게'로서 개인이나 단체로부터 기부받은 의류와 우렁 만두를 판매하여 수익을

---

22 유해근, "외국인근로자와 함께하는 삶: 나섬공동체의 비전과 희망", 「교육교회」 357호 (2007), 19-24; 동저자, "다문화시대 하나님 나라를 세우는 교육: 유목민신학과 나섬", 「교육교회」 386호(2010), 58-62. 공식홈페이지: nasom.or.kr.

창출한다. 다른 하나는 '커피福' 사업으로서 커피를 통해 복음을 전하는 데 목적을 두고 있다. 커피福은 커피 전문회사인 '가배두림'(대표 이동진)과 업무협약을 통해서 이주노동자들을 위한 바리스타 교육, 커피문화 보급, 교회 카페 컨설팅, 원두 유통사업 그리고 커피 비누 같은 커피 관련 상품을 판매한다. 마지막으로는 경기도 양평에 마련한 '다문화생태마을' 체험학습장의 운영이다. 이곳 체험학습장에서는 치즈 만들기 체험을 비롯해서 아시아 각국의 다문화체험과 음식체험, 자연학습, 커피 체험(커피문화 축제)을 통해서 수익을 창출하고 있다.

사회적기업 나섬공동체에서 주목할만한 점은 사업아이템의 선정과 탁월한 네트워킹 능력이다. 나섬공동체는 다문화이주민이 지니고 있는 각종 자원과 현실적 필요에 기초하여 사업 아이템을 발굴했다. 다문화생태마을은 나섬공동체가 가지고 있는 핵심 자원이었으며, 커피 사업은 최근의 문화 트렌드를 반영한 사업 아이템이었다.

나섬공동체의 탁월한 네트워킹 능력은 커피 사업의 전문성을 위해 커피 전문 기업인 가배두림과 업무협약을 맺었고, 커피福이라는 브랜드는 브랜드 전문업체인 '크로스포인트'(대표 손혜원)의 도움으로 생겨났다는 데서도 잘 드러난다.

나섬공동체의 또 하나의 특징은 커피 사업을 해외선교의 전략으로 활용한다는 점이다. 커피 사업에서 훈련받은 이주민이나 유학생을 자국으로 파송하여 직접 선교가 불가능한 지역에도 카페를 통해 간접적으로 선교를 시도하고 있다. 선교사 자신이 바리스타나 카페 운영자로서 스스로 필요한 재정을 마련할 수도 있다는 점에서 경제적으로 지속가능한 선교전략으로 떠오르고 있다.

IV. 사회적기업 운영상 현실적 난제들

1. 기업의 지속가능성

사회적기업은 시작하기도 어렵지만 성공적으로 운영하기란 더욱 어렵다고 한다. 곽선화의 연구를 보면, 2010년 말 현재 활동 중인 사회적기업 491곳 중에서 영업 손실 상태인 기업이 412곳(83.9%), 당기순손실인 기업은 94곳(19.1%)으로 나타났다. 한국 사회적기업진흥원의 자료 역시 비슷한 결과를 보고하고 있는데, 2009년 말 현재 사회적기업 287곳 중에서 214곳(74.6%)이 영업 손실, 당기순손실은 95곳(33.2%)으로 나타났다.[23]

사회적기업 운영이 이렇게 어려운 데에는 구조적 원인이 있다.

먼저, 사회적기업이 사회적 가치(공익성)와 경제적 이윤(영리성)이라는 상호 모순적인 가치를 동시에 추구하기 때문이다. 일반 기업은 이윤 추구 자체가 기업의 목적이지만, 사회적기업은 이윤 추구와 동시에 사회적 목적까지 추구한다. 기독교 사회적기업은 여기에다가 신앙적 가치까지 추구하기 때문에 영리성과의 갈등은 커질 수밖에 없다. 이러한 긴장과 갈등은 어떤 사람을 고용할 것인지, 정규 직종을 늘릴 것인지 아니면 비정규 직종을 늘릴 것인지, 어떤 사업 아이템을 선정할 것인지, 이윤을 사회에 어떻게 재투자할 것인지, 동종 사회적기업과의 관계는 어떻게 설정할 것인지와 같은 물음들 속에서 지속적으로 제기된다.

사회적기업이 지닌 또 다른 구조적 어려움은 경영(인), 사업 내용, 근로자, 홍보나 유통 문제에도 나타난다. 사회적기업에 종사하는 사람

---

23 "사회적기업들 경영난 '허덕'", 「국민일보」 (2012년 2월 29일).

들은 대부분 전문경영인이 아닌 지역사회 운동가나 사회복지 분야 전문가들인 경우가 많다. 사회적기업의 업종도 돌봄 서비스나 재활용 사업 등으로 제한적이어서 수익 창출에 근본적 어려움이 있다. 사회적기업의 근로자 다수가 의무적으로 고용된 저임금 취약계층(노인이나 장애인 등)이다 보니 일반 기업 근로자와 비교해 볼 때 창의력, 신지식이나 신기술의 습득 능력이 떨어진다.

사회적기업이 아무리 좋은 목적과 의지를 가지고 있다 하더라도 시장에서의 경쟁력이 뒷받침되지 못하면 존속하기 어렵다. 중앙정부의 지원이나 후원자들의 후원에는 한계가 있기 때문이다. 우리나라 사회적기업 운동은 국가 주도적이지만 정부의 재정 지원은 최대 3년까지다. 사회적기업 생산품을 구매해 줌으로써 기업을 도울 수 있는 소비자들 역시 명분이 아무리 좋더라도 가격이나 품질이 받쳐주지 않으면 상품을 구매하지 않는다.24

이런 현실에서 기독교 관련 사회적기업이 기업으로서의 경쟁력을 유지하려면 무엇보다 우선적으로 경영 능력을 갖추어야 한다. 경영 능력이란 구체적으로 지역사회의 자원이나 수요를 파악하는 능력, 사업 아이템에 대한 아이디어, 기술혁신을 통한 생산성 증대, 같은 업종의 시장 분석과 전망, 상품 홍보나 판로 개척을 위한 마케팅 역량, 장부 정리법이나 원가계산과 같은 회계 재무 능력 그리고 노무 법무 지식이나 구성원 갈등 해결 방법에 대한 인사 조직 노하우 등이 포함된다. 교회가 어떻게 이런 창의적인 경영자를 발굴하고 동기부여할 것인가는 매우 중요한 과제다.

---

24 한 연구에 따르면, 우리나라 소비자들은 사회적기업이 생산하는 제품이나 서비스 구매 시 고려 요인으로 전체 응답자의 62.9%가 '품질'을 꼽았고, 23.8%는 '사회적 의미'를, 나머지 11.5%는 '가격'을 꼽았다. 전병길·고영, 『새로운 자본주의에 도전하라』, 308.

2. 사회적기업에 대한 인식 부족과 반기업 정서 극복

우리나라에서 사회적기업에 대한 일반인들의 인식 수준은 매우 낮다. 2008년 (사)사회적기업연구원의 조사보고서에 따르면 조사 대상의 16.5%만 "사회적기업이 무슨 일을 하고 있는지 알고 있다"고 답했다. 사회적기업이라는 단어를 한 번이라도 들어본 사람은 전체의 27.4%에 불과했다.[25]

기독교 관련 사회적기업의 또 다른 애로점은 교회가 가지고 있는 반기업적 정서다. 전통적으로 우리나라에서는 유교 문화의 영향을 받아 상업 활동에 대해 부정적이었으며, 역사적으로 개발독재 기간 중 (재벌)기업과 정치권력의 유착관계가 문제 되었고, 윤리적으로는 기업인들의 비도덕성이 기업에 대한 부정적 이미지를 고착화시켰다. 신앙적으로 보더라도 기업의 영리 추구에 대해 부정적이며, 교회 안에서 돈에 대해 논의하는 것조차 금기시하는 분위기다. 그러다 보니 지역사회나 빈곤 문제 해결에 관심하는 진보적인 교회들조차도 사회적기업의 필요성과 중요성을 인식하지 못하고 있다. 그 결과 기독교 관련 사회적기업의 창업이 많지 않고, 사회적기업에 관심하는 평신도 전문인 경영자나 후원자의 모집도 쉽지 않다.

하지만 일찍이 종교개혁가 칼빈은 소명과 천직(天職) 개념을 통해서 상행위와 이윤 추구를 정당화했을 뿐만 아니라 제한된 범위 안에서의 이자 소득까지도 인정했다. 자본주의 발달과 기독교 신앙 사이에는 상관성이 크다는 생각은 독일 사회학자 막스 베버의 『프로테스탄트 윤리와 자본주의 정신』에 잘 서술되어 있다. 기업 활동은 노동과 자연 자

---

25 위의 책, 307.

본을 효율적으로 사용함으로써 하나님의 문화 위임(창세기 1:28-29)을 수행하는 일이다.26

특히 선교와 목회적 관점에서 볼 때 사회적기업은 가난한 사람들을 돕고, 사회적 가치를 실현하며, 지역사회의 발전에 공헌할 수 있을 뿐만 아니라 새로운 형태의 사회봉사 및 선교전략이 될 수 있다. 따라서 교회는 신앙인들에게 사회적기업에 대한 이해를 넓히고, 관심을 확대시키는 방안을 모색해야 한다. 사회적기업이 무엇인지, 그것이 어떻게 효과적인 사회봉사 및 선교전략이 될 수 있는지, 그것을 통해 지역사회 발전에 어떻게 공헌할 수 있는지에 대한 신학적 토대를 마련할 필요가 있다.

V. 기독교 사회적기업의 활성화를 위한 실천 과제

1. 교회와 지역사회 관계에 대한 목회적 이해

사회적기업과 지역 교회 사이에는 공통점이 많다. 둘 다 지역사회에 위치해 있으면서 사회적 가치를 추구하고, 사회적 취약계층을 돕는데 관심하며, 지역사회의 발전에 관심한다. 교회는 사회적기업을 통해 효과적으로 지역사회와 소통할 수 있고, 지역사회 발전에 기여할 수 있으며, 지역사회 안에 좋은 이미지를 형성할 수 있다.

교회가 사회적기업을 통해 지역사회를 보다 더 잘 섬기기 위해서는 지역사회의 자원과 필요 그리고 특성을 연구할 필요가 있다. 지역사회

---

26 신기형,『기업윤리: 언약적 해석과 계약적 해석을 중심으로』(서울: 한들출판사, 1998), 1-2.

현실에 민감해질수록 지역에 특화된 좋은 사회적기업을 만들 수 있기 때문이다. 따라서 사회적기업에 관심하는 지역 교회는 창업에 앞서 지역사회 안에서 동원할 수 있는 자원은 무엇인지, 누가 정말 취약한 사람인지, 그들에게 어떤 사회 서비스를 제공해야 할지, 지역사회에 필요한 제품이나 사회 서비스 유형은 무엇인지에 대해 조사해야 한다.

교회가 사회적기업을 통해 지역사회 발전에 공헌함으로써 효과적인 선교를 하려면 전통적인 목회관부터 바꾸어야 한다. 교회 중심의 교육과 돌봄의 목회로부터 지역민 전체의 교육과 돌봄의 목회로 전환해야 한다. 이럴 때 목회는 필연적으로 개교회의 양적 성장이 아니라 지역과 함께하는 성장으로 관심이 이동한다. 목회자는 영적 지도자이며 동시에 지역사회 운동가나 사회적기업 경영자 역할을 수행하기도 한다.

2. 교회의 새로운 사회봉사 전략으로서 자활 돕기

(사회)봉사는 복음 증언과 더불어 예수님의 핵심 사역이었고, 초대교회 때부터 계속해서 추구했던 선교 방식이었다. 한국교회 역시 선교 초기부터 사회봉사를 중요하게 생각해서 지역사회의 필요에 따라 학교, 병원, 구제 기관을 통해 가난한 사람을 섬겼다. 1990년대 들어서는 교회에 대한 부정적인 이미지를 바꾸기 위해 교회마다 사회봉사관 건축과 사회봉사 활동에 교회의 인적·물적 자원을 투여하고 있다. 그럼에도 불구하고 몇 가지 문제가 미해결 상태로 남아있는데, 여기에는 자원의 결집력과 연계성의 부족, 비효율적 자원 관리, 섬김 자체를 목적으로 하는 대신에 선교를 위한 수단으로서 봉사 그리고 지나친 물량공세 등이다.[27]

그 외에도 중앙정부의 사회복지 정책 변화에 대한 대응력 부족도 문제다. 최근 우리나라 정부의 사회복지 정책은 과거 미국 레이건정부나 영국 대처정부와 유사한 쪽으로 바뀌고 있다. 즉, 최소한의 사회복지 정책을 추구하면서 기업이나 종교계가 일정 부분을 기여해주기 기대한다. 민간의 인적 자원(자원봉사자)과 물적 자원(모금)을 강조하고, 근로 연계 복지 형태를 요청한다. 말하자면 정부의 복지 정책의 초점이 무상 시혜에서 점점 자활과 자립으로 이동하고 있다.

이런 변화된 상황에서 볼 때 사회적기업은 전통적인 자선과 구호라는 사회봉사 패러다임을 극복할 수 있는 좋은 기회다. 개인적인 자선이나 구호 대신에 일자리나 소액 자본을 제공함으로써 자립과 자활을 가능하게 만드는 것이야말로 정부나 교회가 공통적으로 추구하는 최종 목표다. 그런 배경에서 사회적기업을 '자선이란 가치를 기업적 방식으로 실현하는 회사'라고 말한 박원순의 정의는 적절하다.[28]

교회가 사회적기업을 통해 사회에 봉사할 수 있는 방법은 두 가지다. 하나는 교회가 사회적기업을 직접 창업하여 취약계층을 고용하고 그들에게 일자리를 제공하는 생산자 형태다. 다른 하나는 사회적기업에서 생산한 상품을 구매함으로써 사회적기업을 돕는 소비자 형태다. 교회가 직접 사회적기업을 창업하거나 마이크로크레딧 사업을 하는 데에는 적지 않은 재원과 평신도 경영자가 필요하기 때문에 지역의 중소 교회가 섣불리 나서기 어렵다. 하지만 소비자로서 사회적기업을 돕는 일은 아무리 작은 교회라도 충분히 할 수 있는 일이다. 교인들에게 '착한 소비' 혹은 '윤리적 소비'의 중요성을 교육함으로써 사회적기업 생산품

---

27 정무성, "한국 사회적기업정책과 교회의 역할", 열매나눔재단, 「2010 기독교 사회적 기업가 아카데미 백서」, 82.
28 전병길·고영, 『새로운 자본주의에 도전하라』, 6.

을 적극 구매토록 할 필요가 있다.[29]

3. 비즈니스를 통한 빈민선교

기독교 관련 사회적기업의 비즈니스 활동은 고용 없는 성장 시대에 새로운 빈민선교 전략으로 활용될 수 있다. 빈민선교는 사회선교의 한 형태로서 가난한 사람들의 인간화와 구원을 위한 선교 활동이다. 구조적 빈곤으로 인한 인간성 파괴는 극복해야 할 악이다. 통전적인 하나님의 선교(missio dei)에서 복음화와 인간화, 인간 구원과 사회봉사는 상호 분리되지 않는다.

사회적기업을 통해 일자리를 창출하고, 사회서비스를 제공함으로써 가난한 사람들을 효과적으로 도울 수 있다는 점에서 사회적기업 활동은 매력적인 빈민선교의 전략 가운데 하나임이 분명하다. 특히 사회적기업이라는 비즈니스 선교는 빵과 복음을 동시에 주는 선교 전략으로서 기독교에 대해 부정적인 이미지가 강한 사회나 공식적으로 선교를 허락하지 않는 사회에서도 효과적인 선교 전략이 될 수 있다. 뿐만 아니라 선교비를 후원에만 의존하는 선교 대신에 자립적 선교를 가능케 한다는 점에서도 매력적이다. 이런 이유로 로잔복음화운동은 '선교로서의 비즈니스'(Business As Mission)를 강조한 바 있다. 이는 '선교를 위한 비즈니스'(Business For Mission)보다 한걸음 나아간 개념으로서 비즈니스 자체를 선교 활동으로 이해한다.

'선교로서의 비즈니스'는 몇 가지 원칙을 갖는다. 하나님 나라에 대

---

[29] 조용훈, "윤리적 소비에 대한 기독교윤리적 연구", 「기독교사회윤리」 27(2013), 369-398.

한 뚜렷한 동기와 목적이 있으며, 목표는 개인과 지역의 총체적 변화다. 고용된 사람들의 통전적 복지를 모색하며, 회사의 각종 자원들에 대한 하나님 나라의 영향력을 극대화한다. 섬기는 종의 리더십을 추구하며, 실무에서 윤리성을 추구한다. 그리고 같은 목적을 가진 조직들과의 네트워킹에 힘쓴다.30 선교로서의 비즈니스에서 사업가와 사역자는 구분되지 않는다. 둘 다 하나님의 나라를 위한 사역자요 선교자들로 정의 된다.

4. 기독교 기업관과 직업관

기업 활동은 하나님의 창조 명령을 수행하는 사회제도 가운데 하나이며, 유익한 재화와 서비스 생산을 통해 세상을 섬기고 하나님께 영광을 돌리는 방법 가운데 하나다. 그래서 신기형은 기업을 구성원들의 합의한 '계약공동체'가 아니라 하나님으로부터 위임된 사명을 감당하기 위해 뭉쳐진 '언약공동체'로 이해한다.31 언약공동체로서 기업은 이해관계가 아닌 도덕적 헌신과 종교적 확신에 기초한다. 그리고 언약공동체로서 기업은 주주의 입장만 아니라 종업원이나 소비자, 더 나아가 사회의 입장까지 살핀다. 이러한 기업관으로부터 기업의 가치들, 즉 섬김, 돌봄, 통전성 그리고 도덕법이 생겨난다.

기독교 사회적기업은 기업의 목적에서만 아니라 기업 활동의 방법에서도 일반 기업과 차별성을 지닌다. 수단과 방법을 가리지 않고 이윤을 추구하는 대신에 정직과 신뢰를 바탕으로 최고의 품질을 생산하고 최선의 서비스로 고객에게 봉사한다. 한편, 기독교 사회적기업의 의사

---

30 매튜 튜내핵, 해리 김 옮김, *Business As Mission* (서울: 예영커뮤니케이션, 2010).
31 신기형, 『기업윤리: 언약적 해석과 계약적 해석을 중심으로』, 52-110.

결정 과정은 사용자나 근로자뿐 아니라 서비스 수혜자 그리고 지역사회 인사, 주주 등 이해관계자를 포함하는 민주적 과정이라는 점에서 일반 기업과 차별화된다.

사회적기업의 성패에 영향을 미치는 핵심 요소는 무엇보다 인적 자원이다. 먼저, 자신이 가진 전문지식이나 전문 기술을 사회의 공익을 위해 사용할 줄 아는 '프로보노'(pro bono publico)가 존재해야 한다.[32] 프로보노에는 전문경영인만 아니라 컨설턴트, 변호사, 회계사, 마케터, 애널리스트 등 수많은 종류의 전문 지식근로자들이 포함된다. 그 가운데서도 경영자는 시장경제에서 '보이는 손'(visible hand)으로서 '보이지 않는 손'(invisible hand)인 시장에 버금가는 존재다.[33]

기독 경영자는 기업의 주인이 창업자나 주주가 아니라 하나님이라는 하나님 주권 사상을 가져야 한다. 그는 하나님의 창조 명령을 수행하는 청지기, 즉 선한 관리인으로서 사회적 가치와 비전 외에도 도전 정신, 창의성, 도덕성, 순수성, 정직성, 혁신성 같은 경영 능력을 갖추어야 한다. 이를 위해 교회는 지속적으로 좋은 프로보노나 경영자를 발굴하고 지원하기 위해 힘써야 한다.

사회적기업의 또 다른 중요한 인적 요소는 근로자다. 사회적기업의 노동생산성은 근로자의 투철한 직업 의식, 노동 윤리 그리고 장인정신에 기초한다. 근로자의 직업의식이나 장인정신이 모자라거나 조직에 대한 충성심이 낮을 경우 기업의 노동생산성은 떨어질 수밖에 없다. 따

---

[32] 유병선, 『보노보 혁명』(서울: 부키, 2007); 얀 홀츠아펠 외, 김시형 옮김, 『서른세 개의 희망을 만나다』(서울: 시대의 창, 2011). 우리나라의 프로보노들에 대해서는 다음 책을 참고 바람. 안치용 외, 『한국의 보노보들』(서울: 부키, 2010).
[33] 한정화, "기업가를 중심으로 본 기업관", 배종석 외, 『기업이란 무엇인가』(서울: 예영커뮤니케이션, 2006), 187.

라서 어떤 근로자를 어떤 방식으로 뽑고, 어떻게 그들에게 기업의 비전을 전수하며, 교육할 것인지가 중요한 과제로 남는다.

기독교 사회적기업에 종사하는 근로자는 자신이 왜 일을 하고, 어떤 태도로 일해야 하는지에 대한 명확한 신앙적 이해를 지녀야 한다. 기독교 노동관과 직업관은 '하나님께서 일하신다'는 생각에서 출발한다. 구약성서에서 하나님은 '일하시는 분'이며, 신약성서의 예수님도 일과 노동을 자명한 것으로 파악하셨다. 노동은 더 이상 신의 저주나 형벌이 아니라, 인간 존재의 자연적이고 필연적인 현실이다. 노동은 하나님의 창조사역을 계속해서 이어가는 창조질서의 일부분이다. 노동하는 존재로서 인간은 노동을 통해 자기를 실현할 뿐만 아니라 이웃과 세상을 섬긴다. 그는 노동을 통해 하나님께서 명하신대로 세상을 돌보고 지킴으로써 하나님의 '창조의 동역자'(co-creator)가 된다.

기독교 사회적기업은 근로자의 생산 의욕을 고취하고 생산성 향상을 위한 지속적이고 체계적인 교육 훈련 과정을 마련해야 한다. 교육 내용에는 조직의 비전과 목표만 아니라 개인의 업무 능력 개발에 필요한 지식과 훈련도 포함되어야 한다. 특히, 사회적기업 종사자들 가운데에는 고령자나 장애인, 저학력자가 많기 때문에 이들에 대한 지속적이고 반복적인 교육 투자가 요청된다.

기업은 경영자 개인의 죄성만 아니라 조직이 갖는 구조적 죄성에서 생기는 유혹들을 피할 수 없다. 경영자의 물질적 탐욕이나 과도한 성취욕구는 여러 가지 도덕적 문제를 일으킨다. 투자자의 기만, 착취적인 생산 방식과 부당한 거래 방식 그리고 이윤 배분 과정에서의 불공평이 모두 기업가의 탐심에서 온다. 사회적 기업가 가운데에는 자기희생이라는 보상심리 때문에 기업을 사유화하려는 유혹에 빠지기도 한다.

이런 문제들을 극복하려면 기업가 개인의 신앙 양심이나 청지기 의식만 아니라 탐욕을 제도적으로 견제할 수 있는 기업 안의 제어장치가 필요하다. 왜냐하면, 조직으로서 기업은 경영자의 개인적이고 인격적인 차원보다 죄의 유혹에 훨씬 더 취약하기 때문이다. 일찍이 라인홀드 니버는 그의 책 『도덕적 인간과 비도덕적 사회』에서 조직이나 집단의 죄성에 대해 아래와 같이 지적하고 있다: "모든 인간 집단에게는 개인과 비교해 볼 때 충동을 올바르게 인도하고 때에 따라 억제할 수 있는 이성과 자기극복 능력 그리고 다른 사람들의 욕구를 수용하는 능력이 훨씬 더 결여되어 있다. 게다가 집단을 구성하는 개인들이 개인적 관계에서 보여주는 것에 비해 훨씬 심한 이기주의가 모든 집단에서 나타난다."34

5. 네트워킹 능력

사회적기업의 성공 여부에 영향을 미치는 또 다른 요소는 중앙정부, 지자체, 기업, 비영리단체 그리고 교회 등 관련 기관이나 단체들과의 네트워킹 능력이다.35 그 이유는 사회적기업의 특성상 시장 개척이나 상품 생산, 마케팅 등의 전 과정에서 국가나 공공기관, 사회단체나 교회의 후원에 대한 의존도가 높을 수밖에 없기 때문이다.

사회적기업은 능력에 따라 얼마든지 다양한 기관과 조직으로부터 도움을 받을 수 있다. 중앙정부는 실업문제의 해결과 사회 서비스의 제공에 관심하기 때문에 사회적기업에 대해 세금이나 인건비 등의 재정

---

34 라인홀드 니버, 이한우 옮김, 『도덕적 인간과 비도덕적 사회』 (서울: 문예출판사, 1992), 8.
35 우인회, 『성공하는 사회적기업의 9가지 조건』 (서울: 황금고래, 2010), 309-336.

지원과 각종 행정 지원을 제공한다. 한편, 지자체와 공공단체(대학, 군부대, 연구소, 소상공인지원센터 등) 그리고 지역 시민단체(환경단체, 문화예술단체, 장애인단체, 여성단체 등)는 지역사회 발전과 지역민의 삶의 질 향상에 관심한다. 지역사회의 필요를 누구보다 잘 알고 있는 이들과의 대화를 통해 좋은 사업 아이템을 쉽게 발굴할 수 있다. 그리고 일반 기업(사회공헌팀)과의 관계도 중요한데, 이는 사회적기업이 생산하는 제품의 판매나 생산 기술의 도움을 받을 수 있기 때문이다. 또한 사회적기업 협의체를 통한 사회적기업들 간의 정보 교환이나 협력을 통해 불필요한 중복 투자를 피하고, 기업 경영에 필요한 정보와 자질 향상을 위한 교육의 기회를 얻을 수 있다. 한편, 지역 교회의 지원에 의해 설립된 기독교 사회적기업의 경우 지역 교회와의 지속적인 협력관계를 통해 교회의 물적 자원만 아니라 인적 자원 그리고 기도와 격려를 받을 수 있다.

VI. 결론

현재 우리 사회는 신자유주의 시장체제로 말미암은 고용 없는 성장과 사회적 양극화가 진행되면서 수많은 사회적 문제들에 직면해 있다. 무엇보다 저소득 취약계층의 빈곤 문제가 심각해지면서 그 해결책으로 사회적기업에 대한 관심이 지속적으로 커질 전망이다. 사회적기업이 가난한 사람을 돕고 지역사회를 활성화하는데 도움이 된다는 점에서 지역 교회의 관심도 커질 전망이다.

그런데 사회적기업을 시작하기는 쉬워도 성공적으로 운영하거나 성장시키기는 어렵다. 현재 조사된 바로 대부분의 기독교 사회적기업은 자립 기반이 매우 취약한 것으로 드러나고 있다. 사회적기업에 대한 열망이나 의지만으로 시장에서의 경쟁력을 유지할 수 없다는 사실을 절실히 깨닫고 있다. 어려움의 대부분은 사회적기업이 지닌 구조적 한계 때문인데, 여기에는 공익성과 영리성 사이의 갈등 외에도 경영(인), 근로자, 사업 내용, 홍보 및 유통 문제가 포함된다. 우리 사회의 반기업 정서와 사회적기업에 대한 낮은 인지도도 시급히 해결해야 할 과제다.

한국교회가 기독교 사회적기업들이 당면한 어려움을 극복하고 지금보다 더 활성화시키려면 다음 몇 가지 과제를 해결해야만 한다.

첫째, 목회적 관심을 교회로부터 지역사회 전체로 확대시켜야 한다. 둘째, 교회의 지속가능한 사회봉사 전략으로 사회적기업을 발전시킬 필요가 있다. 사회적기업은 전통적 패러다임인 개인적인 자선과 구제 대신에 일자리를 통한 자활을 가능케 하기 때문이다. 셋째, 사회적기업의 경영 활동을 단순한 사업이 아니라 지역사회와 가난한 사람들을 위한 선교 활동으로 신학화 해야 한다. 넷째, 기독교 기업관과 직업관을 함양하고 지속적으로 교육해야 한다. 기업활동은 하나님의 문화 위임을 수행하는 길이며, 노동은 하나님의 소명이다. 마지막으로, 기독교 사회적기업은 정부, 지방자치단체, 기업, 비영리민간단체 그리고 교회 등 관련 기관이나 단체들과 네트워킹할 수 있는 능력을 길러야 한다.

12장
마을기업과 농촌공동체 운동*

I. 서론

오늘날 농촌 교회는 교회 안팎의 여러 가지 문제들로 인해 생존위기에 내몰리고 있다.

먼저, 교회 밖으로 교회가 터하고 있는 농촌 사회가 급속히 해체되고 있다. 도시로의 이주가 계속되고, 폐교나 통폐합되는 학교가 늘고, 빈집이 늘어가면서 농촌 마을이 과소화 마을로 변하고 있다.[1] 구조화된 경제적 어려움과 인구감소 그리고 고령화가 계속되면서 수십 년 내에 지도에서 사라질 마을들이 생길 것이다.[2] 농촌 마을이 사라지면 어쩔

---

* 이 글은 "지역공동체운동을 통한 농촌 교회 활성화 방안: 마을기업을 중심으로"라는 제목으로 「장신논단」 49-4(2017)에 실린 글이다.
[1] 우리나라 농촌에서 20호 미만의 과소화 마을이 2011년 기준으로 3천여 개나 되는데, 이는 5년 전보다 1천개가 증가한 수치다. 참고: 정윤성, 『마을기업 희망공동체』(서울: 씽크스마트, 2013), 24-25.
[2] 한국고용정보원의 '한국의 지방 소멸 2' 연구는 전국 228개 지자체 중 3분의 1 이상이

수 없이 농촌 교회도 문을 닫게 될 것이다.

한편, 교회 안으로 교인 수의 감소로 말미암는 재정 압박과 고령화로 인한 무기력증에 빠져들고 있다. 각 교단들이 총회나 노회 차원에서 여러 가지 모양으로 농촌의 미자립 교회들을 돕고 있지만 밑 빠진 독에 물 붓기처럼 보인다. (사)한국농어촌선교단체협의회(한국농선회)의 2010년 조사보고서를 보면, 전국 면소재지 농어촌 교회 1만 5천여 개 가운데 85% 정도가 미자립 상태라 한다.3 대한예수교장로회(통합)의 경우 약 8천여 개의 교회 가운데 3천여 개의 교회가 농어촌 교회이며, 그 가운데서 절반 정도는 미자립 교회로 알려져 있다. 그럼에도 불구하고 여전히 전통적 목회방식으로 교회 부흥을 꿈꾸고, 도시에서나 적용될법한 선교전략으로 교회 성장을 추구하는 농촌 목회자들이 상당 수 존재한다.

다행스럽게도 최근 농촌 교회 가운데에는 새로운 목회 및 선교 전략으로 마을만들기(지역공동체) 운동에 관심을 기울이는 교회나 목회자가 생겨나고 있다. '마을이 살지 않으면 교회도 살 수 없다'는 인식에 기초하여 이들은 '마을과 함께 성장하는 교회'를 모색한다. 농촌 교회가 시도하고 있는 여러 가지 유형의 마을공동체 운동들 가운데에서 가장 중요한 것은 아마도 경제공동체 운동일 것이다. 왜냐하면 먹고 사는 문제가 해결되지 않으면 인간은 살 수 없고, 마을 경제가 피폐해지면 마을이 지속될 수 없기 때문이다. 비록 농촌공동체 운동의 형태가 다양하더라도 경제적 지속가능성이란 요소는 모든 공동체운동의 기본 전제가 될 것이다.

30년 후 없어질 수도 있다고 전망한다. 참고: 장원석, "의성·고흥군 30년 뒤 사라진다 … 전남 전체도 소멸 위기",「중앙일보」(2017년 9월 6일).
3 "모든 교회가 주님교회",「국민일보」(2012년 10월 27일).

이런 배경에서 볼 때 농촌지역의 자연과 역사, 문화 자원을 활용한 비즈니스를 통해 일자리를 창출하고 소득을 높임으로써 마을경제를 돕는 마을기업 활동이 중요해 보인다. 마을기업이 농민들의 삶의 질 개선과 마을경제 활성화에 효과가 있다는 사실은 여러 통계에서 확인되고 있다. 한 조사에 따르면 2012년 12월 기준 총 787개의 마을기업에서 494억 원의 매출을 올렸고, 6,550개의 일자리를 창출했다.4 그런 이유로 지역공동체 운동 차원에서 농촌문제를 해결하려는 사회단체만 아니라5 정부와 지자체까지 나서서 마을기업의 설립과 운영을 위해 각종 지원책을 쏟아내고 있다. 그 가운데서도 주목할 만한 지자체의 활동은 전북 완주군인데 '완주 커뮤니티 비즈니스 센터'를 통해 지역 내에 100여 개의 마을기업을 세우고, 기업 운영에 필요한 다양한 정보와 컨설팅을 제공하고 있다.

이같은 사회적 분위기에도 불구하고 마을기업에 대한 한국교회의 관심은 너무 적은 편이다. 일부 선구적인 농촌 교회 목회자의 마을기업 활동이 소개되고는 있지만 신학계에는 아직도 농촌 교회의 마을기업에 대한 체계적이고 조직적인 학술적 연구가 없는 형편이다. 다만 정재영과 조성돈은 목회사회학적 관점에서 농촌 교회의 지역공동체운동에 대한 관심과 참여를 강조했다.6 호남신학대학교 농어촌선교연구소(소장 강성열)도 오래 동안 농촌목회와 농촌선교에 대한 논의를 계속해 오고 있다.7 농촌 교회 마을만들기 운동에 대한 체계적인 연구는 조용훈에

---

4 정윤성, 『마을기업 희망공동체』, 36.
5 박원순, 『마을회사』 (서울: 검둥소, 2011).
6 정재영 · 조성돈, 『더불어 사는 지역공동체 세우기』 (서울: 예영커뮤니케이션, 2010).
7 강성열 편, 『농어촌 선교현장과 생명목회』 (서울: 한들, 2009); 동저자, 『농촌살리기와 생명선교』 (서울: 한들, 2011).

의해 이루어졌는데 그는 농촌 교회 마을만들기 운동을 다섯 가지—생태공동체운동, 복지공동체운동, 문화공동체운동, 경제공동체운동, 다문화공동체운동—로 유형화하면서 각각의 사례들을 소개하는 가운데 경제공동체운동 유형으로 마을기업을 소개하고 있다.8

이런 선행 연구들에 기초하여 이 논문은 먼저 마을기업의 개념과 유형 그리고 의의를 살핀다. 그런 후에 농촌 교회가 중심이 된 마을기업들 가운데 성공적으로 알려진 네 개의 사례를 분석한다. 이런 경험에 기초하여 농촌 교회가 마을기업을 활성화하는데 필요한 신학적 토대와 마을기업의 운영 과정에서 해결해야 할 실제적 과제가 무엇인지 탐색하는 순서로 연구를 진행할 것이다.

II. 마을기업의 개념과 유형 그리고 의의

1. 마을기업이란 무엇인가?

일반적으로 마을기업이란 지역에 산재한 각종 특화 자원인 향토, 문화, 역사, 자연자원 등을 활용하여 주민주도의 비즈니스를 통해 일자리를 창출하고 소득을 높여서 지역의 경제적 문제를 해결하고 지역공동체를 활성화시키는데 목적을 둔 마을단위의 소규모 기업 활동을 가리킨다.

마을기업에 대한 논의는 일찍이 1970년대 중반 영국 스코틀랜드에

---

8 조용훈, "지역공동체운동을 통한 농촌 교회 활성화 방안", 「장신논단」 47-2(2015), 209-242.

서 시작된 Community Business Scotland(CBS)에서 시작되었다.9 그 후 1990년대 들어 거품경제의 붕괴로 인한 고통을 경험한 일본에서 황폐화된 지역사회를 재건하기 위한 방안으로서 '커뮤니티 비즈니스' 운동을 벌이기 시작했다. 커뮤니티 비즈니스란 지역주민 스스로가 지역의 여러 문제들을 비즈니스 원리를 통해서 해결해 나가려는 활동을 가리킨다.10 말하자면 지역 안에서(in), 지역을 위하여(for), 지역자원을 활용하여(by) 행하는 비즈니스 활동 일체를 가리킨다.11 커뮤니티 비즈니스가 일반기업의 비즈니스와 다른 점이 있다면 영리를 추구하되 궁극적 목적을 영리 자체가 아니라 지역민과 지역사회 공동체에 둔다는 점일 것이다.12

커뮤니티 비즈니스가 우리나라에 소개된 것은 2000년대 초였다. 박원순을 중심으로 21세기 신실학운동을 구현하기 위해 만들어진 '희망제작소'는 2008년에 세워진 '커뮤니티 비즈니스 연구소'를 통해 마을 중심의 기업 활동을 연구하고 소개하기 시작했다. 정부 차원에서 지식경제부는 2010년부터 '지역연고산업육성'(Regional Innovation System) 사업을 벌이면서 지역별 특성에 맞는 기업 활동이라는 의미로 커뮤니티 비즈니스 개념을 사용했고, 행정안전부는 같은 해 '자립형 지역공동체 사업'을 진행하다가 2011년에 명칭을 '마을기업'으로 변경했다.13 비슷한 기간에 농림수산식품부도 '농어촌공동체회사 지원사업'을 통해 농

---

9 한승욱, "마을기업, 지역공동체 회복의 전망", 부산발전연구원, 「BDI 포커스」 105 (2011), 2.
10 희망제작소 '커뮤니티 비즈니스 연구소'의 정의.
　참고: www.thinkcommunity.tistory.com
11 유정규, 『농어촌형 사회적기업』 (광주: 광주대학교출판부, 2012), 51.
12 정재영 · 조성돈, 『더불어 사는 지역공동체 세우기』, 45-46.
13 김학실, "도시재생과정에서 마을기업의 역할", 「한국정책연구」 13-2(2013), 44-45.

어촌 활성화를 위한 마을기업 활동을 지원하기 시작했다.

이상에서 볼 수 있듯이 우리나라에서 커뮤니티 비즈니스나 마을기업이란 개념은 거의 같은 개념으로 사용되고 있다. 지역의 특화자원을 활용하고, 지역주민들이 참여하고, 지역경제에 기여할 수 있다면 어떤 업종, 어떤 사업 활동이든 마을기업이 될 수 있다. 다만 기업 조직의 형태가 법인이어야 하고, 지역주민 5인 이상이 출자하여 참여하되 특정인 1인과 특수 관계에 있는 사람의 지분이 50%를 넘어서는 안 된다. 그리고 수익금의 일부를 지역사회에 재투자해서 지역사회의 발전에 기여해야 한다. 정부나 지자체가 지원하는 마을기업의 선정 시 심사기준으로는 첫째, 사업수행 능력과 전문지식 그리고 사업 목표와 참가자간의 소통, 둘째, 사업추진에서 자부담액의 규모와 재정의 건전성, 셋째, 사업의 시장성과 수익목표의 실현가능성, 넷째, 지역 내 안정적인 일자리의 창출 가능성 등이다.14

마을기업을 흔히 사회적기업과 혼동하기도 하는데, 둘 다 공통적으로 사업성(수익성)과 사회성(공익성)이라는 서로 모순처럼 보이는 가치 사이의 조화와 균형을 추구하는 기업이다. 하지만 다음 몇 가지 점에서 둘 사이에 차이가 있다. 사업의 지원 주체가 마을기업은 행정안전부지만 사회적기업은 고용노동부다. 목적에 있어 전자가 고용과 소득 안정을 통한 지역경제의 활성화에 둔다면, 후자는 취약계층의 일자리 제공이나 사회적 서비스 제공을 통해 지역경제의 활성화에 둔다. 활동범위에 있어서 전자는 마을단위라면, 후자는 좀 더 폭넓은 지역사회다. 비즈니스 주체가 전자는 마을주민 전체라면, 후자는 사회적 기업가다. 요약하여 말한다면, 마을기업이 지역성을 강조하는 마을단위 기업으로

---

14 유정규, 『농어촌형 사회적기업』, 61.

농촌 사회에 적합하다면, 사회적기업은 사회적 문제 해결에 관심하는 공익적 기업으로 지역을 한정하지 않는다. 따라서 마을기업이 성공적으로 운영될 경우 사회적기업으로 확대하여 발전시킬 수 있다. 2년간 한시적으로 지원하는 마을기업이 성과를 보이면 광역자지단체가 나서서 예비 사회적기업으로 선정해서 2년간 더 지원하고, 나중에 인증 사회적기업이 되면 3년간 고용노동부의 지원을 받을 수 있다.

2. 마을기업의 유형

마을기업은 지역에 산재한 자연자원, 문화, 역사, 축제나 체험, 관광자원 등 무엇이든지 지역의 특화된 자원이라면 사업화할 수 있는 기업 활동이다. 정윤성은 마을기업의 유형을 지역자원형, 틈새시장형, 도농교류형, 농촌공동체형으로 나눈다.15

첫째, 지역자원형 마을기업이란 지역의 자연환경, 문화, 역사 자원을 활용하여 수익을 창출하는 기업이다. 여기서 자연환경이란 산과 강, 뜰, 약초, 숲, 계곡, 둘레길, 폐광 굴 외에도 지역의 각종 특산품을 가리킨다. 본 연구에서 사례 가운데 하나로 소개하고 있는 '솔향담은 장마을'은 경남 거창 송림마을의 울창한 소나무 숲을 관광 자원화했다는 점에서 지역자원형 기업 활동에 속한다고 볼 수 있다.

둘째, 틈새시장형 마을기업이란 소비시장을 지역의 틈새에서 찾아내서 사업화하는 마을기업이다. 농촌 사회의 마을기업들은 대부분 생산한 농산물을 소비해 줄 시장을 마을 외부에서 찾는다. 그런데 외부의 존도가 높다보면 시장 환경의 변화에 취약하게 되어 안정된 기업 운영

---

15 정윤성, 『마을기업 희망공동체』, 41-164.

이 어려워진다. 본 연구에서 사례 가운데 하나로 소개하고 있는 '힐링알토스 협동조합'은 농촌에서 보기 드문 원두커피 카페를 운영하고, 건강차 중에 잘 알려지지 않았던 작두콩차를 주력 사업으로 삼는 틈새시장형 기업 활동에 속한다고 볼 수 있다.

셋째, 도농교류형 마을기업이란 농촌에서 재배하는 농산물이나 각종 농촌체험 프로그램을 도시소비자에게 판매하여 농촌과 도시 사이의 상생을 추구하는 마을기업이다. 본 연구에서 사례 가운데 하나로 소개하고 있는 '꿈이 익는 영농조합'은 무농약, 무제초, 무비료로 재배한 양파즙을 도시 교인과 주민에게 판매하여 수익을 창출한다는 점에서 도농교류형 기업 활동으로 볼 수 있다.

넷째, 농촌공동체형 마을기업이란 마을을 기반으로 경제공동체를 만들고, 그 공동체가 주축이 되어 비즈니스를 하는 마을기업을 가리킨다. 본 연구에서 사례 가운데 하나로 소개하고 있는 '장신영농조합'은 비록 지리적으로 특정 마을 안에 자리한 경제공동체는 아니지만 조금 넓은 범위의 농촌지역에 거주하며 농촌목회와 생명목회라는 공동체적 비전을 함께 하고, 농산물 판매를 통해 수익을 창출한다는 점에서 농촌공동체형 경제 활동이라 볼 수 있다.

3. 마을기업의 의의와 가치

최근 한국 사회와 농촌 목회자들 사이에서 논의되기 시작한 마을기업은 경제적 차원에서만 아니라 사회문화적 차원이나 교회적 차원에서도 여러 가지 의의와 가치를 지닌다.

첫째, 경제적 차원에서 볼 때 마을기업은 현대 자본주의, 특히 신자유주의 시장경제의 문제들을 해결할 수 있는 대안적 경제활동 가운데 하나로 간주된다. 마을기업은 자본주의가 지닌 비인간성이나 반공동체성 그리고 환경파괴의 문제를 해결하는데 도움을 주는 '인간의 얼굴을 한 자본주의'나 '창조적 자본주의'로 불리는 사회적 경제 활동이다. 그리고 마을기업은 세계자유무역 체제 아래 점점 피폐해가는 농촌경제와 농촌공동체를 되살릴 수 있는 중요한 농촌 경제활동 가운데 하나다.

둘째, 사회적 차원에서 볼 때 마을기업은 농촌주민의 일자리 창출을 통해 소득 증대를 가능하게 하고, 급격한 고령화와 어려운 국가재정 속에서 농촌 사회의 복지문제를 생산적으로 해결하는 데에도 도움을 준다. 마을기업은 경제활동을 통해 얻은 이윤을 일정 부분 지역사회에 재투자함으로써 해체 위기에 놓인 마을공동체를 활성화 하는 데 기여할 수 있다.

셋째, 교회적 차원에서 볼 때 마을기업은 농촌 교회의 새로운 목회 방식과 선교전략이 될 수 있다. 대부분의 농촌 교회는 열악한 재정 형편과 고령화, 교인수의 감소로 인해 활기가 없으며 미자립 상태에서 벗어나지 못하고 있다. 마을기업을 통해 목회자는 열악한 교회재정에 의존하지 않고 자비량 목회를 실천할 수 있으며, 교회는 교인이나 지역민에게 일자리를 제공하고, 이윤을 지역사회와 나눔으로써 부정적인 지역사회의 이미지를 긍정적으로 개선할 수 있다.

III. 기독교 마을기업의 사례들

1. '솔향담은 장마을'과 거창 대산교회[16]

'솔향담은 장마을'은 교회주변의 자연환경을 활용해서 수익을 창출하는 전형적인 지역자원형 마을기업으로 경남 거창군 남상면 청림마을의 대산교회(허운 목사)가 주축이 되어 만들어졌다. 1999년 대산교회에 부임한 허운 목사의 목회 철학은 이스라엘 키부츠같은 마을공동체를 만드는 것이었다. 이를 실현하기 위해 허운 목사는 마을을 우선 경제적으로 살리는 일이 시급하다고 생각하여 2000년부터 교인들과 함께 시작한 장류사업(메주, 된장, 간장 등)을 지금까지 계속해오고 있다.

대산교회가 위치한 마을은 '청림마을'이라 불릴 정도로 아름다운 소나무 숲을 가지고 있어 관광자원화하기에 좋은 자연조건을 가지고 있다. 이런 자연자원을 활용한 관광사업으로 소나무 숲 가꾸기, 소나무 숲 산책로 조성, 소나무 분재와 목공예, 소나무 황토찜질방, 황토민박집의 운영 그리고 솔잎효소 담그기 같은 프로그램을 운영한다.

대산교회는 지역의 아름다운 소나무 숲을 이용한 관광사업에다가 10년 넘게 해오던 장류사업을 접목시켜 '솔향담은 장마을'이란 기업 이름을 만들어 냈다. 소나무의 향기를 장독에 담아 건강한 먹거리를 생산 공급하고, 여러 가지 농촌체험 프로그램을 접목시켜 2011년 농업진흥청으로부터 녹색농촌체험마을로 선정되어 2억 원을 지원받아 체험관

---

[16] 대한예수교장로회(통합) 총회군농어촌선교부 편, 『생명을 살리는 농어촌 선교 II』(서울: 총회농어촌선교연구소, 2011), 64-72; 허운, "지역과 함께 하는 교회 솔 향 담은 장 마을 이야기", 예장마을만들기네트워크, 「제2회 마을목회 이야기 한마당 자료집」 (2016년 12월 8일), 38-41.

을 설립하였다.

이렇게 세워진 체험관에서는 계절별로 다양한 농촌체험학교 프로그램을 운영하고 있다. 11월에 메주 만들기, 2월에 메주 담그기와 같은 프로그램 외에도 계절에 따라 딸기 따기, 콩과 고구마 수확, 모심기 등의 체험 프로그램도 진행한다. 한편, 매주 토요일에는 원예체험교실, 마을탐험, 유적지 탐방 등의 프로그램을 실행하고 있다. 그 외에도 송편만들기, 머그컵꾸미기, 두부만들기, 사과피자만들기, 밀랍초만들기, 천연발효식초만들기, 천연염색 등 다양한 종류의 체험 프로그램을 수시로 진행한다.

2. '힐링알토스 협동조합'과 신실한교회[17]

'힐링알토스 협동조합'은 지역의 틈새시장을 이용하여 수익을 창출하는 마을기업으로 전남 화순읍에 위치한 신실한교회(정경옥 목사)에 의해 설립되었다. 정경옥 목사는 농촌 사회 안에 건강하고 행복한 먹거리 공동체를 만들려는 목적으로 '힐링알토스 협동조합'을 설립했다. '힐링'은 치유를 뜻하는 영어 단어이고, '알토스'는 '곡식으로 만든 양식(음식)'이라는 뜻을 지닌 헬라어 단어로서 '우리 몸을 치유하는 양식(음식)'이란 의미를 지닌다.

신실한교회는 2012년에 교회가 설립한 마을도서관인 '빛나라도서

---

[17] 정경옥, "마을목회와 힐링알토스 협동조합", 강성열·백명기 편, 『한국교회의 미래와 마을목회』(서울: 한들출판사, 2016), 11-42; 최은숙, "지역경제 활성화와 일자리 창출까지 이뤄: 힐링알토스 협동조합 운영하는 신실한 교회", 「한국기독공보」(2017년 9월 2일); 전남 사회적 경제 통합지원센터 제작, '호남통 방송' 영상 자료(2016년 11월 22일 방영); www.힐링알토스.kr 등 참조.

관'의 운영자금을 마련할 목적으로 교인들과 텃밭 가꾸기를 시작했다. 이듬해 2013년 9월에는 마을기업 준비위원회를 발족했고, 2014년에 협동조합 창립총회를 열고, 같은 해 7월에 전라남도형 예비 마을기업에 선정되었다. 이러한 성과에 힘입어 2015년에 교회의 식당을 보수해서 차 가공공장을 만들었다. 2016년에는 농가체험 프로그램으로 로봇교실, 영어캠프, 편백화분 만들기, 커피 로스팅, 핸드드립 커피, 천연비누 만들기, 효소 담기와 같은 사업들을 추진했다.

'힐링알토스 협동조합'이 주력하는 사업은 2016년에 오픈한 알토스 카페다. 알토스 카페에서는 케냐 바링고 지역에서 생산된 무농약 커피를 공정무역을 통해 수입하여 가공 판매한다. 이 카페는 화순지역 내에서 가장 큰 카페로서 지역주민들의 사랑방 역할을 톡톡히 하고 있다. 정경옥목사는 커피를 직접 로스팅하는 '만능 통돌이 기계'를 제작하여 특허를 받기도 했다.

'힐링알토스 협동조합'의 또 다른 주요 사업은 작두콩을 티백으로 가공하여 판매하는 일이다. 정 목사는 신제품으로 개발한 티백 작두콩차의 손잡이까지 개발하여 디자인 특허를 받기도 했다. 티백 작두콩차는 전남 사회적기업 제품 품평회에서 소비자 선정부분 최우수 상품으로 선정되기도 했다.

이런 노력에 힘입어 '힐링알토스 협동조합'은 2016년 행정안전부의 마을기업에 선정되었고, 지원금으로 차 가공 기계 설비를 구축하여 대량생산 체제를 갖추게 되었다. 현재 17명으로 구성된 협동조합에서 고용한 정규직원 2명, 비상근직 생산직원 2명과 취약계층 3명이 함께 일하고 있다. '힐링알토스 협동조합'은 로컬푸드 매장과 농협하나로마트 매장에 입점하여 비교적 안정된 판매망을 확보한 덕에 총 매출액이

800만 원(2014년)에서 4천 500만 원(2015년)을 거쳐 1억여 원(2016년)까지 늘어났다.

3. '꿈이 익는 영농조합'과 광시 송림교회[18]

'꿈이 익는 영농조합'은 가공 생산한 농산물을 도시의 소비자에게 판매하는 전형적인 도농교류형 마을기업으로 충남 예산 광시면의 황새마을로 알려진 생태농업지역에 위치한 광시 송림교회(이상진 목사)에 의해 설립되었다. 광시 송림교회를 담임하는 이상진 목사는 신학교 졸업 후 농촌목회를 하던 중 당뇨 합병증으로 시력을 잃고, 체중은 43킬로그램까지 감소하는 심각한 건강문제에 맞닥뜨렸다. 죽음의 문턱에서 기적적으로 건강을 회복시켜 준 것은 양파즙이었다. 이 목사는 개인적 체험을 통해서 유기농 먹거리 특히 양파즙의 중요성을 알게 되었고, 양파즙을 이용한 수익 사업의 가능성을 탐색하게 되었다.

영농조합의 운영 초기에는 부족한 자금 때문에 건강원 정도의 수준에 불과했지만 마을 이장을 비롯해 주민들이 나서서 군청에 마을기업을 신청할 수 있도록 도와주었다. 마침내 2011년에 마을기업에 선정되었고, 2012년에는 양파즙 가공시설을 완공하면서 사업을 확장시킬 수 있었다. 현재 여덟 농가가 참여하여 1만5000여m²의 면적에서 연간 10t 정도의 농산물을 생산하며, 연 매출은 약 1억-2억 원에 이른다. '꿈이 익는 영농조합'은 무농약, 무제초, 무비료라는 철저한 생명농업의 원칙

---

18 www.ggum4u.com. "'귀한 황새 돌아왔네' CGNTV: 회복을 일구는 광시송림교회편"; CBS TV 새롭게하소서, "농촌목회가 행복한 교회 광시 송림교회편"; 김재광, "농촌 교회는 다 미자립? '톡톡 튀는 자립목사들 이야기'" 「뉴스앤조이」 (2016년 4월 22일); "사회적 경제 스토리-마을기업 '꿈이 익는 영농조합'", 「대전일보」 (2014. 11. 14.) 참조함.

아래 친환경농사를 지으면서 양파를 비롯해서 오디, 아로니아, 블루베리, 토마토 등 다양한 농작물을 생산하여 액상으로 가공 생산하고 있다.

'꿈이 익는 영농조합'은 수익금액을 조합원에게 나누어줄 뿐만 아니라 일부를 지역사회에 환원함으로써 마을공동체의 발전에도 기여하고 있다. '꿈이 익는 영농조합'이 후원하는 지역 활동에는 지역학교, 마을잔치, 주택수리, 이발봉사, 마을주민 백내장 수술비 지원 등 다양하다. 이런 지역사회 봉사와 친환경농사를 인정받아 NCCK와 기독교환경운동연대가 시상하는 '2017년 녹색교회'로 선정되기도 했다.

4. '장신영농조합'[19]

'장신영농조합'은 일반적인 마을기업처럼 특정 마을 주민들을 중심으로 하는 경제활동은 아니지만 이념과 신학에 공감하는 예장(통합) 소속 농촌목회자들이 연합하여 만든 공동체적 경제활동이다. '장신영농조합'은 친환경 농사를 통해 생명목회를 실천하고, 농촌 교회가 감당하기 어려운 농촌 목회자의 생계비 문제를 스스로 해결할 목적으로 예장통합 출신 농촌목회자 여덟 명이 2004년에 설립했다.

일반적으로 공동체란 공간적인 가까움만 아니라 정서적 친밀감이나 이념적 동질성을 중요하게 생각한다. 강대기의 정의에 따르면, 공동체란 지리적 영역과 사회적 상호작용 그리고 공동의 유대관계(공유가치)를 구성요소로 삼는다.[20] 우리나라 주거문화의 대표적 형태인 아파

---

19 대한예수교장로회(통합) 총회군농어촌선교부 편, 『생명을 살리는 농어촌 선교 II』 (서울: 총회농어촌선교연구소, 2011), 154-168; 장신영농조합에서 운영하는 까페. http://cafe.daum.net/jsfarm.
20 강대기, 『현대사회에서 공동체는 가능한가』 (서울: 아카넷, 2001), 21-28.

트단지를 보면 공간적으로 가깝지만 정서적으로나 이념적으로 전혀 공감대가 없기 때문에 공동체라 부르기 어렵다. 하지만 장신영농조합 소속 목회자들은 비록 충북 충주와 인접한 강원도 원주에 흩어져 살지만 공동의 신학적 이념과 끈끈한 친밀감을 유지하고 있다는 점에서 넓은 의미에서 공동체운동이라 볼 수 있다. 장신영농조합 소속 목회자들은 농촌목회와 농촌선교에 뜻을 두되, 땅의 생명과 농작물의 생명 그리고 소비자의 생명을 존중하는 생명목회를 추구하며, 직접 농사를 지으면서 자비량 목회를 도모하고, 나아가 농촌 사회의 발전을 위해 노력한다.

'장신영농조합'은 개별 교회에서 경작한 특화작물이나 농산물을 도시 교회와 직거래를 통해 수익을 창출한다. 영농조합에 참여한 교회들이 재배하는 농작물은 느타리버섯과 호박, 가지와 된장, 고추장 등 저마다 특화된 작물이다. 그 외에도 계약재배로 고추나 쌀, 잡곡, 들기름, 참기름 등을 재배한다. 그리고 친환경 사료와 자연방사를 통해 기르는 닭에서 생산되는 계란도 중요한 직거래 품목이다.

'장신영농조합'은 유기농산물의 교류만 아니라 다양한 형태의 농촌체험 프로그램을 통하여 도시교인과 농촌교인의 상호이해와 신앙교류를 힘쓰고 있다. 도시 청년들이나 학생들을 위한 수련회나 특강 등 교육프로그램 외에 두부만들기, 황토 및 천연염색, 역사탐방, 흙빚기, 농사체험 프로그램 그리고 농촌봉사활동, 집수리 및 도배. 이미용 봉사, 의료봉사, 여름성경학교 지원, 노인시설방문 등의 봉사프로그램을 진행하고 있다.

한편, 장신영농조합에 참여하고 있는 교회들의 친교와 공동체 형성을 위해 추수감사예배 때에는 소속교회 교인들이 함께 모여 공동예배를 드린다. 이때는 농촌 사회의 전통 문화적 요소를 가미한 토착적 예배 형식을 시도하기도 하며, 지역주민을 초청하여 마을공동체 전체의 축제가 되도록 힘쓰고 있다.

IV. 마을기업을 통한 농촌공동체 활성화를 위한 농촌 교회의 과제

1. 지역성과 공동체성에 기초한 선교적 교회

농촌 교회가 마을기업을 통해 경제적 자립을 추구하고 마을공동체를 발전시키려면 지역성과 공동체성에 기초한 선교적 교회론을 정립해야 한다.

첫째, 교회란 보편적이고 우주적인 공(catholic)교회이지만 동시에 지역성에 기초한 지역(local) 교회다. 지리적으로 개방되어 있고 유동성도 큰 도시 교회와는 달리 농촌 교회는 지리적 조건과 교인 구성상 지역성이 강조될 수밖에 없다. 교회의 지역성이란 의미는 교회의 미래적 희망과 현재적 문제들에 대한 답을 교회가 터한 지역사회 안에서 찾는다는 의미에서 교회의 현장성이라는 의미로도 해석할 수 있다.

농촌 사회가 해체되고 있는데 거기에 터하고 있는 농촌 교회만 예외가 될 수는 없다. 지역이 살아야 교회도 살 수 있기 때문에 지역사회의 중요한 구성원으로서 농촌 교회는 지역주민의 필요나 현안에 관심하고, 열린 마음으로 지역사회와 소통하고, 교회가 가진 인적 자원과 물적 자원을 지역사회와 나누면서 지역을 살리는 데 힘써야 한다. 농촌 교회가 마을기업 활동을 통해 마을의 특화자원과 틈새시장을 찾아내고, 일자리를 만들고, 농가소득을 높여 지역경제에 도움을 줄 수 있다면 농촌 마을이라도 활기를 되찾을 수 있고 그 때 비로소 거기에 터한 교회도 생존을 기대할 수 있다.

둘째, 교회란 하나의 제도나 조직체이기에 앞서 예수 그리스도를 머리로 하는 모든 구성원의 유기체적 사귐(코이노니아)이다. 공동체적 형제애와 연대는 교회 안에서 교인들 사이만 아니라 교회 밖으로까지 확장되어야 한다. 이는 교회가 스스로를 위해서가 아니라 타자를 위해 존재하도록 보냄 받은 이웃사랑의 공동체이기 때문이다.

우리나라 농촌에는 두레나 향약, 계와 같은 공동체문화가 오래도록 존재했지만 산업화와 도시화 과정을 거치면서 급격하게 붕괴되었다. 이제는 시골마을에서조차 '이웃사촌'이란 말이 무색해지고 있다.[21] 이런 현실에서 농촌 교회는 교회의 본질인 공동체성을 회복하고, 그같은 공동체성을 교회 내 신자들 사이만 아니라 교회 밖 마을주민들까지 포괄할 수 있도록 힘써야 한다.

셋째, 선교적 교회론이란 선교활동을 교회의 프로그램 가운데 하나로 보는 대신 교회의 본질과 정체성으로 보는 것이다.[22] 선교적 교회론이란 하나님의 선교(missio dei) 신학에 기초해서 선교의 주체를 하나님으로 이해하고, 선교의 방법을 예수께서 보여주신 성육신과 십자가에서 찾고, 선교의 목적을 하나님의 나라 건설에 두는 것이다.[23] 전도를

---

21 2015년 경북 상주 금계리 산골마을의 마을회관에서 발생한 '농약 사이다 사건'으로 말미암아 2명의 할머니가 죽고, 4명이 중태에 빠지게 되면서 작은 산골마을이 쑥대밭이 되었다. 이듬 해 경북 청송의 한 마을회관에서도 비슷한 사건이 발생해서 1명이 사망하고, 1명이 중태에 빠졌다.
22 성석환 외, 『선교적 교회의 오늘과 내일』(서울: 예영커뮤니케이션, 2016), 4.
23 황홍렬, "마을만들기, 마을목회와 마을목회의 신학적 근거", 강성열·백명기 편, 『한국교회의 미래와 마을목회』(서울: 한들출판사, 2016), 193. 133-211.

통해서 교회를 세우고, 성장시키고, 부흥시키는 일에만 관심하는 전통적인 선교방식과 달리 선교적 교회론은 지역사회 전체를 하나님의 나라로 만들어가는 일에 관심한다. 이때 하나님의 선교활동으로서 목회란 자연스럽게 교회라는 울타리를 넘어서 지역목회 혹은 마을목회로 확장 된다.

선교적 교회를 지향하는 교회는 지역민들이 교회로 오기를 기다리지 않고 교회 밖 마을로 나간다. 산상설교의 말씀처럼 그리스도인과 교회가 소금 통에서 나와 세상 속으로 들어갈 때라야 세상의 맛을 회복시킬 수 있다고 믿기 때문이다(마 5:13). 예수께서 복음을 전하기 위해 여러 마을로 두루 다니신 것처럼 선교적 교회는 마을로 다니면서, 마을의 현안을 파악하고, 마을주민과 함께 문제를 해결하려고 한다. 지역 공동의 문제 해결을 위해 필요하다면 지역 내 교회들만 아니라 타종교, 그 외에도 각종 사회단체나 지자체와도 협력하고 연대하는 에큐메니칼 신학을 추구한다.

부임 후 10년 가까이 교회 십자가 네온사인에 불을 켜지 않았던 '꿈이 익는 영농조합'의 이상진 목사가 영농조합을 통해 지역사회의 신뢰를 얻었다고 생각한 후에야 비로소 십자가의 불을 밝힌 것은 교회는 마을 전체를 비추는 빛이어야 한다는 선교적 교회론에 대한 확신 때문이었다. '힐링알토스 협동조합'을 운영하는 정경옥 목사는 케냐 바링고지역 원두를 공정무역으로 수입하여 현지의 빈곤아동 학교보내기 선교사업에 동참함으로써 신실한교회가 지역 교회이면서 동시에 보편 교회여야 한다는 교회론을 실천하고 있다.

2. 마을공동체 목회

마하트마 간디는 인류의 희망이 비폭력적이고 자발적인 협력으로 이루어지는 작고, 평화롭고, 협력적인 마을에 있다는 확신 속에서 마을자치운동(스와라지)을 벌였다. 간디가 그린 이상적인 마을의 모습은 마을극장, 학교, 공회당, 위생시설과 더불어 농업과 마을산업 활동이 협동체제로 수행되는 자급자족의 마을이었다.[24] 일제강점기 유재기와 배민수가 추진했던 '예수촌운동'은 우리나라의 대표적인 기독교 농촌공동체 운동이었는데 이상적인 농촌 마을의 모습을 '약 100여 호 농가를 단위로 구성되며, 각 농가는 약 5-6천 평의 토지를 자작하고, 필요할 경우 부업을 하여 소득을 높이고, 협동조합을 만들어 생산과 소비 그리고 이용을 효율적이고 경제적으로 하며, 의무교육을 시행하고, 전 주민이 교인이 된 마을'로 묘사했다.[25]

농촌 교회의 마을기업 활동은 교회 성장만을 추구하는 전통적인 교회중심 목회 대신에 마을공동체 건설에 관심하는 마을목회 사역의 일부다. 마을목회에서 마을이란 지리적으로 타 지역과 구분되는 경계를 가지면서 지역 내부에 상호 이해관계나 정서적 공감대가 형성된 영역을 가리킨다. 한국일은 마을을 가리켜 '행정구역만이 아니라 우리의 '마음'을 담고 있는 공동체이며, 우리가 터 잡고 살아가는 가장 실질적인 삶의 현장이자 소통의 공간'이라고 하면서, 마을목회를 '잃어버린 지역사회와의 관계를 회복하고 그것을 기초로 교회와 목회의 본질을 회복하려는 운동'으로 정의한다.[26] 말하자면, 마을목회에서 교회는 마을에

---

24 마하트마 간디/김태언 역, 『마을이 세계를 구한다』 (서울: 녹색평론사 2011), 56.
25 한규무, "1950년대 기독교연합봉사회의 농민학원 설립과 운영", 『한국기독교와 역사』 33(2010), 115.

서 분리된 교인들만의 천국이 아니라 마을사람들이 함께 모이는 마당이요, 지역주민이 소통하는 공간이다.

농촌 사회에서 마을목회를 하려면 우선 목회자가 정주 목회를 통해 지역주민들로부터 신뢰를 얻어야 한다. '꿈이 익는 영농조합'의 이상진 목사가 '농촌에 무슨 희망이 있다고 여기에 투자하느냐'는 지역주민의 충고에도 불구하고 교통사고 합의금을 마을기업을 위해 내놓겠다고 했을 때 비로소 교인만 아니라 지역사회로부터 신뢰를 얻을 수 있었다. 건강원 수준의 작은 경제활동을 마을기업이 되도록 마을 이장과 주민이 나서서 군청에 힘을 써 준 것은 이런 신뢰가 있었기에 가능했다.

그리고 마을기업 수익금을 조합원만 아니라 지역사회를 위해 재투자하는 것도 마을공동체 활성화에 크게 도움이 된다. '꿈이 익는 영농조합'이 수익금의 일부를 지역 노인들의 백내장 수술비로 내놓고, '힐링알토 스협동조합'이 지역문화 활동인 마을도서관운영이나 영어캠프를 경제적으로 지원함으로써 지역민으로부터 '우리 마을의 기업'이라는 이미지를 얻을 수 있게 되었다.

마을목회 목회자는 한 교회의 목회자이며 동시에 마을 전체를 돌보는 마을 목사라는 정체성을 가져야 하며, 전통적인 목회사역에 대한 교인들의 의식 변화에도 힘써야 한다. 흔히 교인들은 목사가 교회와 소속 교인만을 돌보는데 시간과 에너지를 쏟기 원한다. 목사의 목회사역이란 예배와 상담과 교육 활동을 통해 교인들을 영적으로 지도하고 돌보는 것으로 간주한다. 하지만 '솔향담은 장마을'의 허은 목사는 이스라엘 키부츠같은 마을공동체를 목회철학으로 삼아 전통적인 목회사역인 예

---

26 한국일, "교회, 마을의 마당이 되자(1) 이젠, '마을목회' 시대", 「기독공보」 (2016년 3월 30일).

배 인도와 교인의 영적 돌봄 외에도 교회 밖 남상면의 주민자치위원회 간사로 활동하면서 지역사회를 섬기는 활동을 통해 주민들로부터 신뢰를 얻고 리더십을 인정받을 수 있었다.

3. 생명목회와 생명농업

자본주의 사회의 반생명적 문화와 환경 파괴적 삶의 방식은 지구적 생명위기를 불러왔다. 자본주의 사회에서는 생명을 일구는 농사짓기조차 돈벌이를 위한 수단으로 전락하여 자연 생명만 아니라 인간 생명까지 심각하게 위협하고 있다. 농약, 화학비료, 화학 합성영양제, 유전자 변형 종자, 제초제를 남용하는 일상화된 관행 농법은 땅의 생명만 아니라 거기에 터하고 있는 농민과 도시소비자의 건강을 위협하고 있다. 최근 사회문제가 된 '살충제 계란 파동'은 생명 파괴적 농사짓기와 공장식 축산의 현실을 잘 보여주는 하나의 사례에 불과하다.

이런 지구적 생명위기 현실에서 목회란 생명을 돌보고 보호하는 생명살림을 위한 실천행위가 되어야 한다. 농촌목회가 지키고 돌보아야 할 생명이란 인간생명만 아니라 땅의 생명, 작물의 생명, 생산자의 생명 그리고 도시소비자의 생명까지 포함한다. 농촌목회자는 초목이 없는 들과 채소가 나지 않는 밭을 가꾸고 돌보아야 할 창조의 동역자로 부름을 받은 존재다(창 2:5, 15). 대부분의 농촌 교회 마을기업이 추구하는 유기농업이나 자연농업은 단지 더 나은 농산물 가격을 위해서가 아니라 하나님의 창조세계를 돌보기 위한 활동이어야 한다.

생명살림을 실천하는 생명농업은 다음과 같은 철학과 원칙을 지닌다.[27] 우선, 지구와 땅을 살아있는 유기체로 보며, 인간과 자연을 상호

의존하는 하나의 생명체로 본다. 대규모 상업농 대신 소규모 가족농에 기초하여 건강한 먹거리의 생산과 나눔에 관심하고, 생산자와 소비자의 연대를 추구하고, 자연의 리듬에 맞춘 저비용 투입 농법을 실천한다. 나아가 생산물의 지역순환 시스템을 구축하여 지역경제를 활성화시키고 마침내 마을공동체를 되살리는 데 기여한다.

'꿈이 익는 영농법인'은 성서의 안식년과 희년사상에 따라 지역의 황새마을 복원사업에 발맞추어 농약이나 화학비료, 살충제나 제초제를 전혀 사용하지 않는 친환경 농사법으로 양파를 재배하고, 일 년에 일모작을 하면서 땅을 쉬게 하는 순환농법을 실천한다. '힐링알토스 협동조합'이 주력상품인 작두콩을 유기농법으로 재배하고, 알토스카페에서는 무농약으로 재배한 커피 원두만을 사용하고, '장신영농조합'에 속한 농촌 교회와 목회자들이 철저하게 자연농법을 고집하는 것도 생명목회를 실천하기 위해서다. 이 같은 생명목회와 생명농업을 통해 농촌목회자는 하나님의 창조질서를 돌보고 가꾸는 생명의 파수꾼이 되며, 농촌 교회는 생명문화의 전위대가 된다.

4. 교회의 기업 활동과 신앙

우리 사회에는 기업 활동에 대한 반기업 정서가 팽배한 데 그 이유는 상행위와 수공업을 천하게 생각했던 유교문화의 영향과 개발독재 과정에서 국가의 비호 아래 혜택을 받은 기업가의 비리와 부도덕 때문이다. 그 밖에 한국교회의 신앙문화가 이분법적이어서 영과 육(물질)을 분리하고, 성과 속을 나누며, 돈과 관련된 경제활동을 터부시했기 때문

---

27 정호진, "생명농업의 원리", 「농촌과목회」 73 (2017), 154-156.

이다. 그런 이유로 농촌 교회에서는 많은 교인들이 목회자의 기업 활동은 물론 농사짓기조차 목회와 상관없는 '세속적' 활동으로 본다.

하지만 기독교 신앙 전통에서 보면 노동은 저주가 아니라 창조질서의 일부분으로 하나님의 창조사역에 동참하는 일이다. 중세 수도원에서는 노동과 기도를 똑같이 중요한 신앙 활동으로 보았으며, 루터나 칼빈 같은 종교 개혁가들은 직업소명설과 천직(天職)설을 통해 직업과 노동의 신앙적 의미를 강조했다. 모든 직업은 일의 종류가 아니라 믿음, 곧 일을 대하는 자세와 태도에 의해 결정된다(골 3:23).

한편, 기업 활동이란 노동과 자연을 효율적으로 사용하여 인간 삶의 질을 향상시키는데 필요한 재화와 서비스를 생산함으로써 세상과 이웃을 섬기면서 하나님께서 맡기신 '문화위임'(창 1:28-29)을 실천하는 한 가지 방법이다.28 하지만 현실 세계 속에서 기독교 마을기업이라 하더라도 끊임없는 욕심과 유혹에 빠질 수밖에 없다. 그럴 때 기독교 신앙은 기업정신과 기업윤리를 고양시켜 경제적 가치와 공익적 가치를 조화시킬 수 있게 만들고, 투명하고 책임적인 경영을 할 수 있도록 자극한다. 동시에 기독교 신앙은 기업에 속한 근로자나 노동자에게 노동윤리와 직업윤리를 통해 생산성 향상을 가져올 수 있도록 동기를 부여한다.

목회자의 농사짓기나 기업 활동을 세속적이라고 생각하는 한국교회의 신앙문화 속에서 마을기업을 운영하려는 목사는 일과 기업 활동에 대한 교인들의 부정적인 시각을 교정하는데 노력을 기울여야 한다. 이를 위해서는 목사 개인의 분명한 목회자상 정립과 마을목회에 대한 목회철학이 확고해야 한다. 마을목회에서 목회란 예배 인도나 영적 돌봄 같은 사역에 제한되지 않고, 사람들의 영혼만 아니라 물질 생활까지

---

28 신기형, 『기업윤리』 (서울: 한들출판사, 1998), 1-2.

돌보는 일까지 포함한다. 그렇다고 하여 마을목회가 기독교적 정체성까지 잃어버린 하나의 세속적인 지역사회운동과 동일시될 수는 없다. 김혜령의 관찰대로, 우리 시대 마을교회의 성패는 "마을공동체 운동에 얼마나 잘 참여하느냐 뿐만 아니라, 마을공동체 운동의 세속성이 초래하는 위기들이 그 공동체를 전복시키지 않을 수 있도록 세속성의 중심을 잡아주는 거룩성 혹은 초월성을 어떻게 만들어 내는가에 달려있다."29

'솔향담은 장마을'의 허운 목사는 사람들로부터 '목사가 목회는 안하고 돈만 벌려고 한다'는 오해를 받았고, '꿈이 익는 영농조합'의 이상진 목사 역시 주변 목사나 교인들로부터 '목사가 목회는 안하고 장사에 눈이 멀었다'는 비난과 오해를 받아야 했다. 하지만 변화된 직업 현실과 경제적으로 어려운 농촌 교회 현실을 고려할 때 농사를 짓고, 양계를 하며, 까페에서 커피를 내리면서 자비량 목회를 실천하고, 비즈니스를 통해 지역경제를 살리려는 마을공동체 목회자들을 위해 전통적인 '목회자 이중직 금지' 규정을 전향적으로 검토할 필요가 있다.30

5. 농촌 교회와 도시 교회의 교류와 협력을 통한 상생목회

오래도록 상호의존 관계에 있던 도시와 농촌이 산업화와 도시화 과정에서 분리되고 단절되면서 도시와 농촌 둘 다 위태롭게 되었다. 도시인은 '얼굴 없는 농산물'을 먹게 되면서 식품안전을 위협당하고, 농민은

---

29 김혜령, "마을공동체 운동과 마을교회", 「기독교사회윤리」 27(2013), 232.
30 한국교회 가운데 침례교와 감리교를 제외하고는 목회자의 이중직을 금지하고 있어 변화된 사회현실과 목회환경을 반영하지 못하고 있다는 비판을 받는다. 이 주제에 대한 자세한 목회적, 신학적 연구는 다음 책을 참고 바람: 김승호, 『이중직 목회』(대구: 하명출판, 2016).

경제적 빈곤으로 말미암아 고통을 당하고 있다.

농촌의 경제활동은 상당부분 도시 소비자에게 의존적이다. 마을기업의 주력상품인 유기농산물이나 관광자원의 소비는 주로 도시 소비자에 의해 이루어지고 있다. 물론 '힐링알토스 협동조합'처럼 농촌 지역 내 틈새시장인 카페를 만들어 수익의 일부분을 창출하는 기업이 있기는 하지만 유기농산물의 판매를 주요 수입원으로 삼고 있는 '솔향담은 장마을'이나 '꿈이 익는 영농조합' 그리고 '장신영농조합'은 외부 의존도가 높다. 그런 이유에서 농촌 교회의 생산자와 도시 교회의 소비자 사이에 상호신뢰에 기초한 농도공동체의 형성은 중요한 과제가 아닐 수 없다. 농도공동체는 도시 소비자에게는 안전한 먹거리를 제공하고, 농촌 생산자에게는 경제적 안정 속에서 건강한 먹거리의 생산에만 전념할 수 있게 만든다. 말하자면 농도공동체에서 농촌 생산자와 도시 소비자의 관계는 '경쟁관계'에서 '공생관계'로 바뀐다.

기독교 마을기업을 경제적으로 지속가능하도록 만드는 농도교류를 활성화하려면 농촌과 도시 교회 모두의 노력이 필요하다. 기본 원칙은 둘 사이의 관계가 일방적 시혜관계가 아니라 상호신뢰와 존중, 연대의식 속에서 평등해야 한다는 것이다. 그리고 도시 소비자는 값싼 농산물만 찾을 것이 아니라 안전하고 질 좋은 농산물에 대한 비용을 부담할 의지가 있어야 한다. 말하자면 질이 좋으면서도 값이 싼 상품을 찾는 경제 합리성이란 가치를 넘어서 환경보전에 대한 책임이나 열악한 농가경제의 지원과 같은 윤리적 가치까지 고려하는 '의식 있는 소비' 곧 윤리적 소비(착한 소비)를 실천해야 한다.[31] 한편, 농촌의 생산자는 돈

---

31 조용훈, "윤리적 소비에 대한 기독교윤리적 연구", 「기독교사회윤리」 27(2013) 369-398.

벌이만을 목적으로 비료와 농약, 제초제를 무분별하게 사용하는 관행 농법 대신 건강하고 안전한 먹거리의 생산을 책임져야 한다. 나아가 농촌 교회와 도시 교회 사이에 유기농산물의 거래만 아니라 신앙과 체험까지 교류하는 차원으로 발전할 수 있을 때라야 비로소 농도교류가 일시적 이벤트를 벗어나 제도화될 수 있을 것이다.

6. 마을기업의 성공적 운영을 위한 실천적 과제

기독교 마을기업이 아무리 좋은 의도를 가지고 있더라도 시장경쟁력을 갖추지 못하면 폐업을 할 수밖에 없다. 마을기업의 성공률이 얼마나 어려운가 하는 것은 여러 통계에서 확인된다. 충남발전연구원이 2013년 충남지역 49개 마을기업을 대상으로 조사한 바에 따르면 평균급여는 94만원에 불과하고, 급여가 없는 마을기업도 23.4%(11개)나 되고, 순이익이 없다고 응답한 마을기업은 72.7%(32곳)로 나타났다. 아직도 대다수의 마을기업은 영세하고 수입이 불안정한 편이다.[32]

마을기업이 수익성과 지속성을 갖추려면 제품의 생산과 판매 그리고 유통과정에 필수적인 비즈니스 요소들을 갖추어야 한다. 정윤성은 마을기업의 성공적 운영에 필요한 세 가지 핵심 요소인 '서플라이 체인'(상품의 생산과 공급의 연쇄적인 과정)으로 외부의존도 낮추기, 핵심기술의 보유 그리고 판로 확보를 제시하고 있다.[33]

첫째, 외부 의존도 낮추기란 원재료를 원하는 시점에, 원하는 물량

---

32 정윤성, 『마을기업 희망공동체』, 275-276.
33 서플라이 체인(supply chain)이란 제품의 원료 조달부터 생산자와 소비자에 이르는 물류의 흐름으로서 모든 기업의 정상적인 영업활동에 필요한 기본적 구조를 가리킨다. 참고: 정윤성, 『마을기업 희망공동체』, 258-265.

만큼, 원하는 가격에 확보할 수 있어야 한다는 뜻이다. 만일 다른 지역에서 원재료를 구입해야 한다면 농작물의 안전성과 재료비 및 물류비용의 증가를 피할 수 없다. '꿈이 익는 영농조합'처럼 주력 상품인 양파를 직접 자연농법으로 재배하게 되면 원재료인 양파의 안전성을 확보할 뿐만 아니라 물류비용을 절감하는데 크게 도움을 받게 된다.

둘째, 핵심기술의 보유 여부는 부가가치의 향상과 생산성 증대에 절대적으로 중요하다. 소규모 마을기업의 경우 원재료 가공을 대부분 외부에 맡기는데 그럴 경우 비용이 발생하고 가격 조정이 어렵게 된다. '꿈이 익는 영농조합'은 자체적으로 저온효소가공 기술을 개발해서 고온가공에서 생길 수 있는 영양소의 파괴를 막음으로써 상품의 부가가치를 높였다. '힐링알토스 협동조합'은 커피 원두를 직접 로스팅하는 '만능 통돌이 기계'를 자체 제작하여 특허를 받았으며, 또 다른 주력 제품인 티백 작두콩차의 손잡이를 자체 개발하여 디자인 특허를 받음으로써 부가가치와 생산성 증대에 크게 도움이 되었다.

셋째, 판매망의 확보 여부는 생산된 제품을 원하는 가격에 판매할 수 있는 안정된 판로를 갖추고 있는가 하는 문제다. 대부분의 마을기업들이 사업초기에는 지인들의 입소문과 직거래를 통해 판매하지만 나중에는 바자회나 축제에 참여하고, 마침내 쇼핑몰이나 로컬푸드 매장에 입점하는 방식으로 발전해간다. 그리고 공통적으로 홈페이지나 블로그를 통한 온라인 판매를 활용한다. '꿈이 익는 영농조합'은 홈페이지만 아니라 개인 블로그를 운영하면서 소비자와 밀접하게 소통하고 있으며, CBS의 쇼핑몰과 대전 품앗이 생협에도 납품하고 있다. '장신영농조합'은 온라인 판매 외에도 대도시 교회와 자매결연을 맺어 정기적인 직거래를 통해 비교적 적지만 안정적으로 수익을 창출한다.

마을기업을 성공적으로 운영하려면 위에서 언급한 핵심 요소들 외에도 경영자의 역량과 네트워킹 능력이 중요하다. 마을기업에서 경영자 혹은 지도자의 역할은 다른 어떤 요소보다 중요해서 비즈니스의 전부라 해도 틀림이 없다. 유능한 경영자나 지도자라면 마을의 물적 자원과 인적 자원을 고려하여 사업 아이템을 정하고, 틈새시장을 찾아내고, 비슷한 업종의 시장 분석과 전망을 할 줄 알아야 한다.

네트워킹 능력도 중요한데 지역 내 교회들과의 관계망만 아니라 지역 내 각종 시민단체나 지자체와 협력하고 연대할 수 있어야 한다. 특히 중간지원 단체나 조직과의 관계망이 중요한데 이는 경영에 필요한 전문적인 컨설팅과 정보를 제공받을 수 있기 때문이다. 기독교의 대표적인 중간지원 조직으로 예장총회(통합) '귀농귀촌상담소'나 '생명농업생산자협의회' 그리고 '예장 마을만들기 네트워크'(예마넷)가 있고, 또한 초교파적으로 만들어진 '기독교 생명농어업인회'나 '기독교 사회적 기업 지원센터' 등을 들 수 있을 것이다.

V. 결론

마을이 살아야 교회도 산다는 진리는 다른 어떤 곳보다 농촌 마을과 농촌 교회의 관계에서 잘 적용된다. 산업화와 도시화 과정에서 농촌 사회가 급격히 해체되면서 거기에 터해 있는 농촌 교회도 생존위기에 내몰리고 있다. 미자립 교회에 대한 교단차원의 지원에도 불구하고 문을 닫아야 하는 농촌 교회가 어쩔 수 없이 늘어날 전망이다. 다행스럽게도 교회중심의 전통적인 목회방식과 선교전략만으로는 교회 성장이 불가능하다는 사실을 깨닫게 되면서 마을기업과 같은 경제활동을 통한 마을공동체 활성화가 새로운 목회적 대안 가운데 하나로 떠오르고 있다. 마을기업을 통해 고용이 창출되고, 농가소득이 늘게 되면 지역경제가 나아지게 될 것이다. 마을기업은 농촌목회자의 자비량 목회를 가능하게 하며, 취약한 농촌 교회 재정을 돕고, 마을공동체를 활성화시키는 데 도움을 준다.

그런데 교회가 마을기업을 세우기도 어렵지만 성공적으로 운영하는 것은 훨씬 더 어려운 일이다. 마을기업이 지속가능하려면 기업 활동에 대한 신학 이론적 토대와 더불어 경영 노하우를 갖추어야 한다. 신학적 토대로 지역성과 공동체성에 기초한 선교적 교회론, 마을공동체 형성을 위한 마을목회론, 생명목회와 생명농업, 기업 활동에 대한 부정적 인식의 극복 그리고 농촌 교회와 도시교류의 상생목회론을 정립해야 한다. 그리고 마을기업을 운영하는데 필요한 각종 경영상 노하우를 갖추어야 한다. 여기에는 원재료의 공급과 생산성을 높일 수 있는 핵심기술, 안정된 판매망 확보와 더불어 유능한 경영자와 중간지원 단체와의 네트워킹 능력이 포함된다.

13장
윤리적 소비운동과 교회*

I. 서론

대중소비사회의 도래와 더불어 소비 중독, 소비주의(물신숭배), 환경 파괴, 빈부격차와 같은 사회문제들이 심각해지고 있다. 소비자는 소비행위에서 개인적 욕구를 충족시키는 것만 아니라 자신의 소비 행위가 자연환경과 지역사회, 나아가 다른 나라의 노동자들에게 어떤 영향을 미치는지 고려해야 할 필요성도 커가고 있다. 과거에는 소비사회에 대한 논의에서 주로 소비자의 주권을 강조했다면,[1] 앞으로는 소비자의 윤리적 책무를 강조할 필요성이 커지고 있다. 이같은 배경에서 최근 들어

---

* 이 글은 "윤리적 소비에 대한 기독교윤리적 연구"라는 제목으로 「기독교사회윤리」 27 (2013)에 실린 글을 수정하고 보완했다.

[1] 국제소비자연맹기구(IOCU)가 정한 소비자의 권리에는 기본욕구에 대한 권리, 안전에 대한 권리, 정보를 알 권리, 선택할 권리, 의사가 반영될 권리, 피해 보상 권리, 소비자 교육 권리, 건강한 환경에서 살 권리가 포함된다. 참고. 김종덕, 『먹을거리 위기와 로컬푸드』 (서울: 이후, 2009), 334.

소비자의 책무에 대한 논의가 '착한 소비' 혹은 '윤리적 소비'라는 주제 아래 점점 더 활발해지고 있다.

자본주의 사회에서 흔히 '소비자는 왕이다'고 한다. 소비자는 기업의 마케팅이나 광고에 의해 조종의 대상이 될 수도 있지만 거꾸로 기업을 변혁시킬 힘도 가진다. 소비자는 불매운동이나 특정 상품을 선택 구매함으로써 얼마든지 기업에 영향을 줄 수 있다. 나아가 정부로 하여금 특정한 소비 정책을 실시하도록 압박할 수도 있다. 말하자면 소비사회에서 소비자가 가진 구매력이라는 힘을 어떻게 사용할지에 대한 논의가 중요한 사회윤리의 관심사로 부각 되고 있다.

1990년대 이후 전 세계적으로 윤리적 소비가 논의되기 시작하면서 이에 대한 사회과학적 연구가 활발하다. 이에 비해서 신학적 연구는 매우 부족한 편이다.[2] 소비사회나 소비문화가 지닌 이데올로기성에 대한 거시적이고 근본적인 담론들은 더러 있지만[3] 윤리적 소비와 같은 새로운 형태의 소비 행위와 그것이 지닌 윤리적 의미에 대한 신학적 연구들은 거의 수행되고 있지 않다. 다만 양명수는 한 에세이에서 착한 소비를 가리켜 '철옹성 같은 자본주의에 약간의 틈을 내는 데 기여하는 운동이며, 자본주의의 합리적 인간유형으로부터의 이탈'로 묘사했다.[4]

---

[2] 이에 대한 최근의 연구서들에는 다음과 같은 책들이 있다. 천경희 외,『착한소비 윤리적 소비』(서울: 시그마프레스, 2010); 제임스 챔피, 박슬라 역,『착한 소비자의 탄생』(파주: 21세기북스, 2009); 박지희·김유진,『윤리적 소비』(서울: 메디치, 2010); 이상훈·신효진,『윤리적 소비』(파주: 한국학술정보, 2012); 홍연금, "우리나라 윤리적 소비자에 대한 사례연구", 가톨릭대학교 대학원 박사학위 논문(2009) 등.
[3] 조용훈,『지구화시대의 기독교』(서울: 대한기독교서회, 1999); 동저자, "아동의 소비주의에 대한 기독교윤리학적 연구",「기독교사회윤리」16(2008) 267-290; 이장형, "대량소비문화와 물질주의에 대한 기독교의 책임",「기독교사회윤리」10(2005), 105-131; 임성빈 외,『소비문화시대의 기독교』(서울: 예영커뮤니케이션, 2008); 고재길, "소비문화의 종교성과 소비 이데올로기 비판",「장신논단」39(2010), 199-222.
[4] 양명수, "착한 소비: 철옹성같은 자본주의에 틈을 내다",「새가정」620(2010), 10-13.

이 연구에서 우리는 윤리적 소비를 좀 더 인간적이고 환경 친화적인 사회를 만드는 마을공동체 운동 가운데 하나라는 전제에서 출발한다. 그리스도인과 교회가 윤리적 소비를 통해 신앙과 사회적 책임을 어떻게 감당할 수 있을지 모색한다.

이러한 목적에 도달하기 위해 첫 단계로 윤리적 소비가 무엇이며, 그 개념이 어떤 역사적 과정을 거쳐 형성되고 발전되어 왔는지 살펴보겠다. 다음 단계로 윤리적 소비의 유형들을 녹색 소비, 지역 소비 그리고 공정무역이란 개념들을 중심으로 정리하겠다. 그 다음으로 윤리적 소비에 내포된 윤리적 의의를 지속가능성, 공동체성 그리고 공정성이란 가치를 중심으로 분석하겠다. 마지막으로 윤리적 소비를 활성화하는 데 있어서 지역 교회와 그리스도인의 실천 과제가 무엇인지 살피겠다.

II. 윤리적 소비의 개념과 역사

일반적으로 윤리적 소비란 소비자가 경제적이고 합리적인 소비 행동을 넘어서 도덕적 신념에 기초하여 동물의 복지, 미래세대, 환경 문제, 지역공동체, 생산국 노동자의 인권과 같은 윤리적 요소들을 고려하는 '의식 있는 소비 행동'을 가리킨다. 바꿔 말하면, 소비 행동을 결정하는 데 있어서 좋은 물건을 싸게 사는 경제 합리성만 아니라 보다 포괄적인 소비자의 책임성, 즉 오늘날 문제가 되고 있는 다양한 사회문제들을 개선하려는 의식 있는 소비 행동을 가리킨다. 그 동안 소비에 대한 윤리적 논의에서는 주로 과소비, 맹종 소비, 과시 소비, 즉흥 소비, 사치와 같은 경제 합리성을 문제 삼았다면, 윤리적 소비란 동물의 권리나 환경보전, 지역사회나 저개발국 생산자의 인권까지 고려하는 소비 행동이다.

사회적 책임 범위에 따라 윤리적 소비의 실천 영역을 네 가지로 구분할 수 있다.:5 경제적 책임으로서 합리적 소비 행동, 법적 책임으로서 상거래상 소비자의 윤리적 행동, 지속가능한 소비에 대한 책임으로서 환경 친화적 소비 그리고 동시대 인류를 위한 책임으로서 공정무역, 지역 소비 그리고 공동체화폐운동이다.

윤리적 소비의 기준이 무엇인지 나라나 단체마다 약간씩 다르게 규정하긴 하지만 우리나라 iCOOP생협에서 제시하는 기준은 다음 세 가지다.6 첫째, 인간과 노동에 대하여 조합원의 자치와 민주적인 운영, 아동 착취적 노동의 금지, 인간적 일자리 창출, 비정규직과 외국인 노동자 차별 금지에 부합해야 한다. 둘째, 식품 안전으로서, 화학첨가물의 엄격한 규제, 농약이나 화학비료, 중금속의 감소를 전제한다. 셋째, 농업과 환경에 대하여 지구온난화 문제의 해결을 위한 화석에너지 줄이기, 유기농업의 지향 그리고 유기농산물의 소비 촉진이다.

윤리적 소비 개념에 대한 역사는 멀리 18세기 후반 카리브해의 플렌테이션 노예노동 폐지에 영향을 주었던 퀘이커교도의 노예무역폐지 운동이나 19세기에 활발해진 소비자협동조합 운동에서 볼 수 있다. 그러나 오늘날 사용되는 의미의 윤리적 소비란 대체로 1990년대에 건강, 환경 그리고 사회적 이슈에 대한 소비자의 사회인식이 높아지면서 구체화된 것으로 보아야 한다. 1970년대 환경 문제를 고려한 '녹색 소비'가 논의되기 시작하여 2000년대에 지역공동체 건설에 관심하는 '지역 소비'나 저개발국 생산자와 노동자를 고려하는 '공정무역'으로 점차 발전

---

5 홍연금, "우리나라 윤리적 소비자에 대한 사례연구", 13.
6 정원각, "iCOOP생협과 윤리적 소비", 「생협평론」 창간호(2010), 27.

해가고 있는 개념이다.

윤리적 소비 시장 규모도 점차 커지고 있는데 윤리적 소비운동에 선구자 역할을 하는 영국의 경우를 보면, 1999년에 약 25조 원 규모이던 윤리적 소비 규모가 2008년에는 약 65조 원 규모로 성장했다.7 Co-op Bank의 보고서를 보면, 영국인 각 가정이 윤리적 제품과 서비스 구입에 든 비용이 366파운드(2002년)에서 664파운드(2006년)로 두 배나 증가했다.8 이런 외국의 현실에 비해 우리나라 국민의 윤리적 소비에 대한 인식은 아직 낮은 편이고, 윤리적 소비 시장의 규모 역시 미미한 편이다.

III. 윤리적 소비의 유형

1. 녹색 소비

초창기 윤리적 소비 개념을 구축하는데 영향을 준 것은 녹색 소비다. 녹색 소비란 소비 행동에서 환경 파괴나 자원 고갈과 같은 자연생태계에 미치는 영향을 고려한다는 점에서 '환경 친화적 소비'라고 불리기도 한다. 인간 욕망은 끝이 없는데 비해 지구가 가지고 있는 자원은 제한되어 있으며, 자연생태계의 정화 능력도 한계를 지니고 있다. 이같은 지구의 생태학적 한계를 고려할 때 지금과 같은 대량 생산, 대량 소비,

---

7 김형미, "윤리적 소비의 경제학적인 이해와 생협의 선택",「생협평론」창간호(2010), 24-25.
8 박미혜·강이주, "윤리적 소비의 개념 및 실태에 대한 고찰",「한국생활과학회지」18/5 (2009), 1053.

대량 폐기라는 자본주의적 소비사회가 지속될 수 없다는 사실이 명확해진다.

한편, 녹색 소비는 현 세대의 무제한적 소비 행동에 의해 미래세대의 필요나 삶의 질이 제한될 수 있다는 점을 고려한다는 의미에서 '지속가능한 소비'로 불리기도 한다. 앞으로 이 지구위에 살아갈 미래세대도 현 세대와 동일하게 깨끗한 물과 맑은 공기 그리고 에너지 자원을 필요로 한다는 점을 고려할 때 지금과 같은 현 세대의 소비 행태는 윤리적으로 정당화될 수 없다. 이는 현 세대와 미래세대 사이에 자원의 공정한 분배를 해치기 때문이다.

녹색 소비는 그 형태에 따라 녹색 구매, 녹색 사용, 녹색 처분으로 구분하여 이해할 수 있다.9

먼저, 녹색 구매란 소비를 줄이고, 제품의 집약적 이용을 꾀하며, 재활용 혹은 재생 가능한 재료로 만든 제품을 구매하며, 수명이 길고 재사용 가능하며 리필과 수리가 용이한 제품을 구매하는 소비행위다.

녹색 사용이란 구매한 제품을 사용설명서에 맞게 사용하고 아껴 쓰며 고쳐 쓰는 일이다. 특별히 에너지 소비를 줄임으로써 기후변화에 영향을 주는 이산화탄소 배출을 줄이는 소비행위다.

녹색 처분이란 오염물질의 배출을 최소화하며 쓰레기 양을 줄이는 일이다. 이를 위해 물건을 구매할 때부터 처분을 고려하여 물건을 선택하고, 사용한 후에는 재사용하거나 재활용 하는 방안을 모색 한다. 쓰레기의 분리수거는 물론 알뜰시장, 벼룩시장, 녹색가게, 재활용센터 등을 이용한다.

자신의 소비 행위가 자연생태계에 어떤 영향을 미칠까를 고려하는

---

9 천경희 외, 『착한소비 윤리적 소비』, 169-173.

소비자를 가리켜 '녹색 소비자'라 하는데 그 의식의 정도에 따라 다섯 가지 단계로 구분된다.10 최고 수준의 녹색 소비자는 환경적 가치를 매우 중시하여 환경에 대한 고려가 없는 기업의 제품을 의식적으로 구매하지 않는다. 중간 수준의 녹색 소비자는 정치적 의미까지 고려하지는 않더라도 적극적으로 친환경 제품을 구매한다. 초보 수준의 녹색 소비자는 녹색 제품이 일반 제품보다 훨씬 비쌀 경우 구매하지 않으려 한다. 불평하는 소비자는 환경 이슈에 대한 교육을 제대로 받지 못한 상태여서 녹색 제품이 일반 제품보다 가격이나 품질이 떨어진다고 불평한다. 마지막으로 아예 무관심한 소비자는 소비 행동에서 환경과 같은 이슈에 전혀 관심하지 않는다.

환경보전을 위한 녹색 소비를 활성화하려는 그리스도인과 교회의 다양한 노력이 필요하다. 무엇보다 우선적으로 소비자들로 하여금 환경 문제의 심각성을 깨닫도록 교육하고, 자신의 소비 행동이 환경 문제에 어떤 영향을 주는지 생각하게 만들어야 한다. 나아가 정부나 지자체로 하여금 행정 제도를 통해 녹색 소비를 활성화하고, 기업으로 하여금 환경 경영을 통해 녹색 소비를 지원하도록 영향력을 행사할 수 있어야 한다.11

2. 지역 소비(local buying)

지역 소비(로컬 소비)란 경제의 지구화와 더불어 생겨난 지역경제의 붕괴와 이로 말미암은 지역공동체의 해체 문제에 대응하기 위한 윤리적

---

10 이상훈·신효진, 『윤리적 소비』, 168-169.
11 조용훈, 『기독교 환경윤리의 실천 과제』 (서울: 대한기독교서회, 2002).

소비 행동을 가리킨다. 지역 소비란 지역민이 자신이 살고 있는 지역에서 생산되는 제품을 우선적으로 구매함으로써 지역의 경제를 활성화하며, 지역의 생산자와 소비자 사이에 공동체를 형성하는데 관심하는 소비행위다.

지역 소비가 요청되는 이유는 무엇보다 경제의 지구화 현상 때문이다. 시장의 지구화는 소비 측면에서 모든 나라 국민들로 하여금 미국이나 유럽과 같은 높은 소비 수준에 대한 욕망을 불러 일으켜 소비주의를 확산시키며, 시장경쟁력이 취약한 지역경제, 특히 농촌 사회를 위태롭게 할뿐만 아니라 지역의 환경 파괴를 가속화시킨다. 한 예로, 다국적 유통기업이 등장하면서 경쟁력이 약한 지역 상권이 붕괴되면서 마을공동체에 심각한 영향을 미치고 있다.[12] 이러한 문제들을 해결하기 위해 노력하는 지역 소비는 그 형태에 따라 '로컬푸드운동'과 '지역화폐운동' 그리고 '공정무역'으로 나눌 수 있다.

1) 로컬푸드운동

로컬푸드(local food)운동이란 먹거리의 생산과 소비 사이의 물리적·사회적 거리를 줄임으로써 먹거리의 안전성을 높이고, 이동 과정에서 생기는 불필요한 에너지를 절약하며, 마을공동체를 형성하는데 도움을 주려는 윤리적 소비 운동을 가리킨다. 농산물이 생산지에서 소비자의 식탁에 오르기까지 소요된 거리를 '푸드 마일리지'(Food Mileage)라 하는데, 푸드 마일리지가 길수록 생산 이력에 대한 신뢰도가 떨어지

---

[12] 2000년 164개 매장에서 11조원의 매출을 올린 대형할인점이 4년만인 2004년에는 274개로 증가하면서 그 매출도 22조원으로 증가하면서 재래시장만 아니라 동네 슈퍼들도 점차 문을 닫게 되었다. 2000년 대비 중소유통업체 2만 9천 개, 종사자 5만 8천여 명이 감소하였다고 한다. 참고: 천경희 외, 『착한소비 윤리적 소비』, 221-222.

며, 상품의 신선도가 떨어지고, 에너지 사용량은 늘어난다.[13] 우리나라의 경우 2007년 기준 국민 1인당 1t의 먹거리에 대한 푸드 마일리지가 5,121km로 영국의 두 배, 프랑스의 여섯 배나 될 정도로 식품안전성이 떨어지고 반환경적이다.[14]

로컬푸드운동은 식품안전성 외에도 경제적, 생태적, 사회적 차원에서 중요한 의미를 갖는다.

경제적 차원에서 로컬푸드운동은 생산 농민의 안정적 생활을 보장하며, 지역경제의 다양화에 기여하고, 대안 시장의 창조에 도움을 주고. 유통 비용을 줄인다. 그리고 소비자가 농민에게 지불한 돈이 지역에서 순환되기 때문에 지역경제의 활성화에 크게 기여한다.[15] 그 외에도 식량 자급율이 2.5%로 OECD국가 30개 국 중 26위에 머물러 있는 우리나라 식량자급률을 높임으로써 식량 안보를 지키는데 도움을 준다. 우리나라 곡물 자급률은 쌀을 포함할 때 25%, 쌀을 제외하면 5%에 머물고 있다.[16]

생태학적 차원에서 로컬푸드운동은 외부 자원에 대한 의존을 감소시키는 대신 지역 내 자원에 대한 의존을 증대시키고, 식품의 원거리 이동에서 오는 이산화탄소 배출 줄임으로써 지구온난화 방지에도 도움을 준다.

---

[13] '푸드 마일리지'란 1994년 영국의 환경운동가 팀 랭(Tim Lang)이 제창한 것으로, 식품이 얼마나 멀리서, 얼마나 많이 조달되어 오는지 나타내는 지표로서 물량(t)에 이동거리를 곱해 산출한다. 여기에 운송수단에 따른 이산화탄소 배출계수를 곱하면 식품이 오기까지 배출된 온실가스 양을 알 수 있다. 예를 들어, 감귤류 5kg를 먹는 경우 제주산 푸드 마일리지는 2.96tkm, 온실가스 배출량은 357g이다. 반면 미국산 푸드 마일리지는 55,635tkm, 온실가스는 2,590g이 된다. 참고: 위의 글, 203-204.
[14] 김성완, "로커보어 급증",「중앙일보」(2011년 3월 5일)
[15] 박미혜·강이주, "윤리적 소비의 개념 및 실태에 대한 고찰", 1057.
[16] 천경희 외,『착한소비 윤리적 소비』, 215: 김종덕,『먹을거리의 위기와 로컬푸드』, 21.

사회적 차원에서 로컬푸드운동은 지구화에 맞서 지역 내 관계망을 복원하며, 생산자와 소비자 사이의 신뢰 구축을 통한 농도공동체 형성에 도움을 준다. 그리고 문화적 차원에서 볼 때 로컬푸드운동은 농산물, 음식, 요리의 지역성과 전통문화, 다문화성을 극대화시킨다. 그 외에도 교육적 측면에서 로컬푸드운동은 도시인의 농사 체험이나 생태 교육 그리고 먹거리 교육을 가능하게 한다는 점에서 의미가 크다.

로컬푸드운동이 등장하게 된 직접적 계기는 지구화와 함께 등장한 세계 식량 체계 때문이다. 이 세계 식량 체계로 말미암아 생산 형태는 소규모의 제한적인 생산 형태에서 대규모의 산업화 생산 형태로 바뀌었고, 지역 내 유통에서 세계적 범위로 확대되었으며, 계절 식품이 계절과 무관하게 생산되고 유통되게 되었다. 이런 세계적 식량 체계를 주도하고 있는 다국적기업 카길, 콘티넨탈, 몬산토, ADM 등은 전 세계 곡물 시장의 80% 이상을 장악하고 있다. 이들 다국적기업들이 종자, 수확물의 저장, 가공, 보관, 유통을 독점하다시피 함으로써 많은 사회적 문제들이 생겨나고 있다. 농산물 생산지의 현실을 확인할 수 없게 됨으로써 식품안전성이 약화되었고(광우병, 구제역, 멜라닌파동, GMO 문제 등), 생산자와 직접적인 관계가 없는 거래(얼굴 없는 농산물)로 바뀌었고, 농촌 지역의 소농 붕괴로 이해 농촌공동체가 해체되었으며, 농산물의 불필요한 이동으로 자원 낭비와 환경 문제가 생겨났고, 지방 음식의 문화적 차원이 사라지고 말았다.[17]

이런 현실에 맞서 1990년대 들어 일본에서는 '지산지소'(地産地消) 라는 로컬푸드운동이 시작되었다. 지산지소 운동이란 지역에서 생산한 농산물을 지역에서 소비함으로써 지역경제의 자립과 순환형 사회를 형

---

17 김종덕, 『먹을거리의 위기와 로컬푸드』, 56, 89.

성하려는 운동이다. 2012년 말 현재 일본에는 로컬푸드 매장 숫자가 1만 6,816개에 이르며, 미국에서는 생산 농민이 직접 판매하는 농산물 장터가 7,800여 개가 된다. 하지만 우리나라의 로컬푸드운동은 아직 걸음마 수준이고, 매장 숫자도 적은 편이다.[18]

우리나라에서도 광우병이나 멜라민 사건 등을 경험하면서 식품안전이나 건강에 대한 사회적 관심이 높아지면서 로컬푸드에 대한 관심이 커지고 있다. 물론 과거에 로컬푸드에 대한 사회적 관심이 아예 없었다고 할 수는 없다. 우리쌀이나 우리밀에 대한 관심과 더불어 재래시장, 5일장, 도농 교류, 직거래장터, 생산자 직판장 형태의 지역 농산물 판매가 있었다. 최근 들어서는 친환경 학교급식에 대한 사회적 관심이 커지면서 로컬푸드운동과의 협력도 활발해지고 있다.

현재 단계에서 로컬푸드운동에 대한 문제점이 없는 것은 아니다.

첫째, 지역 개념을 '과정'이나 '관계'가 아니라 '영역'으로만 생각함으로써 방어적 로컬리즘이 생겨나 자칫 지역 간 갈등을 불러올 수 있다.[19] 둘째, 국제무역의 관점에서 보면 자칫 보호무역 논리를 정당화할 수도 있다. 저개발국으로부터 농산물 수입을 막음으로써 막대한 보조금을 받고 있는 산업국 농민에게는 이득이 되나 저개발국 농민들에게는 산업국으로 수출길이 막힘으로써 손해가 된다.

로컬푸드운동을 지금보다 더 활성화시키려면 지역농민 자신들만 아니라 도농 간 그리고 지역 간 연대 및 네트워킹이 필요하다. 그리고 지역의 생산자와 소비자의 상생을 위한 지자체의 지원과 협력도 요청된다. 정부나 공공기관의 급식에 지역농산물을 우선적으로 구매하게

---

18 "세계는 로컬푸드 열풍, 한국은 걸음마", 「매일경제」 (2013년 8월 6일).
19 이상훈·신효진, 『윤리적 소비』, 254.

만드는 제도도 도움이 될 것이다. 그리고 생산자와 소비자 사이의 거래가 일시적이 아니라 지속적이 되도록 제도화 하는데 힘써야 한다.

한편, 로컬푸드운동은 도시 안에서도 얼마든지 가능한데, 대표적인 예로 도시텃밭 같은 형태의 도시농업이다. 도시농업의 성공적인 사례로 알려진 쿠바의 수도 아바나의 경우에는 도시에서 소비되는 농산물의 90%를 도시 내부 및 근교에서 공급하며, 300개 이상의 농민 시장이 운영되고 있다고 한다.[20]

2) 지역화폐운동

지역화폐운동이란 재화와 서비스 그리고 노동력까지 통화로 인정하여 특정지역 내에서 순환시킴으로써 지역경제를 활성화하고 나아가 지역공동체를 발전시키는데 도움을 주는 윤리적 소비운동 가운데 한 형태다.

지역화폐는 보완통화, 지역통화, 자주통화, 회원제통화 등 다양한 이름으로 불리는데 대응성, 호혜성, 기록성, 공개성이라는 특징을 지닌다.[21] 대응성이란 돈을 빌린 사람에게가 아니라 회원 중 아무에게나 되갚으면 된다는 것이다. 호혜성이란 자원봉사와 비슷하지만 빌린 사람에게 대가가 있다는 것이다. 기록성이란 이웃 간의 상부상조와 비슷하지만 도와주고 나눠주고 빌려준 일을 기록한다는 점에서 차이가 난다. 그리고 공개성이란 은행의 계좌와 비슷하지만 이자가 없고 거래 내역을 회원에게 공개한다는 점이다.

지역화폐 운동이 등장하게 된 사회적 배경은 자본주의 시장 사회에

---

20 요시다 타로, 안철환 역, 『생태도시 아바나의 탄생』 (파주: 들녘, 2004).
21 송인숙·천경희, "공동체 화폐 운동은 윤리적 소비 운동인가", 『한국소비자학회 학술대회집』, 5 (2012), 55.

서 화폐 없이는 생활이 불가능해졌기 때문이다. 이제 화폐는 거래 수단이라는 기능을 넘어서 삶의 목적 그 자체가 되어버렸다. 그러다 보니 이익이 없는 곳에 화폐는 아무 관심을 갖지 않는다. 이런 문제를 간파한 로버트 오웬(R. Owen)은 일찍이 1832년 노동교환소를 설립하여 노동자들에게 재화와 교환할 수 있는 노동 증서를 지급하기도 했다.

지금과 같은 형태의 지역화폐는 1930년대 세계 대공황 시기에 지역수표 형태로 등장했다. 그러다가 1980년대 이후 계속된 경제난 속에서 노동력은 있지만 일자리가 없는 사람들을 위해 현금 없이도 재화와 서비스를 주고받을 수 있는 지역화폐에 대한 사회적 관심이 커졌다. 대표적인 지역화폐 운동은 '레츠'(LETS: Local Exchange and Trading System)로 1983년에 캐나다의 마이클 린턴이 제안해서 사용하기 시작했다. 현재 영국의 400개 이상의 지역, 프랑스의 250여 개의 지역, 독일의 220여 개의 지역, 미국의 120여 개의 지역에서 다양한 형태의 지역화폐가 유통되고 있다.[22]

우리나라의 지역화폐 운동은 1996년 「녹색평론」에 소개된 이래 1998년에는 민간단체인 '미래를 내다보는 사람들'에 의해 '미래화폐'가 발행됨으로써 시작되었다. 비슷한 시기에 민들레출판사에서 '민들레교육통화', 녹색연합에서 '작아장터', 불교환경교육원에서 '두레'라는 지역화폐를 각각 발행했다. 그 후 '대전한밭레츠', '과천품앗이', '서초품앗이', '구미사랑고리', '부산하사품앗이' 등 30여 개의 다양한 지역화폐가 유통 중이다. 그 가운데서도 '한밭레츠'는 주목을 끌고 있는데 2008년 기준으로 회원 수 580명, 회원업소 약 80여개나 된다.[23]

---

22 이상훈·신효진, 『윤리적 소비』, 268-271.
23 박용남, "'사랑의 경제'와 지역화폐 운동", 「녹색평론」 102(2008), 11-31.

지역화폐 운동은 여러 가지 사회경제적 의미와 가치를 가진다.

먼저, 경제적인 면에서 볼 때 현금 없이도 원하는 재화나 서비스를 구매할 수 있으며, 이자가 붙지 않으므로 은행대출보다 이로우며, 저축해봐야 이윤이 없기에 비축하기보다는 사용하는데 관심하므로 지역 내 교역을 활성화한다.[24] 그리고 시장에서 배제된 재화나 서비스의 거래만 아니라, 시장에서 거래되고 있는 재화나 서비스도 현금 없이 거래할 수 있게 만듦으로써 지역경제 활성화에 도움을 준다. 지역화폐는 시장경제에서 낮게 평가되거나 배제되는 가사노동이나 육아, 노인 말벗해주기와 같은 활동들의 가치까지도 인정한다.

그리고 사회적인 면에서 자신이 가진 재능이나 시간을 나눔으로써 지역민에게 다양한 형태의 도움을 준다. 그런 활동을 통해 지역공동체를 우정과 환대의 공동체로 만들 수 있으며, 빈곤계층을 위한 사회안전망 역할을 할 수도 있다.[25] 화폐 없이도 신뢰를 통해 거래하는 것이기 때문에 지역에 신용사회를 구축하는 데 도움을 준다.[26]

한편, 생태학적 차원에서는 지역화폐가 지역 안에서 생산되는 상품을 지역 안에서 소비하도록 함으로써 운송 과정에서 생기는 에너지의 낭비를 최소화하며, 소비자가 환경 친화적 상품을 확인하여 직접 구매할 수 있어 식품안전성과 신뢰도를 높여준다.[27]

하지만 현재 단계에서 지역화폐 운동에는 많은 어려움이 있다. 지역화폐를 사용하는 회원 숫자가 충분하지 않으며, 거래 품목도 제한되어 있어서 경제적 효용성이 떨어진다. 우리나라에 그간 30여 개의 지역화

---

[24] 이원규, "지역통화운동의 이상 그리고 전망과 과제", 「농촌과 목회」26(2005), 190.
[25] 박용남, "'사랑의 경제'와 지역화폐 운동", 18. 23.
[26] 송인숙·천경희, "공동체 화폐 운동은 윤리적 소비 운동인가", 56.
[27] 이원규, "지역통화운동의 이상 그리고 전망과 과제", 192.

폐 운동이 시도되었지만 벌써 여러 개가 중단되었다. 그나마 명맥을 유지하고 있는 지역화폐 숫자가 10여 개 정도임을 고려한다면 이상과 현실 사이가 얼마나 먼지 알 수 있다.[28]

이런 문제들을 극복하고 지역화폐 운동을 활성화시키기 위해서는 무엇보다 각 지역의 자원이나 필요에 맞는 개성 있는 지역화폐 개발이 필요하며, 어떻게 회원 수를 늘릴 것인지가 중요하다. 지역화폐는 지역 내에서조차 충분히 알려져 있지 않기 때문에 지역의 시민단체만 아니라 지자체의 협력과 행정적, 재정적 지원도 필요하다.

3) 공정무역(fair trade)

공정무역이란 산업국 소비자와 저개발국 생산자나 노동자(소농, 수공예업자) 사이에 공정한 무역거래를 통해 저개발국 빈곤계층의 삶의 질을 높이고 인권을 보호하려는 윤리적 소비운동이다. 공정무역은 선진국과 저개발국 사이에 현존하는 불공정한 무역 구조를 극복하려 한다는 의미에서 '대안무역' 혹은 '희망무역'으로도 불린다. 원유에 이어 두 번째로 교역량이 많은 상품인 원두커피를 보면 알 수 있듯이 신자유주의 시장경제 아래 무역 구조는 저개발국에 일방적으로 불리하다. 복잡한 유통과정(생산자-중개상-원두 가공업자-지역 수출업자-메이저 국제거래업자-로스팅 업체-소매업자-소비자)을 거치면서 자본과 기술이 부족한 원두 생산 농민은 절대빈곤 상태를 벗어나지 못하고 있다.

공정무역은 저개발국 생산자들에게 정당한 대가를 지불하고, 여성이나 아동의 노동 착취나 강제노동을 금지하며, 생산지의 환경 파괴를 최소화 하는 상품을 교역한다는 원칙을 가지고 있다. 그리고 소비자인

---

28 박지희·김유진,『윤리적 소비』, 157.

산업국과 생산자인 저개발국민 사이에 대화, 거래의 투명성 그리고 상호존중의 원칙에 기초한 국제무역을 지향한다.

공정무역은 산업국과 저개발국 사이의 국제경제적 상호작용 외에도 다양한 가치와 의미를 갖는다. 말하자면, 공정무역은 저개발국 생산자와 노동자의 삶의 조건을 개선하고, 환경적으로는 저개발국 생산자들이 지속가능한 생산 방법을 사용토록 유도하며, 여성 노동자의 권익을 보호하며, 아동 노동을 막아 인권을 수호하며, 전통문화를 보전시키며, 공동체의 연대를 강화하는 데 도움을 준다.29

최초의 공정무역이 언제 어디서 시작되었는지 정확히 알 수는 없다. 역사적으로 살펴보면 1940년대부터 선진국의 일부 종교단체나 시민단체가 저개발국의 공예품을 교회에서 팔아주는 일이 있었다. 1946년 미국의 Ten Thousand Village에서 푸에르토리코의 자수 면제품을 구매했으며, 유럽에서는 1950년대 말 영국 옥스팜(Oxfam)이 중국 난민의 수공예품을 구매했다. 그러다가 1980년대 말부터는 신자유주의 세계화 경제에 맞선 대안무역 가운데 하나로 부각되면서 자연스럽게 전 세계적 관심을 끌게 되었다.30 그 영향으로 공정무역에 관련된 생산자와 소비자 사이를 연결하려는 국제조직인 IFAT(International Federation for Alternative Trade, 1989), NEWS(The Network of European Worldshops, 1994), FLO(Fairtrade Labelling Organizations, 1997) 등이 만들어졌다.

공정무역에 참여하는 사람들 숫자도 점점 많아지고 있는데, 과거 소수의 종교단체나 시민단체가 참여하던 운동이 이제는 대형유통기업들까지 참여할 정도로 발전했다. 뿐만 아니라 공정무역을 통한 거래액도

---

29 Fair Trade Advocacy Office, 한국공정무역연합 역, 『공정무역의 힘』(서울: 시대의 창, 2010), 101-105.
30 한선, "착한 소비의 물신성", 한국언론학회, 「2011 봄철정기학술대회자료집」, 51.

증가하고 있다. FLO에 따르면, 2006년 전 세계 공정무역 제품 판매액이 약 16억 유로(2조 1,500억 원)로 지난 5년간 매년 평균 40%의 신장세를 보였으며,31 2010년 공정무역 시장은 전년 대비 15%가 성장해 57억 달러(약 6조 5천억 원)가 되었다.32 공정무역을 통해 거래되는 품목도 약 3천여 종이나 된다고 하는데, 스위스의 경우에 판매되는 바나나의 47%, 꽃의 28% 그리고 설탕의 9%가 공정무역 제품이라고 한다.33 운동의 초기에 저개발국의 가난한 생산 농가를 도우려는 소박한 마음에서 출발했던 공정무역은 이제 신자유주의 지구화 경제체제에 도전하는 대안 무역의 하나로 발전하고 있다.

우리나라의 공정무역 운동은 2003년 '아름다운가게'가 인도와 네팔에서 수공예품을 수입한 것이 시초라 할 수 있다. 이듬해에는 두레생협이 필리핀에서 마스코바도 설탕을, 2005년에는 한국YMCA에서 동티모르의 사회개발을 지원하기 위해 '한 잔의 커피, 한 잔의 평화'라는 브랜드 커피를 수입했고, 뒤 이어 한국YMCA연맹, 페어트레이드 코리아(여성민우회), 기아대책 행복한 나눔, 한국공정무역연합, 아이쿱생협 등이 커피, 차, 초콜릿, 수공예품, 의류 등을 수입하고 있다. 2004년 수천만 원도 채 안되던 공정무역 매출이 2009년에는 50억 원에 이를 정도로 빠르게 성장하고 있다.34 하지만 선진국에 비교해 볼 때 여전히 소수의 사람들만 공정무역에 대해 알고 있으며, 참여자 숫자도 매우 적다는 점에서 앞으로 더 많은 노력이 요청된다.

현 단계에서 볼 때, 공정무역은 여러 가지 개선해야 할 문제점을 지

---

31 박미혜 · 강이주, "윤리적 소비의 개념 및 실태에 대한 고찰", 1048.
32 이상훈 · 신효진, 『윤리적 소비』, 201-202.
33 Fair Trade Advocacy Office, 『공정무역의 힘』, 119.
34 김태연, "한국의 공정무역 현황", 「생협평론」 창간호(2010), 60-62.

니고 있다. 공정무역의 확산에 따른 매출 증가에도 불구하고 여전히 공정무역의 규모는 세계교역 규모의 0.1%에 머무르고 있다.35 다국적기업도 참여한다고 하지만 많은 경우 기업의 이미지 마케팅 수단으로만 활용할 뿐 불공정한 무역 구조를 바꾸는 데에는 관심이 없어 보인다. 게다가 생산자와 소비자 사이의 신뢰와 존중에 기초한 관계 맺기가 아니라 '의식 있는 소비자와 가난한 생산자와의 만남'이라는 일방적 시혜 관계로 인식하는 것도 문제다.36 이런 문제들을 해결하려면 비록 더 비싼 가격을 지불하더라도 저개발국 생산자와 노동자를 배려하겠다는 의식 있는 소비자가 많아져야 한다.

IV. 윤리적 소비에 나타난 가치들

1. 합리성과 윤리성

윤리적 소비를 '착한 소비'라는 이름으로도 부르듯이 윤리적 소비란 소비 행위의 윤리성을 전제한다. 말하자면 소비자가 의도적으로 윤리적 가치에 기초하여 소비 행위를 하는 것이다. 전통적으로 소비 윤리에서 강조하던 가치는 '경제 합리성'이다. 제한된 소득을 가지고 좋은 물건을 최대한 값싸게 구입하는 것이 경제 합리성이다. 소비 행위에서 경제 합리성이란 가치가 중요한 이유는 많은 소비자들이 비합리적인 소비를 함으로써 가계에 어려움을 주고 경제를 왜곡시키기 때문이다. 유

---

35 이상훈·신효진,『윤리적 소비』, 202.
36 한선, "착한 소비의 물신성", 52-54.

행에 지나치게 민감하거나 남을 무조건 따라하는 맹종 소비(모방 소비), 자신의 사회경제적 성공을 남에게 과시하기 위한 과시 소비, 즉흥적으로 소비하는 즉흥 소비, 자신의 소득을 넘어 분수에 어울리지 않는 과소비(사치)가 자주 일어난다.37 이러한 비합리적 소비 행동에는 사회 심리적 동기들이 숨어있기 마련이다. 사치 소비의 사회 심리적 동기와 관련해서 김난도는 그 유형을 과시형 사치, 질시형 사치, 환상형 사치, 동조형 사치로 나누어 설명하였다.38

이런 비합리적 소비 행위가 일상화된 사회에서 소비의 합리성을 강조하고 교육하는 일은 매우 중요한 일임에 틀림없다. 그런데 우리의 연구 주제인 윤리적 소비는 단지 좋은 물건을 싸게 사는 경제 합리성이라는 가치 너머의 가치를 추구한다. 말하자면 사회적으로나 생태학적으로 가치 있고 의미 있는 일을 위하여 비록 조금 비싸더라도(비합리적으로 보일지라도) 구입하는 소비 행동이라는 의미에서 '윤리적' 혹은 '착한'이라는 수식어를 붙일 수 있다. 윤리적 소비란 개인의 경제적 이익을 넘어서 저개발국의 아동이나 여성, 자연생태계 그리고 다음세대의 이익까지 고려한다. 말하자면 윤리적 소비는 지속가능성, 공동체성 그리고 공정성과 같은 가치들을 추구하는 소비 행동이다.

2. 지속가능성

윤리적 소비 가운데 하나로서 '녹색 소비'가 추구하는 가치는 지속가능성(sustainability)이다. 지속가능성이란 개념은 1987년 환경과 발

---

37 조용훈, 『지구화시대의 기독교』(서울: 대한기독교서회, 1997), 258-259.
38 김난도, 『럭셔리 코리아』(서울: 미래의창, 2007), 47-145.

전에 관한 세계위원회(WCED)가 일명 '브룬트란트(Blundtland) 보고서'를 통해 제시했던 개념으로서, 현 세대가 미래세대의 필요를 충족시킬 능력을 저해하지 않는 범위 안에서 현 세대의 필요를 채워야 한다는 원칙이다.39 이 원칙에 따르면 미래세대가 최소한 현 세대만큼 자연환경을 이용하며 살 수 있도록 보장하는 범위 안에서만 현 세대의 환경과 자원 이용이 도덕적으로 정당화될 수 있다. 현 세대가 미래세대에 의해 일방적인 희생을 강요당해서는 안 되듯, 미래세대 역시 현 세대의 생활방식에 의해 그들의 생태학적 권리가 침해당해선 안 된다.

지구의 자연자원의 제한과 자연의 정화 능력이 지닌 생물학적 한계를 고려할 때 지금과 같은 대량 생산, 대량 소비 그리고 대량 폐기라는 경제 시스템이 유지될 수 없음은 명확하다. 인류는 성장의 한계에 도달해 있다.40 세계 인구의 증가 속도나 소비 욕구의 증대 속도가 빠르면 빠를수록 그만큼 더 빨리 생태학적 파멸에 이르고 말 것이다. 인류가 지금의 지구 환경위기를 극복하려면 지속가능성이란 가치를 경제와 사회생활에 구현해야 한다. 그러려면 개인적으로 끝없는 물질적 탐욕과 소비 욕망을 통제하고, 덜 소유하고 적게 소비하면서도 삶의 만족을 유지할 수 있는 저성장의 패러다임을 개발해야 한다.

지속가능성이란 가치는 녹색(green)이란 색깔을 통해 상징화된다. 19세기에 노동과 자본이 충돌할 때 노동자를 파랑(blue) 색깔로, 20세기에 자본주의와 공산주의 이데올로기가 충돌할 때 공산주의를 붉은(red)색으로 상징화한 것과 비교가 된다. 녹색 가치란 철학적으로 보면

---

39 세계환경발전위원회, 조형준·홍성태 역, 『우리공동의 미래』(서울: 새물결, 1994). 36.
40 1972년 인류의 위기에 관한 프로젝트를 수행한 로마클럽은 그 보고서를 통해 경제성장의 한계와 지구의 종말을 예언했다. 참고: 도넬라 메도즈 외, 김병순 역, 『성장의 한계』(서울: 갈라파고스, 2012).

인간중심적 세계관 대신 인간과 자연의 관계성(조화와 관계망)을 강조한다. 그리고 소비 생활을 포함한 개인의 생활 방식 차원에서 검소하고, 소박하고, 단순한 삶(simple life)을 추구한다. 패스트푸드에 대비되는 슬로푸드 운동이나 슬로시티 운동은 녹색 가치를 실현하는 좋은 예이다. 나아가 녹색 가치는 정치경제적 차원에서 볼 때 환경 자원의 배분과 관련하여 계층 간, 국가 간, 세대 간 그리고 종(種) 간에 정의로움을 요청한다.[41]

기독교는 하나님의 창조와 피조세계에 대한 인간의 생태학적 책임을 강조하는 종교다. 동물에 대한 돌봄은 물론 미래세대에 대한 책임도 강조한다. 소비사회의 근본 문제인 탐욕에 맞서 자족과 감사의 태도, 검소하고 소박한 생활 방식을 추구한다. 그런 점에서 지속가능성이란 가치와 창조주 하나님을 고백하는 기독교 신앙 사이에는 상관성이 높다.

3. 공동체성

윤리적 소비 가운데 하나로서 '지역 소비'가 추구하는 가치는 공동체성이다. 자본주의는 개인주의와 밀접히 관련되어 있으며, 근래의 신자유주의 시장경제는 이러한 개인주의 가치관과 문화를 더 강화시키고 있다. 시장경제의 적자생존과 약육강식의 경쟁 지향적 생활 방식은 경쟁력이 부족한 개인이나 집단에 대해 냉혹하고 잔인하다. 그 결과 지구화가 전 세계를 하나의 마을(지구촌)로 만든다고 하지만 실상은 전통적 마을공동체의 삶에 나타나는 소속감과 상호책임성이라는 공동체적 요소들을 파괴하고 있다.[42] 한 예로써 다국적기업이 소유한 대형 유통 매

---

41 조용훈, "환경정의에 대한 기독교윤리적 이해," 「장신논단」 40(2011), 311-332.

장으로 인해 지역 상권이나 동네 상권, 골목 가게가 붕괴되면서 지역 경제가 악화되고 결과적으로 지역공동체가 해체의 위기에 내몰리고 있다.

이런 현실에 맞서 지역 소비 운동은 지역의 먹을거리(로컬푸드)나 지역 화폐를 통해서 지역 경제의 활성화만 아니라 궁극적으로 마을공동체 회복을 목표로 한다. 로컬푸드는 어디서 누가 어떤 방식으로 생산했는가를 알 수 없는 '얼굴 없는' 글로벌푸드와 달리 생산자의 얼굴을 밝힘으로써 생산자와 소비자 사이의 신뢰관계를 형성한다. 소비자는 생산 과정에 동참하며 생산자에게 보다 안전한 생산품을 요구할 수 있게 된다. 반면에 생산자는 공급처와 가격 하락을 걱정하지 않고 계속해서 건강한 먹을거리 생산에 전념할 수 있다. 이런 방식으로 로컬푸드에서는 소비자와 생산자 사이에 식량공동체가 형성된다. 소비자와 생산자의 관계는 더 이상 경제적 이익을 위해 경쟁하는 사이가 아니라 공생하는 사이로 바뀐다.

또 다른 형태의 지역 소비인 지역화폐는 '공동체 화폐'로 불릴 정도로 공동체에 대한 관심이 높다. 지역화폐는 화폐를 통해서만 거래를 하는 시장경제와 달리 화폐 없이도 자신이 가진 노동력과 상품, 서비스를 교환할 수 있다는 장점을 가진다. 특히 대부분의 거래가 지역민들 사이에 이루어지게 됨으로써 자연스럽게 지역민과 지역사회에 대한 이해와 참여의 폭이 넓어진다. 지역화폐는 기술과 노동력을 가진 실업자에게 일할 수 있는 기회를 제공하며, 자신의 다양한 재능으로 사회적 약자를 돕기도 한다. 지역 안에서 지역민들 사이에 돈이 순환되는 것이므로 지역경제가 활성화되면서 자연스럽게 지역공동체가 발전한다.

기독교는 하나님의 삼위일체적 존재 방식에 나타나듯이 관계성과

---

42 조용훈, 『지구화시대의 기독교』, 52-53.

공동체성을 본질로 삼는다. 신앙공동체인 지역 교회는 교회 구성원 사이의 친교만 아니라 지역사회 공동체성의 발전을 추구한다는 점에서 '지역' 교회다. 교인들의 영적 차원만 아니라 지역민의 삶의 질의 향상에까지 관심해야 한다는 점에서 지역공동체성이란 가치의 실현은 21세기 목회의 새로운 과제로 부각되고 있다.

4. 공정성

윤리적 소비 가운데 하나로서 '공정무역'이 추구하는 가치는 공정성이다. 저개발국의 빈곤 문제는 21세기에도 여전히 해결되지 않은 국제적 사회문제다. 2005년 기준으로 볼 때, 전 세계적으로 10세 미만의 아동이 5초에 1명씩 굶어 죽어가고 있으며, 세계 인구의 7분의 1에 달하는 8억 5천만 명이 심각한 만성 영양실조 상태에 있다. 아프리카 대륙의 상황은 더 심각해서 인구의 36%가 굶주림 상태에 있다.[43]

공정무역은 저개발국의 빈곤이 불공정한 세계 무역 구조에 상당부분 그 책임이 있다고 전제하기 때문에 그 해결책으로 선진국의 자선이나 시혜가 아닌 공정성을 요구한다. 오늘날 기술과 자본이 모자라 1차 산업 상품 외에 달리 수출품이 없는 저개발국은 '바닥을 향한 경쟁'에 내몰리고 있다.[44] 지금의 무역 구조나 유통 구조가 얼마나 불공정한지 커피 원두를 예로 들면, 저개발국 생산 농민의 몫은 1%도 안 되는 반면

---

[43] Jean Ziegler, 유영미 역, 『왜 세계의 절반은 굶주리는가』 (서울: 갈라파고스, 2010), 18-19.
[44] 저개발국의 50% 이상이 농업에 종사하고 있으며, 농업생산은 GDP의 33%를 차지한다. 이런 상황에서 1970년대에서 2000년 사이에 설탕, 면화, 카카오, 커피 같은 저개발국의 주요 수출농산물 가격은 30-60%나 떨어졌다. 참고: Fair Trade Advocacy Office, 『공정무역의 힘』, 64-65. 71.

소매점 25%, 수출업자 10% 그리고 네슬레를 포함한 다국적기업이 55%를 차지한다.45

이런 불공정한 국제무역 구조에 맞서 공정무역은 소비자가 저개발국 노동자들이나 생산자에게 정당한(공정한) 가격을 지불하고 인간다운 노동 조건을 보장함으로써 빈곤 문제를 해결을 돕는다. 그런 의미에서 공정무역은 지금보다 더 공정한 세상을 만들기 위한 소비자의 작은 실천운동이라 하겠다. 핀란드 대통령인 타르야 할로넨(Tarja Halonen)의 표현대로 "공정무역 제품을 선호하는 것은 더 공정한 세상을 만들기 위한, 작지만 중요한 선택이다."46

공정무역은 관계자인 생산자, 수출입 업자, 공정무역 단체 그리고 판매자가 공정성이란 가치를 실현하기 위해 다음 열 가지 원칙을 요구하고 있다.47 첫째, 가난한 생산자들에게 희망의 기회를 주는 것. 둘째, 투명한 경영과 서로에 대한 존중. 셋째, 상호신뢰와 존중의 관계. 넷째, 생산자들과 마케팅 조직의 지속적인 거래를 통해 새로운 시장 확보. 다섯째, 공정한 가격 지불. 여섯째, 여성 생산자에게도 정당한 지위와 임금 보장. 일곱째, 안전하고 쾌적한 작업 환경. 여덟째, 아동 노동의 사용 금지. 아홉째, 환경에 대한 책임. 열째, 공정무역 상품의 질 향상.

우리가 믿는 하나님은 예언자의 신앙 전통에 나타나듯이 가난한 자나 소외된 자들에게 특별히 관심한다. 오늘날 빈곤 문제가 상당부분 불공정한 무역 구조에 그 책임이 있다는 사실을 인정할 때 자연스럽게 기독교 신앙은 사회정의, 곧 공정성이란 가치에 관심하게 된다. 불의한 사회에서 기독교의 사랑이란 가치는 정의와 공정성을 통해 구체화되어야 한다.

---

45 곽효문, "탈빈곤정책과 Fair Trade의 정향성에 관한 연구", 「한영논총」 14(2010), 244.
46 Fair Trade Advocacy Office, 『공정무역의 힘』, 17.
47 곽효문, "탈빈곤정책과 Fair Trade의 정향성에 관한 연구", 257-258.

V. 그리스도인과 교회의 실천 과제

1. 교육적 과제

소비사회에서는 일상생활에서 차지하는 소비 생활의 비중이 커지고 소비자의 사회적 영향력도 크기 때문에 윤리적 소비의 중요성이 커진다. 윤리적 소비를 활성화하는 첫 걸음은 윤리적 소비가 무엇이며, 왜 중요한지에 대하여 교육하는 일이다. 소비자 교육에서 두 가지가 다루어져야 하는바 하나는 윤리적 소비 개념에 대한 교육이며, 다른 하나는 윤리적 소비 행위를 가능케 하는 가치 교육이다.

윤리적 소비 개념에 대한 교육이 필요한 이유는 아직도 우리나라의 상당수 소비자들이 윤리적 소비가 무엇이며 왜 중요한지 인식하지 못하고 있기 때문이다. 2007년 '아름다운가게'가 전국 성인 1천 명을 대상으로 조사한 결과 '공정무역에 대하여 알고 있다'고 한 응답자가 3%에 불과했다.[48] 이러한 수치는 영국 국민의 70%가 공정무역 인증마크에 대해 알고 있고, 매일 쇼핑하는 네 명중 한 명이 정기적으로 공정무역 제품을 선택하고 있다고 응답한 것과 비교할 때 크게 뒤떨어지는 수치다.[49]

다음으로, 소비 행위에서 윤리적 가치를 선택할 수 있도록 가치 교육이 요청된다. 소비자들의 구매 행위는 일정한 가치(관)가 반영되어 있다. 윤리적 소비가 관념에 머무르지 않고 실제 소비 행위로 연결되기 위해선 반드시 가치관의 변화가 요청된다. 그렇지 않을 경우 소비자들

---

[48] "요즘 소비자들 '착한 상품' 산다", 「동아일보」 (2007년 11월 24일).
[49] 박지희 · 김유진, 『윤리적 소비』, 125.

은 편의주의적 가치관에 머물거나 기껏해야 경제적 합리성에 머물고 말 것이다. 실제로 한 자료를 보면, 우리나라에서 소비자가 기업의 책임 경영 활동에 영향력을 미칠 수 있느냐는 물음에 72%가 그렇다고 답했지만, 이를 위해 10% 이상의 가격 인상분을 부담할 용의가 있는가에 대한 물음에는 44%만이 동의했다.[50]

그동안 소비 교육이 경제 합리성이라는 가치를 강조하는 데 관심했다면, 윤리적 소비를 활성화하기 위해서는 경제 합리성이라는 가치를 넘어 지속가능성, 공동체성, 공정성이라는 가치를 교육해야 한다. 이러한 과제는 그리스도인 가정과 교회 그리고 학교나 지역사회가 함께 힘쓰고, 모범을 보여야 할 과제다.

2. 실천적 과제

그리스도인과 교회는 소비의 주체로서 자신의 소비 행위를 통해 얼마든지 사회에 선한 영향력을 미칠 수 있다. 교회가 교인들에게 윤리적 소비와 윤리적 가치들을 교육하는 것도 중요하지만 실제 자신의 소비 행위에서 모범을 보이는 것은 더 중요하다.

교회는 녹색 소비를 위해 에너지를 절약하며, 유기농산품이나 지역 생산품을 식재료로 사용하여 교인들의 친교 식탁을 마련할 수 있다. 로컬 소비를 활성화하기 위해 교회가 위치해 있는 인근 지역의 농산품을 우선적으로 구입함으로써 지역경제 활성화에 도움을 줄 수 있다. 대형 마트에서 물건을 구입함으로써 예산을 절감하는 것도 필요하지만 동네 가게나 슈퍼를 이용함으로써 지역경제에 도움을 주는 일은 마을공동체

---

50 박미혜·강이주, "윤리적 소비의 개념 및 실태에 대한 고찰", 1053-1054.

형성에 도움이 된다. 혹은 도농 교류를 통해 도시 교회와 농촌 교회 사이에 공동체를 형성할 수도 있다. 지역 교회가 운영하는 교회 카페에서 공정무역 커피를 사용할 수도 있다. 혹은 교회가 시민단체들과 협력하여 간접적 방법으로 윤리적 소비를 도울 수도 있다. 예를 들면, 기아대책 '행복한나눔'과 더불어 인도네시아의 '공정무역 마을만들기 프로젝트'에 참여할 수 있다.[51]

지역 교회는 윤리적 소비의 활성화에 도움이 되는 제도적 장치 마련에도 관심해야 한다. 이를 위해서는 지자체나 정부로부터 법적 지원과 행정적 지원이 필요하다. 지역 교회의 소비자운동은 일반 기업에 대한 사회적 책임 강화에도 영향을 미칠 수 있다. 기업들로 하여금 생산 비용의 절감이나 주주의 이익 극대화만 아니라 인권이나 환경 보호, 지역경제 활성화 그리고 공정무역 같은 사회 책임도 의식하도록 압박해야 한다. 사회책임투자(CSR)에 대한 기업의 관심은 기독교단체가 기업에 사회적 영향력을 행사할 수 있는 좋은 예이다.[52]

VI. 결론

소비사회가 진행되고 소비자의 힘이 커지면서 소비자의 권리만 아

---

51 "생산자와 소비자를 잇는 착한 경제 '기독교 공정무역'(하)", 「기독교연합신문」(2013년 6월 9일).
52 미국 민권운동가이며 목사인 레온 설리반(L. Sullivan)은 남아공에 진출한 미국 기업들로 하여금 윤리적 원칙(피부색과 상관없이 평등한 임금과 작업환경 제공, 승진과 교육 기회 제공 등)을 지키도록 함으로써 인종차별을 극복하는데 기여했다. 당시 미국의 125개 이상의 기업들이 '설리번원칙'으로 알려진 이 원칙을 채택했고, 그 가운데 최소 100개의 기업이 남아공에서 철수했다. 참고: 박지희·김유진, 『윤리적 소비』, 206.

니라 책무도 중요해지고 있다. 소비자의 소비 행위에 따라 얼마든지 더 나은 사회로 발전할 수도 있고, 그 반대가 될 수 있다. 소비자의 윤리적 자각과 사회 변화를 위한 적극적 역할을 강조하는 윤리적 소비는 신자유주의 지구화로 말미암는 문제들을 해결하는 데 작은 희망의 불씨가 되고 있다. 윤리적 소비를 통해 새로운 소비 문화와 대안 사회를 건설할 수 있기 때문이다.

새로운 사회에 대한 꿈과 기대가 실현되려면 소비자들로 하여금 윤리적 소비가 무엇이며 왜 중요한지 의식화가 필요하다. 그리고 소비자의 의식이 관념에 머무르지 않고 실제 구매 행동으로 이어지도록 소비자의 가치(관) 변화가 요청된다. 소비자가 단순히 경제 합리성이라는 가치에 머물지 않고 나아가 지속가능성, 공동체성 그리고 공정성이라는 가치를 추구하고 구현할 수 있어야 한다. 그러려면 소비자가 녹색 소비, 지역 소비 그리고 공정무역 같은 대안적 소비 활동에 적극적으로 참여해야 한다. 이를 위해 지역 교회는 교인들에게 윤리적 소비에 대해 교육하며 소비 행위에서 지속가능성, 공동체성 그리고 공정성과 같은 윤리적 가치관을 형성하도록 교육하고 윤리적 소비 행위의 모범을 보일 수 있어야 한다.

참 고 문 헌

가나안복민연구소 편.『가나안복민운동』. 하남: 가나안문화사, 1990.
가석 홍일식 선생 회갑기념논문집 편집위원회.『21세기와 한국문화』. 서울: 나남출판사, 1996.
간디, 마하트마/김태언 역.『마을이 세계를 구한다』. 서울: 녹색평론사, 2006.
강대기.『현대사회에서 공동체는 가능한가』. 파주: 아카넷, 2001.
강성열 편.『농촌살리기와 생명선교』. 서울: 한들출판사, 2011.
_____.『농어촌 선교현장과 생명목회』. 서울: 한들출판사, 2009.
강수돌.『팔꿈치사회』. 서울: 갈라파고스, 2013.
고재길. "소비문화의 종교성과 소비 이데올로기 비판",「장신논단」39(2010), 199-222.
곽현근. "현대 지역공동체의 의의와 형성전략". 이종수 편.『한국사회와 공동체』. 서울: 다산 출판사, 2008.
곽효문. "탈빈곤정책과 Fair Trade의 정향성에 관한 연구",「한영논총」14(2010), 241-264.
곽희주. "공동체 형성을 통한 다문화 가족을 세우는 목회사역에 관한 연구: 상주교회 다문화 목회를 위한 설교 커뮤니케이션을 중심으로", 장로회신학대학교 미간행 박사학위논문 (2010).
구자인. "지역자급과 농촌의 대안",「농촌과목회」28(2005/겨울), 197-209.
국중광 엮음.『한국 생태공동체의 실상과 전망』. 서울: 월인, 2007.
_____.『새로운 눈으로 보는 독일 생태공동체』. 서울: 월인, 2005.
국중광 · 박설호 엮음.『생태위기와 독일 생태공동체』. 오산: 한신대학교출판부, 2004.
권수영. "다문화사회를 위한 기독(목회)상담",「한국기독교신학논총」67(2010), 287-318.
그렌즈, 스탠리/신옥수 역.『조직신학: 하나님의 공동체를 위한 신학』. 파주: 크리스챤 다이제스트, 2003.
글렌 와그너 · 스티브 할러데이, 차성구 역,『하나님의 교회 VS 교회주식회사』. 서울: 좋은씨앗, 2000.
김갑년. "생태공동체, 우리의 대안인가?",「신학과세계」50(2004, 여름), 214-234.
김경동.『기독교 공동체 운동의 사회학』. 서울: 한들출판사, 2010.
김경준 · 김성수. "지역사회 주민의 공동체의식에 관한 연구",「지역사회개발연구」23/2(1998/12), 211-232.
김경호 외.『다일의 영성과 신학: 다일공동체창립20주년기념논문집』. 서울: 도서출판 다일, 2008.
김광식.『토착화와 해석학』. 서울: 대한기독교출판사, 1987.
김광현. "다문화 담론과 기독교 지식인의 책임",「기독교사회윤리」18(2009), 129-150.
김권정. "해방 후 유재기의 국가건설운동과 농촌운동",「한국민족운동사연구」71(2012), 255-294.
_____. "1920-30년대 유재기의 농촌운동과 기독교사회사상",「한국민족운동사연구」60(2009),

165-207.
_____. "1920-30년대 한국 기독교 농촌협동조합 운동",「숭실사학」21(2008), 255-287.
김균진.『기독교조직신학』4권. 서울: 연세대학교 출판부, 1993.
김난도.『럭셔리 코리아』. 서울: 미래의창, 2007.
김동호.『미션 임파서블』. 서울: 열매나눔재단, 2009.
김상근. "도시와 문화를 거부하지 말 것! 예수회 설립자 이냐시오 로욜라의 선교 리더십 연구",「한국기독교신학논총」35(2004), 335-361.
김세진 외.『(마을을 섬기는) 시골교회』. 서울: 뉴스앤조이, 2012.
김선종. "면제년의 땅(신 15:1-11)",「장신논단」44/1(2012), 13-32.
김성균. "21세기를 준비하는 생태공동체를 찾아서: 지리산 두레마을", 월간「말」(2003/8).
_____. "생태공동체의 이론과 실천: 두레마을을 중심으로", 단국대학원 미간행 박사학위논문(2002).
김성오 외.『우리 협동조합 만들자』. 고양: 겨울나무, 2013.
김순양.『한국 다문화사회의 이방인』. 서울: 집문당, 2013.
김영진. "룻기와 다문화사회",「성서마당」(2009, 여름), 9-16.
_____. "농촌과 문화선교", 강성열 편,『농어촌 선교현장과 생명목회』. 서울: 한들출판사, 2009.
김영한·지승룡.『민들레영토 희망 스토리』. 서울: 랜덤하우스코리아, 2005.
김용필. "예산 평강교회와 생명공동체 이야기",「농촌과목회」13(2002), 84-95.
김은혜. "해방이후 개신교도시빈민선교의 역사적 고찰을 통하여 본 21세기 빈민선교의 방향과 한국교회의 미래",「14회 소망신학포럼 자료집」(2011).
김은희. "마을만들기는 운동이다", 김기호 외.『우리, 마을만들기』. 고양: 나무도시, 2012.
김은희·김경민.『그들이 허문 것은 담장 뿐이었을까: 대구 삼덕동 마을만들기』. 서울: 한울, 2010.
김재일. "친환경소비, 먹을거리와 생활재를 중심으로", 기윤실,「지구적 교회, 지역 환경을 생각한다, 교회의 사회적 책임 2.0포럼자료집」(2009년 5월 8일).
_____. "예장소비자생활협동조합의 과거와 현재와 미래 그리고 제안", 2004년 농어촌생산공동체협의회 연찬회(예장총회국내선교부 자료집).
김종덕.『먹을거리 위기와 로컬푸드』. 서울: 이후, 2009.
김진홍. "간척지에다 두레 농민공동체를", 이삼열 편,『사회봉사의 현장에서』. 서울: 한울, 1993.
김태연. "한국의 공정무역 현황",「생협평론」창간호(2010, 겨울). 60-62.
김판임. "예수와 다문화 가정",「성서마당」(2009, 여름), 17-27.
김학실. "도시재생과정에서 마을기업의 역할",『한국정책연구』13-2(2013), 41-60.
김한원. "섬김의 예배를 통한 교회 이미지 변화에 관한 연구: 서부제일교회 어린이도서관을 중심으로", 장신대 목회전문대학원 박사학위논문(2012).
김형미 외.『한국 생활협동조합 운동의 기원과 전개』. 파주: 푸른나무, 2012.
김형미. "윤리적소비의 경제학적인 이해와 생협의 선택",「생협평론」창간호(2010, 겨울), 18-25.
김혜령, "마을공동체 운동과 마을교회",『기독교사회윤리』27(2013), 197-236.
김호열. "고백과 다짐: 지리산 두레마을 이야기",「녹색평론」81(2005/3-4), 94-105.

김효준. "다문화 기독교 종교교육의 과제와 전망",「장신논단」41(2011), 315-340.
김홍주. "한국 농촌에서 새로운 희망만들기"「지역사회학」12권 2호(2011), 109-137.
김희수. "기독교 윤리적 과제로서의 다문화 수용에 대한 고찰",「기독교사회윤리」21(2011), 135-164.
나우엔, 헨리/ 이연희 역.『발돋움하는 사람들』. 서울: 성요셉출판사, 1988.
남두환. "농촌 교회 정착목회에 관한 연구",「농촌과목회」26(2005/여름), 215-227.
남상도. "백운교회의 정월대보름 행사",「농촌과목회」14(2002), 30-42.
_____. "생명운동 일구는 한마음공동체", 이삼열 편,『사회봉사의 현장에서』. 서울: 한울, 1999.
_____. "환경보전형 농업의 방향과 과제", 한국기독교사회발전협회편,『인간을 위한 사회 발전 운동』. 서울: 개마서원, 1997.
노르베리 호지, H./김영욱·홍승아 역,『행복의 경제학』. 서울: 중앙북스, 2012.
_____/양희승 역.『오래된 미래: 라다크로부터 배우다』. 서울: 중앙북스, 2007.
노영상. "WHO의 건강도시(Healthy Cities) 운동에 대한 소개와 교회적 운동으로서의 접근 가능성에 대한 논구",「장신논단」31(2008), 37-67.
노혁. "빈곤계층 밀집지역 청소년 공부방 실태와 역할 재조명",「청소년복지연구」5권2호 (2003/10), 17-32.
니버, 라인홀드/이한우 역.『도덕적 인간과 비도덕적 사회』. 서울: 문예출판사, 1992.
니어링, 스콧. "문명이라는 삶의 방식", 한국교회환경연구소,「새하늘과 새땅」17(2009), 27-32.
다무라, 아키라/장준호 역,『마을만들기 실천』. 서울: 형설출판사, 2008.
대한예수교장로회총회 국내선교부.『내 아버지께서 일하시니 나도 일한다』. 서울: 총회국내선교부, 2007.
대한예수교장로회(통합) 총회군농어촌선교부 편.『생명을 살리는 농어촌 선교 II』. 서울: 총회농어촌선교연구소, 2011. 64-72.
도요히코, 가가와/홍순명 역.『우애의 경제학』. 홍성군: 그물코, 2009.
레이들로, 알렉산더 프레이저/염찬희 역.『21세기의 협동조합: 레이들로 보고서』. 서울: 알마, 2015.
루소, 릭·스완슨, 에릭/김용환 역.『교회 밖으로 나온 교회』. 서울: 국제제자훈련원, 2008.
마하트마 간디/김태언 편.『마을이 세계를 구한다』. 서울: 녹색평론사 2011.
매클라우드, 앤드류/홍병룡 역.『협동조합, 성경의 눈으로 보다』. 서울: 아바서원, 2013.
맥러플린, K.·에이비드슨, G./황대권 역.『새벽의 건설자들』. 서울: 한겨레신문사, 2005.
메도즈, 도넬라 외/김병순 역.『성장의 한계』. 서울: 갈라파고스, 2012.
모심과살림연구소『스무살 한살림 세상을 껴안다』. 홍성: 그물코, 2006.
문성모『민족음악과 예배』. 서울: 한들출판사, 1997.
문옥표. "지방자치와 지역문화의 활성화",「정신문화연구」59(1995/18권2호), 93-109.
문화선교연구원 편.「도시 교회, 지역사회와 소통하기: 교회도서관 창조적 운영 자료집」(2010), 40-46.
_____.『문화선교의 이론과 실제』. 서울: 예영커뮤니케이션, 2003.

밀리오리, 다니엘 L./장경철 역.『기독교 조직신학개론』. 서울: 한국장로교출판사, 1994.
바니에, 장/성찬성 역.『공동체와 성장』. 서울: 성바오로, 2005.
박동준.『(불신자들이 스스로 찾아오는) 카페교회 이야기』. 서울: 비전북하우스, 2012.
박미혜·강이주. "윤리적소비의 개념 및 실태에 대한 고찰",「한국생활과학회지」18/5(2009), 1047-1062.
박승현. "마을만들기: 신자유주의 세계화의 극복과 공동체적 세계화", 미래사회와종교성연구원 편,『모색과 쟁점: 한국사회운동, 새로움인가 심화인가』. 서울: 이채, 2005.
박용규. "한국교회사에 나타난 농촌선교와 부흥",「목회와신학」195(2005/9), 63-69.
박용남. "'사랑의 경제'와 지역화폐 운동",「녹색평론」통권102호(2008/9-10), 11-31.
박원순.『마을회사』. 서울: 검둥소, 2011.
_____.『마을에서 희망을 만나다』. 서울: 검둥소, 2009.
박은배.『기독교 유적 답사기』. 서울: 국민일보사, 2000.
박정세. "1970년대 도시빈민선교의 유형과 특성",「신학논단」24(1996), 201-233.
박종균.『소비사회 대중문화 기독교』. 서울: 한들출판사, 1997.
박지희·김유진.『윤리적소비』. 서울: 메디치, 2010.
박천응.『다문화교육의 탄생』. 안산: 국경없는마을, 2009.
_____.『이주민 신학과 국경없는마을 실천: 안산이주민센터』. 안산: 국경없는마을, 2006.
_____. "외국인 노동자와 사회선교", 정원범 편,『사회선교 목회 21세기』. 서울: 한들출판사, 2006.
_____. "쓰레기더미 속에 피는 꽃: 외국인노동자선교이야기",「교회와신학」(2003), 139-144.
박흥순. "다문화사회의 이해와 대학생 선교", 강성열 외,『다문화사회와 한국교회』. 서울: 한들출판사, 2010.
반 룬, 헨드릭 빌렘/이혜정 역.『관용』전집 3. 서울: 서해문집, 2005.
방기중.『배민수의 농촌운동과 기독교사상』. 서울: 연세대출판부, 1999.
배종석 외.『기업이란 무엇인가』. 파주: 예영커뮤니케이션, 2006.
서원모. "다일공동체의 교회사적 의미", 김경호 외,『다일의 영성과 신학: 다일공동체창립20주년 기념논문집』. 서울: 도서출판 다일, 2008.
서인석.『성서의 가난한 사람들』. 왜관: 분도출판사, 1979.
서정배. "북한이탈주민 취업현황과 대책", 열매나눔재단 사회적기업지원센터,「북한이탈주민의 취업지원정책 및 발전방안 모색 심포지엄 자료집」(2010/10), 11-18.
성백걸.『기독교환경운동연대 25년사』(2008).
성석환.『지역공동체를 세우는 문화선교』. 서울: 두란노아카데미, 2011.
성석환 외.『선교적 교회의 오늘과 내일』. 서울: 예영커뮤니케이션, 2016.
세계환경발전위원회/조형준·홍성태 역.『우리공동의 미래』. 서울: 새물결, 1994.
손신. "지역사회와 함께하는 교회의 실천모델과 사례분석",「한국기독교신학논총」77(2011), 291-315.
손은정. "우리나라 협동조합 운동의 실태와 한계 그리고 과제: 영등포산업선교회를 중심으로",

「기독교사상」 655(2013/7), 50-71.
송인숙·천경희. "공동체 화폐 운동은 윤리적소비 운동인가",「한국소비자학회 학술대회집」, 5(2012), 52-58.
쇼리스, 얼/고병헌 외 역.『희망의 인문학』. 서울: 이매진, 2006.
순이치, 와타나베/이건호 역.『시민들이 참여하는 마을만들기』. 대전: 목원대학교출판부, 2004.
스터바, 제임스/배석원 역.『윤리학에 대한 3가지 도전』. 서울: 서광사, 2001.
시민의 신문, KYC 편.『도시 속 희망공동체 11곳』. 서울: 시금치, 2005.
신기형.『기업윤리: 언약적 해석과 계약적 해석을 중심으로』. 서울: 한들출판사, 1998.
신성식·차형석.『당신의 쇼핑이 세상을 바꾼다: 사람을 살리는 협동조합기업의 힘』. 서울: 알마, 2013.
안계정. "한국사회의 경제적 양극화 문제 해소를 위한 한국교회의 역할에 대한 연구",「기독교사회윤리」29(2014), 287-320.
안치용 외.『한국의 보노보들』. 서울: 부키, 2010.
마사유키, 야마모토/충남발전연구원 역.『도시와 농촌이 공생하는 마을만들기』. 서울: 한울아카데미, 2006.
양명수. "착한 소비: 철옹같은 자본주의에 틈을 내다",「새가정」620(2010), 10-13.
양희두. "농촌목회의 대안으로서 복지선교", 강성열 편,『농어촌 선교현장과 생명목회』. 서울: 한들출판사, 2009.
엘룰, 자끄/최홍숙 역.『도시의 의미』. 서울: 한국로고스연구원, 1998.
열매나눔재단.「2010 기독교 사회적기업가 아카데미 백서」(2010/6).
열매나눔재단 사회적기업지원센터.「북한이탈주민의 취업지원정책 및 발전방안 모색 심포지엄 자료집」(2010/10).
영등포산업선교회.『영등포산업선교회 협동운동 40년사』. 2009. 예장통합 문화법인.「도서관의 창조적 운영 컨퍼런스 자료집」(2010/3).
예장통합 총회농어촌부 농어촌선교연구소 편.『생명을 살리는 농어촌선교: 농어촌선교 모범사례집1, 2』(2003/2011).
오현선. "한국사회 이주민 2세의 다중정체성 형성을 위한 기독교교육의 과제", 강성열 외,『다문화사회와 한국교회』. 서울: 한들출판사, 2010.
우인회.『성공하는 사회적기업의 9가지 조건』. 서울: 황금고래, 2010.
와그너, 글렌/차성구 역.『하나님의 교회 VS 교회주식회사』. 서울: 좋은씨앗, 2000.
유누스, 무함마드/송준호 옮김.『사회적기업 만들기』. 안양: 물푸레, 2011.
_____/김태훈 역.『가난없는 세상을 위하여: 사회적기업과 자본주의의 미래』. 안양: 물푸레, 2008.
유병선.『보노보 혁명: 제4섹터, 사회적기업의 아름다운 반란』. 서울: 부키, 2007.
유정규.『농어촌형 사회적기업』. 광주: 광주대학교출판부, 2012.
유해근. "다문화시대 하나님 나라를 세우는 교육: 유목민신학과 나섬",「교육교회」386호 (2010), 58-62.

_____. "외국인근로자와 함께하는 삶: 나섬공동체의 비전과 희망",「교육교회」357호 (2007), 19-24.
윤석범.『한국의 빈곤』. 서울: 세경사, 1994.
윤태근.『성미산 마을 사람들: 우리가 꿈꾸는 마을, 내 아이를 키우고 싶은 마을』. 파주: 북노마드, 2011.
윤형근. "새로운 지역문화운동", 정문길 외,『삶의 정치. 통치에서 자치로』. 서울: 대화출판사, 1998.
이근행. "한국 공동체 운동의 형성과 전개에 관한 연구", 성공회대학교 NGO대학원 미간행석사학위논문, 2006.
이만열.『한국기독교사 특강』. 서울: 성경읽기사, 1989.
이명희. "한국 교회도서관의 운영현황과 활성화 방안에 관한 연구",「한국비블리아학회지」21/4(2010), 33-48.
이병철 외.『녹색운동의 길찾기』. 서울: 환경과생명, 2002.
이삼열 편.『사회봉사의 현장에서』. 서울: 한울, 1999.
이상훈·신효진.『윤리적소비』. 파주: 한국학술정보, 2012.
이샤이, 미셸린/조효제 역.『세계인권사상사』. 서울: 길, 2005.
이석형. "문화복지 거버넌스의 탐색적 연구",「신학과목회」34(2010. 12), 285-305.
이원규. "지역통화운동의 이상 그리고 전망과 과제",「농촌과목회」26(2005/여름), 187-197.
이원돈.『마을이 꿈을 꾸면 도시가 춤을 춘다』. 서울: 동연, 2011.
이장형. "다문화사회의 갈등분석과 통관문화적 언어소통 모델개발",「기독교사회윤리」20(2010), 41-74.
_____. "대량소비문화와 물질주의에 대한 기독교의 책임",「기독교사회윤리」10(2005), 105-131.
이정배. "'꿈의 사람' 이호운의 목원신학",「농촌과목회」34(2007), 200-229.
_____. "24절기 문화에 대한 신학적 이해(1,2)",「농촌과 목회」14/15(2002), 59-72, 246-255.
이종명. "송악교회와 송악지역의 마을만들기: 지역사회와 함께하는 선교사업",「선교와신학」30(2012), 147-160.
이종수 편.『한국사회와 공동체』. 서울: 다산출판사, 2008.
임성빈 외.『소비문화시대의 기독교 기독공동체 소비문화를 이야기하다』. 파주: 예영커뮤니케이션, 2008.
임철우·우기동·최준영 외.『행복한 인문학』. 서울: 이매진, 2008.
임희모. "몽골의 사막화방지 생태선교-기독교환경운동연대의 '은총의 숲' 프로젝트를 중심으로",「한국기독교신학논총」71(2010), 295-319.
자마니, 스테파노·자마니, 베라/송성호 역.『협동조합으로 기업하라』. 서울: 북돋움, 2014.
장규식. "1920-30년대 YMCA 농촌사업의 전개와 그 성격",「한국기독교역사연구소 소식」22(1996), 27-39.
장성배. "문화의 시대 속에서 기독교적 대답의 한 시도",「기독교사상」496(2000/4), 14-27.

전병길·고영.『새로운 자본주의에 도전하라』. 서울: 꿈꾸는터, 2009.
정기용.『기적의 도서관: 정기용의 어린이 도서관』. 서울: 현실문화연구, 2010.
정문길 외.『삶의 정치: 통치에서 자치로』. 서울: 대화출판사, 1998,
정선희.『한국의 사회적기업』. 서울: 다우, 2005.
정원각. "노동운동과 소비자 협동조합 운동". 김형미 외.『한국 생활협동조합 운동의 기원과 전개』. 파주: 푸른나무, 2012.
_____. "iCOOP생협과 윤리적소비",「생협평론」창간호(2010, 겨울), 26-28.
정원기. "송라교회의 생명공동체이야기",「농촌과목회」(2002/가을), 78-86.
정원범 편.『21세기 문화와 문화선교』. 서울: 한들출판사, 2008
정윤성.『마을기업 희망공동체』. 서울: 씽크스마트, 2013.
정인성. "지역문화와 지방자치",「지역사회개발연구」20/2(1995/12), 7-31.
정재영. "협동조합 운동의 기독교적 가치와 선교적 가능성",「기독교사상」655(2013/7), 42-49.
정재영·조성돈.『더불어사는 지역공동체 세우기』. 서울: 예영커뮤니케이션, 2010.
정태인·이수연.『협동의 경제학』. 서울: 레디앙미디어, 2013.
정호진. "생명농업의 원리",『농촌과목회』73 (2017), 154-156.
조명래. "'지구화'의 의미와 본질",「공간과사회」4(1994), 32-78.
조성돈. "교회의 생명공동체 운동과 협동조합", 예장총회사회봉사부,「교단 생활협동조합 창립을 위한 공개세미나 자료집」(2015년 3월 5일), 53-65.
조용훈. "환경정의에 대한 기독교윤리적 이해",『사회이슈와 한국교회』. 성남: 북코리아, 2015.
조용훈.『마을공동체와 교회공동체』. 서울: 동연, 2017.
_____. "지역공동체운동을 통한 농촌 교회 활성화 방안",「장신논단」47-2(2015), 209-242.
_____. "아동의 소비주의에 대한 기독교윤리학적 연구",『사회이슈와 한국교회』. 성남: 북코리아, 2015.
_____. "윤리적 소비에 대한 기독교윤리적 연구",『기독교사회윤리』27(2013), 369-368.
_____. "생명위기와 환경선교", 참된평화를만드는사람들 편,『신자유주의 시대, 평화와 생명선교』. 서울: 동연, 2009.
_____. "대전지역 이주노동자 및 외국인 과학기술자의 사회현실과 지역 교회의 과제에 관한 연구",「기독교사회윤리」8(2004), 323-350.
_____.「동서양의 자연관과 기독교 환경윤리」. 서울: 대한기독교서회, 2002.
_____.『지구화시대의 기독교』. 서울: 대한기독교서회, 1999.
_____.『기독교 환경윤리의 실천 과제』. 서울: 대한기독교서회, 1997.
지강유철.『장기려, 그 사람』. 서울: 홍성사, 2007.
지글러, 장/유영미 역.『왜 세계의 절반은 굶주리는가』. 서울: 갈라파고스, 2010.
채수일. "문명의 새로운 대안으로서의 공동체 운동",「월간해인」136(1993/6). 천경희 외,『착한소비 윤리적소비』. 서울: 시그마프레스, 2010.
최경석. "경제적 양극화의 극복을 위한 판단 기준의 설정: 연대성의 개념을 중심으로".「기독교사회윤리」30(2014), 99-126.

최병두 외. "도시환경문제와 생태도시의 대안적 구상",「도시연구」2(1996), 221-258.
최승기. "부와 가난과 영성",「신학논단」61(2010/9), 169-198.
최일도.『이 밥 먹고 밥이 되어』. 서울: 울림, 2000.
최준식.『우리에게 문화가 없다고?』. 서울: 사계절, 2000.
카슨, D. A.·우드브리지, 존. D. 편/박희석 역.『하나님과 문화』. 파주: 크리스챤 다이제스트, 2001.
콕스, 하비/구덕관 외 역.『세속도시』. 서울: 대한기독교서회, 2007.
커닝햄, 로렌스/김기석 역.『아씨시의 프란체스코: 가난한 마음과 결혼한 성자』. 서울: 포이에마, 2010.
큉, 한스/이홍근 역.『교회란 무엇인가』. 왜관: 분도출판사, 1987.
타로, 요시다/안철환 역.『생태도시 아바나의 탄생』. 서울: 들녘, 2004.
튜내핵, 매튜/해리 김 역. *Business As Mission*. 파주: 예영커뮤니케이션, 2010.
틸리히, 폴/김경수 역.『문화의 신학』. 서울: 대한기독교서회, 1977.
파넬, 에드가/염찬희 역.『협동조합 그 아름다운 구상』. 홍성군: 그물코, 2012.
페퍼, 데이비드/이명우 외 역.『현대환경론』. 서울: 한길사, 1989.
프리드먼, 밀턴/신동욱 역,『렉서스와 올리브나무』. 서울: 창해, 2000,
하벨, C. 노만/정진원 역.『땅의 신학』. 천안: 한국신학연구소, 2001.
한경호. "한국기독교 협동조합 운동의 역사와 성격",「기독교사상」655(2013), 22-40.
_____. "호저교회와 원주생활협동조합". 대한예수교장로회총회사회봉사부 세미나자료집.「교회와 협동조합」(2013), 189-203.
_____. "생명과 평화의 관점에서 보는 농촌선교",「농촌과목회」36(2007), 36-61.
_____. "한국기독교생명농업운동의 전개와 과정",「농촌과목회」28(2005), 35-62.
_____. "대안(생명)농업의 성서적 기초",「농촌과목회」21(2004), 215-227.
한국기독교사회문제연구원.『민중의 힘, 민중의 교회: 도시빈민의 아름다운 삶을 위하여』. 서울: 민중사, 1987.
한국기독교역사학회편.『한국기독교의 역사 III: 해방 이후 20세기 말까지』. 서울: 한국기독교역사연구소, 2009.
한국민중교회운동연합 민중교회자료집편찬위원회편.『민중의 교회, 민중의 희망』. 서울: 한민연사무국, 1996.
한국염. "다문화시대, 이주민의 인권과 기독교의 과제",「한국기독교학회 제38차 학회자료집」(2009), 583-602.
한국일. "교회, 마을의 마당이 되자(1) 이젠, '마을목회' 시대",「기독공보」(2016년 3월 30일)
_____. "한국적 상황에서 본 선교적 교회: 지역 교회를 중심으로",「선교와 신학 30(2012), 75-115.
한규무. "1950년대 기독교연합봉사회의 농민학원 설립과 운영",「한국기독교와 역사」33 (2010), 109-131.
한선. "착한 소비의 물신성",「한국언론학회 2011 봄철 정기학술대회자료집」(2011), 50-55.
한승욱. "마을기업, 지역공동체 회복의 전망", 부산발전연구원,『BDI 포커스』105, 1-12.
허기복. "그들이 주인되는 공동체: 원주밥상공동체를 중심으로", 대한예수교장로회 총회 사회부, "예장 실직·노숙인 선교 평가와 전망", 심포지엄 자료집(2003), 155-169.
_____. "밥으로 여는 세상",「교회와신학」54(2003), 147-151.
허병섭.『일판 사랑판』. 서울: 현존사, 1993.
활빈교회.『활빈교회 개척기』. 남양만: 활빈교회, 1989.
황정미. "다문화시민 없는 다문화교육",「담론 201」13(2), (2010), 93-123.
황해국. "세광교회 문화사역 이야기: 총체적 목회원리에 따른 지역사회 봉사를 위한 다양한 문화사역 접근전략",「교회와신학」(2003), 156-165.
황홍렬. "마을만들기, 마을목회와 마을목회의 신학적 근거", 강성열·백명기 편,『한국교회의 미래와 마을목회』. 서울: 한들출판사, 2016. 133-211.
_____. "다문화시대, 이주민의 인권과 기독교의 과제",「한국기독교학회 제38차 학회자료집」(2009).
_____.『한국 민중교회 선교역사(1983-1997)와 민중선교론』. 서울: 한들출판사, 2004.
허운. "지역과 함께 하는 교회 솔 향 담은 장 마을 이야기", 예장마을만들기네트워크,「제2회 마을목회 이야기 한마당 자료집」(2016년 12월 8일), 38-41.
호프, 레슬리/나요섭 역.『성서에 나타난 가난』. 서울: 나눔사, 1992.
호프스테드, G/차재호·나은영 역.『세계의 문화와 조직』. 서울: 학지사, 1995.
홀리요크, G. 제이콥/정광민 역.『로치데일 공정선구자 협동조합』. 홍성군: 그물코, 2013.
홍연금. "우리나라 윤리적소비자에 대한 사례연구", 가톨릭대학교 미간행 박사학위 논문(2009).
후쿠야마, 프랜시스/구승회 역,『트러스트: 사회도덕과 번영의 창조』. 서울: 한국경제신문사, 1996.
Fair Trade Advocacy Office/한국공정무역연합 역.『공정무역의 힘』. 서울: 시대의 창, 2010.

"특집: 농촌목회의 희망 리포트",「목회와신학」(2005/9).
"특집: 이제는 협동조합이다".「기독교사상」655(2013/7).
"특집: 한국교회 '지성전 체제' 무엇이 문제인가",「기독교사상」(2003/11), 22-106.
"특집: 한국교회 '지성전 체제' 무엇이 문제인가",「기독교사상」(2003/11), 539.
"특집: 농촌의 전통생활문화, 어떻게 이해할 것인가?",「농촌과목회」14(2002/여름).
"특집: 도시의 신학과 목회적 대응",「목회와신학」(2002/3).